U0960477

高等职业教育“十四五”规划教材

活页式

现代学徒制试点项目教材

商务文书写作

（实操手册）

主　编：汪海燕

中国农业大学出版社

·北京·

内 容 简 介

本教材以基于能力本位教育理念的高职活页式教材开发方法为指导，以财经商贸类专业高职学生主要就业岗位的典型工作任务和工作过程为导向，旨在培养学生职业岗位“办文”实务操作技能，全面提升学生商务文书的写作能力和解决实际问题的能力，体现了实用性、可操作性、创新性的特点。全书分为两册：《商务文书写作》主教材强调理论知识和实践技能相结合，具体包括八个学习项目，即认识商务文书写作、通用公文撰写、商务管理与事务文书、商务礼仪文书、商务会议文书、商务法律专用文书、商情调研文书和商务策划文书；《商务文书写作》（实操手册）强调实践操作，包括实操篇和案例篇。本教材适用于高职高专、成人高校、民办高校及本科院校的财经类专业的写作课程的教学，培养行政办公岗位、商务管理岗位、市场营销岗位等在写作上的通用技能，也可用作商务人士的业余学习和培训教材。

图书在版编目(CIP)数据

商务文书写作 / 汪海燕主编．--北京：中国农业大学出版社，2024.7
ISBN 978-7-5655-3150-7

Ⅰ.①商… Ⅱ.①汪… Ⅲ.①商务—应用文—写作—高等职业教育—教材 Ⅳ.①H152.3

中国国家版本馆 CIP 数据核字(2024)第 017775 号

书　名 商务文书写作（实操手册）
Shangwu Wenshu Xiezuo (Shicao Shouce)

作　者 汪海燕 主编

策划编辑 张 玉　**责任编辑** 张 玉
封面设计 中通世奥图文设计
出版发行 中国农业大学出版社
社　址 北京市海淀区圆明园西路 2 号　**邮政编码** 100193
电　话 发行部 010-62733489，1190　读者服务部 010-62732336
编辑部 010-62732617，2618　出 版 部 010-62733440
网　址 http://www.caupress.cn　**E-mail** cbsszs@cau.edu.cn
经　销 新华书店
印　刷 河北朗祥印刷有限公司
版　次 2024 年 8 月第 1 版　2024 年 8 月第 1 次印刷
规　格 185 mm×260 mm　16 开本　30 印张　575 千字
定　价 59.00 元(全 2 册)

目 录

Contents

实 操 篇

目 录

Contents

实操篇

项目 1

认识商务文书写作

【知识目标】

掌握商务文书的定义、写作要素构成、写作逻辑的组织方式、商务文书写作的规范性要求。

【技能目标】

能够分析商务文书的主旨、材料、结构;能够运用合理的写作逻辑和规范性要求,提高商务文书的写作水平。

【素质目标】

提高对商务文书写作的整体认知,引导学生树立全局意识,培养学生的逻辑思维能力,引导学生在写作中树立规范意识,培养团队合作精神和爱岗敬业的精神。

【思政目标】

培养学生爱岗敬业的职业精神。

实操任务 1.1 认识商务文书

认识商务文书的相关知识点,完成下面的实操任务。

【实操任务】请你列举商务文书与小说在写作上的不同点,至少写出 3 个。请你以生病请假为例,分别写一篇按商务文书要求写作的《请假条》和小小说《请假》。

商务文书与小说的不同点：

《请假条》和小小说《请假》：

个人反思与总结：

实操任务 1.2　写作要素

认识商务文书的写作要素的相关知识点,完成下面的实操任务。

【**实操任务**】你所在的大学一年一度的国家励志奖学金评选开始了,参与评选需要由个人提交申请书,如果你想参选,请从商务文书的写作要素考虑,应如何从主旨、材料和结构上着手撰写申请书?

国家励志奖学金的评选条件是什么?

____

____

____

____

____

____

你的申请书的主旨是什么,材料如何选择、结构是怎样的?

____

____

____

____

____

____

____

____

____

____

____

____

____

个人反思与总结：

____

____

____

____

____

实操任务 1.3 写作逻辑

认识商务文书的写作逻辑的相关知识点，完成下面的实操任务。

【实操任务】下面这段文字是从一家公司 2020 年的减肥产品市场调查报告中摘选出来的，请你用金字塔结构去分析这段文字。

将减肥进行到底

——2020 年减肥产品市场调查报告

……

三、减肥产品中减肥茶最受欢迎

调查数据显示，减肥茶是目前减肥产品消费人群最普遍选用的减肥产品，约有 82.4% 的消费者选用了减肥茶。减肥食品的选用率为 22.3%，减肥药品的选用率为 17.1%，而其他减肥产品的选用率为 36.9%。

减肥茶是一种各年龄段、各种体型、各种职业和各种背景的人都比较偏爱的减肥产品。减肥茶以其服用方便和副作用小、价格适中等因素受到了广大减肥者的喜爱，这也是其使用频率较高的主要原因。

减肥食品的选用与消费者的经济情况直接相关，减肥食品在口味上较减肥药丸等形式更容易被消费者所接受，减肥食品是继减肥茶后用得较多的另一种减肥产品。

……

用金字塔结构去分析这段文字,并把结构画出来。

个人反思与总结:

实操任务 1.4　写作规范

认识商务文书的写作规范的相关知识点,完成下面的实操任务。

【实操任务】你觉得商务文书在写作规范上有哪些易错点?通过二手资料收集一篇在写作规范上有问题的文章,与同学交换改错。

你觉得商务文书在写作规范上有哪些易错点?

通过二手资料收集一篇在写作规范上有问题的文章,与同学交换改错。

个人反思与总结:

项目 2

商务行政公文

【知识目标】

了解通知、通报、请示、报告、函的含义、特点与作用；掌握其写作格式、结构与要求。

【技能目标】

能够正确、规范地撰写通知、通报、请示、报告、函。

【素质目标】

在操作实践中提高分析问题、解决问题的能力，提高商务情境下文字表达能力。

【思政目标】

培养学生严谨、认真的精神。

实操任务 2.1 通知的写作

通知的写作结构如图 2-1-1 所示。

认识通知的相关知识点，完成下面的实操任务。

【实操任务】北京 ×× 职业学院学生工作部为学习贯彻党的二十大精神，落实《2023 年春季开学北京高校师生思想政治工作方案》要求，定于 4 月至 5 月举办以“笃定信心、勇毅前行”为主题的第十五届大学生心理健康节，向全院发布一则通知，发动各系（部）、校区积极参与。请阅读该通知，讨论其写作存在的问题并进行修改。

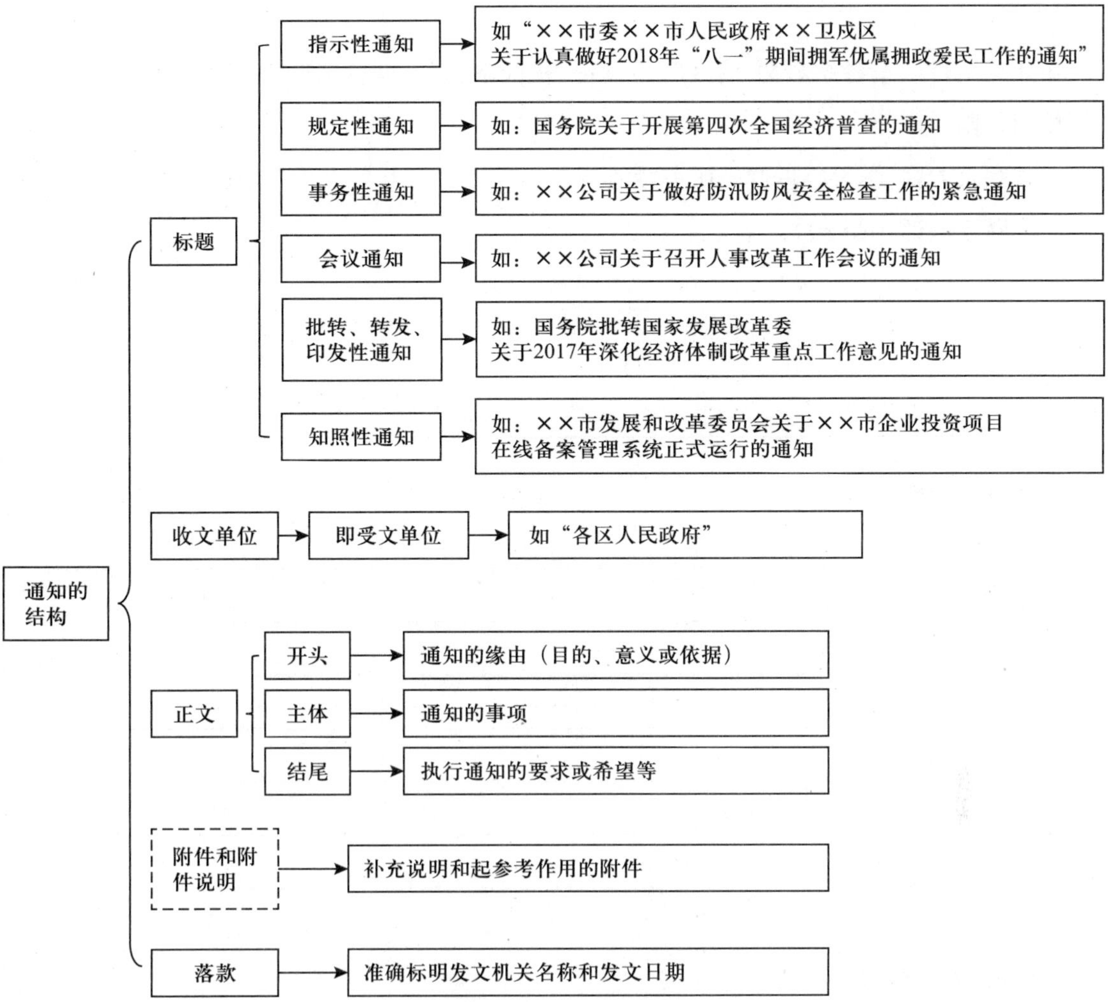

图 2-1-1　通知的结构

关于举办第十五届大学生心理健康节系列活动的通知

各系(部)、校区:

为学习贯彻党的二十大精神,落实《2023 年春季开学北京高校师生思想政治工作方案》要求,进一步加强新形势下北京高校心理健康教育工作,不断提升大学生心理健康教育工作实效,培育学生理性平和、积极向上的健康心态,根据市委教育工委的要求,结合我院实际,定于 4 月至 5 月举办以“笃定信心、勇毅前行”为主题的第十五届大学生心理健康节。

健康节期间将举办一系列以促进身心健康发展为内容的主题活动,具体活动通知详见附件。请各系（部）、校区广泛宣传，积极参与，共同营造阳光健康、积极向上的校园氛围。

联系方式：学生心理健康服务中心

联系电话：010-899×××××

学生工作部

2023年4月29日

存在哪些问题：

修改后的完整通知：

个人反思与总结：

温馨提示：
扫一扫　找问题

实操任务 2.2　通报的写作

通报的结构如图 2-2-1 所示。

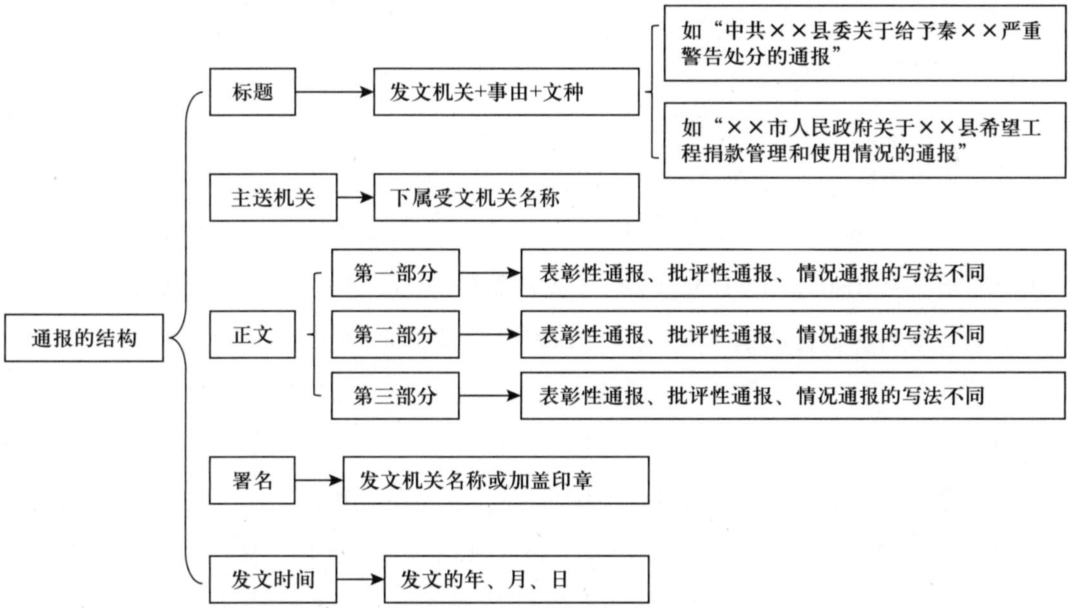

图 2-2-1　通报的结构

认识通报的相关知识点，完成下面的实操任务。

【实操任务】×× 市 ×××× 学院党委在 2020 年处级领导干部报告个人有关事项随机抽查核实工作中，发现张 ×× 存在企业兼职情况，违反了《领导干部报告个人有关事项规定》文件精神，决定对其进行诫勉处理，并向全院通报。学院院办起草了一份通报，请阅读该通报，讨论其写作存在的问题并进行修改。

中共 ×××× 学院委员会
给予 ××× 同志诫勉处理的通报

各党总支、直属党支部:

根据《领导干部报告个人有关事项规定》,在市委组织部指导下,在我院组织开展的 2020 年处级领导干部报告个人有关事项随机抽查核实工作中,××× 存在企业兼职情况。按照有关规定,现将查核和处理情况通报如下:

×××,男,汉族,1972 年 6 月出生,×× 人,1982 年 7 月参加工作,市委党校大学学历,中共党员,现任 ×× 系副主任。经查,××× 在 ××× 科技有限公司任监事,非法人,该企业为有限责任公司(自然人独资)。

根据市纪委机关、市委组织部《关于从严做好清理规范领导干部在社会团体、基金会、民办非企业单位等社会组织以及在企业兼职有关工作的通知》(× 组通〔2017〕20 号)二(二)关于在企业兼职的政策规定:"现职领导干部一般不得在企业兼职(包括企业领导职务,以及顾问等名誉职务和外部董事、独立董事、独立监事等企业职务),不得经商办企业、从事个体经营活动和有偿中介活动,以及在经营性事业单位或其他营利性组织等兼职""对于违规兼职、违规取酬,情节轻微的,进行谈话提醒、约谈函询、通报诫勉;情节较重的给予组织处理、党纪政纪处分。兼职期间违规领取的薪酬,要按规定退赔。"经 2020 年 10 月 29 日学院党委常委会研究决定,对 ××× 做出如下处理:××× 在校外企业任职情况属实,属于未经学院党委批准违规经商办企业行为,给予 ××× 诫勉处理并在全院通报。发现此情况后,该同志主动整改,已及时辞去企业兼任职务。

各级领导干部要从中吸取教训,引以为戒,主动查找和纠正违规在社会团体、基金会、民办非企业单位等社会组织以及在企业兼职的问题,切实增强贯彻执行党纪党规的自觉性和坚定性,把党纪条规和有关制度、要求作为刚性约束,不折不扣地落到实处,坚决杜绝此类问题的发生。今后,如再发现领导干部违规兼职、违规取酬、隐瞒不报等行为的,一律按照有关规定从严处理并予通报。

存在哪些问题：

修改后的完整通报：

个人反思与总结：

温馨提示：
扫一扫　找问题

实操任务 2.3　请示的写作

请示的结构如图 2-3-1 所示。

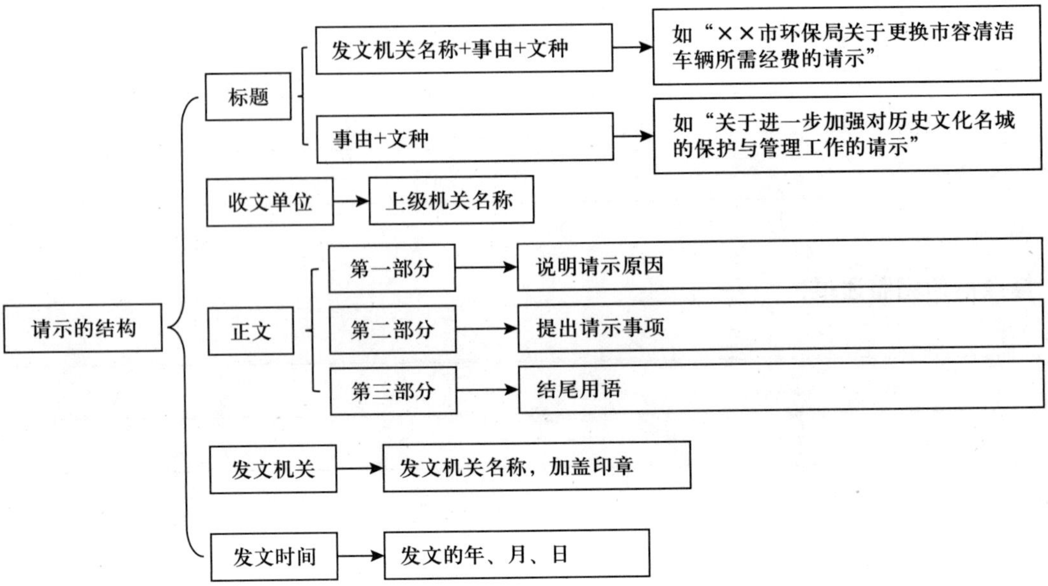

图 2-3-1　请示的结构

认识请示的相关知识点,完成下面的实操任务。

【实操任务】×× 县邮政局因为业务拓展的需要,打算在日照街增设营业所,特向其上级机关省邮政管理局请示。县邮政局撰写了一份请示,请阅读该请示,讨论其写作存在的问题并进行修改。

×× 县邮政局关于增设 ×× 街邮政营业所的请示

× 县邮字〔2016〕7 号

省邮政管理局:

为合理组织网点,扩大邮政服务,我局拟在 ×× 街设立邮政营业所一处。

×× 街地处我县西郊,驻街机关、工厂、学校较多,系单位和居民密集地带。但该处距县局约 2 千米,用户使用邮政很不方便。为缓解当地用邮困难状况,我局近年来定期组织流动服务组到该处服务,但由于没有固定局房,生产和生活有诸多不便。且自 2015 年省有关部门公布我县为开放旅游区以来,当地邮政业务量激增,流动服务组的方式已远远不能满足需要。

为此,请核准增设 ×× 街邮政营业所。

附件:1. ×× 街位置图

2. 拟建局房平面图

2016 年 3 月 10 日(盖印)

存在哪些问题:

修改后的完整请示:

个人反思与总结：

温馨提示：
扫一扫 找问题

实操任务 2.4 报告的写作

报告的结构如图 2-4-1 所示。

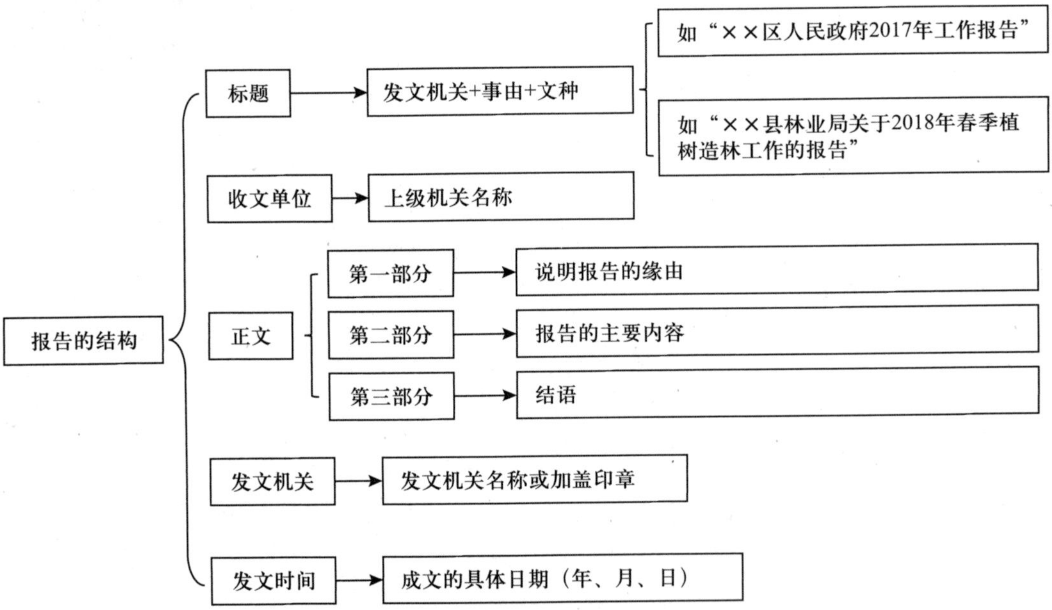

图 2-4-1 报告的结构

认识报告的相关知识点，完成下面的实操任务。

【**实操任务**】×× 学院行政管理系首届行政管理专业学生即将毕业，为了积极稳妥地开展学生毕业论文指导工作，行政管理系进行了充分地组织和安排，取得了不错的效果，为后续的毕业生毕业论文指导积累了经验，行政管理系拟定向直管领导张副院长报告毕业论文指导工作。下面是系办秘书拟写的一则报告，请阅读该报告，讨论其写作存在的问题并进行修改。

××学院行政管理系
首届行政管理专业学生毕业论文指导工作的报告

张副院长：

按照教学计划的规定和我校《学生毕业论文工作管理办法》的要求，2015年2—6月，我系积极稳妥地开展了首届行政管理专业（以下简称行管专业）学生毕业论文指导工作。在院领导的关心支持下，在同志们的共同努力下，现在此项工作已经结束。总的来看，工作完成得比较顺利，取得了一定成绩，结果较为圆满。根据学院的要求，现将毕业论文指导工作报告如下：

一、主要工作情况

由于首次组织行管专业毕业论文指导工作，我们缺乏经验，因此，本着早做准备、精心组织、边实践边摸索的原则开展工作。全部工作主要包括以下步骤：

1. 印发论文参考选题。（略）

2. 安排论文讲座。（略）

3. 落实指导教师。（略）

4. 开展个别指导。（略）

5. 组织成绩评定。（略）

指导学生撰写论文的过程中，老师们既要完成日常教学任务，又要付出大量时间和精力来指导学生阅读资料、推敲提纲或观点并反复修改论文，但是毫无怨言。在4个月的时间里，老师们不仅指导学生研究问题，更以严谨负责、一丝不苟的科学态度感染和教育学生。有的老师住家很远，为了当面指导学生（系里规定可以通过电话答疑），多次专门赶到学校；有的老师为了等待学生下课谈论文，经常很晚才回家。老师们积极工作和认真负责的精神及对学生的满腔热情和细心指导，给同学们留下了深刻印象，是整个论文指导工作得以圆满完成的基本保障。

二、主要成绩与效果评价

回顾毕业论文指导工作，我们认为成绩是主要的，应当给予充分肯定。

1. 首次组织毕业论文指导工作，是在摸索过程中完成的。（略）

2. 撰写毕业论文，不仅进一步培养了学生们的科学精神，而且对强化写作训练，增强分析、研究和解决问题的能力，发挥了重要作用。（略）

3. 首届论文指导工作，是在我系师资力量比较紧张的情况下完成的。部分教师

首次承担这样的工作,为了确保质量,大家共同研讨,向有经验的同志请教,整个指导过程完成得比较顺利。(略)

4. 指导教师的工作,得到了学生们的充分肯定。(略)

总之,首次毕业论文指导工作是一次有益的尝试,成绩是主要的。它既保证了行管专业教学计划的完整执行,提高了毕业论文质量,也使教师得到了锻炼,为继续开展这项工作积累了经验。

三、存在问题及改进意见

我们认为毕业论文指导工作尚有值得改进之处。

1. 在印发论文参考选题之后近半年的时间里,忽略了对学生在选题和收集资料方面的指导和督促,失去了提前下发参考题目的意义。今后这个环节的工作需要抓紧。

2. 对毕业论文写作方法的总体指导还不够。(略)

3. 收尾阶段工作不够扎实,答辩工作比较仓促。(略)

我们要继续发展成绩,不断改进工作,吸取第一次毕业论文指导工作的经验教训,把以后各届学生的毕业论文指导工作做得更好。

特此报告,请审阅。

行政管理系

2015 年 5 月 20 日

存在哪些问题:

____

____

____

____

____

____

____

____

____

修改后的完整报告：

个人反思与总结：

温馨提示：

扫一扫　找问题

实操任务 2.5　函的写作

函的构成如图 2-5-1 所示。

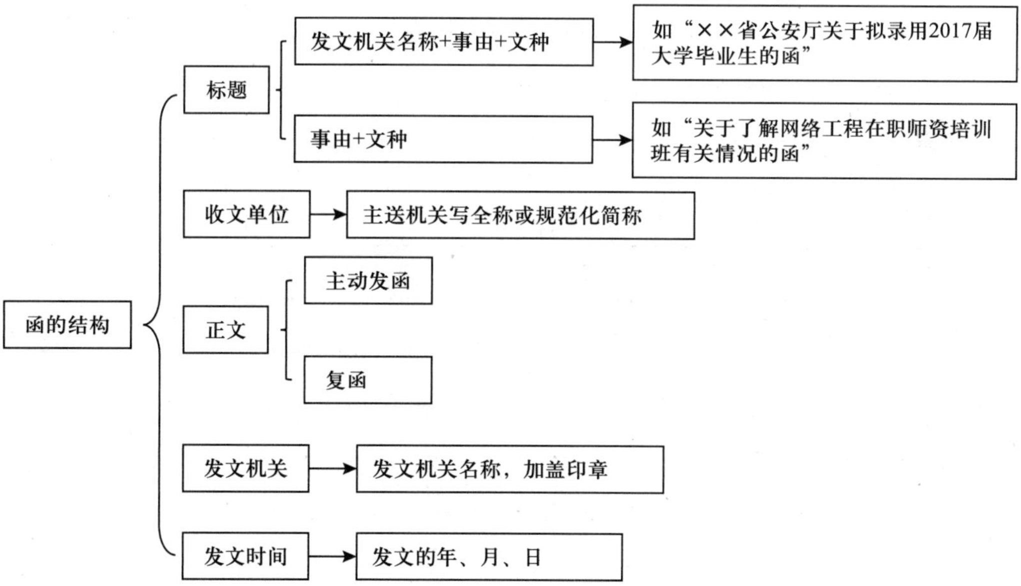

图 2-5-1　函的构成

认识函的相关知识点,完成下面的实操任务。

【实操任务】××市高等职业技术学院获悉××师范学院将于2018年9月起开办网络工程专业在职师资培训班,学院对此很感兴趣,但对一些招生细节不太清楚,因此,学院办公室以学院名义特致函咨询。请阅读下面拟写的函,讨论其写作存在的问题并进行修改。

××市高等职业技术学院
了解网络工程在职师资培训班有关情况的函

××师范学院:

据报载,贵院将于今年9月起开办网络工程专业在职师资培训班。因有些情况了解不太具体,比如:何时招生、招收多少名额、是否需要考试、开设哪些课程、报考对象和条件如何、学制几年、收费多少等,我院急需了解,以便选派合适人选参加学习。

上述事宜,敬请函告。

××市高等职业技术学院

2018年8月29日

存在哪些问题:

修改后的完整函：

个人反思与总结：

温馨提示：
扫一扫　找问题

项目 3 商务管理与事务文书

【知识目标】

了解章程、制度、商务计划、商务总结的含义、特点与作用；掌握其写作格式、结构与要求。

【技能目标】

能够正确、规范地撰写章程、制度、商务计划、商务总结。

【素质目标】

在操作实践中提高分析问题、解决问题的能力，提高商务情境下文字表达能力。

【思政目标】

培养学生实事求是、具体问题具体分析的能力。

实操任务 3.1 章程的写作

章程的结构如图 3-1-1 所示。

认识章程的相关知识点，完成下面的实操任务。

【实操任务】盛泰经济联合总公司与东方贸易有限公司本着平等互利的原则，共同投资成立天地工贸有限公司，新成立的公司需要有自己的章程，行政部助理张亚萍受命起草公司的章程草案。请阅读该章程草案，讨论其写作存在的问题并进行修改。

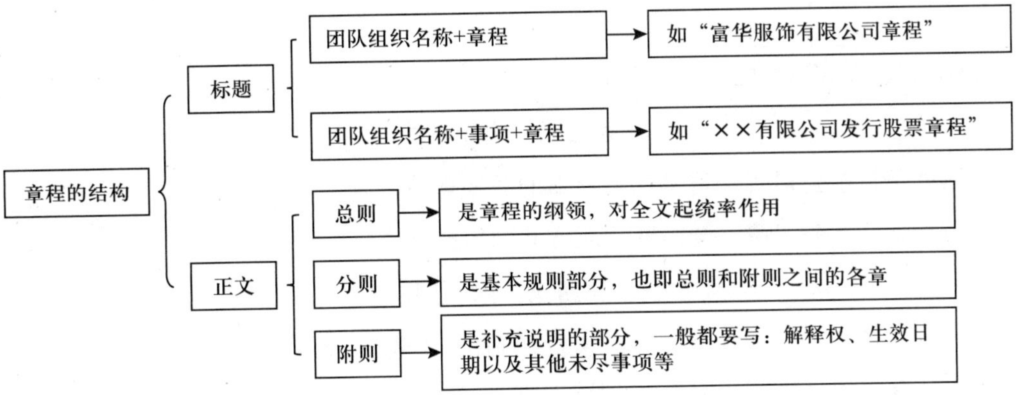

图 3-1-1　章程的结构

天地工贸有限公司章程（暂行）

（2020 年 5 月 8 日通过）

第一章　总　则

第一条　依据《中华人民共和国公司法》和国家有关法律、行政法规及广东省人民政府有关政策制定本章程。

第二条　天地工贸有限公司是由盛泰经济联合总公司与东方贸易有限公司本着平等互利的原则，联合组成的工贸、投贸、内外贸相结合，具有独立财产、自主经营、统一核算、自负盈亏、独立承担经济责任的经济实体。

第三条　本公司为股份制有限责任公司，具有法人资格，遵守国家法律，并受到国家法律保护。

第四条　本公司的注册资本为人民币贰佰万元，由双方共同投资。每年所得利润，20% 留企业，其余按 75 ∶ 25 分成，即东方贸易有限公司得 75%，盛泰经济联合总公司得 25%，所得税各自缴纳。如亏损，亦按上述比例由双方分别承担。

第五条　本公司设在深圳市，根据业务发展需要，可在其他地方设立分公司，办事处或代理机构。

第六条　本公司联合经营期限暂定五年，无特殊原因，任何一方不得中途退出，如其他单位要求加入本公司，要经董事会讨论同意。

第二章　经营范围

第七条　本公司主营：家用电器，电子器件、纺织品；兼营：五金、服装、钢材、木材、化工原料、工艺品、玩具、粮油。

第八条　本公司的经营方式:批发。

第三章　组织机构

第九条　本公司实行董事长领导下的总经理负责制。

第十条　本公司董事会由联营双方共同组成。

第四章　附　则

第十一条　本公司实行经济承包责任制,工作勤恳、效果显著的,给予奖励;严重违反规章制度或经济效益很差者,给予惩处解聘。

第十二条　本章程如有未尽事宜,由总经理提出修改,补充意见,报经董事会讨论审定。

存在哪些问题:

____

____

____

____

____

____

修改后的完整章程:

____

____

____

____

____

____

____

____

____

个人反思与总结：

温馨提示：
扫一扫　找问题

实操任务 3.2　制度的写作

制度的结构如图 3-2-1 所示。

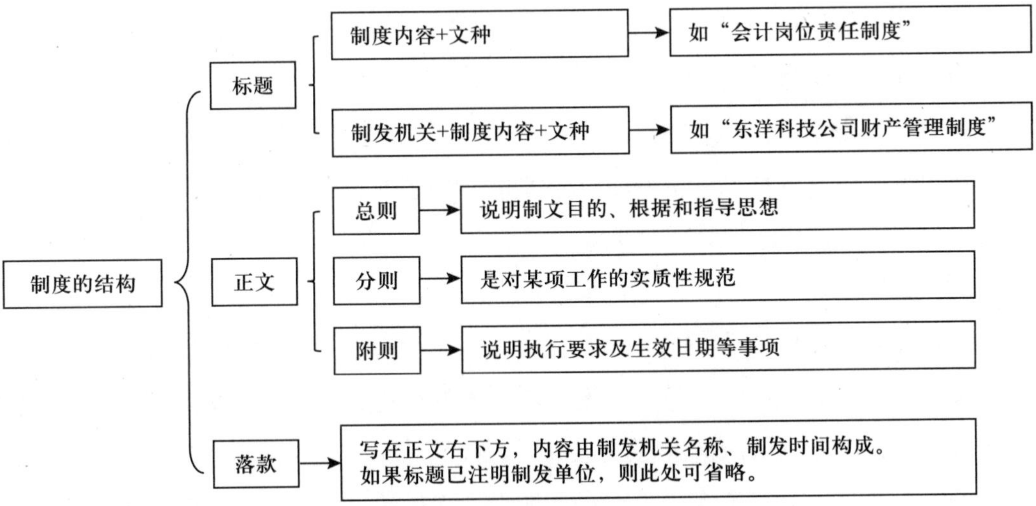

图 3-2-1　制度的结构

认识制度的相关知识点，完成下面的实操任务。

【实操任务】国家电力资源供应紧张，作为一家用电量大的企业，丰华钢铁股份有限公司成立不久，动力科就着手制定了《用电管理制度》。请阅读该制度，讨论其写作存在的问题并进行修改。

用电管理制度

第一条 制定本制度，是为了合理利用国家电力资源，充分发挥用电设备潜力，达到安全、经济、合理、节约用电的目的。

第二条 加强用电管理、严格用电制度。实行内部经济合同制，每月根据生产、工作任务把用电指标下达到车间、部门，做到日清、旬结、月考核，实行节奖超罚，充分调动各用电部门的积极性。

第三条 所有用电部门应切实做到“五有”。

1. 用电有计划

各用电部门不得随意更换生产设备、照明设备，以搞好计划用电；特殊情况需要更换时，需经动力科批准，否则动力科有权停止供电。

2. 消耗有定额

工艺科根据产品数量、加工性质、工艺流程，制定当日用电定额，下达到车间和所有用电部门，同时交能源办公室一份备考。

3. 考核有计量

所有用电部门的电度表不许任意变动，以免损坏，影响考核；不属于同一电度表的线路不准自行接线使用，违者罚款 100~200 元。

4. 使用有制度

各用电部门要认真执行动力部门许可的用电时间，否则动力部门有权停止供电。如劝阻不改者，每千瓦用电罚款 80 元。

5. 节约有措施

所有用电部门的生产、照明设备均应有专人负责，做到人走灯灭、机床停。

第四条 变电所（室）人员要严格按规定做好用电记录，发现问题立即报管电人员，并按规定时间将用电记录呈报有关部门，登记考核。

第五条 所有办公室、集体宿舍的照明设施不得超过 60 W（有特殊需要者经总经理批准），违者罚款 100 元。如不经批准擅自接线使用电熨斗、电炉者，根据不同情节，处以 200~1 000 元罚款。由此造成损失者，要负经济责任。

第六条 对常年坚持节约用电有贡献的集体或个人，根据贡献大小，分别在不同范围内予以表扬，或作为评先条件之一；对提出用电合理化建议和改革措施，并且有节电经济效果的集体或个人，要给予物质奖励。

第七条 各部门要经常开展用电安全和合理节约用电教育，普及用电常识，使有限的电力资源在我公司发挥应有的作用。

存在哪些问题：

____

____

____

____

____

____

修改后的完整制度：

____

____

____

____

____

____

____

____

____

____

____

____

____

____

____

____

个人反思与总结：

____

____

____

____

____

温馨提示：
扫一扫　找问题

实操任务 3.3　商务计划的写作

商务计划的结构如图 3-3-1 所示。

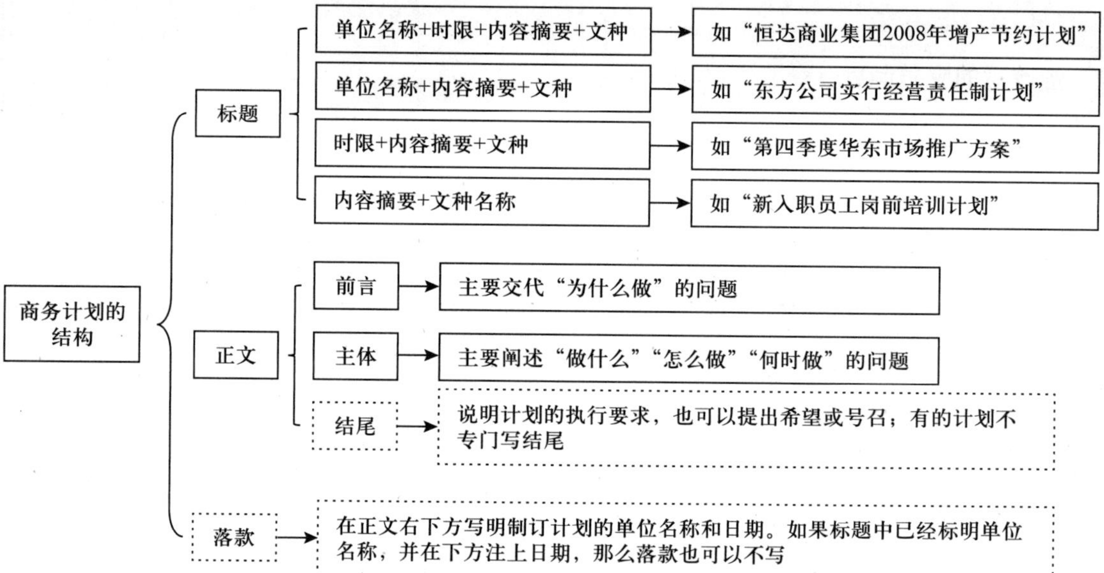

图 3-3-1　商务计划的结构

认识商务计划的相关知识点，完成下面的实操任务。

【**实操任务**】宋小山 2021 年 6 月从一所高职院校毕业后应聘到广东中创包装有限公司销售部从事销售工作。2022 年即将到来，销售部经理召开了本部门员工会议，要求每位销售人员制订一份新年度的工作计划。宋小山很快写好了自己的工作计划并交给经理，可经理看后却说不过关。下面是宋小山的工作计划，请帮助其修改。

销售员2022年个人工作计划

宋小山

2021年刚接触这个行业时，在选择客户的问题上走过不少弯路，那是因为对这个行业还不太熟悉，总是选择一些食品行业，但这些企业往往对标签的价格是非常注重的，所以今年不要再选一些只看价格、对质量没要求的客户，没有要求的客户不是好客户。

2022年的计划如下：

(1)老客户和固定客户要经常保持联系，在有时间、有条件的情况下，送一些小礼物或宴请客户，以便稳定与客户的关系。

(2)在拥有老客户的同时还要不断从各种媒体获得更多客户的信息。

(3)要有好业绩就得加强业务学习、开阔视野、丰富知识，采取多样化形式，把学业务与交流技能相结合。

(4)今年对自己有以下要求。

①每周要增加一个以上的新客户，还要有3~5个潜在客户。

②一周一小结，每月一大结，看看有哪些工作上的失误，及时改正，下次不要再犯。

③见客户之前要多了解客户的状态和需求，做好准备工作才有可能不会丢失这个客户。

④对客户不能有隐瞒和欺骗，这样不会有忠诚的客户。在有些问题上你和客户是一致的。

⑤要不断加强业务方面的学习，多看书，上网查阅相关资料，与同行们交流，向他们学习更好的方式方法。

⑥对所有客户的工作态度都一样，但不能太低声下气。给客户一个好印象，为公司树立更好的形象。

⑦客户遇到问题，不能置之不理，一定要尽全力帮助他们解决。要先做人再做生意，让客户相信我们的工作实力，才能更好地完成任务。

⑧自信是非常重要的。要经常对自己说你是最好的，你是独一无二的。拥有健康乐观积极向上的工作态度才能更好地完成任务。

⑨和公司其他员工要有良好的沟通，有团队意识，多交流，多探讨，才能不断增长业务技能。

⑩为了今年的销售任务,每月我要努力完成2万~4万元的任务额,为公司创造更多的利润。

以上就是我这一年的工作计划,工作中总会有各式各样的困难,我会向领导请示,向同事探讨,共同努力克服,为公司做出自己最大的贡献。

存在哪些问题:

修改后的完整商务计划:

个人反思与总结：

温馨提示：

扫一扫　找问题

实操任务 3.4　商务总结的写作

商务总结的结构如图 3-4-1 所示。

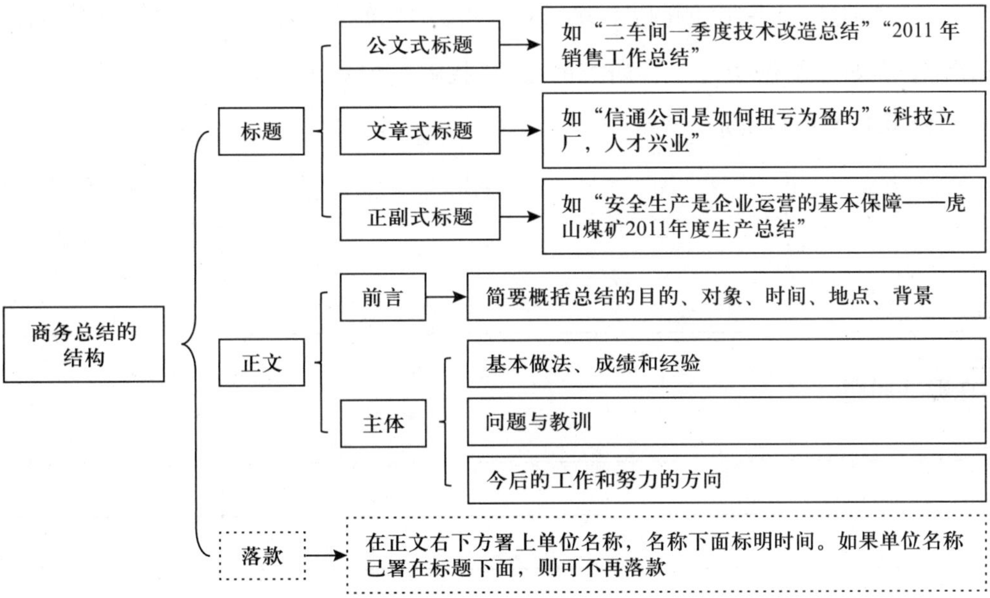

图 3-4-1　商务总结的结构

认识商务总结的知识点，完成下面的实操任务。

【实操任务】兴华食品有限公司上半年工作已告一段落，各方面都取得了令人可喜的成绩。下面是其公司的上半年工作总结，请指出其存在的问题并进行修改。

兴华食品有限公司上半年工作总结

本公司在精神文明和物质文明方面做了许多工作,取得了很大成绩。半年来,主要做了以下工作:动员组织公司干部和广大群众学习中央文件;安排、落实全年生产计划;推行、落实工作责任制;修建子弟小学校舍;建方便面生产车间厂房;推销果脯、食品、编织产品;解决原材料不足问题;美化环境,栽花种草;办了一期计算机技术培训班;调整了工作人员,开始试行干部招聘制。

半年来,在工作繁杂,头绪多而干部少的情况下,做了这么多工作,主要是:

(1)上下团结。公司领导和一般干部都能同甘共苦,劲往一处使。工作中有不同看法,当面讲、共同协商。互相间有意见能开展批评与自我批评,不犯自由主义。例如,有干部对经理未经商议,擅自更改果脯销售奖励办法影响产量一事有意见,经当面提出,经理做了自我批评,并共同研究了新的奖励办法,销量又出现了增长势头。

(2)不怕困难。本企业刚刚起步,困难很多,如技术力量薄弱、原材料不足、产品销路没有打开等。为此,领导干部共同想办法,他们不怕辛苦,放弃自己的休息时间,忍饥挨饿,四处联系,终于解决了今年所需要的原材料,推销了一些产品。

(3)领导带头。公司的几位主要领导带头苦干、实干。他们白天到下边去调查了解情况,解决问题,晚上才开会研究问题,寻找解决的办法。领导干部夜以继日地工作,使公司工作上了台阶。

兴华食品有限公司

二〇二〇年七月十日

存在哪些问题:

____

____

____

____

____

____

____

修改后的完整商务总结：

个人反思与总结：

温馨提示：
扫一扫　找问题

项目 4

商务礼仪文书

【知识目标】

了解欢迎词、欢送词、邀请函、请柬、贺信等礼仪文书的含义、特点与作用、种类,掌握其写作格式、结构与要求。

【技能目标】

能够正确、规范地撰写欢迎词、欢送词、邀请函、请柬、贺信。

【素质目标】

在操作实践中提高知礼守礼的能力,提高情感表达能力。

【思政目标】

培养学生知礼仪、守礼仪的行为习惯,提高其自身综合素养。

实操任务 4.1　欢迎词的写作

欢迎词的结构如图 4-1-1 所示。

认识欢迎词的相关知识点,完成下面的实操任务。

【**实操任务**】××职业学院经济管理系的师生去 5A 级国家森林公园的西府酒店参观学习,酒店李经理在欢迎仪式上致辞。请阅读该欢迎词,讨论其写作存在的问题并进行修改。

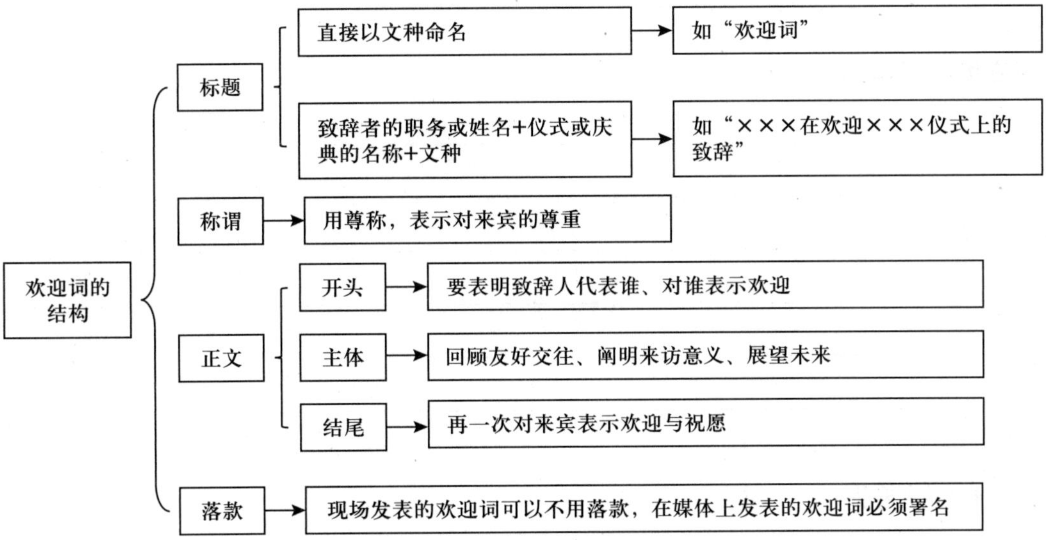

图 4-1-1　欢迎词的结构

欢迎词

各位老师、各位同学：

在此谨代表西府酒店的全体员工欢迎阁下同志们光临西府酒店。×× 职业学院是一所充满着勃勃发展生机和有着鲜明办学特色的新型职业学院，为很多大中型酒店集团、高星级酒店培养了一批批基础扎实、知识面宽、能力强、素质高的从事中高级管理的职业酒店经营管理人才。今天贵校学生到西府酒店参观学习，相信这对提升学生实践能力、加强校企合作具有重要意义。

西府酒店坐落于古老的长城脚下 5A 级国家森林公园的顶峰，山水秀美、环境幽雅、风景秀丽，是我市唯一的一家五星级豪华型涉外旅游饭店。酒店设有总统套房、豪华套房、高级房 251 间套及风格迥异的中西餐厅、酒吧、国际会议中心、桑拿中心、健身中心、足浴中心、美容美发中心、棋牌娱乐中心、游泳池等，自 20×× 年 5 月 8 日开业以来，以极具个性的优质服务，受到了社会各界的高度赞誉，以诚实守信的规范经营赢得了中外宾客的广泛认可，是 ×× 市委、市政府接待和开放的窗口，希望我们的服务能够让阁下有宾至如归的感觉。

“有朋自远方来，不亦乐乎”。我们酒店全体员工将以饱满的热情、诚恳的态度欢迎你们，同时也希望你们对我们的工作提出宝贵意见，以便我们努力完善酒店的服务。

西府酒店

李 ×× 谨致

存在哪些问题：

修改后的欢迎词：

个人反思与总结：

温馨提示：
扫一扫　找问题

实操任务 4.2　欢送词的写作

欢送词的结构如图 4-2-1 所示。

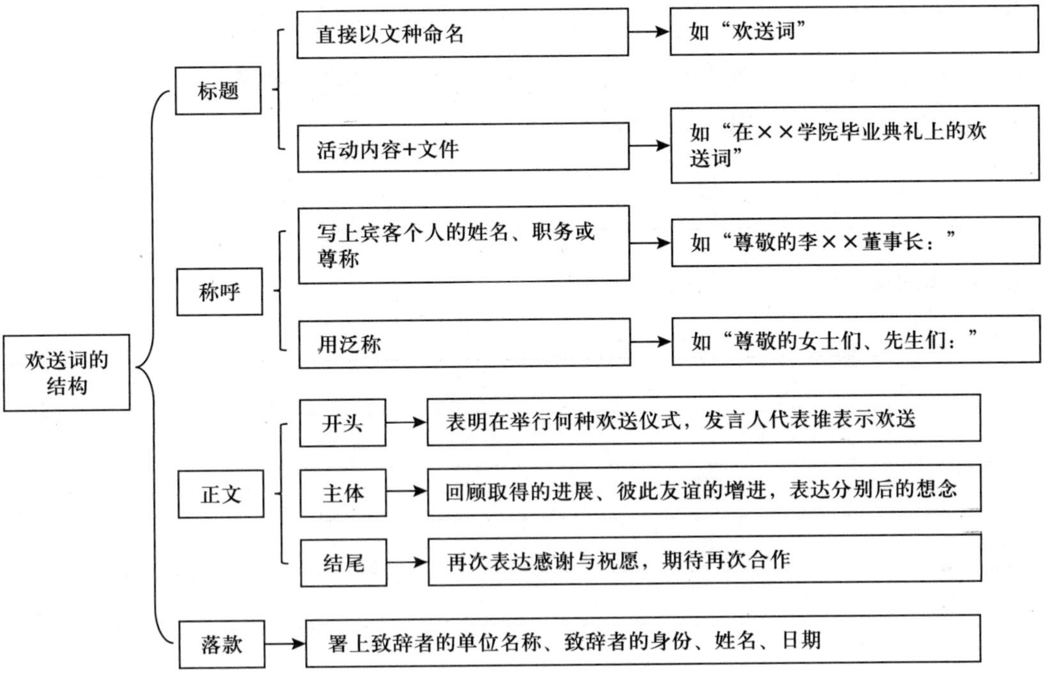

图 4-2-1　欢送词的结构

认识欢送词的相关知识点，完成下面的实操任务。

【实操任务】李明是华盛公司北京分公司的市场部经理，工作期间他认真负责、有想法、有胆识、工作业绩突出，为华盛公司的发展做出了很大的贡献。随着华盛公司的发展，公司准备成立上海分公司，调任李明为上海分公司的总经理，负责上海分公司的公司筹备和市场开拓，现在即将去上海赴任，临行前公司准备召开隆重的欢送会为他送行。请阅读该欢送词，讨论其写作存在的问题并进行修改。

欢送词

李明先生、各位朋友们：

大家晚上好！今天是一个令人欣喜而又值得纪念的日子，因为公司决定，李明同志将要赴任上海分公司，负责上海分公司的公司筹备和市场开拓。这既让我们为李明能有这样的机会而感到高兴，也使我们对多年共事相处的同事即将离开而感到难舍难分。

李明同志多年来作为公司的一名员工,他为人正直,思想作风正派;忠诚企业,爱岗敬业,遵守公司各项规章制度;服从分配,尊重领导,与同事之间关系和睦融洽;有想法、有胆识、工作业绩突出,为公司的发展做出了很大的贡献。在这里我代表公司的领导和全体人员对李明的努力表示衷心感谢。“莫愁前路无知己,天下谁人不识君。”在此我们也希望李明继续关心我们的企业,并与同事之间多多联系。

祝李明先生一路顺风,万事如意!

存在哪些问题:

修改后的欢送词:

个人反思与总结：

温馨提示：
扫一扫　找问题

实操任务 4.3　邀请函、请柬的写作

邀请函的结构如图 4-3-1 所示，请柬的结构如图 4-3-2 所示。

认识邀请函、请柬的相关知识点，完成下面的实操任务。

【实操任务】20×× 年 8 月 8 日，爱宝家具公司成立 10 周年。为了充分展示公司 10 年发展的丰硕成果，继承和发扬公司的优良传统，进一步扩大社会影响，凝聚各方力量，促进发展，公司决定举办隆重而热烈的 10 周年庆典活动。届时将邀请各界领导、各合作单位及负责人同贺，邀请知名学者王教授为企业顾问等。为此公司专门成立了庆典筹备办公室，需要针对合作单位写邀请信，针对不同对象写请柬。请阅读以下邀请函和请柬，讨论其写作存在的问题并进行修改。

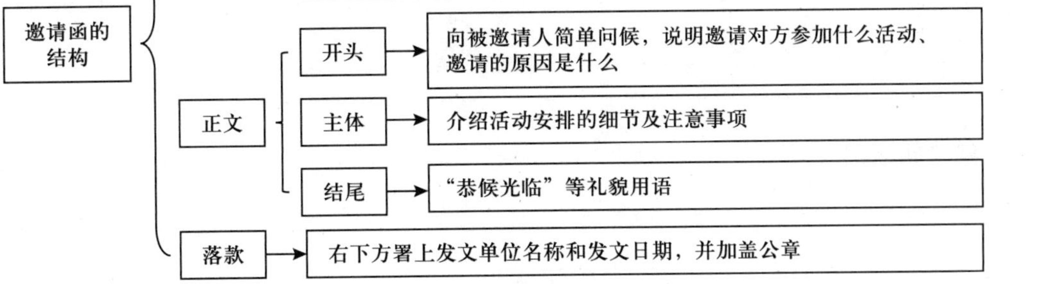

图 4-3-1　邀请函的结构

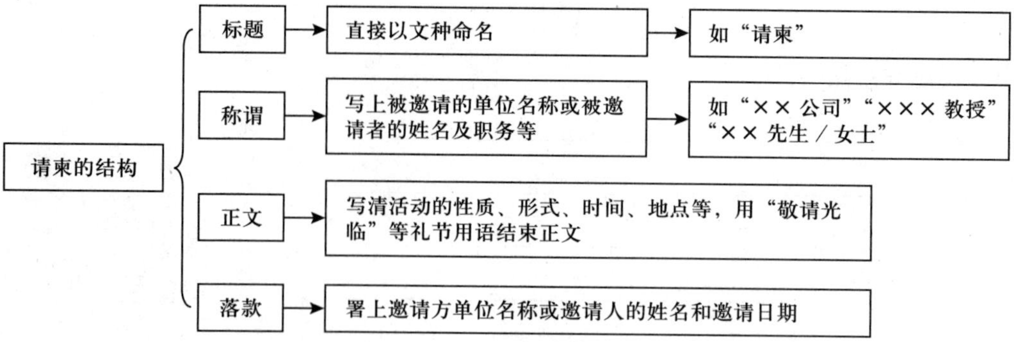

图 4-3-2　请柬的结构

邀请函

××公司：

8月8日，爱宝家具公司将迎来辉煌发展的第10个年头。自2012年成立至今，爱宝家具一直深度探索用户需求，不断进阶以满足家庭生活家具所需。这10年是爱宝家具快速发展的10年，这10年我们共同成长、风雨与共。现今，爱宝家具已经为千万家庭带去了健康、安全、舒适的幸福生活，爱宝代表的早已不仅是一个品牌，更是一种生活方式！感谢所有爱宝经销商们的陪伴，感谢所有消费者对爱宝家具的信赖。展望未来，爱宝家具将继续坚持以人为本，以客户体验为中心，打造品质、科技、绿色的好产品，与经销商构建命运共同体，向着下一个10年、20年上下一心、昂首阔步，再次起航！

值此爱宝家具10周年庆典之际，我们怀着感恩的心，现诚邀贵公司于8月8日在会展中心出席爱宝家具公司举办的10周年庆典活动，与爱宝家具一同开启下一个崭新的10年。如果您能接受邀请，我们将万分感激。等待您的回音。

特此邀请！

爱宝家具公司（章）

20××年6月28日

存在哪些问题：

修改后的邀请函：

个人反思与总结：

温馨提示：
扫一扫　找问题

请　　柬

王教授：

值我公司10周年庆典之际,为了感谢您对我们公司的大力支持,兹定于8月8日在会展中心举行庆典活动。敬请您务必准时光临。

爱宝家具公司

20××年8月7日

存在哪些问题：

____

____

____

____

____

____

修改后的请柬：

____

____

____

____

____

____

____

____

____

____

____

____

个人反思与总结：

温馨提示：
扫一扫　找问题

实操任务 4.4　贺信的写作

贺信的结构如图 4-4-1 所示。

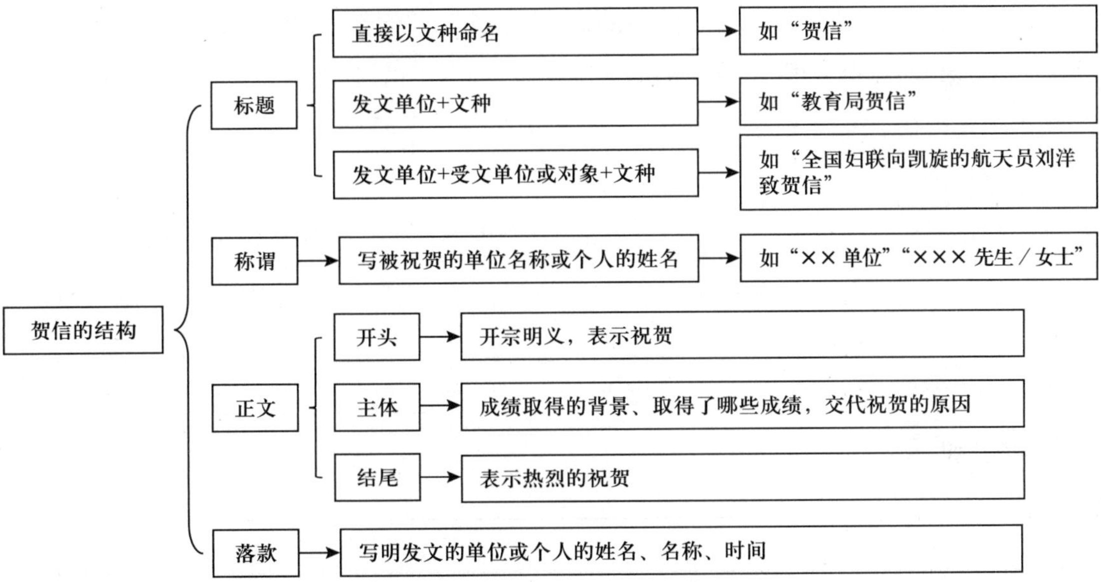

图 4-4-1　贺信的结构

认识贺信的相关知识点，完成下面的实操任务。

【实操任务】每年教师节张东都要去看望恩师李老师，今年因工作原因远在上海，不能去看望，特写了一封贺信表示自己对老师的祝愿。请阅读该贺信，讨论其写作存在的问题并进行修改。

贺　信

敬爱的李老师:

你好！在这个教师节到来之际,作为你一直关注、指导与期望的学生在远离家乡的上海向你表达衷心的祝福与感激之情,祝节日快乐,万事如意!

又是一季的丰收,又是一年桃李满天下。还记得母校那一片嫣红的石榴,如今也应该是结满累累硕果了吧。母校的一切现在想起来还是如昨日般清晰、亲切,老师的谆谆教诲还时常在耳畔萦绕。

师恩浩荡,难以用文字表述;感激之情,难以用谢字表达。正如泰戈尔的一句诗:我的心,在你的眼里找到了天空。是的,老师的心,在我们学生求知的眼睛里找到了完全神圣的天空！为了这神圣,你们勇做海洋中的灯塔,照亮了我们前行的道路;你们甘当人梯,以伟岸的身躯托着我们稚嫩的双脚一步步攀高;你们愿为红烛,以不灭的信念激励我们进步成长。在我们求学的道路上,洒满了你们的心血和汗水,我们深知:优秀出自你的耕耘,成功源自你的栽培,我会永远铭记你的教诲和箴言!

不管我们走得多远,不管相隔的时间多长,师恩永恒,师恩难忘！遗憾的是,今年我因工作远在上海,不能去看望你。请你见谅。

节日快乐!

顺达公司总经理　张东

20××年×月×日

存在哪些问题:

____

____

____

____

____

____

____

____

修改后的贺信：

个人反思与总结：

温馨提示：
扫一扫　找问题

项目 5 商务会议文书

【知识目标】

了解会议通知、会议议程、日程、会议记录、会议纪要的含义、特点与作用，掌握其写作格式、结构与要求。

【技能目标】

能够根据情境任务要求，撰写规范的常用商务会议文书。

【素质目标】

通过情境化教学，培养学生数字化、表格化、规范化的工作习惯，逐步具备组织管理者的宏观意识；通过小组展示和评价，培养团队互助、正视自我、取长补短的能力。

【思政目标】

培养学生善于谋划、协调沟通、做事周全的能力。

实操任务 5.1　会议通知的写作

会议通知的结构如图 5-1-1 所示。

认识会议通知的相关知识点，完成下面的实操任务。

【实操任务】为了加强与各地区代理商、客户、合作公司交流，××公司拟定于 2023 年 11 月 25—27 日，在杭州国际会议中心第一会议厅召开客户联谊会暨 2024 年新产品订货会，食宿均免费。请阅读该会议通知，讨论其写作存在的问题并进行修改。

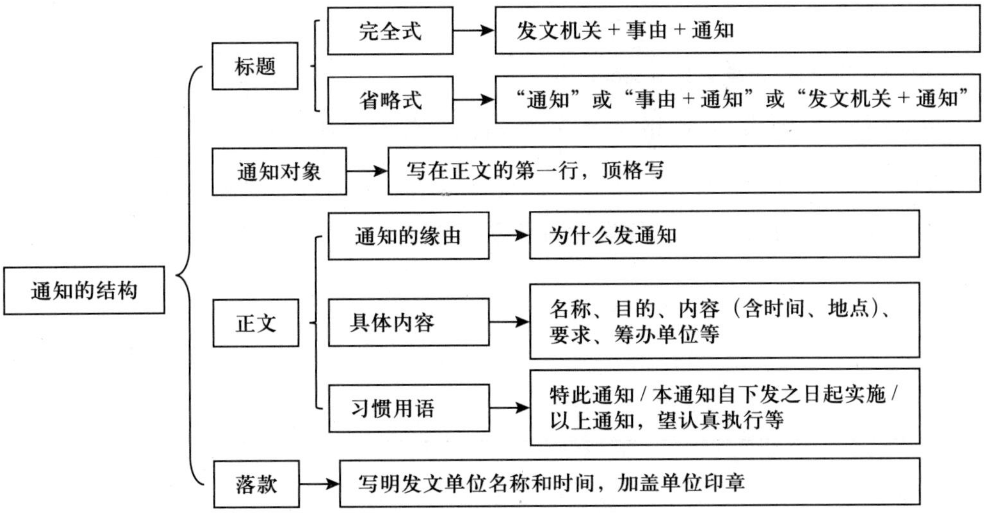

图 5-1-1　会议通知的主要结构

会议通知

尊敬的 ××× 先生 / 女士：

我公司定于 2023 年 11 月 25—27 日，在杭州国际会议中心召开客户联谊会暨 2024 年新产品订货会。

一、会议议题

1. ×× 公司 2023 年生产、销售情况报告。

2. 2023 年产品订货说明。

二、参加会议人员

×× 公司各地区代理商、客户代表、合作公司负责人等。

三、会议时间

11 月 25 日至 11 月 27 日。11 月 25 日在杭州国际会议中心大堂报到。

四、会议地点

杭州国际会议中心第一会议厅。

五、其他事项

1. 大会将为各与会人员免费提供食宿。

2. 联系方式

联系人：××

联系电话：××××××××

电子邮箱：Xuling@×××.com

通信地址：杭州市××路××号香楠公司总经理办公室

邮编：××××××

附件：杭州国际会议中心车路线图及乘车指南

××公司

2023年10月19日

存在哪些问题：

修改后的完整通知：

个人反思与总结：

温馨提示：
扫一扫　找问题

实操任务 5.2　会议议程、日程的写作

会议议程、日程的主要结构如图 5-2-1 所示。

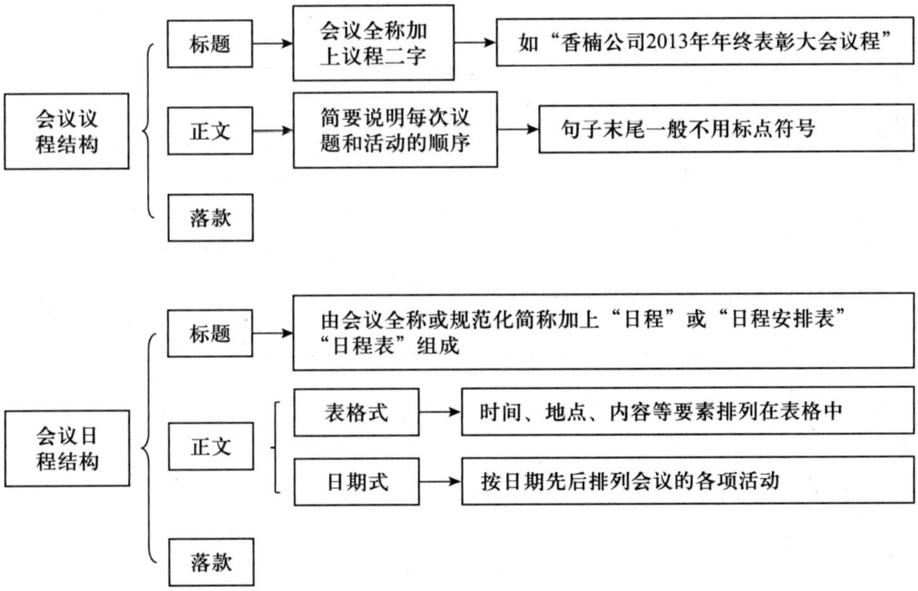

图 5-2-1　会议议程、日程的主要结构

认识会议议程、日程的相关知识点，完成下面的实操任务。

【实操任务】

任务 1：秘书根据已做的准备工作，按照会议议程的写法，拟订了会议议程初稿。以下是公司拟定的会议议程，请指出存在哪些问题？

××公司2024年新产品订货会议程（初稿）

时　间：2023年11月25—27日

地　点：杭州国际会议中心

主持人：公司副总经理何×

1. 特邀嘉宾——童装专业委员会副会长张××讲话
2. 客户代表发言
3. ××公司服装新品生产概况报告
4. ××儿童服装新品特点说明
5. 客户联谊活动
6. 2024年服装新品洽谈、预订

××公司总经理办公室

2023年8月12日

存在哪些问题：

____

____

____

____

____

修改后的完整议程：

____

____

____

____

____

____

____

个人反思与总结：

温馨提示：
扫一扫　找问题

任务 2：×× 公司年度客户联谊会暨新产品订货会会期 3 天，会议的主要内容有领导致辞、嘉宾代表讲话、客户代表讲话、专题报告、产品预订和参观考察等，秘书张 × 根据会期将会议内容进行了初步的分配，具体安排如下：

第一天：报到。

第二天上午：领导致辞、嘉宾和客户代表讲话，专题报告（一）、专题报告（二）。

第二天下午：客户联谊活动，产品预订。

第二天晚上：文艺演出。

第三天：参观考察。

第三天晚上：吴总经理宴请宾客。

表 5-2-1 是根据以上要求拟定的一份日程，请指出存在的问题。

表 5-2-1　××公司 2023 年度客户联谊会暨 2024 年新产品订货会日程安排

<table>
<tr><th colspan="2">时间</th><th>地点</th><th>主要内容</th><th>主持人</th><th>参加人员</th><th>备注</th></tr>
<tr><td colspan="2">11 月 25 日</td><td>杭州国际会议中心</td><td></td><td></td><td></td><td></td></tr>
<tr><td rowspan="11">11 月 26 日</td><td>8:30-8:40</td><td rowspan="3">杭州国际会议中心第一报告厅</td><td>刘××总经理致辞</td><td rowspan="3">倪××
(副总经理)</td><td rowspan="3">嘉宾、参会客户</td><td></td></tr>
<tr><td>8:40-8:50</td><td>童装专业委员会副会长张××讲话</td><td></td></tr>
<tr><td>8:50-9:00</td><td>客户代表发言</td><td></td></tr>
<tr><td>9:00-9:10</td><td>会议中心南门</td><td colspan="3">代表合影</td><td></td></tr>
<tr><td>9:10-9:40</td><td rowspan="2">杭州国际会议中心第一报告厅</td><td>××公司服装新品生产概况报告</td><td rowspan="2">倪××
(副总经理)</td><td rowspan="2">嘉宾、参会客户</td><td></td></tr>
<tr><td>9:40-10:10</td><td>××儿童服装新品特点说明(1)</td><td></td></tr>
<tr><td>10:10-11:40</td><td>杭州国际会议中心演出厅</td><td>××儿童服装新品特点说明(2)</td><td>何×
(副总经理)</td><td>公司中层以上干部、参会客户</td><td>服装新品T 台走秀</td></tr>
<tr><td>12:00</td><td>杭州国际会议中心桂花厅</td><td>午餐</td><td>刘××
(总经理)</td><td>公司中层以上干部、嘉宾、参会客户</td><td></td></tr>
<tr><td>12:30-14:30</td><td rowspan="2">杭州国际会议中心演出厅</td><td>客户联谊活动</td><td rowspan="2">刘×
(销售经理)</td><td>公司中层以上干部、嘉宾、参会客户</td><td></td></tr>
<tr><td>14:30-17:30</td><td>2024 年服装新品洽谈、预订</td><td>市场销售部干部、参会客户</td><td></td></tr>
<tr><td>18:00</td><td>杭州国际会议中心荷花厅</td><td>刘××总经理宴请宾客</td><td>刘×</td><td>公司中层以上干部、嘉宾、参会客户</td><td></td></tr>
<tr><td rowspan="4">11 月 27 日</td><td>8:00-11:30</td><td>西湖风景区</td><td>参观</td><td rowspan="2">王×</td><td rowspan="4">参会客户</td><td></td></tr>
<tr><td>12:00</td><td>楼外楼</td><td>午餐</td><td></td></tr>
<tr><td>13:30</td><td>公司场区</td><td>公司生产车间考察</td><td>李×
(生产部经理)</td><td></td></tr>
<tr><td>15:30</td><td>杭州国际会议中心桂花厅</td><td>晚餐</td><td>刘×</td><td></td></tr>
<tr><td>11 月 28 日</td><td colspan="6">返程</td></tr>
</table>

存在哪些问题：

修改后的完整日程：

个人反思与总结：

温馨提示：
扫一扫 找问题

实操任务 5.3 会议记录的写作

会议记录的结构如图 5-3-1 所示。

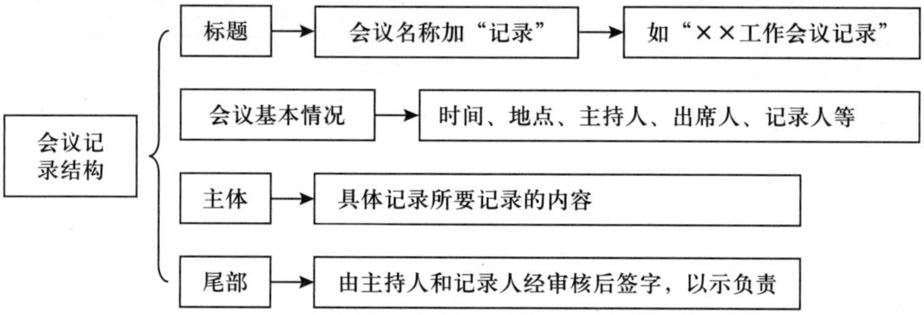

图 5-3-1 会议记录的结构

认识会议记录的相关知识点，完成下面的实操任务。

【实操任务】这是 ×× 公司客户联谊会上的会议记录，请指出以下会议记录存在哪些问题？

×× 公司客户联谊会记录

会议时间：2023 年 11 月 25 日上午 9:00

会议地点：杭州国际会议中心第一报告厅

主持人：何 ××（副总经理）

出席人员：何 ×× 副总经理、刘 ×× 总经理、童装专业委员会副会长张 ××、客户代表、各部门经理会议主要内容：

何××副总经理宣布会议议程：

第一天上午，领导致辞、嘉宾和客户代表讲话、专题报告（一）；第一天下午，专题报告（二）、产品预订；第一天晚上，文艺演出；第二天，参观考察；第二天晚上，吴总经理宴请宾客；第三天，返程。

刘××总经理致辞：

1. 对光临会议的各级领导、各位来宾、各界朋友表示热烈的欢迎和衷心的感谢。

2. 对2023年公司销售情况进行总结。

3. 展望未来。

中国服装协会童装专业委员会副会长张××：

1. 欢迎来自全国各地的童装企业的代表来到杭州参加××公司的客户联谊会。

2. 对××公司2023年生产、销售超额完成任务表示衷心的祝贺，对并××公司以后的生产销售提出希望，希望××公司进一步提高产品质量和服务，争取更多的市场份额，争取创建全省乃至全国童装龙头企业。

3. 希望经销商、广大客户一如既往地支持××，关注××的发展、关注××的产品。

王××（北京××有限公司副总经理）：

1. 对××公司2023年生产、销售超额完成任务表示衷心的祝贺。

2. 代表经销商、客户表示，将会一如既往地支持××，关注××的发展、关注××的产品，和××加强合作。

3. 祝××的事业蒸蒸日上。

刘××总经理做专题报告：

1. 2023年××公司童装生产报告（略）。

2. 2023年国内外童装形势分析报告（略）。

存在哪些问题：

____

____

修改后的完整记录：

个人反思与总结：

温馨提示：
扫一扫　找问题

实操任务 5.4　会议纪要的写作

会议纪要的结构如图 5-4-1 所示。

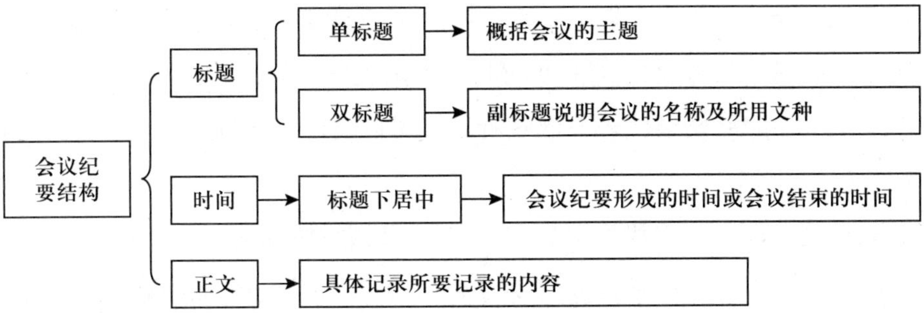

图 5-4-1　会议纪要的结构

认识会议纪要的相关知识点，完成下面的实操任务。

【实操任务】总经理秘书张 × 根据会议记录、领导讲话、大会发言和会议简报等内容，撰写的会议纪要全文如下。请你指出这份会议纪要存在的问题。

× × 公司客户联谊会暨 2024 年新产品订货会

会议纪要

（2023 年 11 月 30 日）

× × 公司客户联谊会暨 2024 年新产品订货会于 2023 年 11 月 25—27 日在杭州国际会议中心举行。会上，公司总经理刘 × × 做了工作报告，对本年度工作进行了总结，对下一年度工作进行了部署，参加会议的有来自全国各地的客户代表及本公司中层以上干部近 150 人。

会上，刘 × × 总经理代表公司致辞，刘 × × 总经理首先对光临会议的各级领导、各位来宾、各界朋友表示热烈的欢迎和衷心的感谢；接着，他对 2023 年公司生产、销售情况进行了简要的总结；最后，他衷心希望能和与会代表精诚合作，共创美好未来。

与会中国服装协会童装专业委员会副会长张 × × 、北京 xx 公司副总经理王 × × 等分别讲话，他们表示将会一如既往地支持 × × ，关注 × × 的发展、关注 × × 的产品，和 × × 公司加强合作。

最后刘 ×× 总经理做专题报告,刘总经理首先介绍了香楠公司 2023 年度童装产品生产情况和 ×× 公司的基本情况,对 ×× 公司 2023 年在生产和销售方面取得的成绩以及在生产、经营方面存在的一些不足进行了总结。接着,刘总经理就 2023 年国内外童装产品形势进行了精辟的分析。最后,他代表公司,向与会代表表示,一定加强管理,努力提高产品和服务质量,更好地为大家服务。

专题报告结束后,与会代表一起观看了公司自编自导自演的文艺晚会,并组织与会代表游览了西湖景区。

最后,公司与到会客户代表就 2023 年新产品订货情况进行了洽商,会上有 50 家单位明确了 2023 年的订货情况,并签订了供货协议,部分企业也达成了合作意向。

存在哪些问题:

修改后的完整会议纪要：

个人反思与总结：

温馨提示：

扫一扫　找问题

项目 6 商务法律专用文书

【知识目标】

了解经济合同、招标书、投标书的含义、特点与作用，掌握其写作格式、结构与要求。

【技能目标】

能够正确、规范地撰写经济合同、招标书、投标书。

【素质目标】

培养学生科学化、规范化、严谨务实的思维习惯，逐步具备并强化组织管理者的商务和法律意识。

【思政目标】

培养学生严谨务实、诚实守信的品质和法治观念。

实操任务 6.1　经济合同的写作

经济合同的结构如图 6-1-1 所示。

认识经济合同的相关知识点，完成下面的实操任务。

【实操任务】苏州新时代工业园生物纳米科技发展有限公司为了提高公司竞争力决定对公司现在应用的各种软件统一进行改良换代。经过后勤部门和行政部门同仁的联合筛选，生物纳米科技发展有限公司决定向北京金山软件有限公司购买相关的软件设备。为此，刚从某高职文秘专业毕业的行政助理小李撰写了一份购销合同。在合同中，小李采用了表格

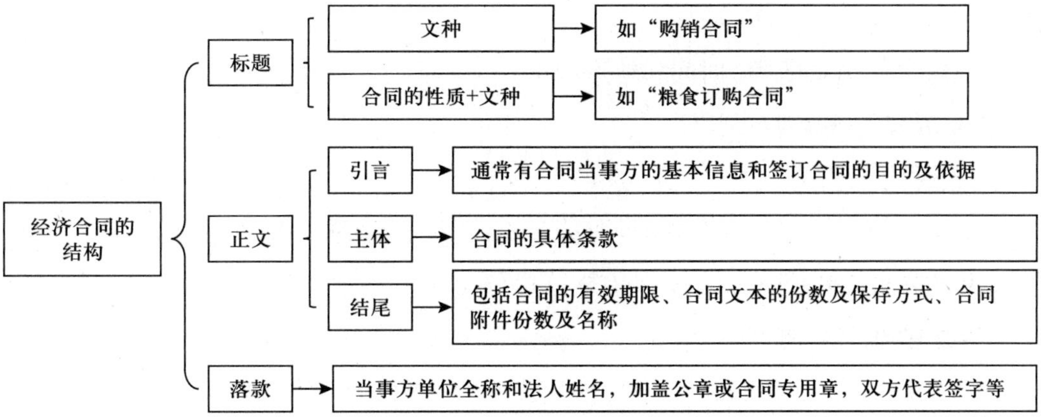

图 6-1-1　经济合同的结构

和条文相结合的方式对此次交易进行了描述。写完之后，小李自我感觉良好。但是办公室曾主任在看过合同后却给她指出了若干不妥之处，小李这才恍然大悟：合同的写作不是自己感觉好就可行的，在内容和格式上都有严格的规定。以下是小李撰写的购销合同。

购销合同

合同编号：201011005

供方（甲方）：北京金山软件有限公司

需方（乙方）：苏州新时代工业园生物纳米科技发展有限公司

签订地点：（略）

经充分协商，特签订此合同，共同遵守。

一、产品名称、数量和价格

产品名称	产品规格	等级	数量	单价	折扣	金额
合计金额　仟　佰　拾　万　仟　佰　拾　元　角　分						

二、质量标准及检验时间、方法及负责期限：（略）。

三、交货日期：（略）。

四、交货及验收方法、地点及期限：（略）。

五、包装标准：（略）。

六、运输方式、目的地及运费承担：（略）。

七、给付定金的数额、时间和地点：（略）。

八、结算方式及期限：（略）。

九、保险费

以 × 方名义，由 × 方按本合同总值 ×% 投保，保险费由 × 方承担。

甲方单位名称：北京金山软件有限公司（章）

甲方签约代表（签字）：

乙方单位名称：苏州新时代工业园生物纳米科技发展有限公司（章）

乙方签约代表（签字）：

存在哪些问题：

____

____

____

____

____

____

修改后的完整经济合同：

____

____

____

____

____

____

____

____

____

____

个人反思与总结：

温馨提示：
扫一扫　找问题

实操任务 6.2　招标书的写作

招标书的结构如图 6-2-1 所示。

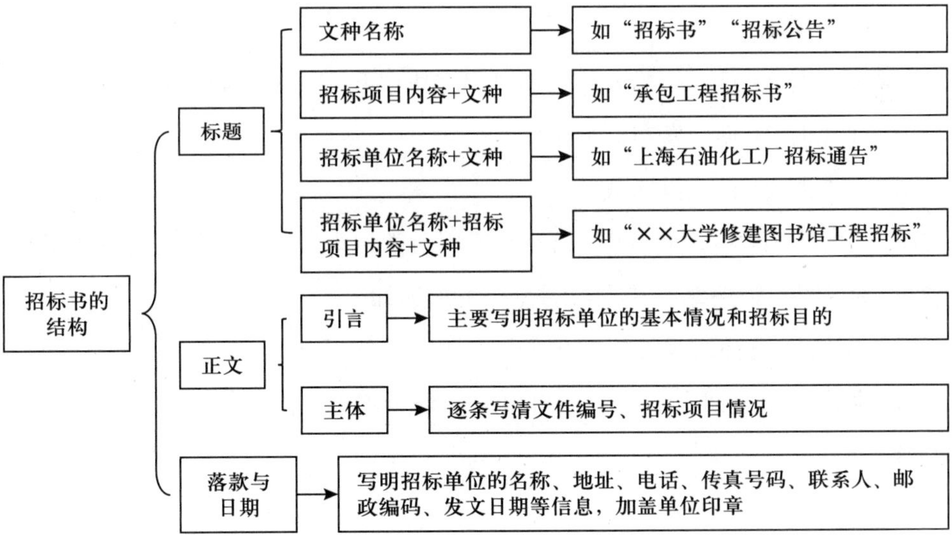

图 6-2-1　招标书的结构

认识招标书的相关知识点,完成下面的实操任务。

【实操任务】BP是世界上最大的能源公司之一,主要向顾客提供运输燃料、光热能源、油品零售服务,以及与人们日常生活密切相关的各种石化产品。BP在华业务包括合资兴建大型石化联合企业、天然气的生产和进口、加油站零售业务、润滑油的生产和销售、液化石油气(LPG)的进口及营销、航空燃油供应,以及太阳能发电装置的本地生产。此次BP(China) Industrial Lubricants Ltd 碧辟(中国)工业油品有限公司决定对公司国内润滑油(非危险品)物流运输业务进行招标。总经理助理Elie了解了公司的招标要求后写成了一份招标书。但是总经理看过后却表示了不满意,建议Elie听取办公室主任老李的意见后再行修改。以下是Elie写成的招标书。

招 标 书

BP (China) Industrial Lubricants Ltd 碧辟(中国)工业油品有限公司为加快其产品在中国的流通,决定对公司润滑油(非危险品)国内物流运输业务进行招标。凡有意参与者请遵照以下说明参与我公司的招标、投标工作。

一、招标项目

国内物流运输:从太仓及东莞始发,能到达中国大部分省或直辖市。预算年运输额超过四千万元。

二、投标方的资质要求

投标方需要有以下关于润滑油运输的基本业务能力:公路运输,能到达全国大部分省或直辖市、国内油罐车运输、集装箱国内海运或内河运输。

三、招标流程安排

2017年1月18日　招标方签署项目保密协议及完成资质问答表

2017年1月21日　发布标书

2017年2月23日　投标截止

2017年3月9日　招标方组织评标专家组负责评审,从中选择2~3家拟中标公司,再进行议标、决标,最终结果在十天后另行单独通知。

四、投标方在投标时需按投标价的5%缴纳履约保证金,现金或支票。未中标单位的保证金将当场退回。最终中标单位的保证金不退,作为该项目的质保金计入总合同金额。

五、开标与评标

1. 开标

招标会时间定在2017年3月9日上午9:00进行。现场开标为3月9日上午9:30,开标地点为碧辟(中国)工业油品有限公司一楼多媒体会议室。参加开标的投标代表应签名报到,证明其出席。正式开标前未签名出席,视为废标。开标时由招标领导小组领导宣布开标程序和办法,并当场认定投标文件的封签并拆封。

2. 评标

由评标专家组进行,主要比较各投标文件所提供的质量、价格和投标方的服务、信誉、实力,综合选定中标方。我们本着性能价格比最优的原则,并不保证最低价中标。投标方不参加评标过程。评标结果由评标专家组当场宣布并书面通知拟中标方。

碧辟(中国)工业油品有限公司(盖章)

2017年12月3日

存在哪些问题:

修改后的完整招标书：

个人反思与总结：

温馨提示：
扫一扫　找问题

实操任务 6.3　投标书的写作

投标书的结构如图 6-3-1 所示。

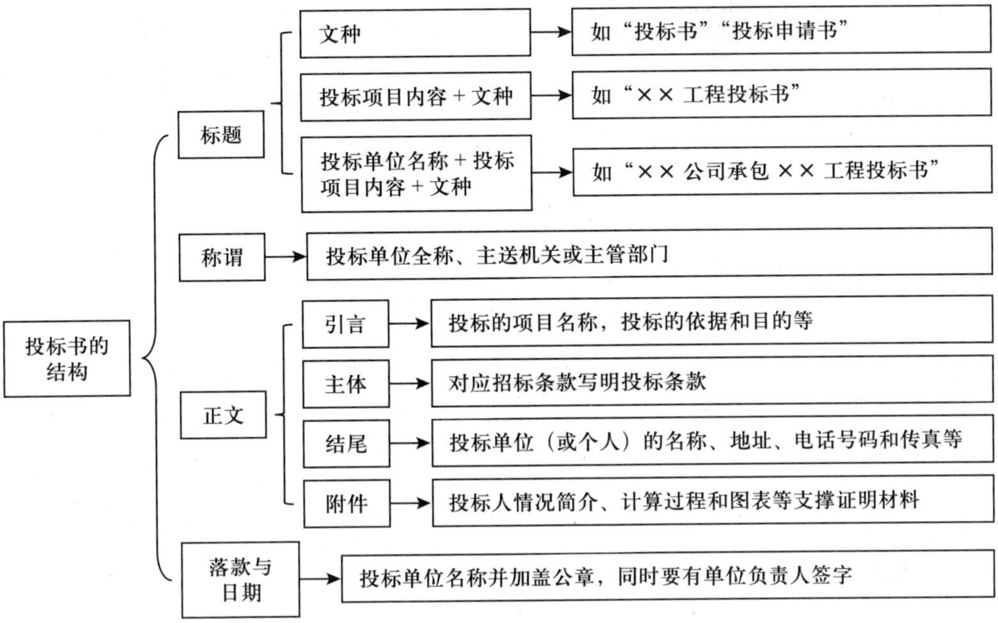

图 6-3-1　投标书的构成

认识投标书的相关知识点,完成下面的实操任务。

【实操任务】上海市鑫鑫电子制造厂在得知上海新东京集团招标欲采购一批电压检测器、电压调整器、电压泵后,综合考虑到本厂的实力和发展战略,决定参与此次竞标。为了增加中标的胜算,厂长秘书小黄事先拟定了一份投标书,但是在交给办公室主任审核时,却遭到了主任的批评。以下是小黄拟定的投标书。

致上海新东京集团投标书:

贵集团的招标书收悉。我们觉得凭借我厂雄厚的技术实力完全可以胜任这项工作。为此,我们特提交此投标书。

货物总报价:30 万元。

货物清单一式三份。

投标保证书一份。

另外,我们慎重申明,我们还拥有以下的权利和义务:

我们将根据招标文件中的规定履行相关的责任和义务。

如果我们在开标之后的投标有效期内撤标,造成的损失将由我方承担。

总之,我相信凭借我厂的强大实力,我们一定能在此次竞标中脱颖而出。

广州市鑫鑫电子制造厂

2020 年 12 月 12 日

存在哪些问题:

修改后的完整投标书:

个人反思与总结：

温馨提示：
扫一扫　找问题

项目 7　商情调研文书

【知识目标】

了解市场调查报告、可行性研究报告的含义、特点与作用；掌握其写作格式、结构与要求。

【技能目标】

能够正确撰写规范的市场调查报告、可行性研究报告。

【素质目标】

在操作实践中提高数据分析能力、项目策划能力、数据安全意识，提高商务情境下文字表达能力。

【思政目标】

培养学生尊重数据、实事求是、客观公正的精神。

实操任务 7.1　市场调查报告的写作

市场调查报告的结构如图 7-1-1 所示。

认识市场调查报告的相关知识点，完成下面的实操任务。

【实操任务】某调查小组对星沙地区部分高校在校大学生进行了大学生眼镜市场状况的调查，然后撰写了《大学生眼镜市场调查报告》。请阅读该市场调查报告草案，讨论其写作存在的问题并进行修改。

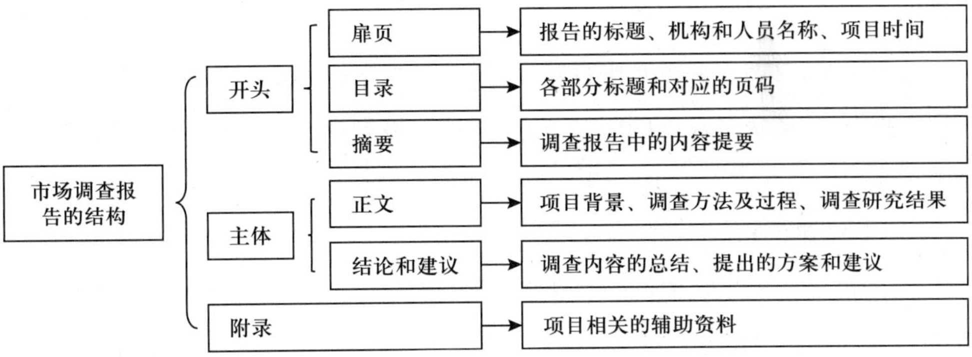

图 7-1-1　市场调查报告的结构

大学生眼镜市场调查报告

一、调查目的

目前大学生对眼镜需求量大，有一定的健康意识，懂得主动去保护自己的眼镜。大学生的品牌意识较强，但消费能力一般，一般在选择眼镜的时候会倾向于简约大方的款式，以体现大学生们的青春阳光。在校大学生由于用眼过度，缺乏护眼意识，致使越来越多的大学生视力在不同的程度上下降。消费者从单一的保护视力方面，已发展到注重产品的多样化、个性化。在校大学生在一个特殊的生存环境里形成了一个特殊的群体，并营造成一种特殊的文化氛围。他们不仅在现时有巨大的消费潜力，将来也会成为社会的消费主流。

二、调查对象

星沙部分高校在校大学生。

三、调查时间

2011 年 4 月 8 日至 4 月 13 日。

四、调查方式

抽样调查、问卷调查、网络调查。

五、调查步骤

4 月 8 日完成企划案问卷的撰写及打印问卷。

4 月 9—11 日外出问卷调查。

4 月 12 日问卷整理。

4 月 13 日数据分析。

4 月 14—17 日调查分析及撰写调查报告(调查分析包括戴眼镜的原因、眼镜的款式、眼镜的价位、消费者喜欢的服务方式、眼镜更换频率、学生对眼镜考虑因素、眼镜店的选择)。

六、分析结果汇总

我们随机对在校大学生发放问卷 122 份,收回 121 份,有效问卷调查 120 份。以下是对调查问卷做出的分析。

1. 当今社会是一个信息化社会,人们已越来越离不开手机和电脑,而这些电子产品也会对眼睛造成很大的伤害。大学生在经过十几年寒窗苦读的情况下,也会和眼镜结下不解之缘。在所调查的对象中,近视率为 20%,在近视患者中,80% 戴框架眼镜,10% 戴隐形眼镜,10% 戴塑料镜架眼镜。框架眼镜目前市场占有率比较高的主要原因是价格适中,一般在 200~400 元钱;好的隐形眼镜价钱会比较高,差的隐形眼镜又很容易伤害眼睛,还需要眼镜清洗液、眼镜盒等长期消费;塑料眼镜在使用过程中很容易被破坏掉。

2. 学生更换眼镜的频率是高的,10% 在一年之内,40% 在一二年之间,20% 在两年以上,30% 不确定。由于眼镜易损坏,所以我们可以把这 30% 看成一个很大的潜在市场,把他们看成潜在消费者。

3. 学生对于选择何种眼镜的影响因素的关注程度也是不同的。10% 的同学主要关注的是舒适度,10% 的同学注重产品的款式,10% 的同学注重眼镜的品牌,5% 的同学注重眼镜的耐用程度,40% 的同学注重的是眼镜的价格,25% 的同学注重的是款式、品牌、舒适度、价格。从上述可以知道大多数同学是注重款式、舒适度和价格的。大学生是一个喜欢时尚、追求流行的一个消费群体,但又有一定的理性控制,所以价格也自然会成为其中的一个考虑因素。

4. 大学生对眼镜店的选择。选精益眼镜店的居多。20% 的选择永鑫,40% 的选择精益,20% 的选择新扬,10% 的选择光明,10% 的选择其他眼镜店。根据调查显示,选择精益居多的因素是因为其眼镜店相对于其他的眼镜店来说:

a. 店面比较大,在款式和品牌方面让大学生拥有更多的选择。

b. 有专业的配镜技术和专业的销售服务。

c. 会在一些节日推出打折、以旧换新等促销活动。

5. 大学生在所期待的服务里比较偏向于专业的销售服务和专业的配镜技术。30% 选择专业的销售服务,8% 选择舒适购物环境,29% 选择专业的配镜技术,10% 选择免费清洗和视力复查,15%选择优惠促销活动,5%选择以旧换新的服务,2%选择自主设计款式,1%选择其他。调查数据显示大学生已越来越关注自己的眼镜,知道理性选择更好的服务来保护自己的眼镜,也能知道专业的销售服务在现今社会也是很受大学生欢迎的。

6. 眼镜行业的形势:眼镜行业竞争激烈,眼镜店越开越多,顾客分流,僧多粥少,陷入拼价格、比装修的怪圈,利润日渐微薄,品牌眼镜店扩张迅速,设备要求越来越高,经营成本提升,大学生更换眼镜频率并不是很高,行业面临严峻考验。大学生的品牌意识越来越强,如果学校附近开有品牌眼镜店,并且款式多样,品质有保障,服务好,调查者会优先考虑购买。这对于想要利用学校这一大好资源的投资者来说也是一个很好的机会。

七、调查结论

通过对本次星沙部分高校的眼镜市场需求调查,我得出了以下几点结论:

1. 在校大学生近视率高,男生特别突出。
2. 眼镜将会是大学生的一个巨大的消费市场。
3. 在近视的同学中大多数选择佩戴框架眼镜,在隐形眼镜中女同学居多。
4. 在配镜眼镜的选择方面,大学生会更倾向于专业的销售服务和专业的配镜技术。
5. 在价格方面一般都选择在200~400元,并没有显著的差异。
6. 除近视之外的眼镜市场需求量还是不大的。

八、建议

1. 加强同学们保护眼睛及眼镜,鼓励同学们去配眼镜。
2. 对同学们宣传眼镜的相关知识,不可随便配戴眼镜。
3. 建议同学们选择质量好及适合自己的眼镜佩戴。
4. 自主品牌店应该加强宣传,让更多的大学生了解其产品。
5. 厂商应该不断设计出能够吸引大学生眼球的眼镜。
6. 品牌眼镜在市场需求中应该根据大学生的消费能力有一个适合大学生的价格范围,使其有更多的选择范围。
7. 加强销售人员对技术及服务方面的相关培训。
8. 引进先进的配镜设备。
9. 建议大学生在什么情况下使用框架眼镜,什么时候使用隐形眼镜。
10. 多举办与大学生贴近的活动,让大学生参与其中。

存在哪些问题：

修改后的完整市场调查报告：

个人反思与总结：

____

____

____

____

温馨提示：
扫一扫　找问题

实操任务 7.2　可行性研究报告的写作

可行性研究报告的结构如图 7-2-1 所示。

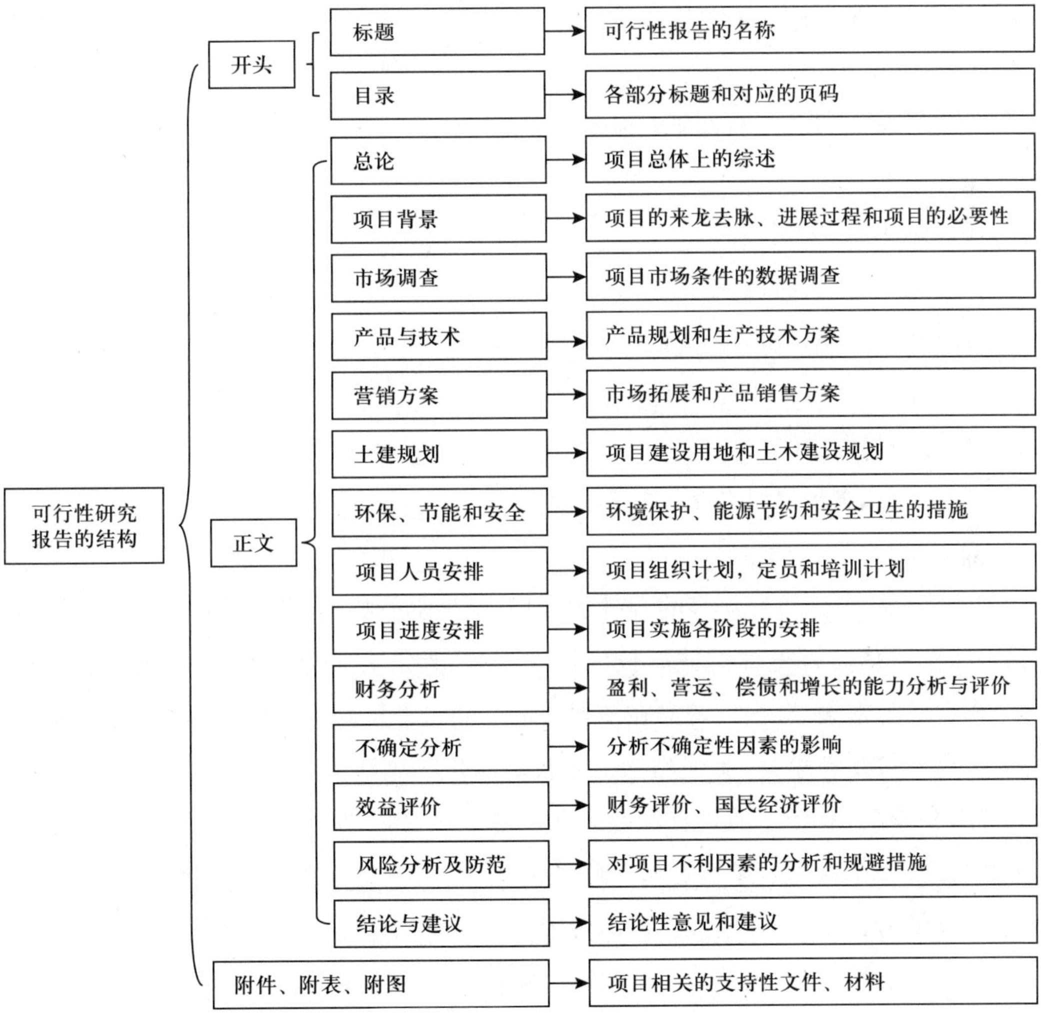

图 7-2-1　可行性研究报告的结构

认识可行性研究报告的相关知识点,完成下面的实操任务。

【实操任务】四位投资人通过对校园咖啡消费的调查研究,撰写了《校园咖啡厅项目可行性研究报告》。请阅读该可行性研究报告,讨论其写作存在的问题并进行修改。

校园咖啡厅项目可行性研究报告

一、项目背景

星巴克年内销售额总涨幅已近两成,仍旧门庭若市,这表明喝咖啡不仅已成为一种流行,同时也成了一种文化、一种情调和一种生活方式。随着咖啡文化的流行,校园也成为咖啡文化入驻的重要场所。咖啡厅正在成为人与人沟通和自我享受的一个重要场所,它的价值在于它能提供给消费者高层次的精神享受。咖啡不仅仅是一种饮料,而是一种氛围文化和生活追求。经济和社会的发展必然映射到校园中来,咖啡文化消费在校园市场大有可为。

(一)项目名称

校园咖啡厅项目可行性研究报告。

(二)项目单位

BF有限责任公司。

(三)可行性研究报告编制依据

1.《中华人民共和国合伙企业法》。

2.《中华人民共和国行政许可法》。

3. 企业投资决议。

4. 宁波市出台的相关投资法律法规等。

(四)项目提出的理由与过程

虽然宁波市分布有众多的咖啡厅,但万里学院的咖啡厅市场存在着空白,目前无一家咖啡店。万里学院钱湖校区位于高教园区,有师生2万余人,周边高校众多,人口极为密集,有很大的潜在消费人群。同时万里师生整体上知识文化素质比较高,易于接受新事物,有强烈的追求较高品位的生活方式的欲望,有一部分群体消费水平较高,有较多的可支配收入购买非生活必需品。在万里学院里面经营一家咖啡店,一方面可以丰富教师与学生的生活,另一方面对于经营者而言,潜力巨大,大有可为。在中国,绝大多数消费者把吃西餐当作是一件奢侈的事。柔和的灯光、典雅的装潢、精致的餐具、彬彬有礼的侍应生在好些人看来是一种遥不可及的贵族消费，是与千千万万普通大学生无关的一种存在。我们的咖啡厅将成为同学相聚、情侣交流、与朋友洽谈的首选的浪漫之地。创办咖啡厅的主要目的是给我校在校学生提供实习的机会，让学生在学习的同时参与实践，从而提高学生的综合素质，因此，由在校本科学生担当咖啡厅的所有管理和服务人员是该咖啡厅的一大特色。

二、餐饮行业市场分析

（一）咖啡行业市场现状分析

对于家庭经济充裕的在校大学生而言，他们在校期间的业余时间大多用来发展自己的兴趣，追求生活的乐趣。大学生是社会消费的一个特殊群体，尽管他们在经济上尚未独立，但已是消费创新的主力军之一。今天的大学生消费已经不仅仅为了满足生存的需要，更多是为了展现自我创新能力、向社会展示新潮前卫。学生手中的钱多了，其消费领域也越来越宽。目前大学生的消费状况不尽合理，如储蓄观念淡薄、消费结构存在不合理因素、过分追求时尚和名牌，存在攀比心理、恋爱支出过度等。消费不仅仅是个人行为，还会受到社会的政治气候、经济状况、文化环境等因素影响。学生到咖啡厅主要是追求一种高品位的感受。尽管学生中有相当一批咖啡消费者是因为文化和时尚而消费咖啡的，但在很大一部分学生看来，西餐厅与中餐厅没有本质的不同；学生更注重实际，从很大程度上讲，西餐在他们看来就是另一种味道的饮食。因此，为了消除人们对西餐的隔阂，咖啡厅将自己的定位调整为以中档消费者为主，在原来的基础上实行全面降价。在营销策略上实行“欲取先予”，进行市场开发，让更多的学生消费者走进咖啡厅。

（二）餐饮行业市场需求预测

1. 在所调查的本科生总体中，每月生活费主要集中在 800~1 000 元，占 37.1%，其次是 800 元以下和 1 000 元以上，分别占 26.2% 和 21.9%，这三者占据了总体的 85.2%，构成了本科生消费群体的主体。可见，在宁波市物价水平的大环境下，学生消费群体可支配收入不显得特别紧张，同时也并不宽裕。

2. 在对咖啡和西餐的消费偏好的调查中，可以发现，大约 1/4 的目标消费群体态度是“喜欢”，大约一半的群体态度为“一般，没有特别偏好”，这两者占据了总体的大部分，不喜欢的顾客只占 15% 左右。

3. 在对咖啡和西餐消费频率的调查中，可以发现，有 1/4 的目标顾客选择“会经常去”,1/3 的顾客选择“偶尔去”,而选择“不会去,没有此需求”的潜在顾客也占到了 1/4。和上面的数据比较之后,我们发现,有一部分潜在消费者(约 10%)对咖啡和西餐怀有好感,但是需求的意识处于沉睡状态,经过宣传和市场开发,这部分消费者有望成为咖啡和西餐的忠实消费者。

4. 在去咖啡厅的消费目的的调查中,可以发现,聚会和用餐的目的占据了一半以上的比例,谈事占了大约 10%,这说明了校园消费群体去咖啡厅消费是因为有需求和有事情才去,并非为了单纯追求精神的享受。这暗示我们在消费者分析中,更应该重视团体消费(而非散客消费)。同时除开咖啡这项主营业务之外,应该适当增加一些辅助的业务。

5. 在每次的消费额的调查中,可以发现,可以接受 20~30 元的消费额的群体占了 13.5%,接受每次 10~20 元的消费额的消费者占据了 25.3%,少于 10 元占据了 22.4%,三者共占了六成以上的份额,这说明大部分的消费者消费能力仍是有限的,暗示我们在定价策略中应该采取中档偏低的价格。

6. 在影响消费的因素的调查中,可以发现,口味和价格是最重要的影响因素,分别占据了 34.2% 和 33.5%,另外气氛和私密性分别为 12.5% 和 13.6%,这暗示我们应该为潜在顾客提供大众化价格高品质享受的服务,同时,重视气氛的营造(私人的空间和宜人的气氛)。

三、市场竞争力分析

一是奶茶店,主要面向低档消费者,这一类消费者居多,我们学校周围奶茶 1 元 / 杯,还提供座位和桌子来方便学生交流,环境虽然差一点,但奶茶店是我们最首要的竞争者。

二是比较高档专业的 KTV,主要面向学生聚会。这类餐厅环境闲适,风格独特。这类餐厅更适合中高档消费群体,最首要的是它有私人包厢,这一点我们咖啡店需要留意一下,价格略低于咖啡厅又高于奶茶店,面对的主要是对环境有特别需求者和追求时尚者。

三是咖啡厅,我们学校附近没有咖啡厅,因此现在咖啡厅最首要的对手是前两类。我们的咖啡厅是万里学院内唯一一家,在周围也是规模最大的一家,只要做好宣传和市场细分,我们能够垄断这个市场。

四、市场营销策略

(一)定位

要成为一个市场的领导者,一定要有相当数量的消费者。为了打破人们对西餐的隔阂,必须降低价格,“先惠人,后惠己”,让更多的人走进西餐厅。咖啡厅应采取一个大胆的策略:定位在面向中档消费者为主,兼有西餐的舒适和中餐的随意,走中式西餐的道路。

(二)产品创新

贴近学生的生活,对西餐的内容和做法要进行大胆的调整。在咖啡厅,既有咖啡也有茶类,既有牛扒也有白饭。要对西餐进行改良,虽然学生喜欢西餐厅的幽雅环境,但终究是东方人,吃不惯正宗的西式菜肴。咖啡厅的管理者要意识到学生市场的消费特点,适时做出调整和改变。学生希望在咖啡厅不但能品尝到正宗西式食物、地道菜,而且还有男女生爱吃的点心、蛋糕等甜品可供选择。

改变要以市场为导向。了解学生的需求——不会为了喝咖啡而喝咖啡。咖啡厅所吸引的并非是一小部分追求正宗西餐的消费者,而是更广大的消费群体,他们追求的不是正宗,而是合适。

五、传播策略

可以组织一些具体活动(例如,沙龙、舞会、英语角等)吸引人气,达到传播效果。

网站和广播广告:利用学生使用较多的学校网站、短视频平台或者校园广播投放一定量的广告和公告。

人脉推广:鉴于高校是人群相当密集的场所,可以利用咖啡消费者的口碑传播,例如可以招聘比较多的轮班流动的学生兼职服务员,通过每个人的交往半径进行人脉推广。

官方传播:可以争取学校官方的合作,例如记者团的采访、校级院级的报纸的详细介绍,做好公关,公关的传播方式效果很好。

利用社团:社团作为高校重要的组织,对高校学子有巨大的影响,也是一个营销渠道。可以和社团建立友好关系,采取措施鼓励社团群体消费。例如,咖啡厅可以提供给社团,社团非正式活动可以利用咖啡厅场所进行。

软文传播:鉴于潜在顾客年龄较轻,易于接受感性事物,可以采取软文传播方式。例如各种受众较广的媒介(抖音等)以心情故事的方式,提到该咖啡厅,在不经意间就对潜在顾客产生影响,唤起消费咖啡的意识和体验欲望。

咖啡厅最重要的还是口碑效应。学生在吃的地方讲求实际,但作为开放的大学,我们学生也更加成熟,愿意在良好就餐环境中消费,尤其是对环境有特别需求者。咖啡厅一定要抓住这一点,店里环境要独具个性并体现潮流。消费者在就餐时能体验到一种文化,然后他们就会传递给亲朋好友,进而形成了口碑。

六、产品、工艺及设备方案

(一)产品方案

蓝山咖啡、巴西咖啡、曼特宁咖啡、意大利咖啡、雀巢咖啡、卡布基诺拿铁咖啡、茉香冰咖啡、雀巢冰咖啡、浓缩咖啡、美式香醇(冰、热)。

(二)工艺方案

过滤法:将咖啡粉加入滤袋或滤纸中,慢慢注入新鲜开水,直至咖啡湿透为止,随即再分 2~3 次将定量的水全部注入壶中,即可饮用。

ESPRESSO 法:需要借助意式咖啡机来调制。意大利咖啡机有足够的压力迫使热水穿过非常纤细并经过挤压的咖啡粉末,吸取咖啡最为浓郁的口味,然后滴入下面的杯中。

自动渗滤法:将新鲜冷水倒入电热咖啡壶的水箱,再在过滤器内加入适量咖啡粉,开启电源,待水全部滴完后即可。

(三)设备方案

1. 咖啡机(双头):28 000~80 000 元。
2. 磨粉机:5 000~6 500 元。
3. 滴滤咖啡机:800~8 000 元不等。
4. 水处理设备(过滤掉水中的杂质和怪味,保证咖啡的味道):200~800 元。
5. 奶缸:用来热奶或做奶沫。32 盎司奶缸所盛的牛奶和奶沫,可供制作两三杯咖啡。
6. 温度计:测奶温,可保证制作的饮料味道和质量上保持一致。
7. 压粉器:用来将咖啡粉压实,在煮咖啡时使用。
8. 其他:勺、量杯、计时器、香料瓶、奶油发泡器、摩卡泵、清扫刷、咖啡杯。
9. 耗材包括:奶制品、香味糖浆(果露)、纸制品、吸管等。

七、成本

(一)房租

房租是咖啡馆投入资金中较多的一部分。以 100 平方米为例,桂林路商圈的房租为每月 3 000~6 000 元。为保证半年的运营，我们首期需要准备 7 个月的房租(1 个月房租为押金)。

(二)人力成本

按咖啡馆营业面积、目前咖啡馆市场平均工资水平和员工倒班工作安排，咖啡馆需要的员工为 3 人：

咖啡师一名(两年以上咖啡师经验)：2 500~3 000 元 / 月。

咖啡师兼服务员一名(初学咖啡制作 6 个月左右，可倒班)：1 200~1 500 元 / 月。

服务员一名：1 200~1 500 元 / 月。

(三)一次性投入成本

1. 装修

装修的弹性较大，且可控制性较强，装修预算 100 000~150 000 元。包括：设计、硬装(地板、墙面、水电、木料等)、软装(灯饰、布艺、装饰等)、桌椅、沙发、杯子、茶具、餐具等。

2. 设备

设备预算：40 000 元。包括：虹吸壶、半自动双头咖啡机、磨豆机、消毒柜、冰箱、制冰机、收音机、电脑、投影仪、音响、烤箱、微波炉等。

3. 公司注册

工商、税务、卫生、消防等一切注册费用：5 000 元。

(四)原料成本：(按菜单内容定)

1. 咖啡包括：咖啡豆、单品咖啡豆、咖啡辅料等 500~1 000 元 / 月。

2. 奶茶包括：茶底、鲜奶、辅料等 300~500 元 / 月。

3. 茶约 300~500 元 / 月。

4. 简餐(不开火)。

包括：三明治、甜点类 1 000~2 000 元 / 月。

原料成本为：2 000~4 000 元 / 月(一般原料成本占售价的 5%~10%)

(五)水电工商费用

包括税费、水、电、煤气、电话费、网费、设备维护及临时性费用等：1 000 元 / 月。

(六)杂费(宣传活动经费、设备维护)

举办各类活动，包括网站、宣传、活动嘉宾劳务费等，5 000 元 / 月。

八、投资估算依据

经营预算分析:

房租 4 000 元 / 月 ×6 个月 =2.4 万元

装修自己设计中等装修 10 万元

机器设备 4 万元

公司注册 0.5 万元

餐饮原物料半年准备 2 万元

水电工商 1 000 元 / 月 ×6 个月 =0.6 万元

人员工资(1 个店长,2 个店员)5 000 元 / 月 ×6 个月 =3 万元

杂费(含宣传、机器维修)5 000 元 / 月 ×6 个月 =3 万元

以上合计 25 万元,再准备 5 万元备急

合计需准备启动资金 30 万元(150 股)

其中装修、机器设备、公司注册一次性投入费用合计为 14.5 万元;日常经营费用(房租 + 水电 + 工资 + 杂费)合计 1.5 万元 / 月(日均费用 500 元 / 天,即每天营业额达到 500 元,即可让咖啡馆持续经营下去)。

九、经营假设

100 平方米装修后共 40 个座位,预计人均消费 25 元,客满大概五成,也就是平均 50% 的就座率,转台数为 2(转台就是一天的经营时间中,一台有多少轮客户就座),也就是 48 人次。

预估营业额:3 万元 / 月(日营业额为 40 × 50% × 2 × 25=1 000 元)　36 万元 / 年

预估毛利额为:2.7 万元 / 月(产品平均毛利按 90% 计算)　32.4 万元 / 年

预估经营费用:1.5 万元 / 月　18 万元 / 年

预估净收入:1.2 万元 / 月　14.4 万元 / 年

总收益率:假定按 5 年的经营周期计算,5 年的总净收入为 14.4 × 5=72 万元,再去除一次性投入的 14.5 万元,5 年咖啡馆的总收益率为 396%。

成本回收周期:一次性投入的 14.5 万元,在 12 个月左右能全部收回。

股东收益:假设每年净收入 50% 用于分红(其余要预留 30% 作为企业发展基金,20% 作为奖励基金),则每年可分配利润为 7.2 万元,每股可分配 480 元,每股的年收益率为 24%(注:目前人民币一年定期存款利率为 3.5%,五年期为 5.5%)。

十、融资方案

四位出资人各出资 7.5 万元。

十一、结论

结合以上分析得出如下结论：校园咖啡厅前景看好，建议从战略发展着手，在公司投资承受宽松的限度内，确认投资规模。建议以品牌发展为目标，来取得利润最大化。

存在哪些问题：

修改后的完整可行性研究报告：

个人反思与总结：

温馨提示：
扫一扫　找问题

项目 8 商务策划文书

【知识目标】

了解创业策划书、营销策划书、公关策划的概念与作用，掌握其写作格式、结构与要求。

【技能目标】

能够根据情境任务要求，撰写规范的常用商务策划文书。

【素质目标】

通过情境化教学，培养学生数字化、表格化、规范化的工作习惯，逐步具备组织管理者的宏观意识；通过小组展示和评价，培养团队互助、正视自我、取长补短的能力。

【思政目标】

培养学生创新创业能力。

实操任务 8.1 创业策划书写作

创业策划书的结构如图 8-1-1 所示。

认识创业策划书的相关知识点，完成下面的实操任务。

【实操任务】北京延庆上磨村位于永宁镇，几位年轻人受村里的壁画的启发，想开一家山间民宿，目前创业策划书还处于修改完善阶段，请帮忙修正他们的创业计划书。

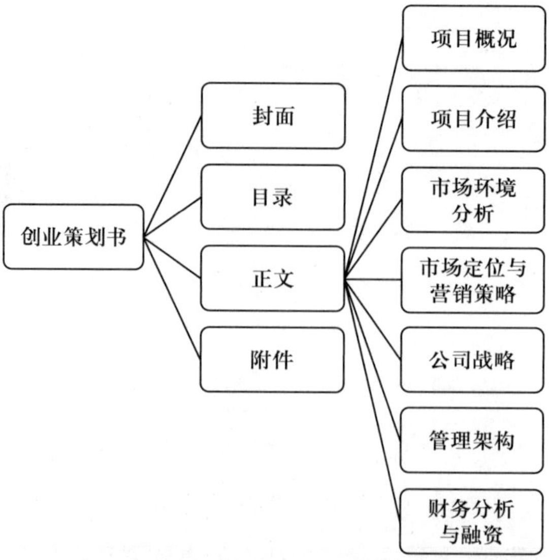

图 8-1-1 创业策划书的结构

山间民宿创业策划书

一、整体概况

(一)项目背景

当今社会,最火的莫过于旅游业了。在北京,你如果想看关于乡间的壁画,那你肯定要去延庆。延庆的壁画众多,有龙王行雨图、三国演义连环画、善财童子五十三参图……但是如果你想看保存最完整、最好的条屏式壁画,那就只有上磨村黄龙谭龙王庙了。

北京市延庆的上磨村,历史悠久,据说可以追溯到明代。村东有黄龙潭,上游原有三座水磨,最北一座称上磨,明代该地有村,故名上水磨,后简称上磨。黄龙庙坐西朝东,还有钟楼、鼓楼、南北厢房……

尽管这些壁画的精美程度无法与皇家画相媲美,但是比皇家画少了些许官宦气,多了许多乡间野趣、山水田园、人间百态,再与诗词相和,也颇具一番风味。院内有两块石碑,现在的应该是新刻的,石碑下便是龙生九子之一的赑屃。黄龙古庙的脊兽也有所不同。相比于故宫太和殿的骑凤仙人,古庙上面的却只有一条龙。墙壁上的壁画,画风淳朴,历经几百年,颜色如新,据说叫“农闲八扇屏”,是清初时期的作品,每一幅画都用图片讲述一个故事。南北两侧山墙分别为条屏式壁画,而迎面后檐墙则采用屏风画形式,作为塑像的背景。南次间屏风中间为鱼龙斗法图案,两侧分别为山水画,反映的是隐逸生活题材。明间（即外间）屏风正中为黄龙图，两侧设色山水画，内容表现农家子弟在牧牛、砍柴期间，不忘读书的情景，反映了传统的“耕读传家”的文化内涵。北次间屏风正中为白龙出水图，两侧则是传统的“喜鹊登梅”“富贵白头”等吉祥图案。

北京市在 2015—2019 年，每年接待游客总人数均在 2.5 亿人次以上，2018 年后更是已经突破了 3 亿人次；旅游总收入也是逐年增长。

我企业针对当前民宿展开了调查。调查显示当前民宿的主要消费者为女性(图 8-1-2)，并且各年龄段人数差距并不大(图 8-1-3)。所以我们民宿主打的就是怀旧风。风格预计规划有：古代诗词风、近代民国风、80 年代怀旧风及未来的概念风，并且每个风格的背后，都配备着独属于那个年代的特有的事物。

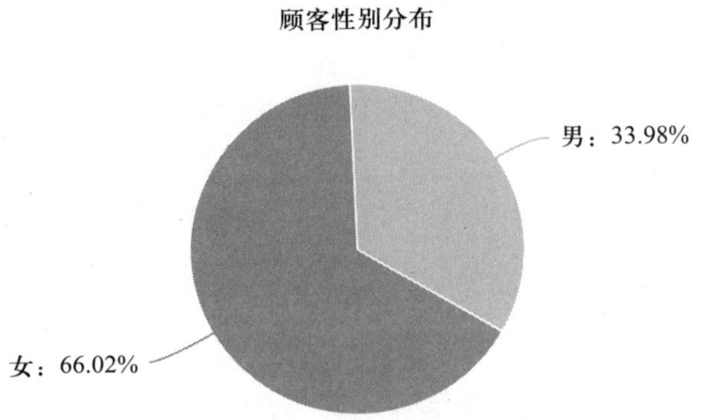

图 8-1-2　顾客性别分布

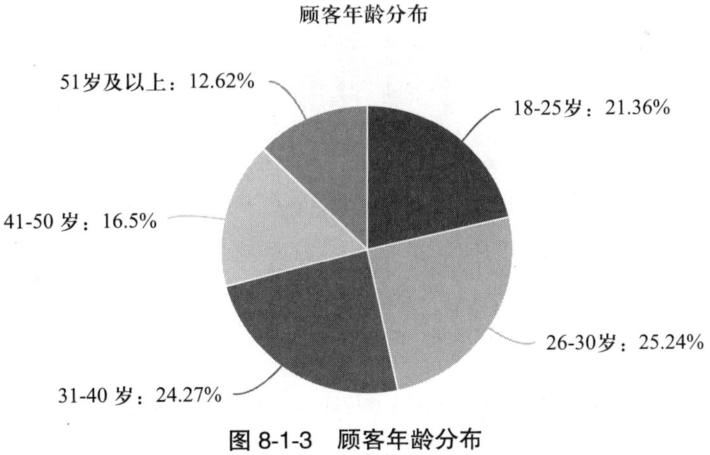

图 8-1-3　顾客年龄分布

经过调查后收集到的人们的收入情况如图 8-1-4 所示,可见人们的生活水平在稳步提升。税后月收入 7 000~10 000 及 10 000 以上的人群已经占到了接近 50%。人们的收入增加,那也就代表着人们从追求产品的性价比已经开始转变为追求服务质量了。

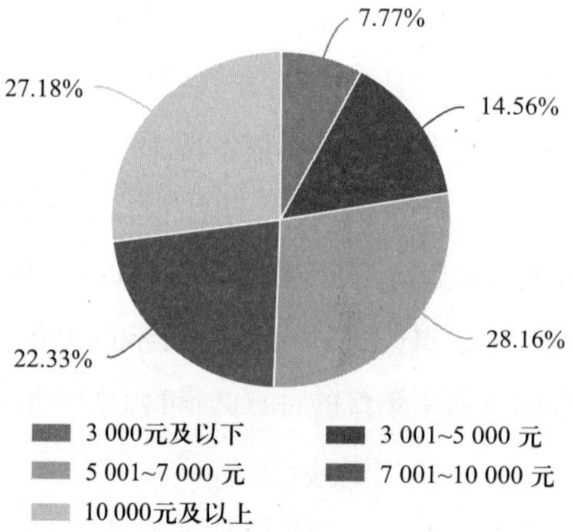

图 8-1-4　居民收入情况

经过调查显示(图 8-1-5),当前人们相比于便宜,更关注的是民宿的便捷性、口碑及个性化。而我们的民宿恰巧完美契合了这三个需求,我们的民宿位于延庆区,而每个不同风格的房间也带给了顾客不一样的住宿体验。我认为,其实民宿经营者就是当地的经纪人,充分熟悉当地,然后分享当地资源,让来民宿做客的人体验当地的生活、了解当地的文化、认识当地的产业,更感受当地暖暖的人情味。

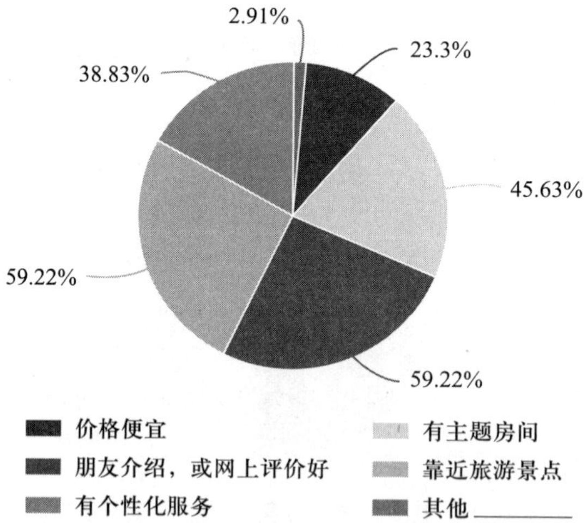

图 8-1-5　客户选择的因素分析

（二）项目内容

根据资料查找与调查，我们了解到北京市延庆区永宁镇上磨村周边民宿较少，另外距离也较远，因此我们的选址初步定在北京市延庆区永宁镇上磨村。我们想创建的民宿不仅仅是可以住宿的地方，而是想你所想、做你所想，能给客户全方位的旅游体验，让其体验到家的感觉的地方。相比酒店来说，我们的民宿为人们提供了更加多样化、个性化的选择（表 8-1-1）。此外，我们希望顾客们不只局限于周边旅游，还可以在民宿中体验娱乐项目。这样就避免了由于不可抗力因素导致的无法去景区游玩的情况。根据不同的民宿类型，采取不同年代的餐品。我们还将开展办卡业务，会员卡采用不记名形式，只需要提供卡主姓名和手机号即可。此外，我们还会与景点的管理人员进行协调，入住我民宿的游客，可以享受景点门票的折扣甚至免费游玩。

表 8-1-1　产品 / 服务的内容

产品 / 服务	说明
住宿（畅游诗词客房）	每一间民宿都会按照不同的年代风格建造不同主题的房间，打造古风与现代结合的感觉来吸引有需要的顾客。 古代诗词风民宿：我们古代诗词风的每套小院都有4间房间，并且是3间大房间、1间小房间的格局。一进门，会跟北京四合院一样，有一面影壁。上面的诗词采自民宿旁黄龙谭龙王庙的题诗《初夏游张园》——乳鸭池塘水浅深，熟梅天气半晴阴。东园载酒西园醉，摘尽枇杷一树金。 在院内的房间内同样有龙王庙内的题诗：《独坐敬亭山》《答人》《长干行·君家何处住》《静夜思》等耳熟能详的诗词。 房间装修方面我们采用仿古设计，虽然你在这里无法体验到皇家般的雍容华贵，但是可以享受到在城市中体验不到的那丝清净。 第一间大房间我们根据《独坐敬亭山》的风格，凸显了一种超凡脱俗的野逸，所以这间房间与其他几间房中间的间隔也会远一些。房前有一条小溪，溪旁有两石人做高谈阔论状。 第二间大房间我们采用《答人》的风格。偶来松树下，高枕石头眠。山中无历日，寒尽不知年。房前有一棵松树，树下有一张草席，而席上有一块如枕头一样的石头。 第三间大房间我们采用《高山流水》的风格，房间旁有一座假山，假山上会有流水流出，流向小溪。 小房间我们采用《题破山寺后禅院》的风格，在门口，就有一条单独的小巷通往房间，也正是“曲径通幽处，禅房花木深”。门前的草坪上可以看见两石雕男子在骑马，相互追逐的画面。
聚餐	可提供聚餐场所，与家人、朋友聚餐等，聚餐设施我们也采用的是最贴近主题的设备，如古代的席地盘腿而坐。

续表 8-1-1

产品 / 服务	说明
娱乐消遣	有针对年轻人和老年人的休闲娱乐设施。如 KTV、麻将、喝茶休息的地方。我们还将在房间里把各个年代的物件放在屋内，氛围感十足。
提供旅游景点简介	如果游客来旅游选择入住民宿，会为游客提供附近景区的简介和路线，方便游客游玩。
延庆区特产和附近景区纪念品	与民宿附近村民进行合作，销售农产品和一些特产供游客选择。适量销售附近景区的纪念品。

（三）项目意义

1. 帮助乡村文化振兴

本项目充分利用延庆上磨村的文化资源，即黄龙古庙，对于传承传统文化，实现乡村文化振兴具有重要意义。

2. 推动乡村旅游发展

北京市乡村旅游近些年势头大好，虽受疫情打击，但是随着疫情的好转，乡村旅游热又重新回到大家的视野中。上磨村通过历史遗迹这个卖点，使项目具有休闲、教育等多重意义，给京郊产业提供了新思路、新创意。

（四）市场预测

民宿来源：民宿不同于传统的饭店旅馆，也许没有高级奢华的设施，但它能让人体验当地风情，感受民宿主人的热情与服务，并体验有别于以往的生活。

消费人群：一起旅游体验生活的家庭、年轻人、旅游爱好者、大学生。

清明时分，赏春花、夜游长城，延庆区的旅游景点吸引了不少的游客前来进行合影“打卡”。2022 年延庆区共接待游客 24.6 万人次，恢复到 2019 年同期的 97.4%；实现旅游收入 2 034.7 万元，同比 2019 年增长 9.2%，乡村旅游接待量全市排名第二。

据统计，清明假期三天，八达岭长城景区共接待游客 11 万余人次。假日期间延庆区 12 家旅游景区累计接待游客 16.8 万人次，实现旅游收入 626.2 万元，接待人次已恢复到 2019 年同期水平。特别是野鸭湖国家湿地公园和玉渡山风景区在清明期间客流增长明显，两景区清明期间旅游收入分别超过 2019 年同期的 47.4% 和 148%。

在乡村旅游中，精品民宿大放异彩，全区 120 家精品民宿共接待游客 6 959 人次，旅游收入 259.1 万元，同比 2019 年分别增长 183.9% 和 269.6%，超过半数的精品民宿假期前两日的住宿率达 100%。可见延庆的旅游民宿行业随着人民生活水平的提高，也提高了许多。

据调查显示，选择居住民宿的 18~35 岁之间的游客 48% 选择的是 2 500 元以下的民宿，7% 的游客选择 2 500~5 500 元的民宿，3% 的游客选择 5 500~9 000 元的民宿，42% 的游客选择 9 000~16 000 元的民宿（图 8-1-6、图 8-1-7）。

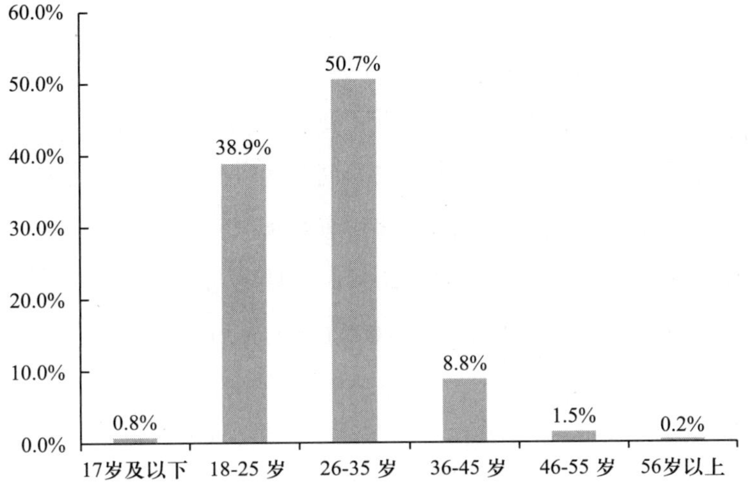

图 8-1-6　客栈民宿预订用户年龄构成

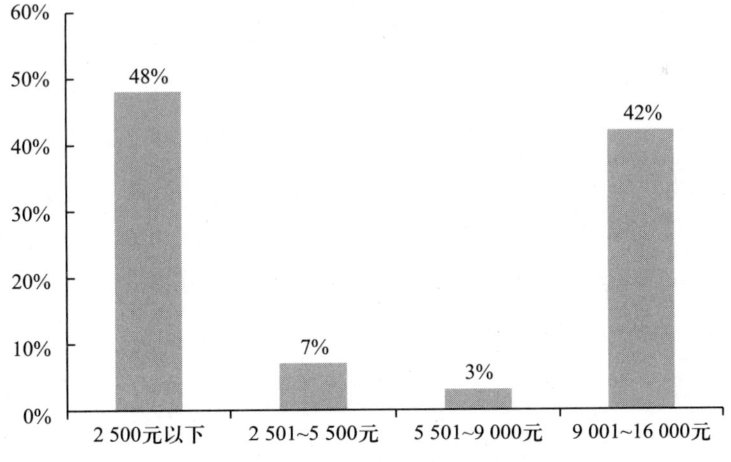

图 8-1-7　客栈民宿预定用户消费特征

延庆上磨村的民宿数量不多，且这些民宿虽然已经在第三方交易点评网站进行了注册，但是却没有进行合理地维护与宣传。针对民宿的反馈在网站上并不能找到。所以，我认为这是我们企业的优势所在。当今社会，年轻人查看攻略的主要途径就是第三方交易点评网站，所以在这些上面的口碑是极其重要的。

（五）项目团队

我们创业团队共有六个人，分别担任各项创业工作。

我们具有较高的团队精神和团队协作能力，富有创新意识，各自负责自己的创业部分。

××× 负责创业项目的解析和特色

××× 负责创业项目的环境分析和商业模式

××× 负责创业项目的团队构成和创业融资

××× 负责创业项目的产品设计和市场营销

××× 负责创业项目的市场调研和风险评估与预防

××× 负责未来成长预估和 SWOT、PEST 分析

创业后人力资源规划

项目分工如下：

民宿店长：×××（负责主持民宿各项工作）

民宿管家：×××（负责接待客人，维护客户关系）

客房部经理：×××、×××（负责管理客房服务人员）

财务部经理：×××、×××

二、环境分析

（一）国家政策环境分析

国家对“三农”问题越来越重视，也对新型经营主体培养提出要求并给予政策扶持，在土地、资金、税收方面有大量的优惠政策。

北京经济发达，拥有完善的基础设施建设，居民人均收入水平相对较高，为高端农产品提供了巨大的发展空间。

目前，农村文化旅游产业发展进入到大发展、大融合的新形势下，政府部门围绕推动和促进文化旅游产业发展，制定和实施了一些鼓励性的扶持政策。在国家振兴

农村产业，还原农村绿水青山的倡导下，本项目以妙峰咯吱为主延伸产业链，打造生态产业，进而带动周边农村的经济和文化。

(二)行业环境分析

1. 本项目主要面向前往山区旅游选择民宿住宿的顾客。房屋为自己家的，不存在租房、租地等问题；菜品为自家种的农家菜，不存在购买食材问题；农产品为当地的土特产，进行售卖，以最低的价格采购，保证了采购价格和收购安全可靠。

2. 当地特色民宿较少，不存在相似特色的问题。当地民宿采用特色装修的方法吸引消费者，暂时不存在民宿房屋特色没有新鲜感或和其他民宿类同问题。

3. 北京郊区现阶段民宿产业发展迅速，周边农家乐、休闲观光等项目不少，替代品还是很多的，所以替代品的威胁较大，对于我们的经营有一定威胁。因此，我们的经营一定要有特色。

三、项目的市场定位与营销策略

(一)目标市场

北京及周边省市中高收入群体及喜爱旅行的中老年人。

(二)营销策略

线上：主要的营销策略为电子营销，即通过第三方交易点评网站的推广及新媒体的推广，来开拓知名度。

线下：我们会与旅行社进行合作，以此来赢得游客的口碑。

媒体：积极参与延庆组织的活动来提高知名度，如摄影大赛、好诗鉴赏等。

四、市场分析

(一)宏观环境分析

北京是一个高消费、快节奏的城市，2021 年，北京市的人口已经接近 2 190 万人，经济增长迅速，人们的需求也不断提高。从最开始的性价比，到如今的服务业兴起，这一切的一切无不体现出人们有更多的需求。

人们的娱乐项目，也转变成了现在的出游娱乐。“三孩”的出现就更使得家长们要通过假期对孩子们进行更多的文化教育工作及素质培养。

(二)PEST、SWOT 分析

1. PEST 分析

①政治——国家对于民宿发展的政策也越来越多。

2015 年 11 月 19 日,首次点名“积极发展客栈民宿、短租公寓、长租公寓等细分业态”,将其定性为生活服务业,推动了民宿合法化。

②经济——消费水平提升。

根据 2020 年国家统计局、中商产业研究院整理,全年全国居民人均可支配收入 32 189 元,按常住地分,城镇居民人均可支配收入 43 834 元。农村居民人均可支配收入 17 131 元,按全国居民五等份收入分组,低收入组人均可支配收入 7 869 元,中间偏下收入组人均可支配收入 16 443 元,中间收入组人均可支配收入 26 249 元,中间偏上收入组人均可支配收入 41 172 元,高收入组人均可支配收入 80 294 元。全国农民工人均月收入 4 072 元,比上年增长 2.8%。农村居民收入增长继续快于城镇居民,城乡居民收入差距进一步缩小。居民服务性消费增长较快,恩格尔系数继续下降,居民生活质量不断提高。

据国家统计局官网消息,2020 年,全国居民人均消费支出 21 210 元,比上年名义下降 1.6%,扣除价格因素,实际下降 4.0%。其中,城镇居民人均消费支出 27 007 元,下降 3.8%,扣除价格因素,实际下降 6.0%;农村居民人均消费支出 13 713 元,增长 2.9%,扣除价格因素,实际下降 0.1%。2020 年北京市居民人均消费支出 38 903 元,同比下降 9.6%;其中,城镇居民人均消费支出 41 726 元,同比下降 10.0%。2020 年 12 月份,北京市居民消费价格总水平同比上涨 0.2%。其中,食品价格下降 0.4%,非食品价格上涨 0.3%;消费品价格上涨 0.2%,服务价格上涨 0.2%。2020 年全年,北京市居民消费价格总水平比上年同期上涨 1.7%。

③社会——随着社会的逐渐进步,大家对于民宿的接受程度越来越高,现在更多的人在旅游的时候选择有特色的民宿而并非是千篇一律的酒店。

④技术——现代信息技术提升,有越来越多的民宿短租平台,房主将自家的闲置房屋挂上平台,房客可以通过平台看到房源信息,不用面对面就可以进行房源交流。

2. SWOT 分析

①优势:我们的创业团队充满活力,创新能力强。具有天然的环境与具有历史悠久的景点,民宿增长迅速。同时民宿主题都各有春秋,房内设计融入中国古代风情与个性品牌让人无时无刻都能感受到中国古代文化以及情怀需求。不同的装修与主题符合现在社会对于古诗词的重视。我们还会提供不同的娱乐设施,让每位顾客能体验不一样的娱乐活动,不仅仅只有单纯地参观旅游景点。我们还拥有一些 VIP 服务,

让 VIP 顾客承包果树，或者顾客可以自己制作简单的陶瓷 / 工艺品，在我们的顾客管理系统中，若顾客再次光临，我们将会把顾客没有带走的工艺品摆放在对应的房间当装饰。

②劣势：乡村的道路狭窄，一些比较偏远的地方还保留泥路和石路，如果个人开车进去，不但没有停车的地方还增加路途中发生事故的危险系数。其次就是民宿在旺季和淡季入住率差异大。房子空置，没有租金收入，但维修损耗成本一直存在。并且由于我们是新开业的民宿，知名度肯定不理想。

③机会：现代社会有非常多的对民宿有利的政策支持，且大多数旅游者对于高精端民宿的需求度越来越高，不再局限于有地方住而已。

④威胁：存在一定的竞争力，景点周围经营多家农家乐、酒店（例如，如家、7 天、汉庭等这些价格实惠的快捷酒店），都是客人们会选择的住宿地点，而我们是一个刚刚起步的民宿，或许不会有游客选择。客源市场狭隘与主题创新低是民宿发展最大的威胁。到达民宿的交通条件差、民宿知名度低和品牌名声低导致客源少，如何让更多的人发现民宿的存在与长期吸引旅客的到来是第一大问题。民宿应当有当地文化的元素与情怀，如何将自己民宿打造得独有一番情怀来吸引顾客是第二大问题。

五、财务分析

1. 资金需求计划：100 万元。
2. 融资渠道。
3. 外部融资。

可再完善的内容：

____

____

____

____

____

____

修改后的完整策划书：

个人反思与总结：

温馨提示：
扫一扫　找问题

实操任务 8.2　营销策划书写作

营销策划书的结构如图 8-2-1 所示。

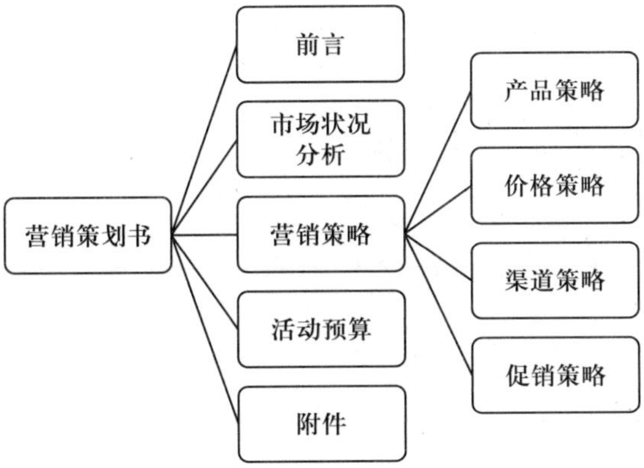

图 8-2-1　营销策划书的结构

认识营销策划书的相关知识点，完成下面的实操任务。

【实操任务】“五一”即将来临，北京 ×× 商场在此组织“‘五一’大放送，献给劳动节最美的您”活动，推出“五一”超低商品的抢购活动，吸引人气，带动商场的人流及销售高峰。请帮忙修正商场的营销策划方案。

一、活动目的

推出“五一”限时大礼包,再次吸引人气,带动商场的人流及销售高峰。

二、活动主题

“五一”大放送,献给劳动节最美的您。

三、活动时间

4 月 29 日至 5 月 3 日。

四、活动内容

1. 快乐度五一

4 月 30 日至 5 月 3 日上午 10:30~11:30;下午 4:30~6:00 活动期间,在 ××× 下沉广场,为您邀请来了精彩的文艺演出,高雅的演出风格以及多种多样的文艺形式,让您在劳动节里大饱眼福!

2. 券券相送,送给最美的您

小票消费 200 元以上可以赠送五家餐饮店面优惠券,此优惠券仅限在堂食使用。

3. 春装打折促销,名品服饰展示会

地点:一层大堂;活动时间:自 5 月 1—3 日开始。

4. 让风筝飞

快乐宝贝活动厅　5 月 1 日上午 10:30~11:30　20 名儿童　绘制风筝活动　扫码报名

五、广告宣传

通过各类媒介做好活动推广的宣传。

可再完善的内容:

____

____

____

____

____

____

修改后的完整营销策划书：

个人反思与总结：

温馨提示：
扫一扫 找问题

实操任务 8.3　公关活动策划书写作

公关活动策划书的结构如图 8-3-1 所示。

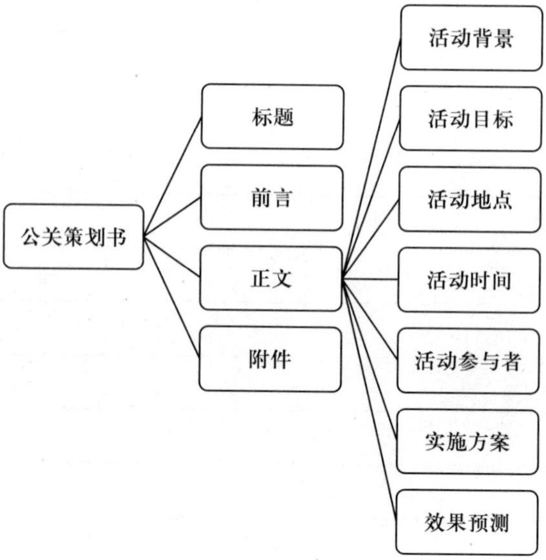

图 8-3-1　公关活动策划书的结构

认识公关活动策划书的相关知识点,完成下面的实操任务。

【实操任务】北京 ××× 购物中心打算组织一次为青海藏区的孩子募捐图书的活动,目前正在撰写活动策划书,请帮忙指出此版策划书哪些地方需要调整完善。

> **爱的传递**
>
> ——为青海藏区孩子捐书公益活动
>
> 一、活动目的:为青海藏区的孩子捐书,献出爱心
>
> 二、活动口号:捐出一本书,打开一扇窗
>
> 三、活动时间:11 月 8 日 10:30~12:00
>
> 四、活动地点:商场西北门广场
>
> 五、背景音乐:听我说谢谢你
>
> 六、活动承办
>
> 主办方:北京 ×××× 公益成长促进中心
>
> 承办方:北京市 ××× 购物中心

北京 ××× 学校

七、活动程序

10:00~10:30　准备阶段。

10:30~12:00　宣传募捐及捐书、赠送证书。

12:00~12:30　收拾场地。

八、人员分配(40 分钟轮换岗位)

现场指导:×× 老师。

现场宣传:赵同学、吴同学、王同学。

登记、发证书:王同学、吴同学。

九、物品准备

物品清单如表 8-3-1 所列。

表 8-3-1　物品清单

物品	数量	负责人
椅子	5 把	悦茂
桌子	2 张	悦茂
宣传单	100 份	王奕宸

十、收书方案

11 月 8—15 日把书送到商场一层服务台。

十一、图书要求:

正版、八成新以上,无破损涂画;内容健康,适合孩子阅读。

十二、奖励:

一本及以上　星星草爱心公益证书

五本及以上　证书及星星草钥匙扣

可再完善的内容:

____

____

____

修改后的完整公关活动策划书:

个人反思与总结:

温馨提示:
扫一扫 找问题

案例篇

案例 2-1　通知

中共 ×× 县委办公室 ×× 县人民政府办公室
关于加强机关值班、加强机关安全保卫工作的通知

××办发〔2005〕45 号

各乡镇党委、政府,县直各部、委、局、办、中心:

时至年底,全县各种不稳定因素增加,治安形势比较严峻。加强值班工作,加强安全保卫工作显得尤为重要。然而,近一段时间以来,我县一些单位和乡镇在机关值班和安全保卫方面存在一些问题。有的单位平时不安排值班,公休日、节假日期间更是无人在岗,值班制度形同虚设;有的单位领导不带班,只有一般工作人员守摊子;还有的单位连值班室、值班电话都没有设立,有些单位和乡镇安全保卫工作制度不落实,管理松懈,导致发生入室盗窃等问题。针对这些情况,现就进一步加强值班、做好机关安全保卫工作提出如下要求:

一、提高思想认识,加强组织领导。机关值班和安全保卫工作是各级机关搞好自身管理的重要组成部分,是维护机关工作秩序、保持上下联系畅通的必要保证,也关系到整体工作的大局。各级各部门一定要站在讲政治、讲大局、讲稳定的高度,充分认识加强机关值班和安全保卫工作的重要性,认真研究和及时解决工作中存在的问题。各级党政主要领导要高度重视,加强领导,督促检查。该投资的要舍得投资,经费缺乏的要增加经费,人员不足的要配齐配强。特别是对全体机关干部,要切实加强机关安全教育,牢固树立维护稳定意识和安全防范意识,坚决克服各种麻痹松懈倾向,坚定维护机关良好秩序和稳定局面。

二、采取有效措施,落实完善制度。做好机关值班和安全保卫工作,必须配备好值班和安全保卫人员,认真完善和落实各项规章制度,加强管理和检查,形成制度化、经常化的防范机制。结合当前实际,全县各级机关必须做到以下两点:一是认真落实机关值班制度。县直机关和各乡镇机关要坚持实行常年值班制度,确保每天 24 小时不间断有人值班,并要由一名班子成员带班。没有值班室、值班电话的要抓紧设立。对值班期间发生的重要情况和重大事件,要按照有关规定迅速上报,及时采取应对措施。二是加强安全保卫工作。各乡镇和县直各部门要建立健全机关安全保卫工作制度。凡是有机关大院的单位,都要确定专门的安全保卫人员,配齐配好必需的工作生活设施,加强巡逻,严明责任。特别是重点部门、要害部位要严防死守,确保万无一失。

三、强化监督检查,严肃追究责任。从现在起,无论是上班期间,还是公休日、节假日,县委、县政府将对值班和安全保卫工作采取电话检查、现场检查等方式进行定期、不定期地督查。电话查岗时无人接听,一律视为无人值班;现场检查时要求值班人员在岗,各项制度健全。对措施落实不到位、不按时值班的单位要进行通报批评。对因误岗、漏岗、工作失误导致出现失盗失火、财物损坏、人身伤害事件的,将按照规定严肃追究有关人员与主要领导的责任。

中共 ×× 县委办公室

×× 县人民政府办公室

×××× 年 ×× 月 ×× 日

案例 2-2　通报

× 市卫生局关于医生张 × 滥用麻醉药品造成医疗事故的通报

各区县、各乡镇医疗卫生单位:

2002 年 7 月 5 日晚 7 时 25 分, × 县 × 镇 × 村农民李 × 因下腹部疼痛,被送到 × 镇卫生院治疗。该院夜班医生张 × 以“腹痛待诊”处理,为病人开了阿托品、安定等解痛镇静药,注射 ××× 麻醉剂 10 毫克。7 月 6 日下午 5 时许,该病员因腹痛加剧,再次到该卫生院治疗,医生刘 ×× 诊断为“急性阑尾炎穿孔,伴腹膜炎”,急转市第二人民医院治疗,于当晚 7 时施行阑尾切除手术。手术过程中,发现阑尾端部穿孔糜烂,腹腔脓液弥漫。切除了坏死的阑尾,清除了腹脓液约 300 毫升,安装了腹腔引流管条。经过积极治疗,输血 300 毫升,病人才脱离危险,但身心受到了严重的损害。

急性阑尾炎是一种常见的外科急腹症,诊断并不困难。× 镇卫生院张 × 工作马虎,处理草率,在没有明确诊断以前,滥用 ××× 麻醉剂,掩盖了临床症状,延误了病人的治疗时间,造成了较为严重的医疗事故。这种对人民生命财产极不负责任的做法是很错误的。为了教育张 × 本人,经卫生局研究,决定给张 × 行政记过处分,扣发全年奖金,并在全市范围内通报批评。

各单位要从这次医疗事故中吸取教训,加强对职工的思想教育,增强职工的责任感,以对人民高度负责的精神,端正服务态度,提高服务质量。同时,要加强对麻醉药品的管理,认真执行 ×× 省卫生厅《关于严格控制麻醉药品使用范围的规定》,严禁滥用麻醉药品。今后如发现违反规定者,首先要追究单位领导的责任。

× 市卫生局(公章)

二〇〇二年七月二十五日

案例 2-3　请示

关于组织五四运动 ×× 周年有关活动实施方案的请示(节选)

自治区党委:

今年是五四运动 ×× 周年。五四运动是一次伟大的反帝反封建运动、思想解放运动和新文化运动;五四运动高举伟大的爱国主义旗帜,弘扬民主、科学的精神,促进马克思主义在中国的传播,为中国共产党的成立在思想上和干部上准备了条件,五四运动标志着中国民主革命进入了一个崭新的阶段。在建设中国特色社会主义的新时期,隆重纪念五四运动 ×× 周年,对于动员我区各族人民特别是广大青年继承和发扬五四运动的光荣传统,全面深入地贯彻党的十八大精神,努力实施自治区党委提出的"三大战略、六大突破"的决策具有十分重要的意义。根据中办发〔××××〕× 号文件精神,结合我区实际,我们建议在 ×××× 年 ×× 月至 ×× 月组织一定规模的纪念和宣传教育活动,具体实施方案如下:

1. 纪念活动的主题(略)

2. 关于纪念活动的重点宣传教育内容

纪念五四运动 ×× 周年要深入抓好以下四个方面的宣传教育:(略)。

3. 主要纪念活动安排

(1)×× 月 ×× 日,组织全区社会各界团员青年特别是师生收看收听党中央在人民大会堂召开的五四运动 ×× 周年纪念大会的实况转播,组织学习自治区领导同志重要讲话;×× 月 ×× 日晚,组织在校青年师生收听收看中宣部、教育部、文化部等八部委联合举办的纪念五四运动 ×× 周年大型文艺晚会实况转播。

(2)×× 月 ×× 日晚,由区党委宣传部、教育厅、文化厅、军区政治部、团区委在 ×× 剧场举办纪念五四运动 ×× 周年文艺晚会,请自治区党政领导同志及有关部门负责同志出席。筹备工作由团区委、区文化厅牵头组织。

(3)×× 月 ×× 日上午,在自治区党委礼堂召开五四运动 ×× 周年纪念大会,自治区党委主要领导同志作重要讲话,自治区领导同志、党政军有关部门负责同志、各民主党派和群众团体代表、党内老同志以及各界青年代表出席会议。大会的组织工作请区党委办公厅负责，区党委宣传部、区教育厅和团区委协助。

各地市、各部门组织的纪念活动要配合中央批准的活动，并按区党委的统一部署进行。纪念活动一定要立足基层，既要热烈隆重，生动活泼，又要勤俭节约，讲求实效，力戒形式主义。

以上意见如无不妥，建议批转各地区、各部门贯彻执行。

中共 ×××× 自治区委员会宣传部

×××× 自治区教育厅

共青团 ×××× 自治区委员会

×××× 年 ×× 月 ×× 日

案例 2-4　报告

×× 县人民政府关于省政府“放管服”改革调研发现问题核查整改情况的报告

市政府：

《×× 省人民政府办公厅关于“放管服”改革调研发现问题及网络征集问题线索和意见建议整改的督查通知》(查字〔2018〕17 号) 已收悉，我县高度重视，立即组织相关部门召开专题会议研究，按照《×× 省人民政府办公厅关于印发 ×× 省 2017 年“放管服”改革 5 个专项工作方案的通知》(豫政办〔2017〕84 号) 和《×× 县人民政府办公室关于印发 ×× 县 2017 年“放管服”改革 5 个专项工作方案的通知》(长政办〔2017〕97 号) 要求，逐项对照涉及我县的网络征集意见建议清单，深入开展核查整改工作，现将有关情况公布如下：

一、关于乱收费情况说明

(一) 关于天然气接口费情况说明

由于我县未征收基础设施配套费，也未投资建设供气城市基础设施，燃气设施为河南蓝天新长燃气有限公司投资建设并运营。根据实际工程结算情况，小区入户安装户均成本为 1 500 元左右 (小区中低压管网、调压设施、表具、户内立管等)，剩余部分作为市政配套管网的成本补偿。按照城市基础设施配套费中天然气收费标准 13 元 / 平方米，以 100 平方米房子计算，1 500 元户均成本加上 1 300 元燃气配套费，合计 2 800 元 / 户，高于现行 2 600 元 / 户。在我县，建筑面积 100 平方米以上的房子较为常见，为保障用户利益，均按照 2 600 元 / 户收取燃气安装费。

(二)关于暖气开口费情况说明

我县收取暖气开口的费用存在两种情况:一是三无小区,无锅炉、无外部管网、无内部管网,属于无任何供热设施的小区。此类小区收费项目:配套基金33元每平方米,委托进站一级管网建设费及换热站建设费20元/平方米,委托二级管网建设费25元/平方米,合计78元/平方米。二是有内部管网。此类小区收费项目:配套基金33元/平方米,委托进站一级管网建设费及换热站建设费20元/平方米,合计53元/平方米。

进站一级管网建设、换热站建设、二级管网建设,这些建设项目所有小区开发商、物业及业主可以自行建设,热力公司免费提供施工设计图并现场指导,也可以委托热力公司建设。

二、关于问题楼盘情况说明

经排查,目前我县存在问题或隐患的楼盘有蒲城公馆二期、新宇新橙二期、新宇新润、宏力商务广场、宏力新村怡苑、林溪湾、万福临7个楼盘。

下一步,我县将采取以下措施积极解决问题楼盘问题。

(1)一企一策,分类处理。对每个企业都进行单独分析,找出形成问题的原因和主要矛盾,针对不同的原因和矛盾进行分类处理。例如,蒲城公馆二期项目,成立工作组,积极协调建筑商多渠道筹措资金,追缴抵房利息,分栋建设。新宇新润、新宇新橙二期成立工作组,积极协调企业贷款和未办理按揭手续的业主办理按揭,对部分资金进行监管,同时要求开发企业对业主做好解释和安抚工作。

(2)多部门联动,形成机制,加强服务。住建、土地、规划、房管等职能部门要主动介入,跟踪服务,对立项、土地供应、规划许可、施工许可、预售许可、竣工验收备案、房屋初始登记等办理环节进行梳理,简化办事程序,提高办事效率。

(3)制定了《问题楼盘信访突出问题应急处置预案》;成立了以住建局局长×××为组长的应急处置领导小组,及时高效处置信访突发事件。

(4)实施信访问题零报告制度。要求涉及的开发企业每天都要与业主沟通联系,上报业主信访情况,做到信访问题早发现早处理。

(5)研究出台《××县商品房预售资金监管办法》,保障商品房预售资金用于开发项目建设。

××县人民政府

2018年5月7日

(资料来源:长垣市人民政府官网 www.changyan.gov.cn)

案例2-5　函

××××院××研究所关于建立全面协作关系的函

××大学：

近年来，我所与你校双方在一些科学研究项目上互相支持，取得了一定的成绩，建立了良好的协作基础。为了巩固成果，建议我们双方今后能进一步在学术思想、科学研究、人员培训、仪器设备等方面建立全面的交流协作关系，特提出如下意见。

一、定期举行所、校之间学术讨论与学术交流。（略）

二、根据所、校各自的科研发展方向和特点，对双方共同感兴趣的课题进行协作。（略）

三、根据所、校各自人员配备情况，校方在可能的条件下，对所方研究生、科研人员的培训予以帮助。（略）

四、双方科研教学所需要的高、精、尖仪器设备，在可能的条件下，给予对方使用的便利条件。（略）

五、加强图书资料和情报的交流。

以上各项，如蒙同意，建议互派科研主管人员就有关内容进一步磋商，达成协议，以利工作。特此函达。

××××院××研究所（盖章）

××××年×月×日

案例3-1　章程

××理工学院教职工代表大会
暨工会会员代表大会章程

（2006年7月14日第三届代表大会第二次会议通过）

第一章　总　则

第一条　根据《中华人民共和国宪法》和《中华人民共和国工会法》《中华人民共和国教育法》《中华人民共和国高等教育法》《中华人民共和国教师法》及《高等学校教职工代表大会暂行条例》的有关规定，特制定本章程（以下简称“双代会章程”）。

第二条 教职工代表大会暨工会会员代表大会制度是我院教职工依法行使民主权利，实行民主管理、民主监督的基本制度和基本形式。我院实行党委领导下的教职工代表大会暨工会会员代表大会制度。

第三条 教职工代表大会暨工会会员代表大会(以下简称“双代会”)由我院教职工代表组成,“双代会”代表及其领导成员由教职工民主选举产生,对教职工负责,受教职工监督。

第四条 “双代会”以宪法作为根本的活动准则,遵守宪法和各项法律,在党委的领导下,依照《中华人民共和国工会法》《中国工会章程》和《高等学校教职工代表大会条例》开展工作。

第五条 “双代会”最大限度地维护教职工的合法权益。

第六条 “双代会”实行民主集中制。“双代会”通过决议或进行选举时,应坚持少数服从多数,同时尊重、保护少数的原则。

第七条 我院教职工代表大会与工会会员代表大会合并召开,实行“双代会”代表合一制。工会委员会是“双代会”的工作机构。

第八条 “双代会”每届四年,每学年至少召开一次工作会议。

第二章　职　权

第九条 “双代会”在本院范围内行使下列职权。(略)

第十条 收集反映教职工的意见,认真对待“双代会”代表给学院领导和行政部门的意见和提案,及时提交给学院领导和相关部门并督促予以答复和落实,尊重和支持教职工行使民主管理的职权。

第十一条 尊重和支持院长及行政系统行使指挥职权,教育教职工严格遵守学校各项规章制度,“崇教厚德、为人师表”,以主人翁的责任感努力完成各项工作任务。

第十二条 做好“双代会”的筹备及闭会期间的工作,组织教职工代表在其职权范围内,落实“双代会”的各项要求,检查、督促“双代会”决议、提案的落实,及时将情况通报教职工。

第三章　教职工代表

第十三条 本“双代会”代表由各单位教职工直接差额选举产生。代表的构成要体现广泛性和代表性。教师代表比例不低于代表总数的60%。代表任期四年,可以连选连任。

第十四条 代表的条件。(略)

第十五条 代表的权利。(略)

第十六条 代表的义务。(略)

第四章　组织制度

第十七条 代表的选举。(略)

第十八条 代表的调整、撤换与增补。(略)

第十九条 “双代会”的筹备与召开。(略)

第二十条 闭会期间的工作机构。(略)

第五章 附 则

第二十一条 本章程自“双代会”通过之日起实施。

第二十二条 本章程由“双代会”工作机构工会负责解释。

案例3-2 制度

员工考勤制度

为规范考勤管理,严肃公司出勤纪律,维护正常工作秩序,更好地提升公司经营管理水平,在遵循国家法律法规的前提下,结合本公司实际情况制定本制度。

一、本制度适用于公司全体员工。

二、公司实行每周5天工作制,员工工作打卡方式均为“刷脸”。周六、周日为休息日。法定假日按国家安排执行。公司机关周末、夜间和节假日值班由办公室统一安排。

工作日作息时间:

上午8:30—12:00　下午13:30—16:30

三、公司员工必须自觉遵守劳动纪律,按时上下班,不迟到,不早退,工作时间不得擅自离开工作岗位,外出办理业务前,须经本部门负责人同意,签写外出记录。

四、迟到、早退:30分钟以内的,扣罚绩效工资10元。30分钟以上的按旷工半天处理,扣罚当天绩效工资。月累计迟到、早退达3次者,扣罚5天绩效工资。累计达3次以上5次以下者,扣罚10天绩效工资。累计15次扣罚当月全额绩效工资。

五、旷工半天者扣罚当天绩效工资,此后每旷工一天扣罚2天绩效工资。一月内连续旷工3天或累计旷工5天的,全年累计旷工15天的开除处理。

六、工作时间禁止打牌、下棋、串岗、脱岗、聊天等与工作无关的事情。如有违反者首次扣罚当天绩效工资。第二次起每次扣罚2天绩效工资,直至绩效工资扣完为止。

七、参加公司组织的会议、培训、学习、考试或其他团队活动,如有事请假的,必须提前向组织者或带队者请假。在规定时间内未到或早退的,按照本制度第四条规定处理。未经批准擅自不参加的,视为旷工,按照本制度第五条规定处理。

八、员工按规定享受探亲假、婚假、哺乳假、陪产假时,必须凭有关证明材料报批,未经审批者按第五条旷工处理。员工请假,以公司相关请假制度为准。

九、员工的考勤情况，由各部门负责人进行监督、自查，部门负责人对本部的考勤要负责。如有弄虚作假、包庇袒护迟到、早退、旷工员工的，一经查实按处罚员工的双倍予以处罚。

十、本制度自 ×××× 年 ×× 月 ×× 日开始实施，条款解释权归公司人事资源部所有。

一起向未来科技公司

×××× 年 ×× 月 ×× 日

案例 3-3　商务计划

××× 公司 2002 年度经贸工作计划

2002 年公司的奋斗目标是实现经营收入 ××× 万元，比上年增长 ×%。实现净利润 ×× 万元，比上年增长 ×%：费用总额控制在 ×× 万元以内。

为确保上述奋斗目标顺利完成，2002 年我们应重点抓好以下四个方面的工作。

一、继续解放思想，转变观念

1. 要进一步强化市场竞争意识

随着对外开放步伐的加快，特别是我国加入 WTO 后，各种类型企业之间的竞争日益激烈，对公司的生存发展提出了严峻的挑战，“优胜劣汰，适者生存”，我们必须加速实现从传统计划经济观念向以市场为中心的市场经济观念的转变，真正树立起强烈的竞争意识，努力在市场竞争中站稳脚跟。

2. 要大胆解放思想，变被动等待观望为主动出击、积极进取

要克服过去“搞外经是买方市场，外方老板说了算”的思想认识，采取主动出击、灵活多样的工作方法，千方百计利用各种关系广交朋友，广开渠道，收集信息，本着“平等互利，一致对外”的原则，大力密切同省、市同行业间的联系和合作，扩大信息网络和合作网络，互通有无，友好协作，共同拓展对外经贸业务。

二、切实加强对全局外向型经济工作的指导

为积极促进和加强全局各企业之间的联系与合作，进一步规范、统一全局的外向型经济工作，2002 年，公司要在搞好自身经营的同时，加大对全局外经工作协调、指导的力度。

1. 进一步加强招商引资工作。实践证明，积极引进外资是我局改造大中型企业的重要手段，也是解决目前我局多数企业资金缺乏、经营不善、管理落后状况的有效途径。2002 年，我们要利用各种机会，有重点、有计划地抓好风味楼、速冻食品厂新厂、×× 饭店办公楼等几家企业的招商引资工作，力争通过合资、合作等形式引进资金、技术、设备和管理经验，彻

底改造局属大中型企业 × 个。

2. 加强对已建成合资企业的协调和管理。年初，要重点抓紧协助 ×× 饭店办理合作经营筹备工作与各项手续，力争于 × 月底以前开张营业。要进一步通过调查摸底、深入走访、归口管理等方式加强对已建成营业的 ×× 宾馆、×× 饭店、×× 公司、×× 酒店等合资企业的协调、管理，全面掌握筹建、营业及外方情况，及时总结经验教训，认真搞好协调、服务和指导，确保全局外经工作的顺利发展。

3. 及时交流，传递外经贸信息，促进全局各企业间的联合与合作，互相支持、优势互补、利润均占，共同发展外经贸业务。

三、继续在全国开拓经营

1. 多渠道、多工种、灵活多样地做好劳务输出工作

经过去年一年的努力，我们无论在行业上、地区上都有初步的突破，为今后的劳务输出工作创造了较为有利的条件。2002 年，公司要继续在开拓新市场、新领域、新项目上发力。努力通过各种渠道继续探索开拓美国、阿联酋、韩国、匈牙利、东南亚市场。在行业工种上要进一步突破饮食业界限，积极向美容美发、轻工等行业扩展。在落实具体项目方面，除切实抓好原有劳务输出项目、进一步加强赴外厨师的选派和管理工作外，还要继续探索承办向日本 ××、×× 等地外派美容、美发、建筑等研修生的新业务，同时继续承办组织我市饮食服务业管理人员赴外考察项目及各种技术交流、厨师培训等业务。

2. 大胆开拓、谨慎经营，继续探索贸易新路子

明年，贸易部除要求继续落实好绿豆等粮油购销业务外，还要求在充分搞好市场调查的基础上，进一步拓宽供销渠道，寻找新的合作伙伴，扩大经营范围，增加经营品种，并积极准备条件，为开展直接外贸业务闯路子，打基础。

3. 抓好公司自身实体经营

办好实体是公司自身发展的必由之路。2002 年，公司要力争用自筹资金和引进外资兴办 1~2 个投资少、见效快的小型实体，通过实体建设不断扩大公司的经济实力，实现“聚少成多”“滚雪球”式的发展。

四、强化企业财务管理，从严治理企业

2002 年，财务部要继续健全各项财务管理体制，完善企业财务制度，认真执行各项财务法规，加强资金管理，特别是要加强对现金和票据的管理，严格各项费用支出的报销制度，控制支出，继续坚持“一支笔”审批制度，使财务工作更上一层楼。

××× 公司

×××× 年 × 月 × 日

案例 3-4　商务总结

××公司××部 2011 年度能源控制工作总结

2011 年,经过大家的不懈努力,我部顺利完成了公司计控能源管理部下达的各项指标,能源控制工作取得可喜成效。现将过去一年的工作总结如下:

一、工作措施与经验

1. 加强现场管理,层层落实管理制度,发现问题及时整改。公司能源部和生产部每周不定期对生产现场进行全面检查,杜绝“跑、冒、滴、漏”现象,杜绝“长流水、长明灯、设备空运转”现象;制定能源管理考核办法,从严管理;组织各部门进行自查,对发现的问题进行现场整改与处理。

2. 加强技术改进,从根本上解决能源消耗问题。××部水处理是能耗较大的车间,为了降低能耗,安环部与污水部先后提出了××部水处理污水生化系统停止运行的技改方案,此方案可以停止运行风机 30 千瓦与喷淋泵 7.5 千瓦,停止运行时间 20 小时,一年可减少电耗约 27 万度。在此方案的基础上,××部又提出了调节池提升泵出口增加外送管线的技改方案,方案落实以后每年可减少电耗约 6.75 万度。

3. 全面配合能源体系认证工作,认真做好体系认证工作中各种文件的制定和归档。(略)

4. 积极参与计控能源管理部组织的“能源月”活动,并取得了良好的成绩。(略)

二、存在的主要问题与不足

1. 全员动员力度不够,部分员工对能源管理体系认证工作的认识不够深入。

2. 各部门能源考核的力度不均,考核体系需要完善。

3. 各部门能源管理工作的相关细节有待进一步完善。

三、2012 年的工作重点

针对 2011 年工作中存在的问题和不足,2012 年需要重点做好如下各项工作。

1. 加大宣传力度,强化能源管理意识,充分发挥全员参与热情,发动员工提出合理化建议,共同参与节能降耗的管理。

2. 完善能源体系认证,严格执行“6S”标准,使××部实现现场标准化管理。

3. 强化设备维护保养,降低设备故障率。

××公司××部

2012 年 2 月 10 日

案例 4-1　欢迎词

欢　迎　词

尊敬的各位领导,各位嘉宾,女士们、先生们:

你们好!

今天是 ×× 建筑工程有限公司开业庆典喜庆的日子,首先我代表 ×× 建筑公司对各位领导和各位朋友的光临表示热烈欢迎和衷心感谢! 感谢你们热切地关注,感谢你们倾力地支持和饱含期望地期盼!

×× 建筑工程有限公司于 20×× 年底开始筹建,20×× 年 5 月完成工商注册。公司的性质为股份制有限公司,是一个独立的建筑工程企业实体。目前公司具有房屋建筑工程总承包叁级、市政公用工程总承包叁级资质。公司有高级职称 1 人、中级职称 15 人,一级建造师 1 人、二级建造师 9 人,三级项目经理 6 人,拥有承接本资质工程足够的技术队伍。

×× 建筑工程有限公司的多数工程技术人员,均参加过多类重点工程的建设,具有丰富的管理和施工经验,屡次创造过傲人的业绩。但是,成绩只能说明过去,今天又是一个新的起点! 今后,公司将按照现代企业制度规范运作,运用科学规范化的管理,推进企业不断发展。我们将一如既往,诚信守法、科学管理、按规章办事,以一流的管理、一流的服务、一流的品牌、一流的信誉服务于社会。"追求科学管理、筑造精品工程、保障健康安全、创造社会和谐"是公司的质量方针;"守信、保质、互利"是公司的经营宗旨;"务实敬业、拼搏进取、诚信做事、开拓创新"是企业的精神,我们将竭力为广大客户带来优质满意的服务,谱写企业灿烂的篇章! ×× 建筑公司必须虚心向各兄弟单位学习,真诚期盼与各界朋友合作,遵章守纪,在主管部门和各届领导的指导下,为我市社会的和谐发展,做出自己应有的贡献,共创 ×× 建筑公司完美的明天!

路漫漫其修远兮! 朋友们,从今天起,×× 建筑公司这艘满载各级领导与社会各界期望,满载广大新老客户的厚爱与期盼,同也满载了 ×× 建筑公司全体员工理想和信念的航船,将扬帆起航了! 公司今后的生存与发展,离不开大家的帮忙和支持,期望今天光临的各位领导和各位朋友在以后的日子里更加关注我们,更加支持我们,你们的每一份支持都将激励我们更加努力地工作。在这里,我也郑重地承诺:我们将不负众望、不辱使命,以优质的工程和良好的信誉回报社会,回报诸位的大力支持! 我们将以专业的精神、敬业的态度诚信做事、优化工作环境,广纳英才、团结拼搏,筑造精品、提升资质、扩大经营范围、迎接所有的挑战,为社会多做贡献。我相信:不久的将来,××建筑公司必将拥有辉煌的业绩,而你们就是这些业绩的见证人。

最后,让我预祝××建筑工程有限公司开业大吉、事业兴旺、繁荣昌盛、前程似锦!祝愿给予我们支持和关注的各位领导、各位朋友和员工家属,身体健康、工作顺利、家庭幸福、万事如意!

谢谢大家!

××建筑工程有限公司

20××年8月8日

案例4-2 欢送词

欢 送 词

清华大学校长王希勤在2022年本科生毕业典礼上的讲话

亲爱的同学们、老师们:

今天,3 000多名同学完成大学本科学业,即将踏上人生新的征程。首先,我代表学校向你们和你们的亲友表示热烈祝贺!向悉心培养你们的老师们表示衷心感谢!

我和八字班的同学们特别有缘。四年前,我担任学生军训总指挥,与你们一起完成了“入学第一课”——军训。四年后的今天,我担任校长后的第一场毕业典礼,庆祝的是你们毕业!我还记得2018年9月2日午夜,电闪雷鸣、风雨交加,我经过再三考虑,最终下达命令,并和大家一起从东操场出发,开始了20公里军训拉练。雨水打湿了面庞,积水没过了脚面,但我们一起在夜色下坚定前行,顺利走完全程。回到清华园后,紫荆园的师傅们已经给你们备好了姜汤、米粥。在食堂窗外看到你们脸上疲惫却惬意的笑容,我想雨中拉练给你们的体验一定很深刻。你们经受了这场“风雨”的考验,用一段难忘的经历开启了大学生活的新篇章。

你们入学这四年来,中国和世界也经历了很多风雨,发生了深刻而复杂的变化,全球性危机不断出现。人们不禁发出“世界怎么了”“人类向何处去”的时代之问。回顾历史,我们会看到,风雨越大,越要坚定自信,坚持走好自己的路。

千年文明不避风雨,走向伟大复兴。中国式现代化道路就是在风雨中摸索出来的。中华民族有五千多年的文明史,为人类做出了卓越贡献。1840年鸦片战争后,中华民族遭受了前所未有的劫难,中国经历了长达一个多世纪积贫积弱、风雨飘摇的岁月,无数仁人志士为救国救民而苦苦追寻。中国共产党把马克思主义基本原理同中国具体实际相结合、同中华优秀传统文化相结合，带领中国人民栉风沐雨、不懈奋斗，创造了中国式现代化新道路，创造了人类文明新形态。我们在自己选择的道路上昂首阔步，创造了经济快速发展和社会长期稳定两大奇迹，实现了从生产力相对落后的状况到经济总量跃居世界第二的历史性突破，完成了人民生活从温饱不足到总体小康、全面小康的历史性跨越。我们由衷地感到骄傲和自豪！我相信，你们一定会对2019年的国庆节记忆犹新。在庆祝新中国成立70周年庆典上，由清华师生组成的“伟大复兴”方阵走过天安门广场，喊出“祖国万岁，青年加油”的口号，展示了当代青年对伟大祖国的热爱和对强国之路的信心。当然，中华民族伟大复兴，绝不是轻轻松松、敲锣打鼓就能实现的。当前，百年变局和世纪疫情交织叠加，国际形势错综复杂，单边主义抬头，经济全球化遭遇逆流。我们要更加坚定中国特色社会主义道路自信、理论自信、制度自信、文化自信，坚定站在历史正确的一边，向着中华民族伟大复兴和推动构建人类命运共同体的目标踔厉奋发、笃定前行。

万里山河不避风雨，造就巍巍高原。清华大学扎根中国大地建设世界一流大学之路也是在风雨中探索出来的。中国现代大学诞生于近代以来中西文明的交汇和碰撞之中，一路风雨兼程、砥砺前行。一批中国高校已率先实现突破，正在隆起为世界高等教育的高原。清华大学的发展历程，是我国高等教育发展的一个生动缩影。清华从一出生就铭刻着“庚子赔款”的屈辱烙印，清华人也因此铸炼出“耻不如人”的自强精神。1949 年 4 月，冯友兰先生在《解放期中之清华》中说，“清华由游美学务处，清华学堂，清华学校，至清华大学，由南迁到复员，历经帝制、军阀、国民党、各时期的统治，到今成为人民的清华大学，校史与国运，息息相关”。新中国成立以后，清华大学在党的领导下，深深扎根中国大地，秉承爱国奉献、追求卓越的光荣传统，坚持又红又专、全面发展的教书育人特色，锐意改革，不断战胜各种风险挑战，广育祖国和人民需要的各类人才，在建设中国特色世界一流大学的道路上实现了历史性跨越。去年 4 月 19 日，习近平总书记来到清华大学考察并发表重要讲话，高度评价清华 110 年来的办学成就，激励我们乘势而上向更高的目标迈进。还记得在西大操场欢送总书记时，师生们齐声高喊“祖国万岁，清华加油”，那激动人心的场景让我们时时回想、难以忘怀。我们坚信，中国的高等教育是能够培养出大师来的。我们一定能够“高原上出高峰”，经过长期持续努力建成世界顶尖大学！然而，前进的征途从来都不会一帆风顺。当前，党和国家事业发展对科学知识和优秀人才的需要比以往任何时候都更为迫切，但是世界高等教育的交流合作受到逆全球化因素的干扰，新冠肺炎疫情也给全球高等教育交流合作带来重重挑战。越是面临阻力，越要迎难而上、坚持开放合作。我们要坚持中西融会、古今贯通、文理渗透的办学风格，坚定教育自信，努力在建设中国特色世界一流大学的征途上走在前列，为人类文明进步事业作出应有的贡献！

百年人生不避风雨，铸就时代脊梁。清华人的人生之路也必须是不惧风雨、行健不息的自信征途。回首四年的大学生活，也许你们会觉得有点遗憾，因为有两年半是在疫情中度过的。你们经历了老师在课堂、你们在家中的在线教学，也经历了你们在教室、老师在线上的在线教学，但你们还是克服了各种困难，圆满完成了大学本科的全部学业，并在这个过程中成长进步。你们是主动担当的战疫“清”年突击队员，勇敢地冲在守护清华园的第一线。你们是可亲可爱的冬奥志愿者，向世界展现了中国青年的真诚友善。你们是与新时代同向同行、共同前进的一代，也是平视世界的一代。看到你们在世界舞台上的那种自信，我感到十分欣慰，这是民族自信在你们身上的体现。但是，人生之路很长，有平川也有高山，有丽日也有风雨。你们的未来不仅与民族伟大复兴同步，也会与世界百年变局关联。世界格局的深刻变化一定会给你们的未来带来不少风雨。习近平总书记指出，“心中有阳光，脚下有力量，为了理想能坚持、不懈怠，才能创造无愧于时代的人生。”我相信，你们与国家、与学校共同经历的这些风雨，一定会让你们对中华民族共同体意识、人类命运共同体意识和人与自然生命共同体意识有更深刻的思考和体会。我也相信，凡是打不垮你们的风雨，都会让你们更强大！希望你们秉承“自强不息、厚德载物”的校训，增强做中国人的志气、骨气、底气，从我做起，从现在做起，努力成为可堪大任的时代新人！

沧海横流，更显本色。任凭风雨，自信征途。中华民族伟大复兴的中国梦终将在一代代青年的接力奋斗中变为现实。同学们，我相信你们已经做好了准备，祝福你们在青春的赛道上跑出最好成绩，期待你们为祖国为人类更加光辉灿烂的未来贡献力量！

祝同学们毕业快乐！

清华大学

2022 年 7 月 4 日

（来源：https://www.tsinghua.edu.cn/info/1182/96276.htm）

案例 4-3　邀请函

第四届中国国际进口博览会专业观众邀请函

中国国际进口博览会是世界上第一个以进口为主题的国家级展会，为世界各国展示国家形象，开展国际贸易搭建了开放型合作平台。第四届进博会将于 11 月 5—10 日在上海举办，共设服务贸易、汽车、技术装备、消费品、医疗器械及医药保健、食品及农产品六大展区。

来自相关企业、社会组织、事业单位、政府机关的采购商、业内人士、专家学者、公职人员等，可以以专业观众的身份注册报名，到进博会观展、洽谈、采购。专业观众入场日期有两种，分别是11月6—10日和11月8—10日。专业观众报名截止日期为9月30日，注册报名流程为：登陆进口博览会官网（www.ciie.org）—企业商业展—专业观众—参观预登记项下注册报名。注册审核办证具体流程为。

1. 专业观众选择“武汉交易分团”后直接报名，登记单位信息（重点采购商注册时务必填写推荐码，Q2××217××，其他均不需要推荐码）。

2. 由各分团对所属专业观众进行单位信息初审。

3. 初审通过后，由湖北省交易团进行复审。

4. 复审通过后，填报专业观众人员信息。

5. 由相关部门对人员信息进行审核。

6. 人员信息审核通过后，即可通过快递领取证件。

我会诚挚邀请各相关企业、商协会到第四届中国国际进口博览会洽谈采购，拓展国际市场，分享各国经贸合作商机，实现互惠互利，共赢发展。

（联系人：汪×× 027-8572×××× 44××30××6@qq.com）

中国国际进口博览会组委会

2021年9月24日

（来源https://www.360kuai.com/pc/91592dc9f8e054a25?cota=3&kuai_so=1&sign=360_57c3bbd1&refer_scene=so_1）

案例4-4 请柬

请 柬

尊敬的××女士/先生：

兹定于2022年7月19日（星期六）上午9时在北京市×××路××号国际会展中心Al区展览大厅举办产品展销订货会。

敬请届时光临指导！

××股份有限公司

2022年7月4日

案例4-5　贺信

贺　信

××公司全体员工:

喜闻十月一日是贵公司成立三十周年纪念日,谨此表示热烈的祝贺!

三十年来,贵公司全体同志在党的领导下,发扬了艰苦创业、自力更生、增产节约、多做贡献的可贵精神,不仅为祖国的工业建设提供了新产品,而且培养了大批的技术人才,支援了兄弟单位。

多年来,贵公司在技术力量方面,给我公司以无私的帮助和支援。为此我们表示衷心的感谢,并决心以实际行动向贵公司全体同志学习,努力钻研技术,提高产品质量,为达到同行业的先进水平而努力。

最后,祝贵公司在新征途中取得更辉煌的成就!

××公司敬贺

××××年××月×日

案例5-1　会议通知

会议通知

尊敬的各位合作伙伴:

感谢贵公司一直以来对我们的信任和支持。为了更好地发展我们的合作关系,我们定于下周五(日期)下午2:00—4:00在公司大会议室召开会议。

本次会议的议题如下:

1. 回顾过去一年的合作情况,分享合作成果和经验。
2. 展望未来的合作前景,制定新合作计划。
3. 讨论遇到的问题和挑战,共同解决方案。
4. 其他事项。

请各位合作伙伴准时参加本次会议,并携带相关资料和文件。如您无法参加本次会议,请务必提前与我们联系,并提供书面反馈意见。

如有任何疑问,请随时与我们联系。谢谢!

此致

敬礼

×××企业

××年××月××日

案例 5-2 会议议程

业务部阶段成果总结会议议程

时　　间:2021 年 8 月 1 日,上午 10:00—12:00

地　　点:公司会议室

主 持 人:李总经理

出席人员:

1. 李总经理
2. 张副总经理
3. 市场营销部王经理
4. 销售部张经理
5. 财务部徐总监
6. 财务部赵经理

议程:

1. 开场白

主持人李总经理致开场白,欢迎大家参加本次会议,并简要介绍本次会议的议程和目的。

2. 市场营销计划报告

由市场营销部王经理介绍公司下半年的市场营销计划,包括新产品的推广和营销策略的调整。大家可以就该计划进行讨论和提出意见。

3. 销售业绩汇报

由销售部张经理汇报公司上半年的销售业绩,包括各项指标的完成情况和存在的问题。大家可以就销售业绩进行讨论和提出建议。

4. 财务报告

由财务部徐总监向大家汇报公司上半年的财务情况,包括收入、成本和利润等方面的数据。财务部赵经理也可以就财务报告进行补充说明。大家可以就财务报告进行讨论和提出意见。

5. 其他事项

如果还有其他相关的事项需要讨论或决定,可以在会议上提出。

6. 会议总结

主持人李总经理总结本次会议议程和讨论内容,确保大家对公司的发展方向和业务情况有明确的了解,并希望大家能够积极配合公司的工作和发展。

(结束语)

本次会议在时间和地点上做了充分的准备,也充分展示了公司的内部协作和沟通机制。希望大家能够在今后的工作中继续保持高效协同和合作,为公司的发展注入新的活力。

××单位办公室

××××年××月××日

案例5-3　会议日程

会议日程

时　　间:2021年6月15日,上午9点至下午5点

地　　点:北京CBD办公区

主 持 人:王经理

与会人员:

1. 张总(销售总监)
2. 李经理(市场部经理)
3. 王总(研发总监)
4. 赵经理(人力资源部经理)

会议流程:

上午:

9:00—9:30:签到

9:30—9:40:王经理开场致辞,介绍本次会议目的和议程。

9:40—10:20:张总汇报销售部门上个季度工作情况,讨论下个季度销售目标与策略。

10:20—11:00:李经理介绍市场部门新产品研发计划,并请其他与会人员提出宝贵意见。

11:00—11:10:茶歇(请与会人员到会议室外用餐)

11:10—12:00:赵经理提出员工福利政策的调整计划,与其他与会人员进行深入讨论。

下午:

13:30—14:30:王总介绍研发部门最新技术研究进展,讨论技术难题。

14:30—15:00:赵经理提出员工招聘计划,与其他与会人员进行深入讨论。

15:00—15:30:茶歇(请与会人员到会议室外用餐)

15:30—16:30:王经理总结本次会议内容,对下个季度各部门工作任务进行布置。

16:30—17:00:其他事项及会议总结。

以上是会议日程,希望各位与会人员积极参与讨论,共同为公司下个季度的发展规划出谋划策。感谢大家的到来!

××单位办公室

××年××月××日

案例5-4 会议记录

公司财务报告会议记录

会议时间:2023年1月25日上午9:00

会议地点:公司会议室

会议主题:公司财务报告

出席人员:

财务总监:张先生

销售总监:李女士

技术总监:王先生

人力资源经理:陈女士

会议主持人:谢先生

会议记录人:李秘书

会议主要内容:

谢先生:各位领导好,欢迎大家参加本次会议。今天的会议主题是公司财务报告。我先请张总监做一份报告。

张先生:谢谢主持人。我们公司目前处于一个稳定增长的状态。去年销售额增长了10%,净利润达到5 000万元。

李女士:这个增长幅度比我们预期的要高一些。我们是不是可以考虑增加市场推广的投入,从而进一步扩大销售?

王先生:我觉得我们应该先考虑技术创新,提高我们的产品质量和性能,从而增强我们在市场上的竞争力。

陈女士:我认为我们也要加强人才引进和培养。我们要确保我们的员工都是具备专业技能的和高素质的人才。

谢先生:这些都是很好的建议。我建议我们将这些方面的内容列入下一年的发展计划当中。除此之外,有没有其他的提议?

(短暂的沉默)

谢先生:如果没有其他的建议,那么我们来总结一下我们刚才的讨论。我们公司近年来的财务情况非常不错,我们要继续保持增长态势,同时加强市场推广、技术创新和人才引进,从而确保我们公司的长期可持续发展。好,我们本次会议到这里结束,谢谢大家的参与。

会议主持人:(签字)

会议记录人:(签字)

案例5-5 会议纪要

第二季度销售计划会议纪要

(2021年6月1日)

下午2点公司在会议室举行了第二季度销售计划会议。李经理、王主任、刘部长、陈秘书、张助理出席了会议。

1. 讨论公司第二季度销售计划

李经理提出了公司第二季度销售计划,包括产品定价、渠道建设、促销活动等方面的计划。王主任建议增加线上销售渠道,刘部长表示需要考虑竞争对手的动态,陈秘书提醒大家注意人力资源的配备。经过讨论,确定销售计划细节并定下计划执行时间表。

2. 商讨推广新产品计划

张助理介绍了公司新产品的特点和优点,并且提出推广方案。李经理认为方案创意不够独特,需要加强市场调研。王主任建议加强新产品的展示平台,陈秘书则提出要注意调整产品定位。经过讨论,商讨出详细的推广方案和时间表。

3. 制定员工培训计划

张助理提议制定员工培训计划,以提高工作效率和质量。王主任指出需要确定培训的重点和方法,刘部长建议可以邀请外部专家进行培训。陈秘书提醒大家要注意培训后的效果评估。经过讨论,确定了培训计划及培训周期。

会议结束后,李经理对本次会议的议题和决策做了总结,并且布置了各项工作任务分配。本次会议圆满结束。

案例 6-1　经济合同

农副产品购销合同(范本)

××××××(以下简称甲方)与××××××(以下简称乙方)根据××××××××,经甲、乙双方协商一致,特订立本合同。

第一条　商品、交售日期、数量及价格

1. 乙方必须在________年____月以前(或____月____日内),向甲方交售____________(农副产品)____________斤(公斤、吨)。

2. 甲方应按照物价主管部门规定的价格(国家允许议价的,价格由甲、乙双方协商议定),向乙方计付货款。

3. 甲、乙双方的任何一方如需提前或延期交货与提货,均应事先通知对方,达成协议后按协议执行。

第二条　品种、等级、质量及包装

1. ________(农副产品)的品种、等级和质量,按下列第(　　)项执行:

(1)按国家标准执行;

(2)按部颁标准执行;

(3)按地区标准执行;

(4)由甲、乙双方协商确定。

2. ________(农副产品)的包装,按下列第(　　)项办理:

(1)按国家或部门规定的办法执行;

(2)由甲、乙双方协商包装办法。

包装物由乙(甲)方供应,包装物的回收办法另订附件。

第三条　交(提)货方式

1. 交(提)货方式按下列第(　　)项办理:

(1)送货,乙方应按合同规定的时间送往________(接收地点),交货日期以发运时运输部门的戳记为准;

(2)提货,乙方应按合同规定的时间通知甲方提货,以发出通知之日作为通知提货时间;

(3)代运,乙方应按甲方的要求,选择合理的运输路线和运输工具,向运输部门提报运输计划,办理托运手续。交货日期以发运时运输部门的戳记为准。

第四条　农副产品的验收地点

(实行乙方送货或乙方委托运输部门代运的,以接收地点为验收地点;实行甲方提货的,以提货地点为验收地点。)

第五条　验收办法

[合同应明确规定:(1)验收期限;(2)验收手续;(3)验收标准;(4)由谁负责验收;(5)在验收中对产量质量发生争议,应按《中华人民共和国标准化法》的规定,交质量监督检验机构裁决。]

第六条　货款结算办法

乙方交售的(农副产品)经验收合格后,甲方应在________天之内,通过银行转账(或按银行的规定以现金)向乙方支付货款。

第七条　乙方的违约责任

1. 乙方交货数量少于合同的规定而甲方仍然需要的,以及供方逾期交货而甲方仍需要的,应照数补交,乙方并应比照人民银行有关延期付款的规定,按逾期交货部分货款总值计算,向甲方偿付逾期交货的违约金;乙方超过规定期限不能交货的,应偿付甲方不能交货部分货款总值____%(1%~20%)的违约金;因逾期交货,甲方不再需要的,由乙方自行处理,并向甲方偿付该部分货款总值____%(1%~20%)的违约金。

2. 乙方如因违约自销或因套取超购加价款而不履行合同时,应向甲方偿付不履行合同部分货款总值____%(5%~25%的幅度)的违约金,并退回套取的加价款和奖售、换购的物资;乙方违约自销多得的收入,由工商行政管理部门没收上交国家财政。

3. 乙方在交售(农副产品)中掺杂使假、以次充好的,甲方有权拒收,乙方同时应向甲方偿付该批货款总值____%(5%~25%)的违约金。乙方交售的鲜活产品如有污染或疾病的,甲方有权拒收,并可按国家有关规定处理。

4. 乙方的包装不符合规定,发货前需返修或重新包装的,应负责返修或重新包装,并承担因此而支付的费用。发货后因包装不善给甲方造成损失的,应赔偿其实际损失。乙方由于返修或重新包装而造成逾期交货的，按逾期交货处理。

5. 甲方按乙方通知的时间、地点提货而未提到的，乙方应负逾期交货的违约责任，并承担甲方因此而支付的实际费用。

6. 因数量、质量、包装或交货期限不符合合同规定而被拒收的产品，甲方应代供方保管。在代保管期间，乙方应负责支付实际开支的一切费用，并承担非因保管、保养不善所造成的损失。

7. 甲方根据乙方的要求预付定金的，供方在不履行或不完全履行合同时，应加倍偿还。

8. 实行送货或代运的，乙方错发到货地点或接货单位（人）时，应按合同规定重新发货或将错发的货物送到合同规定的地点、接货单位(人)，并承担因此多付的运杂费及其他费用；造成逾期交货的，还应偿付逾期交货的违约金。乙方未经征得甲方同意，擅自改变合同规定的运输路线或运输工具的，应承担因此多支付的费用。

9. 乙方在接到甲方验收产品提出的书面异议后，应在 15 天内做出处理，如乙方未按时处理，可视为默认。

第八条　甲方的违约责任

1. 甲方在合同执行中退货的，应偿付乙方退货部分货款总值____%((5%~25%)的违约金。因此造成乙方损失的，还应根据实际情况赔偿其损失。

2. 甲方无故拒收送货或代运的产品，应向乙方偿付被拒收货款总值____%(5%~25%)的违约金，并承担因此而造成的损失和费用。

3. 按合同规定提货的产品，乙方通知提货而逾期提货的，除比照银行有关延期付款的规定，按逾期提货（收购）部分货款总值计算偿付违约金以外，还应承担乙方在此期间所支付的保管费或保养费，并承担因此而造成的其他实际损失。

4. 甲方未按合同规定的期限付款的，应按银行有关延期付款的规定，向乙方偿付延期付款的违约金。

5. 甲方未按合同规定提供包装物的，乙方交货日期得顺延，甲方并应向乙方偿付延期付款的违约金。因此造成乙方损失的，甲方还应根据实际情况赔偿其损失。

6. 甲方如向乙方预付定金的，在不履行或不完全履行预购合同时，无权收回未履行部分的预付定金。

7. 甲方必须承担因错填或临时改变到货地点而多支付的一切费用。

8. 甲方在合同规定的验收期限内，未进行验收或验收后未在规定期限内提出异议，视为默认。

9. 在合同规定的验收期限内，未进行验收或进行验收后未提出书面质量异议的，即视为默认符合规定。对于提出质量异议或因其他原因拒收,应负责妥善保管,等候处理,不得动用。一经动用即视为接收,甲方应按期向乙方付款,如不按期付款,则按延期付款处理。

第九条　不可抗力

甲、乙双方的任何一方由于不可抗力不能履行或不能完全履行合同时,应尽快向对方通报理由,经有关主管机关证明后,可允许延期履行、部分履行或不履行,并可根据情况部分或全部免予承担违约责任。乙方如果由于不可抗力造成产品质量不符合合同规定的,不以违约论。对这些产品的处理办法,可由甲、乙双方协商决定。

农副产品因受气候影响早熟或晚熟的,交货日期经双方协商,可适当提前或推迟。

第十条　合同的变更与解除

甲、乙双方的任何一方要求变更或解除合同时,应及时通知对方,并采用书面形式由双方达成协议。未达成协议以前,原合同仍然有效。当事人一方接到另一方要求变更或解除合同的建议后,应在收到通知之日起 15 天内做出答复,当事人双方另有约定的,按约定的期限答复,逾期不做答复的,即视为默认。

第十一条　其他约定

违约金或赔偿金,应在甲、乙双方商定的日期内或由有关部门确定责任后 10 天内偿付,否则,按逾期付款处理。

第十二条　本合同正本一式二份,甲乙双方各执一份,具有同等效力。

第十三条　本合同于______年___月___日在____签订,有效期至______年___月___日。

甲方:____________(印章)　　乙方:__________(印章)

代表人:______________　　代表人:______________

开户银行:______________　　开户银行:______________

账号:__________________　　账号:________________

________年____月____日　　________年____月____日

案例 6-2　招标书

××电器有限公司广告招标书

为了更好地塑造"××电器"品牌,更好地开展产品的市场推广和终端建设工作,××电器有限公司拟采用公开招标的方式选择合适的广告承担单位。

一、企业基本情况（略）

二、近期获得的荣誉（略）

三、招标项目

1. 策划提炼 ×× 电器形象的广告语。要求：要在广泛调查研究的基础上，提炼和反映出 ×× 电器发展定位、产品特色，体现企业核心价值，并获广泛认同的 ×× 电器形象广告语。广告语要具有唯一性、排他性和权威性，成为 ×× 电器的理念识别。广告语应包括中文和英文表述，要简洁规范，利于口碑流传，具有独特的标志意义和持久生命力。广告策划中若涉及形象代言人，须与企业形象、定位一致。

2. 围绕 ×× 电器形象广告语，拍摄并制作 ×× 电器形象广告片和 ×× 电器企业宣传片。电视广告片时长分 5 秒、10 秒、15 秒，企业宣传片控制在 15 分钟以内。

四、基本诉求

1. ×× 电器定位于精致生活电器的创新者，面向追求高品位生活的社会消费群，是具有较大潜力的成长性品牌。

2. ×× 电器的推广口号为“世界品质，服务中国”，发展愿景是成为拥有核心竞争力及核心价值观的国际化、正规化、持续化的世界著名公司。

3. ×× 电器秉承诚信、创新、专注、进取的企业精神，以“造家电精品，扬民族精神”为使命（企业使命），致力于“造全球最好的电饭煲”（产品定位）

4. 与经销商建立肝胆相照、荣辱与共的长期双赢合作关系，成为经销商事业发展的平台和坚强支撑，是 ×× 电器一贯坚持的发展理念。企业核心价值观：诚信为本、承担责任、团队合作、持续改进、追求双赢。企业管理理念：思想决定行动，行动决定习惯，习惯决定品德，品德决定命运。企业核心竞争力：为顾客从研发、生产到销售整个价值链上提供高品质的产品及服务。

五、广告要求

1. 符合《中华人民共和国广告法》。

2. 画面简洁、唯美、大气，富有活力，展示出 ×× 电器国际化的高端形象，以流畅的画面和强烈的视觉感染人。

3. 广告策划时应该有长期规划和实施步骤，以利于企业发展战略和双方持续合作。

4. 投标单位于 ×××× 年 ×× 月 ×× 日前提交光盘设计样本、制作详细文案、承制报价单，同时提交投标方设计制作的其他作品作为参考。逾时视为自动放弃投标。

5. 要求广告片和宣传片在拍摄摄制中效果好，高度清晰，可交互播放，容量大，并可在电视、随片广告、网络上发布传输。

六、招标公告

1. 投标方不论远近、大小,不拘一格,公平竞争,×× 电器会一视同仁,一切以创意说话、效果说话、性价比说话。

2. 投标单位请在投标同时携带以下商务证件:①营业执照复印件(加盖公章);②税务登记证复印件(加盖公章);③机构代码证复印件(加盖公章);④银行开户许可证复印件(加盖公章);⑤售后服务承诺书(加盖公章);⑥投标方认为有必要提供的其他证件。

3. 所有报价均以人民币报价(单位:元)。

4. 应征方案必须为应征公司和策划人员原创,最佳方案、入选方案内容的著作权、使用权等归 ×× 电器有限公司所有。

5. ×× 电器企业网站:(略)

通信地址:(略)

邮编:(略)

联系电话:(略)

联系人:(略)

工作邮箱:(略)

七、评标方法

招标方由 ×× 电器有限公司会同相关专家组成评标组,对各投标单位提供的设计样本和报价单进行综合评价后确定中标单位,然后由中标单位与招标方签订承制合同。

招标起始时间自本标书公开发布之日起执行,解释权归 ×× 电器有限公司。

×× 电器有限公司

2020 年 3 月 20 日

(资料来源:夏晓鸣,等. 应用文写作(第四版). 上海:复旦大学出版社,2011.)

案例 6-3　投标书

中船龙穴造船基地民船项目分段涂装工场工程施工投标文件

招标编号:0747-0740SITC3004T001

项目名称:中船龙穴造船基地民船项目分段涂装工场工程

投标文件内容:投标文件技术部分

投标人:(盖公章)

法定代表人或其委托代理人:(签字或盖章)

日期:××××年××月×日

目　　录

案例7-1 市场调查报告

平顶山大学生饮料消费市场调查报告

一、前言

(一)调查背景

近五年来,中国饮料市场已成为中国食品行业中发展最快的市场之一。中国饮料每年以16%的增幅快速发展,2006年1—12月,中国饮料制造行业累计实现工业总产值390 224 723千元,而2008年1—11月全国饮料制造业规模以上企业累计工业总产值(当年价格)569 689 611.00千元,得到了飞速增长。在可口可乐、康师傅绿茶、汇源果汁、统一鲜橙等巨头依然占有主要地位的同时,娃哈哈营养快线、王老吉等异军突起,迅速在市场中找到了自己的立足之地。

为了重点了解大学生群体的饮料消费现状、各种饮料品牌的满意度以及本市大学生对新品牌的认知,我们进行了这次调查。希望通过此次调查对大学生在饮料方面的消费有一个科学的、清晰的认识,取得一份有决策价值的信息,为相关饮料企业做出有效的市场分析和营销决策提供依据。

(二)调查的基本方案

1. 调查目的

(1)了解平顶山市大学生饮料消费现状和发展趋势。

(2)了解影响平顶山市大学生选择饮料的因素。

(3)为相关企业开发新产品提供必要的市场信息。

2. 调查项目和内容

消费者性别、近期选择的饮料产品、对各饮料品牌的认知度、消费习惯、消费途径、价格范围、每次购买数量、对饮料的评价、包装、促销方式、广告宣传效果、对饮料的建议。

3. 调查方式:抽样调查(先分层再配比)

分别对平顶山各高校学生进行随机抽样调查,按照大一、大二、大三、大四为 3 ∶ 2 ∶ 1 ∶ 1 的比例进行问卷发放,在调查时注意兼顾到各年级人群并按照男女比例约为 1 ∶ 1 的原则发放问卷。

4. 调查区域

平顶山市区及郊区。

5. 调查日期

12 月 23 日到 12 月 24 日。

6. 调查对象

河南城建学院、平顶山学院、平顶山教育学院和平顶山工业职业技术学院在校大学生。

7. 调查结果

共发放问卷 450 份,收回有效调查问卷 410 份。

(三)调查情况

千寻调查组的全体成员分别对调查对象范围内的四个高校进行了问卷调查,调查过程中严格遵守相关调查原则,并对回收的问卷认真审查和分析,最终在目标对象内回收的有效问卷数量分别如表 1 所示。

表 1　调查样本回收情况

对象	样本总体 / 份	样本数 / 份	占回收样本比例 /%
河南城建学院	16 000	160	39
平顶山学院	14 000	140	34

续表 1

对象	样本总体 / 份	样本数 / 份	占回收样本比例 /%
平顶山教育学院	5 000	50	12
平顶山工业职业技术学院	10 000	60	15

注:多数平顶山工业职业技术学院大三的学生已离校,因此回收的问卷数为 60。

二、外部环境分析

(一)宏观环境

中国饮料行业是改革开放以来发展起来的新兴行业。30 年来,饮料行业不断地发展和成熟,逐渐改变了以往规模小、产品结构单一、竞争无序的局面,饮料企业的规模和集约化程度不断提高,产品结构日趋合理。中国饮料在品牌方面的发展成果显著。

中国本土饮料企业大都实行分散经营,规模一般比较小;企业资金不足,融资渠道单一、技术含量低以及自身实力不强等因素也制约着其市场空间的拓展。然而随着市场的日趋国际化以及本土饮料企业多年来的品牌经营,也逐渐形成一定规模忠实的品牌消费群体,为新时期企业产品及市场的拓展创造了有利条件。中国饮料企业在未来相当长的时间内将面临更为广阔的市场和更好的发展环境。

近年来,随着居民消费水平的不断增加,饮料消费市场也飞速发展,各大饮料企业各显神通,饮料花样层出不穷,形成了几大企业为主,同时又有数量众多的小企业牢牢掌握着区位优势、独霸一方的混乱局面。

中国的高等教育在近一二十年间经历了翻天覆地的变化,最明显的改变就是人数的增加,2009 年高校毕业生将在六百万以上。据国家发展和改革委员会的统计,我国普通高等院校在校学生人数位居世界第一。中国大学的持续扩招和大学生消费能力的不断增强,已经孕育出一个蓬勃发展的高校市场。高校市场对于企业的意义,不仅是一个规模可观的细分市场,甚至成为商业竞争的主场。“营销高校,影响全国”“强强对决,赢在高校”已经成为众多知名企业的共识,各种品牌的校园市场活动在大学生群体之间纷纷展开,甚至某些企业已经初步形成了系统性、持续性的高校市场营销体系。大学生作为饮料消费的主要群体,他们的消费习惯和消费行为一直受到关注。目前的饮料消费市场竞争日趋激烈,品牌不断涌现,饮料消费市场成为典型的买方市场,人们的选择范围越来越大。

(二)微观环境

在混乱的宏观环境中,平顶山市大学生消费市场也竞争火热,各大品牌在校园内短兵相接,以可口可乐和康师傅茶饮为代表的促销活动和优惠活动接踵而至,汇源果汁、统一鲜橙及其他品牌也不甘落后,纷纷采用有奖销售等营销手段来应对激烈的竞争。然而在寒冷的冬季，饮料的市场格局并不稳定，营养快线、康师傅茶饮、汇源果汁和统一鲜橙等逐渐成为大学生消费者的首选。相对来说，以可口可乐、百事可乐为代表的碳酸饮料和以王老吉为代表的凉茶却进入了销售的冬季。与此同时，奶茶、豆浆等热饮也迅速受到消费者的欢迎，并快速接手了很大的市场份额。

三、行业现状分析

（一）竞争对手分析

1. 营养快线

2009 年，娃哈哈营养快线销售额近 120 亿人民币，一度占有该品类 70% 的市场份额，赶超“中国第一罐”王老吉，成为销量最大的饮料单品之一。在中国饮料帝国娃哈哈 400 多亿的销售额中，营养快线占据了 1/4 之多。在娃哈哈产品绝大多数都是面对二三线，甚至乡镇市场的情况下，在城市市场独领风骚的营养快线，显得特别瞩目。其时尚出挑的包装，清新滑爽的口感，丰富全面的营养，无一不契合了都市人的现代生活节奏，故其上市伊始就赢得了消费者的喜爱。取得如此佳绩固然与娃哈哈强大的品牌号召力以及其迎合消费者心理和符合中国人的饮食习惯有密不可分的关系，营销也是其成功的重要因素。

2. 康师傅茶饮

据权威调查机构 AC 尼尔森 2003 年 12 月至 2004 年 01 月的调查结果显示，康师傅茶饮品在中国即饮茶市场销售量及销售额的占有率分别为 45.9% 及 47.2%，居市场第一位；而果汁饮品在稀释果汁市场销售额的占有率分别为 23.4% 及 22.7%，居市场第二位。而新推出的乳酸饮品“优酪乳”快速被消费者接受，与 100% 每日 C 鲜果汁在大上海区已成为家喻户晓的高品质健康饮品。康师傅茶饮坚持诚信、务实、创新的经营理念，向市场进军。

3. 汇源果汁

据调查，汇源 100% 果汁占据了纯果汁 46% 的市场份额，中高浓度果汁占据 39.8% 的市场份额。汇源集团企业战略是让汇源果汁专心、专注、专业地做果汁，成为果汁行业的专家，并把一个企业做成一个行业，把一个行业做成一个产业。坚持以技术为企业的核心，拥有行业领先的研发机构及国内外知名专家，始终坚持自主研发，生产 500 多个品种、不同口味的果汁饮品；着眼于国际，使产品国际化、品牌国际化、资本国际化、人才国际化。

4. 统一鲜橙多

统一鲜橙多是最早开启中国果汁市场的领军品牌之一，多年来，其产品始终保证取自第一道优橙原汁，深受一代又一代年轻人的青睐，统一鲜橙多采用 PET 塑料瓶及 TP 利乐包各式不同包装，能满足各种不同情境所需。统一鲜橙多自上市以来已深入到所有人的生活之中，产品已涵盖到全国各地。根据 AC 尼尔森资料显示，统一鲜橙多连续五年雄踞全国果汁饮料市场第一位。但是它的市场份额近年来不断下降,现在市场份额不足20%。竞争对手不断增多是导致其市场份额不断减少的主要原因之一。

5. 可口可乐

可口可乐是中国家喻户晓的国际饮料品牌之一,在中国软饮料品市场中占重要地位,其旗下系列产品是中国天然饮料市场上最受欢迎的软饮料之一。可口可乐凭借其品牌优势和独特的口味及与众不同的营销战略使可口可乐在中国市场迅速实现了布局,并夺取53%的国内碳酸饮料市场,而且通过其独特的高等院校营销渠道,即在各高等的教育场所内的小卖部、食堂、咖啡冷饮店,主要面向在校学生和教师提供学习、生活等方面的饮料和食品服务,在大学生群体中具有很强的品牌忠诚度。可口可乐具有方方面面的众多功能,是其占有高市场份额的重要原因之一。可口可乐公司的销售渠道多也是成功的一个重要手段,它拥有22种渠道,消费者能很容易购得。

(二)平顶山大学生饮料市场环境分析

平顶山大学生饮料消费市场基本能够反映大学生饮料消费市场的现状,在娃哈哈、康师傅、统一鲜橙多和可口可乐等大品牌占有大量市场的同时,其他品牌也层出不穷,呈现出激烈的竞争态势(图1)。

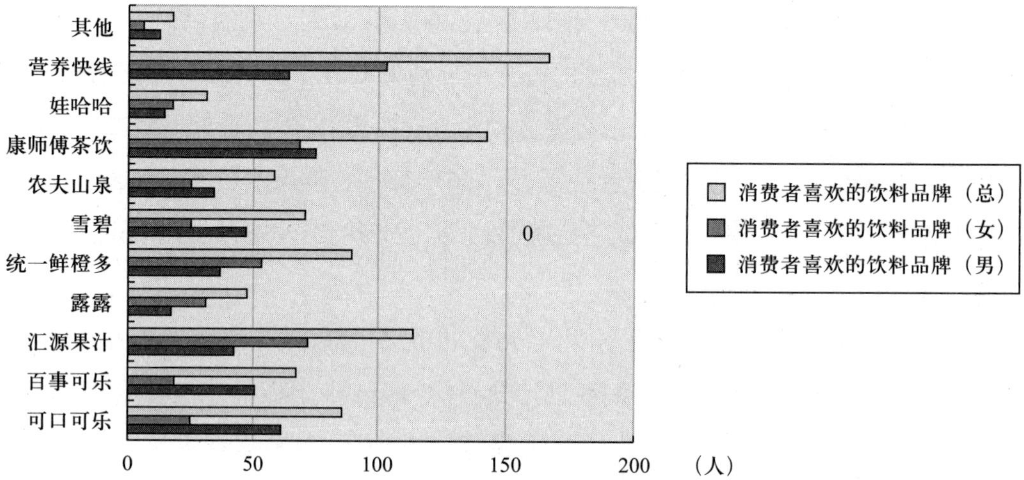

图1 消费者喜欢的饮料品牌

从图1的数据中我们可以看出营养快线、康师傅茶饮和汇源果汁三种饮料在平顶山大学生群体中的市场占有率最高,而统一鲜橙多、可口可乐、百事可乐和雪碧在大学生市场中也有较强影响。这些一方面说明这些品牌在大学生中的忠诚度较高,另一方面也体现出大学生的消费习惯比较相近。而从营养快线、汇源果汁、百事可乐及可口可乐中男女比例的较大差异可以看出男女生消费习惯的不同。男生多喜欢碳酸饮料等口味相对较重的饮料,而女生则喜欢果汁和奶饮料等口味较轻的饮料。另外,从康师傅茶饮中男女生消费差异较小可以看出男女生在茶饮料消费上具有一致性。

这组数据基本反映了各大品牌在平顶山大学生饮料消费者心目中的地位,也是全国大学生饮料消费市场的一个缩影,并没有哪个品牌在自己的领域内处于垄断地位,市场是一种群雄并起的现状,这为新的饮料产品的进入提供了机遇,也说明各大品牌都不能掉以轻心,品牌间的竞争既激烈又十分复杂。

四、消费者分析

(一)总体分析

1. 大学生月生活费水平分析

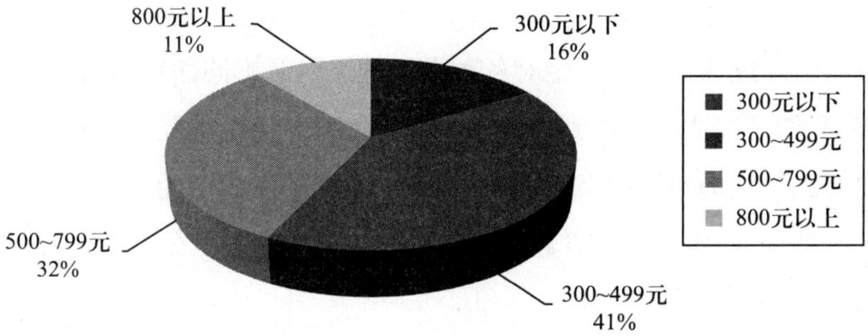

图 2　大学生月生活费水平

从图 2 的调查数据显示:近 85% 的大学生月生活费水平在 300 元以上,同时又有超过 43% 的大学生月生活费在 500 元以上,说明大学生总体生活和消费水平良好,且大学生除了在生活必需品消费以外,在其他方面的消费也很活跃,这也为大学生饮料消费市场的繁荣提供了必要的基础条件。

2. 大学生喝饮料的频率分析

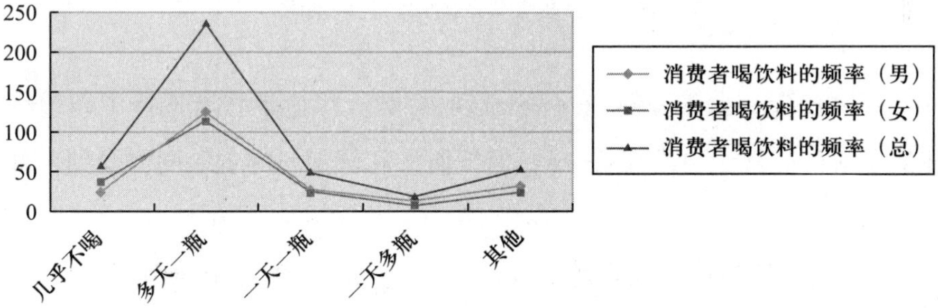

图 3　大学生喝饮料的频率

从上图 3 可以看出,几乎不喝饮料的人数量较少,而选择多天一瓶的消费者数量较大,这也印证了上题对于大学生附加消费水平的分析,而且同时也反映出大学生对于饮料的需求已经很大,大学生饮料消费市场前景良好。随着居民生活水平的逐步提高,折线的最高点会逐渐右移,这也说明饮料消费市场发展潜力巨大。

3. 消费者的喜好分析

(1)消费者喜欢的饮料类型

表 2 消费者喜欢的饮料类型

消费者性别	碳酸饮料 / 人	果汁饮料 / 人	茶饮料 / 人	奶饮料 / 人	功能饮料 / 人	其他 / 人
男	71	92	84	66	11	15
女	29	106	69	104	5	10
总计	100	198	153	170	16	25

表 2 中数据清晰地描述了大学生对各种类型的饮料及不同性别的大学生对不同种类型的饮料的喜好,我们可以清楚地看到,果汁饮料、奶饮料和茶饮料受到消费者的广泛喜爱,而碳酸饮料主要受到男性消费者的喜爱。与此同时,除了广受欢迎的果汁饮料,奶饮料成了广大女性消费者的首选,而男性消费者选择奶饮料的却相对较少。

(2)消费者喜欢的饮料包装

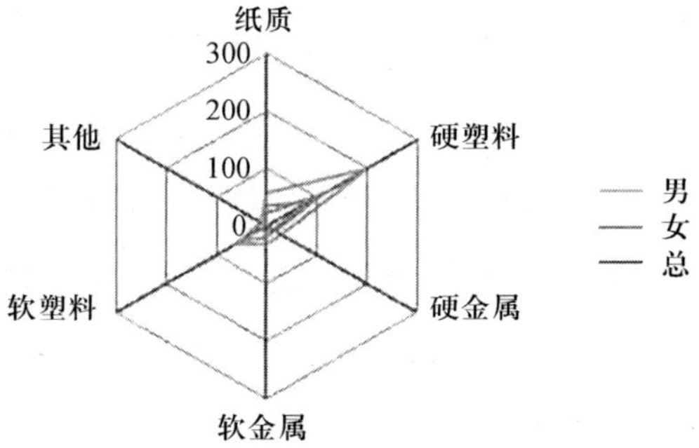

图 4 消费者喜欢的饮料包装情况

图 4 中的数据显示,由于方便、安全等原因,多数大学生消费者选择了硬塑料包装的饮料,这与我们了解到的常识也是相符合的,但纸质的和软塑料的包装同样受到一部分大学生消费者的青睐。

(3)消费者接受的饮料价格及容量

从图 5 中可以看出,大多数大学生消费者选择了 2~3 元为能够接受的价格区间,这说明市场上现存的饮料的主流价格已经在消费者心中有了很深的印记,但是在 3~5 元的价格区间里,女性消费者的数量却超越了男性消费者的数量,这可能是近年来部分价位相对较高的奶饮料和功能饮料的崛起造成的。

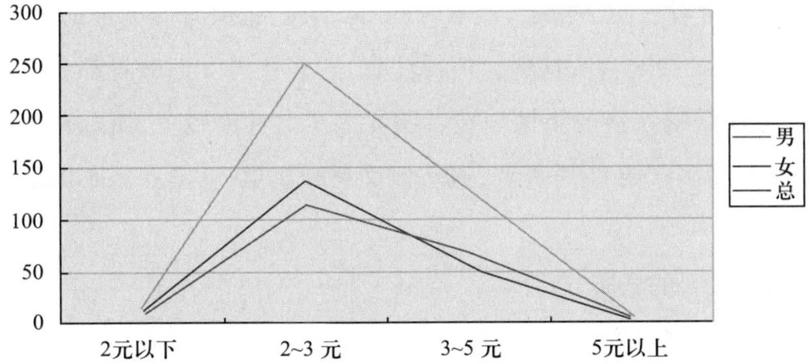

图5　消费者接受的饮料价格情况

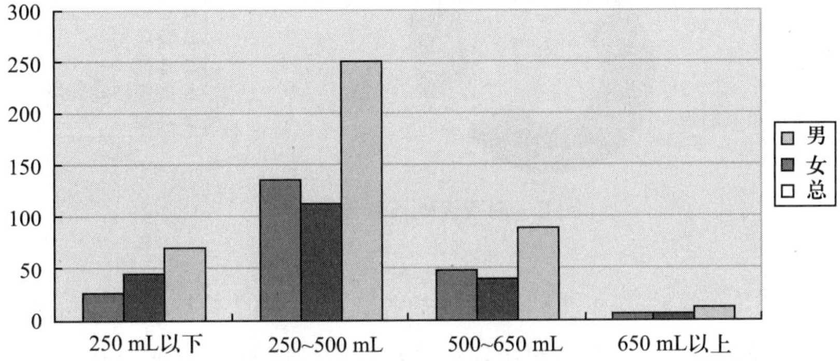

图6　消费者选择的饮料容量情况

从图6中可以看出，与价格的趋势几乎形同，很大一部分消费者选择了250~500 mL区间的饮料，这也是当今消费的主流，但是250 mL以下的罐装或小瓶装饮料以及500 mL以上的大瓶装仍然很受消费者的青睐，这与近年来各大品牌推出家庭装等大容量包装不无关系。

4. 消费者的饮料消费习惯分析

(1)消费者饮用饮料的时间或场合

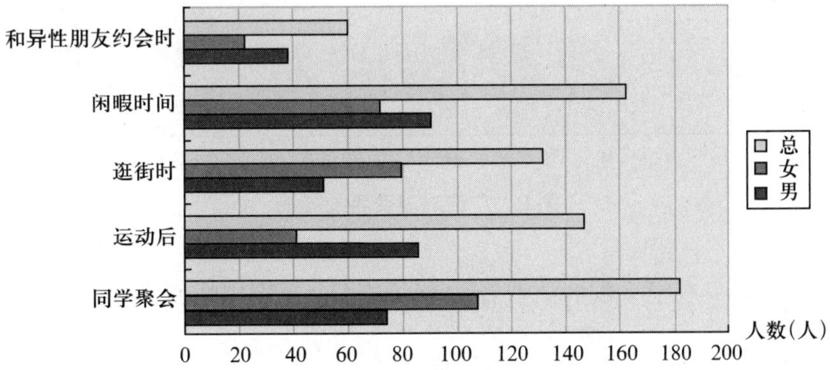

图7　消费者饮用饮料的时间或场合

如图 7 所示,消费者在同学聚会、闲暇时间、运动后、逛街时等场合都会喝饮料,也有一部分人在和异性朋友约会时会喝饮料。值得注意是,多数男女消费者都会在闲暇时间喝饮料,但是选择在运动后喝饮料的男性消费者明显多于女性消费者,而选择在逛街时喝饮料的女性消费者又明显多于男性消费者,这从侧面反映出男、女消费者不同的性格特点和消费习惯。

(2)消费者购买饮料的场所

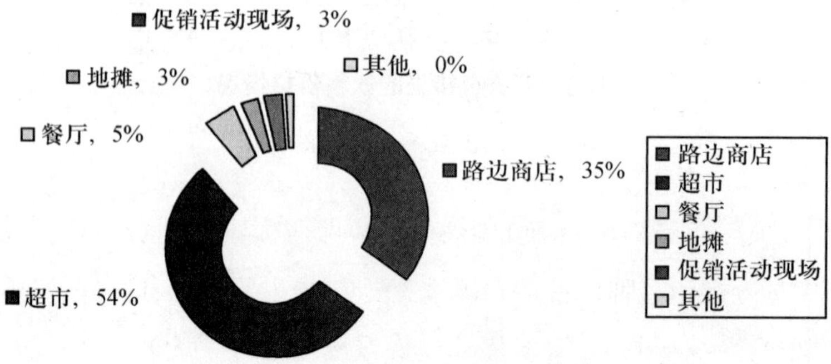

图 8　消费者购买饮料的场所

很明显,如图 8 所示,超市和便利店是消费者购买饮料的主要场所,而在餐厅、地摊和促销活动现场购买饮料的消费者数量相对较少,这可能主要是餐厅、地摊和促销活动现场本身的局限性导致的,这同时也说明超市和便利店是企业主要的分销渠道。

(二)重点分析

1. 广告对消费者的影响

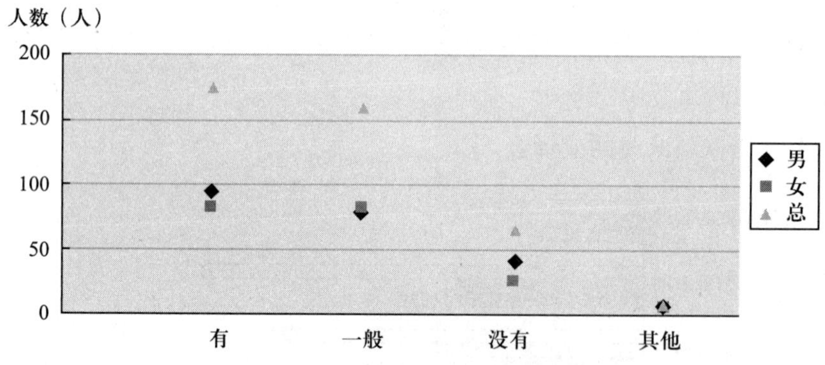

图 9　广告对消费者的影响

如上图 9 所示,只有很少数的消费者认为自己不会受到广告的影响,而大多数消费者一般都会或多或少地受到饮料广告的影响,这是多数饮料企业对广告投入大量精力并且乐此不疲达到的效果;而且有一部分消费者在选择饮料时受到广告的影响较大,这说明广告对于部分消费者对饮料的选择有重要作用，这是很值得关注的。

2. 消费者挑选饮料的依据

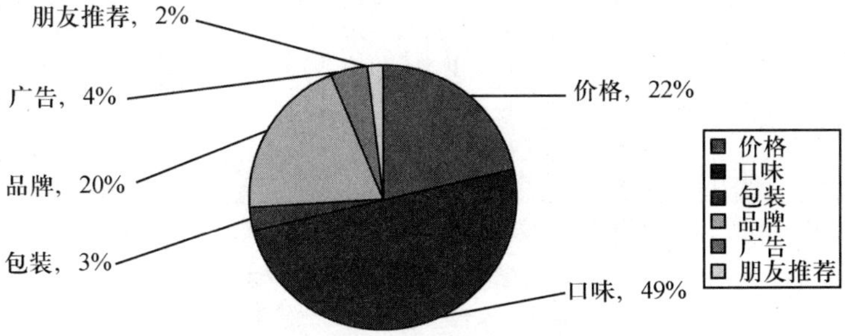

图 10　消费者挑选饮料的依据

如图 10 所示，虽然广告对消费者的影响很大，但对大学生消费者选择饮料起决定性作用的却是口味，同时价格和品牌也是消费者选择饮料的主要依据，广告的影响仅占到 4%，这说明好的口味是吸引消费者的关键，但如果在价格或在品牌塑造上下功夫，还是会吸引数量众多的消费者。

3. 消费者了解饮料产品的途径

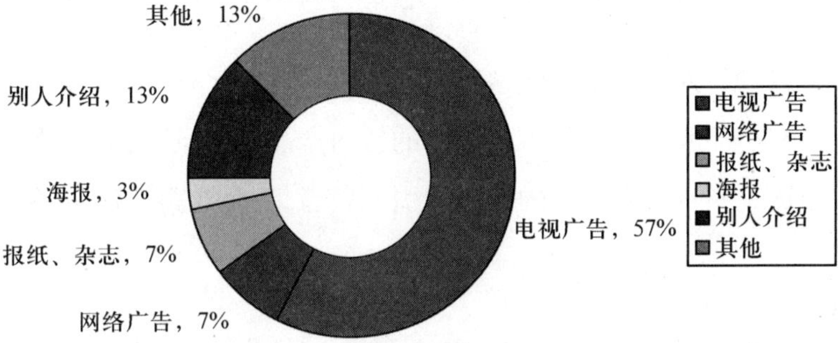

图 11　消费者了解饮料的途径

如图 11 所示，电视作为主要的传播媒体担负起消费者心里近 60% 的广告宣传份额，网络广告、报纸和杂志以及海报则显得相对弱势，别人介绍和其他选项则占了超过 1/4 的份额，这说明饮料在消费者中的口碑对饮料销售的影响显得尤为重要，同时说明还有其他宣传途径有待饮料企业的发掘和拓展。

4. 消费者喜欢的促销方式

如图 12 所示，打折销售和有奖销售是消费者较喜欢的促销方式，但女性消费者却不大喜欢有奖销售的促销方式，这是值得促销人员注意的。赠送小礼品、多买附赠和免费试饮影响相对较小，可作为附带的促销方式，也会取得不错的效果。

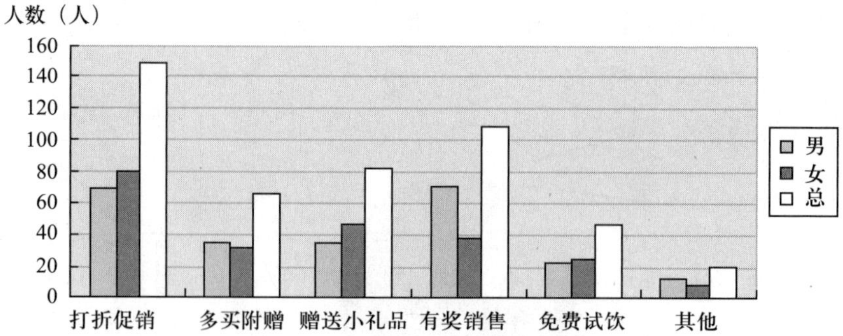

图 12　消费者喜欢的促销方式

五、新产品的潜在市场分析

(一)消费者是否会尝试新产品

表 3　消费者尝试新产品的概率　　人

消费者性别	会	偶尔会	不会
男	46	124	34
女	29	137	26
总计	75	261	60

根据表 3 中的数据,说明思维活跃、容易接受新事物的大学生消费者对饮料新产品基本保持接受态度,只有小部分消费者很难尝试新的饮料产品,同时近七成的消费者不会随意尝试新的饮料产品,这说明只要有适当的优势吸引消费者,还是有很多消费者愿意尝试新的饮料产品的。

(二)消费者尝试新饮料的原因

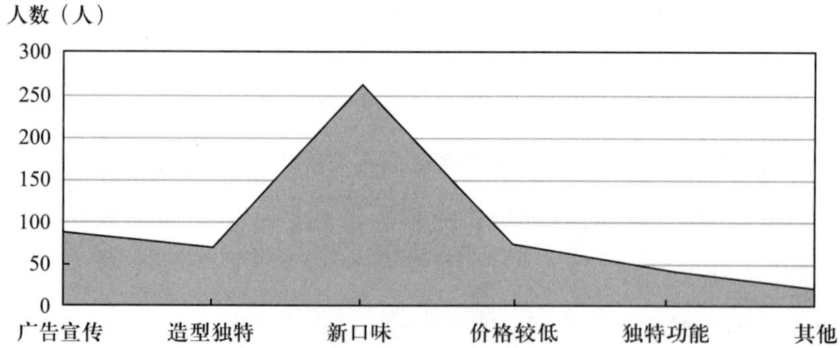

图 13　消费者尝试新饮料的原因

与消费者选择饮料的因素有很多相似之处,如图 13 所示,口味成为消费者尝试新饮料产品的首要原因,但是广告宣传和低价位也对消费者选择新产品起到了一定作用,造型独特和独特功能也是值得考虑的影响因素。

六、结论

1. 平顶山大学生饮料消费市场并没有较为固定的占有格局，新产品的进入仍然具有较为良好的前景。

2. 大学生消费者饮料消费水平正在逐步提高，大学生饮料消费市场仍然拥有巨大的潜力。

3. 大学生消费者饮料的类型、包装、价格、容量的选择以及喝饮料的场合和购买饮料的场所都有较重点、较固定的趋向性。

七、建议及意见

1. 对大学生饮料消费市场进行进一步市场调查和分析，充分把握大学生消费者的爱好和饮料消费习惯，并从中寻求突破点。

2. 监视并研究娃哈哈营养快线等新产品，不断更新和改进自己的原有饮料产品。

3. 避开康师傅茶饮等老牌的锋芒，进一步地细分市场，同时注意横向营销的应用，增强创新意识，在口味上多下功夫，多开发口味独特的新产品。

八、附录

附录一：营销调研方案

附录二：调查问卷

附录三：调查问卷统计

附录四：汇报课件

案例 7-2　可行性研究报告

丰田汽车 4S 店可行性研究报告

第一章　总　论

一、项目名称、建设单位法人代表和建设单位概况

1. 项目名称：丰田汽车 4S 店

2. 建设单位：丰田汽车公司

3. 法人代表：××××

4. 项目申报企业概况：

丰田汽车公司创始人为丰田喜一郎，是一家总部设在日本爱知县丰田市和东京都文京区的汽车工业制造公司，前身为日本大井公司，隶属于日本三井产业财阀。丰田是世界十大汽车工业公司之一,是日本最大的汽车公司,创立于1933年。丰田汽车公司自2008始逐渐取代通用汽车公司而成为全世界排行第一位的汽车生产厂商。其旗下品牌主要包括雷克萨斯、丰田等系列高中低端车型等。公司全年生产汽车445万辆,占世界汽车市场的9.4%。目前,丰田是世界第一大汽车公司,在世界汽车产业中有着举足轻重的作用。

二、项目概况

1. 建设地址:××××
2. 建设性质:新建
3. 建设工期:10个月
4. 建设具体内容与规模

(1)主体工程:工程用地16 670平方米,拟建的4S店,总共面积8 000平方米,办公楼1 000平方米,可停50辆车的停车场2 000平方米及室外道路等。

(2)设备购置:汽车清洗维修设备、实验设备若干。

(3)配套必要的公用和辅助工程及装修等。

5. 投资估算及资金筹措

(1)项目总投资估算8 888万元,其中固定资产投资7 000万元,流动资金安排1 888万元。

(2)资金筹措:全部为建设单位自筹。

第二章　项目建设的背景和必要性

一、项目建设的背景

××市位于安徽省的东部,区位优越,交通、通信便捷,地处中国最为发达的长江三角洲的西部边缘,是南京都市圈的组成部分,北依淮河,南临长江,东与江苏省扬州市毗邻,西与省会合肥市相连,与南京市隔江相望,具有承东启西、衔南接北的独特区位优势。京沪、宁西及建设中的京沪高速穿境而过,以合宁、合徐、南洛高速公路及诸多的国道、省道为骨干的交通网络四通八达,内河航道直通长江,距南京机场、合肥机场分别为60千米和120千米。特别是正在建设中的京沪高速铁路建成通车后将使××市的交通条件进一步得到改善。到时候,人们乘坐京沪高速列车从××到上海只要2个小时左右,到北京也只要3个小时,到那时××投资环境将更加优越,××将成为安徽省的交通枢纽和重要物流集散地。

近年来,随着××市经济的快速发展和城乡人民生活水平的提高,道路车流量和车辆保有量增长迅速,特别是随着城市建设的不断推进以及南谯区工业园区的不断开发,腰铺镇的经济区位优势明显。为适应经济发展的需要,同时为进一步完善城市综合配套服务功能,经过详细的市场调研和论证,拟在腰铺镇建立丰田汽车4S店。该店能繁荣地方经济,又能解决地方就业，还能起到完善城市综合配套服务功能、服务于××、贡献于××、受惠于××的作用。

二、项目投资的必要性

随着城市建设的逐步开展，人们的经济状况改善，居民的消费观念也有了大大的改观，汽车已经成为人们工作和生活中不可或缺的工具，××市汽车数量尤其是私家车数量激增；随着居民私人汽车保有量的增加，汽车修理和服务的需求越来越大。但目前我市汽车销售及服务体系并不完善，有时人们选购汽车只能去汽车种类更多的南京等地，这无形中增加了购买的成本，也浪费了更多的时间和精力。更主要是售后服务、维修保养等极为不便，甚至得不到相应的保障，这给大部分购买车辆的人带来了阻力和顾虑，同时也降低了财政和税收收入。

该项目的建成将填补我区汽车商贸交易的空白，提升服务产业档次，带动第三产业的发展，吸引周边城市资金流入，增加本地财政和税收，大大刺激市场，推动本地经济良好运行，也将提高我区整体的层次和定位，项目建成后年利润 3 000 万元左右，年上缴税收 800 余万元，解决当地剩余劳动力 100 人左右。

第三章　项目市场需求分析

一、市场空间

30 几年间，中国汽车以平均每年 40% 的速度实现高速增长，销量增长 63 倍(其中轿车销量增长 1 849 倍)，1992 年中国汽车保有量 100 万辆，2000 年达到 200 万辆，2002 年达到 300 万辆并在其后的几年中都保持 100 万辆的递增速度。国家汽车投资总额由 44 亿元增至 2022 亿元，增长 46 倍，汽车工业生产总值增长 333 倍。

来自乘用车市场信息联席会预测的数据显示，中国汽车产销量 2006 年已双双超过日本，成为继美国市场之后的世界第二大汽车消费国。与此同时，2008 年预计 1 000 万辆级的销售规模意味着中国汽车工业也迈向更高的发展平台。2007 年私人用车已占到乘用车购车比例的 83%，标志着中国汽车已进入家庭，可见，二十年前作为“奢侈品”的轿车已逐渐进入普通家庭。

根据乘用车市场发展阶段理论，当汽车千人保有量达到 20 辆以后，乘用车市场就进入起飞阶段，千人保有量的提升幅度也会明显加快，目前中国千人保有量已接近 20 辆，这标志着中国汽车即将进入起飞期，与目前欧美、日本的汽车工业发展已进入复数保有期相比，发展潜力巨大。其中长三角、珠三角、沿海地区、北京、上海、广州、深圳等地经济较为发达，轿车城市的普及化率较高，尤其是北京的汽车普及率最高，千人保有量超过 100 辆。可喜的是中西部汽车的普及化率虽然起步较晚，但在近两年较之发达地区潜力更大，增速明显加快，可见,在 GDP 稳速增长的良好大环境下,汽车一旦进入起飞期后,进入家庭的步伐必将会进一步加快。

近年来,×× 市居民生活水平逐渐提高,汽车在人们的工作和生活中的作用越来越大,现在 ×× 市汽车消费刚性需求与潜力逐步提升,促使汽车销量大幅增长,另外城市建设使得城市扩大,大部分人都没有选择代步车辆,×× 市汽车有很大的发展空间。×× 市良好的区位条件为旅游业发展提供得天独厚的条件,更加有力地促进地方经济发展。

二、产业发展和客户需求

×× 汽车市场发展迅速,汽车消费逐渐成为居民消费的热点和亮点之一。目前 ×× 市汽车需求尤其是私家车需求旺盛,现有汽车 4S 店还远远不能满足市场需求,很多居民不得不到外地购车,增加了购车成本,本项目的建成将给 ×× 市居民更大的选择空间。随着本项目的投产,×× 市汽车行业将得到迅猛发展,市场前景广阔,是完全有可行性的。

第四章　项目工程基础条件分析和项目选址

一、项目基础条件分析

1. 社会经济条件

2009 年 ×× 市实现生产总值 595 亿元,比上年增长 13.5%,超年度计划 2.5 个百分点,超全省平均增长水平;财政收入 68.3 亿元,增长 22.9%,超年度计划 7.9 个百分点,超全省平均增幅 4 个百分点;全社会固定资产投资 530 亿元,增长 47.2%,超年度计划 7.2 个百分点,超全省平均增幅 8 个百分点;金融机构新增贷款余额 106 亿元,比上年增长 1.7 倍,是年度计划的 2.4 倍,增幅是全省平均水平的 2 倍;规模以上工业增加值 195 亿元,增长 23.9%,超年度计划 6.4 个百分点,超全省平均增幅 2.9 个百分点;社会消费品零售总额 183.5 亿元,增长 18.8%,超年度计划 2.8 个百分点,超全省平均增幅 0.1 个百分点。主要经济指标多年来首次全面超过全省平均增长水平,生产总值、固定资产投资、银行贷款余额的增速都进入全省前列。

2009 年机械汽车产业实现产值 194 亿元,是 ×× 市第一大工业行业,发展速度呈现逐年加快态势,涉及汽车、电工电器、农业机械、工程机械、机械基础件、纺织机械、石化通用机械、仪器仪表、建材机械等 9 个行业,皮卡车、SUV 汽车、专用车、消防车、车用多缸系列柴油机、汽车发动机气缸盖、家电(冰箱、洗衣机、空调、电光源)装备、冰箱模具等一批产品产量位居全国前列。

2. 基础设施条件

①交通运输。项目建设地址在 ×× 市南谯区腰铺镇,项目区通过公路与城市主干次道相连,交通运输十分便捷。

②供水：× × 城日供水能力 20 万吨，水质达到国家饮用水标准。有口径 600 mm、800 mm 自来水供水管网，可直接铺至项目区内。

③供电：用电来自华东电网，电力供应充足。全市已建有 220 千伏变电站 5 座，110 千伏变电站 9 座（开发区内 1 座，拟再建 1 座）、500 千伏变电站 1 座和 60 万千瓦的琅琊山抽水蓄能电站。项目区内有 10 千伏供配电电源。

④天然气：国家“西气东输”重点工程供气管道穿境而过，城市已于 2003 年底正式供给天然气。

二、项目选址

1. 项目选址的原则和技术要求

①符合国家、地区和城乡规划的要求。

②安全原则，防洪、防震、防地质灾害。

③节约项目用地。

④实事求是的原则，对多个场址调查研究，进行科学分析和对比。

⑤注意环境保护，以人为本，减少对生态和环境的影响。

⑥交通和运输便捷。

⑦公用工程连接方便（如各种管网系统）等。

2. 项目地址方案

项目建设地址选择 × × 市南谯区腰铺镇，项目区交通运输十分便捷。用地面积 16 670 平方米。

3. 建设地址的环境状况

建设地址选择在腰铺镇，公用工程配套设施较好，有利于项目的建设。建设范围内及附近无电台和军用设施，无风景名胜区，地下无矿藏和文物。施工用电、用水极易解决。自然环境和其他条件完全符合建设要求。

第五章　环境保护、消防措施及劳动保护和安全卫生

一、环境保护和消防

1. 环境保护

项目建设施工按照项目设计规定及有关环保标准进行。做到“三同时”，即环境治理设计与项目的主体工程同时设计、同时施工、同时投产使用。该建设工程中生产装置产生的噪声不多，噪声量也不大，最大在 80 分贝以下。

2. 消防措施

根据有关消防规范，结合实际情况，本项目消防设施以水消防为主，化学消防为辅。

3. 安全可靠性评述

本项目采取“预防为主”的方针，从工艺布置、总图布置、火灾危险性的划分、建筑设计上都以安全防火为出发点，系统地进行了全面考虑。

总之，采取以上消防措施后，严格按照规范进行施工，认真执行操作规程，杜绝储存场所火灾发生的可能性，并使防火安全得以保证。

二、劳动保护和安全卫生

项目劳动保护和安全与工业卫生设计，遵守中华人民共和国原劳动部令第 3 号“建设项目（工程）劳动安全卫生监察规定”。坚持安全设施与主体工程“三同时”，即：同时设计、同时施工、同时投入生产和使用，以确保本工程投产后符合劳动安全卫生要求。

第六章　投资估算与资金筹措方案

一、投资估算

根据现行建设项目可行性研究阶段投资估算有关规定，项目总投资估算 8 888 万元，其中固定资产投资 7 000 万元。在固定资产投资中：建安工程费用 4 000 万元，设备和设施购置 2 000 万元；工程建设其他费用 600 万元；基本预备费 400 万元。铺底流动资金安排 1 888 万元。详见表 1。

表 1　项目建设总投资估算

序号	项目名称	建筑工程费 / 万元	设备购置费 / 万元	其他费用 / 万元	合计 / 万元	占总投资比例 /%
一	工程费用					
1	4S 店主体工程	2 000	600		2 600	
2	办公楼	500	500		1 000	
3	装潢及附属设施	500	400		900	
4	安装工程	1 000	500		1 500	
	共计	4 000	2 000		6 000	67.5
二	工程建设其他费用			600	600	6.8
三	基本预备费			400	400	4.5
四	建设期利息					
五	铺底流动金安排			1 888	1 888	21.2
	总计	4 000	2 000	2 888	2 888	

二、资金筹措方案

项目建设估算总投资 8 888 万元，全部由建设单位自筹。

第七章　投资项目的经济效益评价

一、财务评价

1. 编制依据

(1)国家发展和改革委员会、建设部《建设项目经济评价方法与参数》第三版(2006.7颁布)

(2)国家发展计划委员会办公厅《投资项目可行性研究指南》(2002年元月颁布)

(3)《项目决策分析与评价》(2008年版)

(4)中国金融出版社《项目评估实务》(2004年5月版)

(5)国家现行的税收政策和会计制度

(6)项目确定的各项技术经济指标

2. 项目收入测算(表2)

表2　项目收入测算

序号	成本项目	预计销售 / 万(辆)	销售单价 / 万元	销售收入 / 万元
1	中低价位汽车	60	15	900
2	中档价位汽车	150	24	3 600
3	中高档价位汽车	60	40	2 400
4	高档价位汽车	20	80	1 600
5	零部件销售及维修等收入	按上述收入的10%计算		850
	合计			9 350

3. 项目成本分析(表3)

表3　项目成本分析　　万元

序号	成本项目	指标	备注
1	整车零配和采购	4 500	
2	外购燃料及动力费	100	汽车油料、水电费
3	工资及福利费	300	按100人,人年均3万元
4	其他制造成本	100	
5	营业费用	200	含广告、运输、折旧等费用等
6	管理费用	300	含行政管理费用、销售费用等
7	其他费用	500	
	总成本费用合计	6 000	

4. 财务盈利能力分析

利润总额:3 350万元,所得税:837.5万元,净利润:2 512.5万元固定资产投资收益率28.3%。

5. 财务评价结论

通过财务分析，各项指标均较理想，项目有较强的抗风险能力。各项指标的计算结果表明该项目投资财务效益是可行的。

二、项目社会效益分析

1. 项目的实施立足 ×× 开发区、南谯工业开发，着眼南京都市圈和长三角，为 ×× 市和南谯区加快工业化进程增加了一项重要工程。

2. 为全面建设小康社会和构建和谐型社会创造优越条件。工业化是奔小康的重要条件之一，上规模、高规格的汽车企业也是工业化的重要部分。

3. 扩大就业和增加税收和当地群众收入。

项目建成后，直接就业人数为 100 人，间接就业人数为 300 人以上。

第八章　项目风险分析与控制、投资风险分析

一、经营风险分析

1. 汽车品牌风险

从品牌角度分析，目前国内的 4S 店有三种状态。一是弱势品牌。这些 4S 店最大的软肋是品牌处于劣势，用户群体狭窄，市场做不大，甚至萎缩，发展趋势不是被兼并就是倒闭。二是大众化品牌。这些 4S 店的“致命伤”是同区域多家竞争。有的品牌供应商为了多销车，不顾经销商利益，盲目发展营销网络，销售服务能力远远超过当地市场需求量，造成 4S 店之间的恶性竞争，导致经营利润降低及经营困难，部分 4S 店挣扎在盈亏边缘。三是强势品牌。这些 4S 店由于经营多年具备了市场基础，即使在整车销售利润下降时，仍可通过规模效益和售后维修以丰补歉。

2. 4S 店投资风险

汽车经销商获得品牌专卖权的市场是一个卖方市场。品牌供应商要求高、可选择的对象少。尽管要求高、投资风险大、销售品种单一、还要被动接受品牌供应商未来的发展控制等不利因素，但紧俏汽车品牌供应商在一个地区征集经销商的消息仍然一呼百应。此外，由于 4S 店对品牌供应商有极为明显的依附性，其经营的优劣，除了自身的努力外，更受品牌供应商的影响，因此，经销商在建 4S 店之前，只能根据自己的判断，冒着风险投资。

3. 车辆维修风险

在整个汽车销售获利过程中，整车销售和维修服务获利是主要部分，其对 4S 店的重要性显而易见。但由于我国汽修行业准入门槛低，汽修厂、站、店“遍地开花”，同时汽车厂供应的原厂配件价格高于市场供应的数倍，因此导致客户流向更加难以控制，4S 店想靠维修保障利润难度较大。

4. 现金流量风险

为了满足市场需求或是品牌供应商的存货储备要求,现在4S店一般都面临资金流问题,汽车占用备货资金是4S店首道难题。4S店往往是利用一些短期融资来解决资金筹集。而市场适销程度和品牌供应商商务政策的变化,时刻影响着4S店资金流的速度。资金流转不顺畅、额外利息的支出,都会直接影响4S店经济运行质量。

二、市场风险分析

1. 市场环境制约

由于我国市场经济体制还处在发展和完善之中,近几年市场规范程度较低,在一定程度上可能影响到公司的发展。

2. 市场开发风险

未来我们的市场定位是立足本地,着眼长三角,市场开发的效果如何,存在一定的不确定性。

三、政策性风险分析

1. 行业政策风险

国家对汽车行业的管理正在逐步完善之中,行业政策的变化会对公司的经营产生影响。

2. 宏观政策的影响

国家财政、货币、税收、产业发展方向等宏观经济政策的变化会对公司的经营产生广泛的影响。

四、管理风险分析

项目建成后,随着公司的不断发展壮大,管理能力和管理水平有可能成为制约公司发展的瓶颈。

五、风险控制策略

通过上述风险分析,提出如下风险管理思路及对策:

4S店在积极扩展业务的同时,要把风险管理纳入整体的经营管理范畴。通过转变经营方式,增强企业综合竞争力来抵御外部风险,并从思想意识、内部控制、制度建设、实际操作方面入手,努力构建全方位的风险监管长效机制,把4S店的风险管理工作落到实处。

1. 增强综合实力,应对外部风险

以品牌代理作支撑,以连锁销售求规模,以个性服务创品牌,应成为汽车销售企业抵御外部风险的主要手段。各4S店牢固树立竞争意识、危机意识、增强品牌拓展力度,积极申请一级代理经销商资质,扩大网络建设。充分利用各类汽车销售市场、二手车交易市场及汽车拍卖行等资源渠道,寻求规模发展。重点应做好汽车维修售后服务,使4S店汽车销售服务供应链得到进一步延伸,形成集汽车销售、新旧车置换、车辆养护、维修及检测为一体的大型经销体系,转变经营方式和盈利模式,增强4S店抗风险能力。

2. 打造自有服务品牌,创立维修连锁店

当前单个4S店要想突破品牌供应商的限制,打造自己的品牌形象确实很困难。因此必须另辟蹊径,在汽车售后服务方面下功夫,从4S店发展的战略角度考虑,筹建维修保养等的连锁经营体系,以连锁加盟方式建立连锁店。但就整个汽车产业链中的竞争趋势而言,汽车售后服务维修保养是最重要的环节。4S店要拥有强大的竞争能力,就必须建立自有品牌的维修保养等连锁经营体系,以连锁销售求规模的经营方式。

3. 树立风险意识,防范经营风险

4S店应进行全员防范经营风险系列教育,使全体员工充分认识到4S店对顾客的服务是体系化的售前、售中和售后服务,对自己所售的商品应具备相当丰富的专业知识。为此,要把防范经营风险与做好日常工作紧密结合,时刻保持清醒的头脑,深刻意识到自己专业和服务质量好坏以及个人在经营活动中可能出现的疏忽将给企业造成的经济损失和产生的负面影响,这些是与4S店的生死存亡息息相关的。

4. 用好商务政策,保证资金顺畅

4S店为避免存货滞销及缺货风险,应与品牌供应商加强沟通,把握好品牌供应商的商务政策和信用政策,运用好品牌供应商的授信额度,加快销售和资金周转,做大销售规模,盘活存货资金,降低资金成本及筹资风险。

5. 加强财务管控,化解经营风险

面对品牌供应商苛刻的考核指标,4S店应实行全面预算控制与业绩考核相结合及与薪酬挂钩,科学制定各项指标,将其细分至相关部门,确定销售、成本、工资、费用、利润、资金等各项部门的目标,将销售分解落实到业务员,费用包干至部门,落实到项目,分解经营风险。

第九章　结论与评价

1. 本项目建设符合国家各项政策和产业政策。

2. 本项目设计时充分考虑国家当前环保政策要求,在建设施工、经营等各个环节无污染物排放,环境效益十分显著。符合国家最新的节能减排政策要求规定。

3. 该项目的实施将有利于推动当地服务业的发展,推动当地经济发展,企业本身也具有良好的经济效益。

4. 该项目需要的水、电等公用工程配套供应能力完全具备,投资省、见效快。

5. 该项目总投资为8 888万元,建成后年实现营业收入9 350万元,实现利润可达2 515万元,投资利润率28.3%,项目具有良好的经济效益。

综上所述,本项目具有良好的社会和经济效益,项目是可行的。

(资料来源:百度文库)

案例8-1 创业策划书

文化特色赋能灵水村特色文旅项目

一、整体概况

(一)项目背景

从“十九大”提出乡村振兴战略到“十四五”时期全面深入实施乡村振兴战略,我国农村逐渐形成了独特的旅游产业——“乡村旅游”。我国政治环境相对稳定,而和平稳定的政治环境是发展旅游业的保障,因此随着人们生活水平的提高,和平的政治环境进一步促进了旅游经济的发展,在一定程度上促进了乡村旅游的发展。乡村旅游,是中国旅游发展新热点,是最具潜力与活力的旅游板块之一。

位于门头沟区斋堂镇的灵水村,为国家级传统古村落,拥有深厚的文化内涵,可以说是一个充满古韵的“学霸”村——沧桑的古庙,奇特的古树,明清两代还出过多名举人。灵水村于2005年被评为中国历史文化名村,娱乐节目《爸爸去哪儿》也曾在这里拍摄。村子的“四美”,生产美、生活美、环境美、人文美,使灵水村成为乡村旅游的重点村。但近年来,灵水村的发展遇到了瓶颈,旅游产业停滞不前,旅游业态相对单一,民宿品质不高,游客逐年减少,村民的收入也处于较低的水平,灵水村的旅游品质亟待提升。门头沟区所依托的煤炭资源逐渐衰减,资源型产业面临危机,同时北京市已将该区的基本功能定位为生态涵养发展区。深入挖掘灵水村文化历史,开发灵水村的历史文化遗产,提升旅游品质,已成为发展灵水村的必然选择。

(二)项目意义

1. 促进文旅融合发展,实施乡村文化振兴

灵水村自古就有崇尚文化的遗风,在明清科举制度下,出过22名举人,2名进士;近代民国初年有6人毕业于北京燕京大学。自古流传下来的“灵水八德”等先贤文化,让灵水村成为远近闻名的“举人村”。深入挖掘灵水村的举人先贤文化资源,并充分利用,有利于文化资源与旅游产业相结合,促进旅游业发展。

2. 改变单一产业,促进经济发展

结合灵水村独特的自然风光,把流传的历史故事转化为商品形态,开发具有纪念、收藏

价值的文创产品，进一步放大古民居以及举人先贤的文化底蕴，为灵水村带来经济价值。推进多元化、多层次、多类型的农业生产性服务业发展。

3. 提高知名度，实现可持续发展

结合灵水村特有的举人先贤文化，生产文创产品，推动灵水村文化的二次推广，增强对游客的吸引力，提高灵水村的知名度，推动京郊乡村旅游发展，实现灵水村的可持续发展。

4. 推动灵水村现代化建设，城乡文明对接

大部分游客都会关注住宿情况、接待服务水平、接待区居民态度等，这必然会促进乡村旅游加大基础设施投入、改善人居环境、健全乡村社会化服务体系。灵水村的深入发展，城市游客的大量来访，有利于促进灵水村的现代化建设，进一步提高居民素质，改善居民生活水平。

（三）项目内容

1. 举人／古民居文创产品

一个地区的文化彰显了这个地方的历史，而宣扬一个地区的文化历史离不开对于知识产权的开发，于是“文创产品”应运而生。拥有浓厚历史文化底蕴的灵水村，便可以以开发具有当地文化特色（举人文化与古民居文化）的含有高附加值的文创产品，更进一步宣传灵水村文化。

（1）设计灵水村的形象代表（形象 IP）

灵灵：代表古民居文化。灵灵是一个从古代穿越到现代的小女孩，对现代社会充满好奇心与探索之情（代表明清古民居文化延续至今）。

阿水：代表举人文化。阿水是一个小神童，小小年纪便考取了举人，聪明好学（代表灵水村崇尚文化的民风）。

灵灵和阿水的名字来源于灵水村的村名，一个代表古民居文化，一个代表举人文化，加在一起代表了整个灵水村的文化、整个灵水村的形象。

(2)文创产品分为两种,主要为摆件盲盒和古民居积木

①摆件盲盒:灵感来源于灵水八景,并辅以卡通人物形象。主体是一个名叫灵灵的小女孩(明清时期装扮)和名叫阿水的小男孩(举人服饰装扮),在娃娃的场景上加以八景的元素,分别有东岭石人款、独山莲花款、北山翠柏款、南堂北眺款、柏抱桑榆款、灵泉银杏款、举人宅院款,以及寺庙遗址款。并从其中八款中提取出一款为隐藏款。每个摆件包装内包含一个塑料制的玉佩作为摆件的身份牌,上面写有摆件名称以及印刷有一个二维码,顾客扫开后,是写有灵水八景景观的文章或是当地历史文化的小故事,目的在于让顾客在拆盲盒中感受灵水文化。(例如独山莲花款为灵灵穿着浅粉色清朝服饰,手拿一个大荷叶,踮起一只脚,脚踩在迷你卡通版的莲花山上。)

②古民居积木:造型依照当地特色明清民居设计,积木样式为颗粒积木。颗粒积木需要自己一点点地去拼装,从无到有,在拼装过程中感受古民居的建筑魅力。包装包含积木零件,和一个拼装手册(手册上印有真实的民居照片),颗粒大概 3 000 粒,用不同样式的颗粒,表现出来明清时期古民居建筑的特色。

2. 主题民宿

不同于普通的主题民宿,作为文化主题民宿,每间屋子都是不同的的主题,主题内容包含古民居以及当地举人文化。装修需要带有灵水村明清古民居元素,比如说举人主题的房间,房内会摆放有笔墨纸砚,以及科举制相关的书法作品等。装修风格以简约为主,灯光柔和,让房客在居住过程中,潜移默化地受到灵水村文化的熏陶。同时,民宿内设置有多样化的娱乐方式,供客户体验。

(1)拍照区:搭建有古风拍照区,并提供汉服租赁服务,供大家拍照打卡;

(2)剧本杀:剧本分两类(儿童版和成人版),围绕中举人为故事剧本进行构思;

(3)状元饭:民宿提供系列状元饭。

3. AR 卡片“探险寻宝”

无论哪个景区,如果通过传统的模式去开拓市场、吸引游客,不但需要比较长的时间,而且要花费更高的营销成本。而通过 AR 技术结合景区寻宝体验,则很快就打开了一个新的营销市场。

灵水村历史年代悠久,文化遗产丰富,自然文化优越。

灵水村有 20 个明代古民居遗址、100 个清代古民居遗址、东岭石人、独山莲花、南堂北眺、北山翠柏、柏抱桑榆、灵泉银杏、举人宅院、寺庙遗址等,依据这些景点,设计一张寻宝地图,并与 AR 技术公司合作设计出地图上景点相对应的 AR 卡片,游客们根据地图上所给地址寻找各个景点的 AR 卡片。这种独特的游玩方式,集休闲、体验、教育、运动为一体,游客

在体验乐趣的同时,还了解到灵水村举人先贤文化,同时能够强身健体。

4. 亲子研学

亲近自然,了解自然,是人类一直来都在做的事情,更是孩子们最向往和最渴望的事情。人与自然本身就应该是融为一体的。而如今由于社会的压力,现代家庭中的父母都只注重对孩子进行智力方面的早期教育,除此之外周一至周五会将孩子送至幼儿园接受教育,还会利用双休日将孩子送至少年宫、美术学校等参加各类兴趣班、培训班,孩子与自然接触的机会相当少。而亲子研学,以户外亲子活动的方式,很好地促进父母与孩子的情感交流,同时在研学过程中也能培养孩子的多种能力。

为了让家长们、孩子们更好地了解明清历史与文化,灵水村采取了一种有趣又独特的方式教授知识——积分制(每6组亲子团队组成一个亲子研学团体,每一研学团体设有一名团长组织活动)。在一天的旅行途中,会设有一些知识回答、动手操作等小游戏,每位小朋友会发一张积分卡,每得一分,都会由团长在卡片上记分。旅行临近傍晚时分,所有亲子团队到灵水村文化广场集合,进行总排名。排名前2组的亲子团队获得奖励:民宿50元无门槛优惠券(期限一年以内,不限本人使用),文创盲盒随意挑选一个。获胜团队在这两种奖励中二选一,其他的团队则获得参与奖"一次儿童AR探险寻宝机会"。

研学路线:碾子;举人文化博物馆;井轱辘(体验古人打水);九个举人院(大家自行选择要去的举人院);灵水八景(东岭石人、独山莲花、南堂北眺、北山翠柏、柏抱桑榆、灵泉银杏、寺庙遗址);举人棋;"秋粥节";灵水村文化广场。研学总时长大约5个小时。

(1)研学第一站:碾子。古时候,灵水村人口与碾子分配不均,常出现为争抢碾子加工粮食而发生冲突的事件。为此,官至吉州候补知府的举人刘增广出面调停,制定约法,并在碾坊之内的墙壁上题写下"君子不争"四字。看到"君子不争"就会想到邻里之间推碾子不争先后,进而还会想到街坊莫争房墙、地头,举一反三,不仅不争房地、不争恶气,还应济危扶困,敬老爱幼,一家有活四邻帮忙。这种谦和宽容、互谅互让的精神值得我们后人学习。通过介绍"君子不争"这一小故事,向孩子们提问从中得到的启示,"不争先抢后、集体意识、文明礼让、和谐共处、敬老爱幼"等,答对一点加一分,答错不予以扣分。预计该研学项目需10~15分钟。

(2)研学第二站:举人文化博物馆。它由四个展室和一个接待室组成,主要收藏、展览、研究以举人文化为主的民俗文物,通过向社会征集,馆内现有各种匾额、石碑、举人画像等藏品百余件。同时参观展馆游客能更直接、更近距离地了解灵水村的历史以及举人、京味、民俗、宗教等光辉灿烂的多样文化。预计该研学项目需30分钟。

(3)研学第三站:井轱辘。过去农村老百姓就用井轱辘挂上一盘绳索,拴上木桶或铁桶,把地下浅井的水取上来。随着现代化建设发展，以及自来水供水系统的大量普及，用井轱辘取水的方式已经很少。通过体验井轱辘打水，让孩子们明白水的来之不易，同时满足家长的怀旧情结。预计该研学项目需 5~8 分钟。

(4) 研学第四站：九个举人院。各亲子团队可自行选择要去的举人院。灵水村现有多处举人故居宅院遗址，如刘懋恒、刘增广等故居。这些宅院多为三进和五进宅院，建有门楼、影壁、高台阶、大板门，过厅宽大，雕梁画栋，墙壁磨砖对缝，墙体厚实，砖雕简洁而讲究，花饰粗犷中含秀美，建筑风格具有“乡村士大夫”风范，是灵水村八景中不可或缺的一景。预计该研学项目需 90 分钟左右。

(5) 研学第五站：灵水八景。灵水八景包括东岭石人、西北莲花、南堂北眺、北山翠柏、柏抱桑榆、灵泉银杏、举人宅院、寺庙遗址。灵水村曾是一个文化名村，尽管如今的灵水村大多数文化建筑随时光流逝已不复存在，但从现存的一些残垣断壁中还是能够感受到灵水村曾经的文化气息。预计该研学项目需 90~100 分钟。

(6) 研学第六站：举人棋。灵水村的村民从小就受“仕而优则学，学而优则仕”的教育，读书风气浓厚。灵水村人将这种风气做成了一种棋，作为当时教育子弟们读书上进的一种游戏，其形式类似于“升官图”。每组亲子团队派一位成员参与游戏，按到达终点快慢进行排名，第 1 名、第 2 名、第 3 名分别得 10 分、9 分、8 分，其他参与团队各加 5 分。预计该研学项目需 30~40 分钟。

(7) 研学第七站：“秋粥节”。2010 年，灵水村人的喝秋粥习俗正式列入北京市级非物质文化遗产目录。每到立秋时节，门头沟区斋堂镇灵水村都会热闹非凡。众多慕名前来的游客和村民来到灵水村，人们聚到这个偏远山村，就是为了喝到“举人粥”。秋粥节当天，天还没亮，各家各户的男人们就开始在门前劈柴、架锅、烧水。各家各户拿来米、豆、花生、核桃等原料，淘洗干净后放大锅里熬煮。灵水村的“秋粥节”也承载着深厚的乡贤文化，相传起于清康熙三十二年(1693 年)，系为了纪念刘懋恒的捐谷舍粥、赈济灾民、为富亦仁的高尚情操。到刘增广时，为教化村民不忘防灾减灾，于立秋日搭棚舍粥，“共喝秋粥”的传统历经 300 余年不衰。通过讲述秋粥节的由来，向孩子们提问他们所得到的启示；依据“粒粒皆辛苦”询问他们这首诗的诗名与作者，并将该古诗全部背诵出来；将制作秋粥的材料拿给亲子团队观看，并让其说出具体的谷物名称。每回答出一点启示加 1 分；说出古诗名字与作者的加 2 分；背诵古诗词采取抢答的方式，抢答最快且背诵正确的加 3 分；每认出一种谷物加 1 分。在回答完问题之后，即可品尝秋粥。预计该研学项目需 30 分钟左右。

(8)研学第八站:灵水村文化广场。在这里,会有最后一项积分小游戏——“八德”。灵水村自古就有“诗书济世、生财有道、君子不争、猪羊圈养、龙池三禁、核桃晚打、捐资赈灾、共喝秋粥”的村规民约,并代代相传,被大家称之为“灵水八德”。根据一天的旅行,孩子们具体描述每一德所代表的小故事,讲对一个加 3 分。预计该研学项目需 15 分钟左右。

最后在回答完这个问题后,由工作人员算分,总分排名前 2 组的亲子团队,奖励有 2 种,分别是民宿 50 元无门槛优惠券(期限一年以内,不限本人使用)、文创盲盒随意挑选一个,获胜团队在这两种奖励中二选一。

(四)市场预测

随着乡村振兴战略的推进,我国乡村旅游市场持续升温,乡村旅游规模不断扩大,乡村业态逐渐丰富,越来越多的游客将目光转向乡村。北京的经济发达,居民文化水平高,参与乡村旅游的游客更希望在旅游过程中增长知识。

根据《全国乡村产业发展规划(2020—2025 年)》,到 2025 年,乡村休闲旅游业优化升级。农业多种功能和乡村多重价值深度发掘,年接待游客人数超过 40 亿人次,2019—2025 年的平均复合增速将达到 3.8%。

根据《全国乡村产业发展规划(2020—2025 年)》,到 2025 年,休闲农业和乡村旅游的经营收入超过 1.2 万亿元,2019—2025 年的平均复合增速将达到 5.9%。行业的收入平均复合增速大于接待人数的增速,说明未来 5 年我国的休闲农业和乡村旅游要进入提质提量提价的阶段。

灵水村是全国第一批乡村旅游重点村,有国家政策扶持,旅游业发展关注度高,游客基数大。灵水村文化与旅游相结合的模式,更开拓了本地旅游业的市场,提高了游客满意度。同时民宿经济需要文化支撑,而文化主题的民宿能用情怀深耕时长,用故事吸引顾客,促进民宿可持续发展。

乡村的文旅融合是振兴乡村文化、提高村民文化获得感、实现乡村旅游优质发展的必由之路。文化融入乡村旅游发展可以赋予旅游发展新内涵,焕发乡村新活力,对发展乡村旅游有着较强的现实意义。

(五)项目团队

我们创业团队由两个人组成。我们具有较高的团队精神和团队协作能力,富有创新意识,各自负责自己的创业部分。

孙文清负责创业项目的整体概括、财务分析与资本管理;

林嘉怡负责创业项目的市场分析、项目的市场定位与营销策略;

项目介绍这一项由孙文清、林嘉怡共同完成。

二、项目介绍

(一)项目组成与运营模式

1. 特色文创产品生产、宣传与销售

以村子的古文化为原型生产出富有文化创意的产品,文创产品分为生产、宣传销售环节。在生产产品时,由设计师设计,村子提供想法,再交由代工厂生产;在宣传产品时,通过微信公众号、抖音等新媒体渠道(例如,公众号定期投放一篇当地历史小故事,在中间或末尾加上购买小链接 / 抖音拍摄剧情历史文化小短剧定期更新)进行宣传;销售模式采用线上与线下相结合的模式,线上开设网店,线下在村子内部开设门店,当地村民为经营人员。

2. 改造主题民宿

将灵水村原有的民宿改造为拥有多样性的文化主题民宿。民宿以明清古建筑与举人文化为内核,将不同民宿改造为不同的相关主题,装修也是含有"古民居文化"和"举人文化"元素。民宿为满足游客多样化的需求,推出三项不同的娱乐及饮食项目(汉服拍照、剧本杀、系列状元饭),可以吸引更多游客前来游玩,使游客不仅住得舒心还能玩得开心。村集体成立"民宿经济"运营公司(或与专业旅游公司合作),村民通过土地出租、土地入股的形式参与经营,运营公司向村民提供技能培训、卫生管理、客房调度等服务;住宅经过统一改造、装修后,将村落打造成为高品质的文化主题民宿;以规模化的方式面向游客统一经营。

民宿改造有三点设计理念。①小众理念:民宿区别于普通旅馆、高级酒店的地方在于它的独特设计风格和设计理念,即小众。它面向的是小众群体,想感受不同地域生活、文化的旅客。因此,民宿在改造时,必须要明确自己的服务对象,要弄清楚"民宿是要提供给什么样的客人"。②地方特色理念:民宿最吸引旅客的地方,就在于其装修很有地方特色。在民宿中体验当地人的生活,了解当地人的生活方式。所以民宿在改造时,一定要着重打造地方特色,充分挖掘和突出当地文化元素,这样才能将自身与普通酒店区别开来。③环保理念:民宿在改造时,要以环保生态为出发点,要尊重当地的自然生态环境,与当地环境相互融合,不能以牺牲自然环境的代价来改造。

3. AR 卡片“探险寻宝”运营模式

近年来,联通与腾讯联合发布了《2020 中国智慧文旅 5G 应用白皮书》,其中表明当前正在大力推进 5G+AR 在文旅场景中的创新及应用研发。

随着经济实力增强,“互联网 + 旅游”的不断深化,80 后和 90 后群体成为旅游市场的消费主力军、旅游消费的引导者。更加注重个性化、品质化的游客不再只满足于吃喝玩乐,而是更加注重精神上的享受。社交性、网络化、智能数字成为消费的新增长点。

AR 是一种在现实场景中无缝地融入虚拟物体或信息的增强现实技术。它能将虚拟融入于现实之中,把现实生活中难以触及,需要靠想象力脑补的东西直接展示给人们看。可将真实场景和虚拟场景相结合的技术特性,让 AR 在旅游行业的应用场景更为丰富。

4. 亲子研学运营模式

亲子研学是一种亲子活动方式,通常和户外课堂、旅行相结合。亲子研学活动鼓励通过家长与孩子的共同探索,去完成行前设定的学习主题,让孩子在探索发现中学到知识,培养能力。

亲子研学团体必须由 6 组亲子团队组成,每组研学团体设有一名团长进行带队组织。亲子研学这一项目采取预约活动的方式,通过线上线下相结合的宣传方式,统一在微信公众号上进行详细日期的预约,每位用户在预约时需填写自己的名称及联系方式(以便后期通知联系);一个用户可预约多个亲子团队;当匹配组成一个亲子研学团体的时候,公众号会自动向用户发送“研学团体匹配成功”的消息,并附带研学团体的团体编号(团体编号依据每位客户当天的预约时间编成,例如:2022 年 4 月 8 日第一位客户的团体编号是 2022040801),在预约当天依据团体编号寻找自己的团体即可;同时,在匹配成功后,会有工作人员电话通知;若不参加亲子研学团体,需自行在微信公众号取消预约;亲子团队都到达现场才可进行研学活动。

(二)组织机构与人力资源管理

采取矩阵制组织形式,以村委会为领导核心,分别成立特色文创产品项目部、主题民宿项目部、AR 探险寻宝项目部、研学旅行项目部,通过项目招标的方式寻找合作企业,项目部采用股份制入股方式进行运营,村集体成立“民宿经济”运营公司(或与专业旅游公司合作),村集体和村民通过集体土地、房屋、人工出租入股的形式参与经营,企业以产品设计、资金投入等入股,按照入股比例进行利润分成。同时,为了加强财务的管理和监督,村委会为每个项目部规定一个统一的收款二维码。

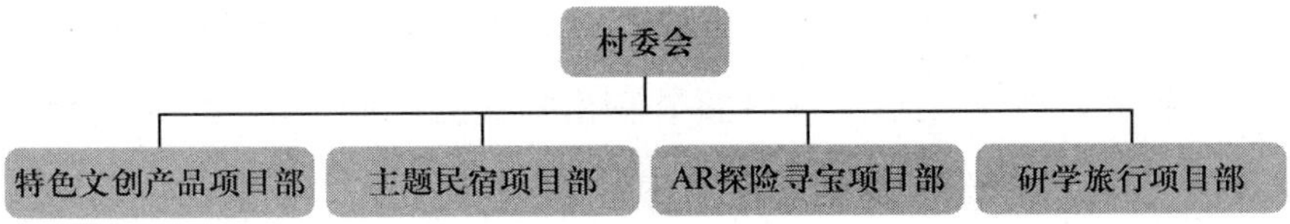

（三）经营优势

1. 文化与旅游业相融合，满足游客多样化需求

灵水村具有独特的历史文化，采用文化旅游模式，能同时发挥文化与旅游产业的优势。有利于整合资源，实现跨界融合。文化旅游串联起灵水村的自然景观与风土人情，打造了跨界融合的平台与载体，真正实现“文化＋旅游”业态的相互叠加，走出一条互联与融合发展的新路；满足新时代游客出行的多元化需求。大众旅游与全域旅游时代，游客的出行需求更加多元化、个性化。文化旅游带包罗万象，不仅囊括自然与人文景观，更触及生活的本真，能够全面提高游客的需求与体验。

2. 文化主题民宿，多重体验

民宿要有自己的特色，这个特色要有资源的可获得性优势、要能经久回味、要耐时间打磨，把这种特色做成民宿的文化主题，这样的民宿才有生命力。没有主题的民宿只能叫客栈，或者叫有特色的客栈。

比起居住的房子与周围的环境，人们更加注重的是亲身的感受。一间好的民宿除了必需的硬件条件，还应具备相应的人文故事。所以最后设计师在设计之前一定要与当地的居民深入交流，了解这里的风土人情，要与建筑的主人进行深入地沟通，挖掘生活在建筑中的人在这里发生的故事、美好记忆，以及周围的一些传说典故，向游客展示每个家庭、每间民宿独特的信息。

民宿的多种主题，包含不同文化内涵，能让游客在住宿的同时了解灵水村独特文化。

3. 历史与现代化相结合，文化旅游资源丰富

灵水村三面环山，村依山而建，水绕村而流，村里还有很多古树名木。这样地理位置优越、历史文化旅游资源丰富的灵水村，为发展AR“探险寻宝”这一项目带来极大的便利。

AR技术所需成本小，一个简单的AR设备仅需一部手机。它在真实世界中叠加虚拟物体，让人们能够在一定的空间范围内体验到虚拟物体，强调人们的视觉功能，从而能够达到一种超越现实的感官体验，这也为商业提供了便捷的销售方式。

（四）创新与特色

1. 娱乐产品与文化融合

明清时期建筑特色的古民居，这些在现代都市中已难得一见的古建筑，历经沧海桑田，

时空变换,都很好地保留了下来,彰显出独特魅力。其折射出的民居建筑美,成为灵水村宝贵的财富。特色积木文创产品,让顾客在拼装积木样式的玩具时,感受和亲身体会明清时期古民居的建筑构成、建筑彩绘等独特的魅力;利用盲盒,给顾客以新奇的体验,更有惊喜感。

2. 互联网 + 经营模式

大数据时代,与电商合作在网络传播店铺信息,申请微信公众号发表文章,发布抖音小视频,有效推广文创产品、宣传灵水村文化,充分利用互联网平台。

3. 采用 AR 技术,智慧旅游

近年来,AR 在国外应用广泛,而中国 AR 技术应用范围小,市场只处在雏形状态,预计在未来几年后会有爆发式的增长,灵水村抓住这个重要时机,运用 AR 技术实现 AR 智慧旅游(是在传统的旅游方式中,注入了 AR 黑科技,给游客们带来全新的旅行体验)。采取智慧营销的方式——AR 卡片探险寻宝。改变以往单一的游览观看方式,采用景区的 AR 卡片,使用手机扫描景区 AR 卡,看到卡片所对应的景点,而且游客还可以带回家留作纪念。对于游客来讲,游览景区再也不会走马观花,有这样独特的经营模式不仅提高了游览质量,也增加了趣味性。

三、市场分析

(一)宏观环境分析

1. 政府政策支持

为深入贯彻落实乡村振兴战略,立足首都城市战略定位,准确把握“大城市小农业”“大京郊小城区”的市情和乡村发展规律,充分发挥乡村民宿建设美丽乡村、促进农民致富增收、带动乡村旅游产业提质升级的积极作用。

2. 北京乡村地区创意旅游发展的背景

(1)人们消费水平的升级　随着乡村旅游产品的不断丰富和人们消费水平的提高,特别是随着人们旅游观念的成熟,城市居民对乡村旅游产品档次、质量、品牌的要求越来越高,客观上要求旅游品质的提升。

(2)产业融合的驱动　乡村创意旅游将有利于促进北京乡村旅游由观光休闲游向文化与旅游相结合的深度体验游转型,从而带动旅游服务接待能力的大幅提升,满足旅游者的新需求。

(3)创意旅游发展的国际影响　通过发展创意旅游很好地满足了游客的需求,并创造了很大的社会效益和经济效益。在我国,越来越多的地区认识到发展创意旅游会带来资源利用的转型和产业的发展,也开始积极推动文化创意产业和旅游业的融合发展。

3. 北京乡村地区发展创意旅游的基础

资源和文化都可以成为创意旅游的基础条件，开发形成一系列既能有效保护和传承，又能彰显现代特色的创意旅游产品。特别是历史文化，经过创意，可以给旅游者带来“全新性”体验。

（二）市场容量分析

1. 京郊旅游市场分析

北京市郊区旅游市场具备相当规模。

北京市郊区旅游市场最近几年一直处于蓬勃发展中，京郊特有的生态环境和民俗文化旅游资源每年都吸引着无数市区居民到郊区旅游。最新调查显示，95% 的北京市民希望到郊区旅游、观光、度假，近 1/3 的市民愿意在双休日到郊区旅游，其中 25% 的市民有在外住宿的意愿。巨大的市场需求为发展郊区民俗旅游和农业观光休闲旅游创造了广阔的发展空间。

在北京，超过 2/3 的城市家庭每年都进行郊游，其中 30% 每年郊游 3 次以上。在本次市场调查中，32.6% 的被访者每周或经常到郊区旅游，而在北京郊区各景区所做的市场调查中，44% 的被访者回答经常到郊区旅游，可见北京市民对郊区旅游的需求是很大的。

2. 研学市场分析

随着新常态下的旅游消费的增长，如今家长“带娃出游”不再是简单地出门游玩，而是希望通过旅游的形式实现寓教于乐，这让围绕出游的租车、游学及民宿酒店等市场热度升温；再加上主力消费人群的更替，“80 后”和“90 后”正成为亲子游市场的主力，其在消费理念上更新潮且更重视品质，从而正带动着相关市场朝着多元化、品质化方向大步迈进。业内指出，亲子游、研学游市场潜力巨大，市场总体规模超千亿元，有望成为未来旅游市场的“主力军”。

（三）行业环境分析

现代乡村旅游是在 20 世纪 80 年代出现在农村区域的一种新型的旅游模式，尤其是在 20 世纪 90 年代以后发展迅速，旅游者的旅游动机明显区别于回老家的传统旅游者。乡村旅游的迅速发展，逐渐呈现出产业的规模化和产品的多样化。

1. 我国乡村旅游发展趋势

(1) 投资多元化趋势日益明显　乡村旅游在起始阶段，一般以一些有一定实力、一定专长、意识比较超前的农户自发组织开展为主。随着乡村旅游市场的日益扩大，投资主体趋向多元。既有农民个体或合伙经营，也有村集体投资经营，一些较有实力的公司、集团等城市资本也纷纷介入乡村旅游开发。

(2) 追求产品的特色化、规模化、品牌化　第一批从事乡村旅游开发者大多已完成了原始积累,他们一方面要求开创更大的事业,另一方面已感受到竞争的压力,必然要求把乡村旅游事业做大做强。而新介入的投资者,一般实力较强,他们想要在新一轮竞争中占据后发优势,起点必须高,并采取错位竞争的策略。

2. 我国乡村旅游发展前景

(1) 丰富文化内涵,使得乡村旅游具有“灵魂” 随着人们生活方式的日益丰富化,单一的观光旅游对游客的吸引力逐渐下降,增强乡村旅游的文化内涵是吸引游客的一个重要方面。在乡村旅游开发中,要加强对当地资源的有机整合,尤其是对文化资源,如乡村民俗、民族风情等的深入挖掘,增强对乡村旅游文化内涵的建设,具有“灵魂”的乡村旅游才能更好地吸引游客。

(2) 融合发展,增强可持续发展 乡村旅游不仅仅是纯粹地对农业资源的开发,融合发展是中国乡村旅游的一大趋势。有文化、有个性、有品位的乡村未来将成为国内最稀缺的旅游资源。

四、项目的定位与营销策略

(一) 目标市场

(1) 北京城乡中高收入群体 生活压力大,偶尔需要放松一下,乡村旅游是他们的首选,并有足够的经济实力来进行游玩娱乐。

(2) 年轻人群体 35 岁以下的年轻人,对旅游的热衷程度很高,有更强的消费欲望以及多样的娱乐需求,灵水村有全面多样的旅游项目和产品可以吸引到他们。

(3) 亲子客户 随着假期制度的完善和收入增长,越来越多的 80 后、90 后父母会带着孩子自驾度周末,在旅途中增长见识、培养感情。

(4) 研学客户 以中小学生及其家长为主要群体,通过旅行活动获取相应的知识,拓展认知,提高自身的综合素质。

(二) 定价

(1) 盲盒定价为 49 元 / 个;积木 79 元 / 个。

(2) 探险寻宝定价为成人 20 元 / 次;18 岁以下青少年儿童 10 元 / 次;亲子票 25 元 / 次(一名大人加一名 12 岁以下小孩);团购价每三人 50 元 / 次。

(3) 民宿按不同的住房类型而定:分为单间套房、单间别院、整栋别院(新建别院)。

按单间套房(改造原有的民宿、农家乐),不同主题套房分为 350 元 / 晚、400 元 / 晚、450 元 / 晚三个价格(单间套房最多住 2 人)。

按整栋别院,不同主题的别院分为 2 800 元 / 晚、3 150 元 / 晚、3 600 元 / 晚。

按单间别院(整栋别院可入住 3 家,别院可单独租用),不同主题的别院分为 900 元 / 晚、

1 050 元 / 晚、1 200 元 / 晚。

(4) 亲子研学定价为一组亲子团队 78/ 次(一名大人加一名小孩),团购价为 6 组亲子团队 400 元 / 次。

(三)营销策略

1. 产品营销

(1) 主要售卖方式为线上线下相结合的方式。

(2) 文创产品通过线下的专卖店和网上网店销售两种途径。

(3) AR 探险需要在网上预约,在村落直接领卡即可。

(4) 民宿可以在各大平台进行预订。

2. 产品推广

(1) 线下推广　通过在城市一部分广告牌上投放广告进行推广;通过公关活动如邀请名人、领导人到乡村视察等,以此制造新闻引起社会公众关注,提升品牌的形象,提升品牌的权威感和可信度;举办各种大型活动,比如摄影大赛、休闲体验等落地公关活动,由新闻媒体进行报道,制造旅游形象宣传轰动效应。

(2) 线上推广　通过微信公众号、微博、抖音、小红书等新媒体,开设灵水村官方账号,通过发表举人历史文化相关文章,发布灵水村的一些优美风景、文创产品、民宿生活图片或视频(因为有大部分的旅客都是从网络上查找旅游景点最后再决定出发的)进行推广。

通过携程、途牛、飞猪和美团、饿了么等旅游平台及民宿订购平台进行广告投放,并通过游客订购信息分析客户不同的旅游需求,来提供相应服务。

(3) 口碑营销　利用口碑营销,施放一个爆炸性的信息,引起媒体与目标对象的注意和兴趣,而后,经过各方媒体的爆炒,目标旅游者的好奇心被提到一个足够的高度,这时候,广告登场,给消费者各种具体的信息,目标旅游者对广告传播的关注由被动变为主动,由淡漠变为积极,广告的传播效果得到大大的提高。

(4) 媒体营销　积极组织大型活动增加灵水村曝光率,例如举办新闻发布会、旅游推介会、旅游发展研讨会、座谈会、联谊会等。

(5) 联合营销　与学校、教育机构、旅行社等合作,推出校园团建、亲子研讨互动、实惠旅游路线等进行推广宣传。

(6) 娱乐营销　借助娱乐活动节目等,达到推广乡村旅游的目的,比如某些卫视的真人秀节目带火很多旅游景点。

五、财务分析与资本管理

(一)资金需求计划

(1)产品设计费:2 万元、每个生产成本 20~50 元,一共生产 1 万个。

(2)人工费:5 万元。暂定员工工资 6 000 元,招 8 人。

(3)广告费:20 万元。户外广告牌 8 万元;线上推广(社交平台如抖音、微博、小红书、微信等,投放广告、网红推广等)12 万元。

(4)装修费:28 万元。单间套房 8 万元、整栋别院 20 万元。

(5)基础建筑费:10 万元(新建造 3 套别院)。

(二)融资渠道

自筹、找投资人、申请政府资金。

(案例来源:"青创北京"2022 年"挑战杯"首都大学生创业计划竞赛"青振京郊"乡村振兴专项赛铜奖作品,作者孙文清、林嘉怡系北京农业职业学院工商管理专业学生)

案例 8-2 营销策划书

特斯拉电动汽车(中国地区)营销策划书

一、前言

(一)电动汽车行业整体发展预测

随着不可再生能源石油的日益消耗,汽油的价格正在被飞速抬升,大量汽车尾气的排放也给人们带来了严重的环境问题,电动汽车顺应时代潮流而生,相比起传统型汽车,它的环保、时尚和高性能迅速赢得了大众的青睐,但是由于目前生产成本比较昂贵,其出售价位较高,有能力购买的人群较少,从而限制了它的推广和平民化。然而,新能源汽车全面替代传统燃油型汽车将成为未来时代不可阻挡的趋势。特斯拉作为电动汽车行业中的佼佼者,势必需要在即将打响的这场市场争夺赛中抢占先机,拔得头筹。此策划案将根据目前形势针对中国市场做出准确详细的策划。

(二)特斯拉汽车公司概况

特斯拉汽车公司成立于 2003 年,其总部设在美国加州硅谷,多年来一直致力于纯电动汽车的研发和生产,特斯拉汽车公司是世界上第一个采用锂离子电池的电动车公司,目前生产的汽车在质量、安全、性能等方面均已达到了行业的最高标准,其生产理念以时尚、环保、完美为主,2015 年公司市值达到 320 亿美元以上,在欧洲和美洲市场销量均已跻身前列,已成为全球电动汽车行业的领军企业。

（三）旗下车型简介

1. Tesla Roadster

电动敞篷跑车，这是第一辆使用锂电池技术每次充电能够行驶320公里以上的电动车。在中国售价为80万元左右。身为电动车，Roadster在欧洲也享有政府补贴。Tesla Roadster的传动技术来自AC Propulsion公司；它的电池采购自松下生产的18650电池；它的电机，采购自台湾富田的交流电机。

2. Tesla Model S

由Tesla汽车公司制造的全尺寸高性能电动轿车，于2012年年中投入销售，而它的竞争对手则直指宝马5系。在Tesla汽车公司中，Model S拥有独一无二的底盘、车身、发动机以及能量储备系统。

3. Tesla Model X

2012年2月9日，美国Tesla Motors公司发布了全尺寸纯电动SUV车型Model X，其后门采用设计前卫的鹰翼门造型，依靠动力强劲的电动机驱动，其0到96千米/小时加速时间为5秒内。Model X将MPV的大空间、SUV的优势、电动车的优点融合在一起，是一辆格调上乘，围绕驾驶者建造的车。基础配置为90千瓦时电池，240英里里程（EPA测算），起售价13.2万美元。

4. TeslaModel S P85D

特斯拉Model S P85D配备全驱系统，最高时速可以达到155英里/小时，增设的雷达和摄像头可以识别行人和路标，可实现自动泊车、高速公路自动驾驶、堵车自动跟随等功能。新车型由原来的两轮驱动提升为四轮全驱，Model S P85D的百公里加速较之前的版本提升至3.2秒。新车型比同型号的Model S续航历程上提升10英里（16千米），即最大续航历程可达到275英里（442千米）。售价100万元左右。

二、策划目的及营销目标

（一）营销目标

据调查，目前中国汽车市场2014年的总销量超过2 349万辆，其中纯电动型汽车销售4.5万辆，同比增长208%，插电式电动车销售3万辆，同比增长878%。电动汽车呈现高速发展态势，2014年特斯拉汽车在中国地区完成销量3.3万辆，故按此增长趋势，计划2015年完成销量6万辆。

（二）策划目的

(1)实现营销目标。

(2)抢先占有市场,扩大市场份额。

(3)打响自身品牌,树立良好口碑。电动汽车作为新兴行业,特斯拉以其成熟的技术站在了行业前沿,中国市场目前存在着一片市场空白,一个高端的品牌形象能够更好地取得人们的信赖,吸引人们优先考虑选择该品牌。而一个良好的口碑能够帮助特斯拉在中国市场长远地立足下去。

(4)促进可持续交通的发展。秉承公司理念,企业在自身发展的同时也应当为社会和自然做出贡献,促进可持续交通的发展。

三、中国地区市场环境分析

(一)宏观环境分析

1. 政治环境分析

中国政府对于新能源汽车大力扶植,也出台了各种优惠政策促进人们购买,但是特斯拉属于外资企业,得到政策的倾斜较小,公司车辆进口需要交纳高额的关税,加上车辆的运输费用,使得其在中国电动汽车市场的售价远远高于本土企业的价位。

2. 经济环境分析

随着我国经济的不断发展,人们的消费能力在不断提高,价格因素对人们购买决策的影响越来越小,人们首选车型开始由中低端低廉的汽车转向中高端的优质车,中高档汽车的市场需求迅速扩大。

3. 文化环境分析

改革开放以来,国人的心态逐渐由保守转为开放,对于新兴事物的态度也逐渐由排斥拒绝转为了好奇尝试。随着环境问题频频爆发,污染治理、资源节约和生态保护也开始引起了人们的重视,绿色环保的理念被人们接受并广为传播。

4. 人口环境分析

中国人口基数庞大,潜在消费市场巨大。

5. 技术环境分析

特斯拉拥有自身研发的精准的电池控制技术等专利,即使目前开放了部分专利,也依然能在一定时间内保持技术领先地位。

(二)微观环境分析

1. 供应商方面

特斯拉拥有着众多高品质的合作伙伴。其中包括谷歌创始人拉里·佩奇、谢尔盖·布林等人,还包括丰田、奔驰的子公司和松下等传统汽车巨头。松下是特斯拉的锂电池电芯供应商,而特斯拉汽车的部分设计也受益于奔驰的启发。电动汽车最主要的三项技术是电池、电机和传动系统。特斯拉的传动技术来自 AC Propulsion 公司;它的电池采购自松下生产的 18 650 电池;它的电机,采购自台湾富田电机。特斯拉电动车引以为傲的续航能力,来自其自主研发的电池控制系统:由七千多颗电池组成的电池包,即使短路也不会着火,个别电池损坏不会影响其他,这一合作模式能够保证它随时可以用到最先进的电池来装备特斯拉电动汽车。其与供应商建立的长期战略合作关系,保证了产品的质量。

2. 客户方面

由于特斯拉汽车采用的都是世界名企提供的组件,在保证了其高端性能的同时也提高了汽车的制造成本,一定程度上限制了购买人群的范围。

3. 竞争者分析

在整个汽车行业中,特斯拉的竞争对手主要集中在生产中高档汽车的企业,如奔驰、宝马等,他们作为传统型高端汽车,良好的品牌形象深入国人心中,生产的汽车价位范围广,种类多,可供人们选择的余地更多。(附同档次价位与竞争对手车型的优缺点对比表一张,详见附录。)

在新能源汽车行业中,特斯拉也应当警惕其他电动汽车生产商打价格战,以及其他能源汽车的“异军突起”。

(三)目标市场分析

1. 市场细分

中国汽车行业大致可分为两类,以燃油为主的传统型汽车和新能源型汽车。目前市场上依然以传统型汽车为主,销售比例占到了 90% 以上,但新能源汽车的销售比例正在飞速上升。传统型汽车销量中,以中高档汽车为主,新能源型汽车销量中,以电动汽车为主。

2. 市场选择(以 Model S 为例)

(1)由于 Model S 的价位较高,有能力购买者主要是集中在中高收入者,他们除了能够满足自身的基本生活需要以外,还需要追求生活质量的满足,如使用自己的小轿车舒适地出行等。

(2)Model S 的创新、环保、高科技等特点迎合了许多当代青年人群的追求。

(3)另外,拥有一辆 Model S 无疑是自己身份地位的彰显,故购买人群也有可能是社会名流等。

(四)市场定位

综上,可初步将 Model S 定位为:精致豪华的高科技电动跑车。

四、SWOT 问题分析

(一)Strengths:优势分析

(1)以电能作为汽车动力,无发动机的轰鸣声和难闻的汽油味,无尾气污染,能源成本低,且由于电力的传输速度极快,汽车可实现无级变速和超短时加速。

(2)超大显示屏,免费导航,路线显示更全面,外观时尚大气,内饰精致豪华,系统更配备特有的智能驾驶和空中升级功能,性能强大。

(3)安全保障,拥有精确到每块电池的控制系统。

(4)储物空间大,前后都有行李箱。

(5)人机工程出色,科技感强,中控台超越同行业。

(6)充电方式多样,当电量耗尽,可以通过三种方式对 Model S 进行充电,分别是家用 110 V 电源、高效充电器以及超级充电站。其中通过家用电源充电,Model S 充电一小时可以行使 50 千米的里程,如果使用特斯拉提供的专用高效充电器,那么充电速度则可提高一倍,充电半小时便可行使 50 千米。最高效的充电方式是在特斯拉建立的超级充电站里免费获得,每小时充电量可以行使 480 千米,完全能够满足日常使用的需求。

(7)无废气排放,环保。

(8)特斯拉汽车俱乐部无疑是对购车者的一大诱惑。

(9)完善的售后服务。

(二)Weaknesses:劣势分析

(1)不能用油,只能充电,和现有的基础设施不配套,而改造基础设施需要很长时间和很大投资,还要政府支持。

(2)电池受到温度影响,冷天行驶里程会打折扣,持续高速行驶的时候电量消耗也会很快。

(3)充电站、充电桩中国地区建设不完善,充电网络未全面普及。

(4)由于成本过高,价位超出了大众的承受范围。

(5)消费人群过少,口碑难以竖立和扩散。

(6)电动汽车尚未取得大众信任,国人对其认可度低。

(7)个别事故产生了负面影响。

(8)电磁辐射可能超标对人体产生危害。

(9)虽然电价低廉,但特斯拉耗电量大。

(三)Opportunities:机遇分析

(1)汽车的使用寿命大约为 8 年,8 年前中国汽车市场正蓬勃发展,今年,将迎来一次汽车改朝换代的高峰,以及综合上文的分析,中国存在着巨大的销售市场。

(2)随着资源的日益短缺和环境的日益恶化,人们对新能源型汽车日益关注和重视。

(3)政府对于新能源汽车的销售持鼓励态度并陆续出台了相关福利政策。

（四）Threats：威胁分析

(1)相比本土企业，特斯拉能够取得的政府支持较少，进口税收过高。

(2)特斯拉作为中国市场的新来者，比之原有企业，大众认可度低。

五、营销策略组合

（一）产品策略

建议推出策略：产品售后三年内出故障包换，五年内免费保修，平时洗车等保养服务可免费。此举成本较大，其他厂家并不敢如此承诺，所以此举彰显了特斯拉厂的雄厚实力及完美的售后服务，且每年车主需花费几万元对车进行保养，此举于特斯拉而言，实际每年并不需要对每辆车花费几万元，只需支出对其车的保养成本约每辆车每年几千元就行了，而车主若购其他车，则需自己支付对车的保修工本费高达几万元每年。此策略通过让利给顾客，能有效地吸引顾客。

（二）价格策略

特斯拉电动汽车目前全部属于高端类消费产品，有能力花费得起几十万元的人对于几千元不会太过于在意，故可将产品策略中车的保养成本计入售价，再将价格在现有基础上抬升 5% 左右定价。在售卖过程中可利用顾客心理适当降价以增加销量。

（三）渠道策略

发展多渠道销售，网销则需拥有自己的官网，实体则可自己独立经营也可与 4S 店协商加入，建议独立经营以保障品质。

（四）广告策略

广告可在收视率较高的电视台进行插播，也可作为活动的赞助方，在跑男等热播的综艺剧集中植入广告。在实际生活中，则可在大型超市、马路两旁等地租用广告摊位。广告内容应侧重于环保等现今社会所提倡的元素，并同时给人们塑造一种高端大气的印象。

（五）服务策略

售前服务：主要是为了使顾客了解并“爱上”特斯拉。内容包括：在网上设立咨询客服，官网设置车型详介，自主匹配所需购买的性能装备等功能。

售后服务：包括车辆的充电、维修、保养、车主的互动、电话客服等。

充电是目前降低购车率的一大因素，虽然充电方式有多样可供选择，但我国电动汽车的充电网络并不完善，使得车主的出行不太方便，因此，特斯拉当前比较紧急的任务是与政府协议充电网络的建设，可在加油站或停车场等地就地建设，并将地点记录进车主的导航系统。维修和保养服务在前文有所介绍，此处暂略。

车主的互动主要是指成立俱乐部，开展各类活动等。

六、营销活动方案(暂略)

(一)车展

在大中城市等消费水平较高的地方开展车展(略)。

(二)产品宣传会

介绍特斯拉电动汽车的性能(略)。

(三)网上预约体验

充分挖掘有意购买的客户(略)。

(四)绿色公益活动

宣扬环保理念,竖立良好的企业形象(略)。

七、财务分析(略)

(一)收入预测

按该策划的营销目标计算,2015 年售车收入可达 6 万辆 × 单价 85 万元 =510 亿元,出售碳排放额度收入初步估计可达 50 亿元。总收入约 561 亿元。

(二)开支预测(建设、宣传、维修、理赔等)

成本:510 × 40%=204 亿元

建设设施(实体店、充电桩等):50 亿元

广告宣传及活动开支:50 亿元

慈善捐献及公益活动:30 亿元

(三)收支平衡

收大于支,应盈利 561 亿元 –334 亿元 =227 亿元

八、营销风险分析(略)

(1)安全事故导致的负面评论使公司销量急剧降低,公司股票严重贬值。

(2)在短时间内竞争对手做到了推出同类高性能低价电动汽车。

(3)应急方案详见附录。

九、附录(暂略)

1. 同档次价位与竞争对手车型的优缺点对比表
2. 各部门任务分工及奖罚机制明细
3. 应急方案

案例 8-3　公关活动策划书

“××”能源车推广新闻发布会策划方案

一、活动时间：2023 年 9 月 1 日

二、活动地点：×× 大酒店

三、活动主题：×× 能源车新闻发布会

四、邀请单位

1. 消费者协会
2. 省市交通局
3. 市环保局
4. 市气象局
5. 相关媒体单位

五、会议材料

1. 能源汽车公司领导讲话稿，主题内容为 ×× 省内及 ×× 市能源车概况。

2. 省交通局领导讲话稿，主题内容为省市机动车交通概况，重点为交通与安全问题。

3. 市环保局领导讲话稿，主题内容为现代汽车交通与环境保护问题，重点突出汽车尾气排放与环境污染及人体健康的关系。

4. 技术宣讲材料，主题内容为能源车的优势，重点突出提倡使用。

5. 记者通稿，舆论引导，重点宣传汽车交通与安全及环境保护的关系：能源车势在必行。

六、会议流程安排

9:30—10:00，签到。

10:00—10:10，主持人宣布活动开始，并对本次活动作简单介绍。

10:15—10:35，消费者协会领导讲话。

10:35—10:50，省交通局领导讲话。

10:50—11:05，市环保局领导讲话。

11:05—11:30，×× 能源车技术宣讲。

11:30—12:00，答记者问。

12:00，市有关领导和记者共进午餐，各方沟通交流，力争在相关媒体上把本次推广活动的广告宣传工作做到位，以收到良好的经济效益和社会效果。

七、广告宣传计划

1. 会议前三天在市内各大汽车交易及维修中心悬挂活动宣传条幅，并在地理位置优越

的单位做重点宣传。如在 ×× 汽车交易中心门口放置巨型充气油桶模型，绿底白字，上面印有 ×× 牌 ×× 能源车本次发布会的相关宣传内容。

2. 报纸及电视媒体的广告宣传支持。

八、布场及布场物料

（略）

九、活动预算

（略）

十、策划说明

1. 本次新闻发布会将地点选在 ×× 大酒店，这里比较繁华，人流集中，便于活动主题的社会推广。

2. 本方案最突出的一点是充气模型的创意运用，一个个清新醒目的油桶模型，象征着能源车的环保性。

3. 用能源车是对自然的尊重，是对大众生命健康的一种关爱。

4. 本次推广会所有的宣传资料以及会场布置的主题色调定为绿色，以突出“安全、健康、环保”的主题，绿意盎然，生机勃勃！

十一、结束语（略）

（案例来源：金常德．常用公关文案写作规范与实例[M]．南宁：广西人民出版社，2012.）

参考文献

[1]张浩.党务工作常用公文写作范本必读[M].北京:中国言实出版社,2011.

[2]韩国春.应用文写作[M].北京:中国铁道出版社,2010.

[3]胡珊瑚.新编党务公文写作技能指导与范例全书[M].北京:研究出版社,2016.

[4]夏晓鸣,张剑平.应用文写作[M].5版.北京:首都经济贸易大学出版社,2018.

[5]罗绍明.市场调查综合实训[M].北京:电子工业出版社,2011.

[6]郑聪玲.市场调查与分析实训[M].大连:东北财经大学出版社,2008.

[7]赵雨峰.项目可行性研究报告编写手册[M].北京:新华出版社,2006.

[8]李开发.可行性报告写作方法与案例[M].北京:中国水利水电出版社,2006.

[9]周俊玲.商务文书写作实务[M].北京:机械工业出版社,2021.

[10]金常德.常用公关文案写作规范与实例[M].南宁:广西人民出版社,2012.

高等职业教育“十四五”规划教材

活页式
现代学徒制试点项目教材

商务文书写作

主　编　汪海燕

中国农业大学出版社
·北京·

内 容 简 介

本教材以基于能力本位教育理念的高职活页式教材开发方法为指导，以财经商贸类专业高职学生主要就业岗位的典型工作任务和工作过程为导向，旨在培养学生职业岗位“办文”实务操作技能，全面提升学生商务文书的写作能力和解决实际问题的能力，体现了实用性、可操作性、创新性的特点。全书分为两册：《商务文书写作》主教材强调理论知识和实践技能相结合，具体包括八个学习项目，即认识商务文书写作、通用公文撰写、商务管理与事务文书、商务礼仪文书、商务会议文书、商务法律专用文书、商情调研文书和商务策划文书；《商务文书写作》（实操手册）强调实践操作，包括实操篇和案例篇。本教材适用于高职高专、成人高校、民办高校及本科院校的财经类专业的写作课程的教学，培养行政办公岗位、商务管理岗位、市场营销岗位等在写作上的通用技能，也可用作商务人士的业余学习和培训教材。

图书在版编目(CIP)数据

商务文书写作 / 汪海燕主编．--北京：中国农业大学出版社，2024.7
ISBN 978-7-5655-3150-7

Ⅰ.①商… Ⅱ.①汪… Ⅲ.①商务－应用文－写作－高等职业教育－教材 Ⅳ.①H152.3

中国国家版本馆 CIP 数据核字(2024)第 017775 号

书　　名 商务文书写作
Shangwu Wenshu Xiezuo
作　　者 汪海燕　主编

策划编辑 张　玉　　**责任编辑** 张　玉
封面设计 中通世奥图文设计
出版发行 中国农业大学出版社
社　　址 北京市海淀区圆明园西路 2 号　　**邮政编码** 100193
电　　话 发行部 010-62733489,1190　　读者服务部 010-62732336
编辑部 010-62732617,2618　　出　版　部 010-62733440
网　　址 http://www.caupress.cn　　**E-mail** cbsszs@cau.edu.cn
经　　销 新华书店
印　　刷 河北朗祥印刷有限公司
版　　次 2024 年 8 月第 1 版　　2024 年 8 月第 1 次印刷
规　　格 185 mm×260 mm　　16 开本　　30 印张　　575 千字
定　　价 59.00 元(全 2 册)

编 委 会

主　编　汪海燕（北京农业职业学院）

参　编　车红莉（北京农业职业学院）

王绍飞（北京农业职业学院）

刘保莲（北京农业职业学院）

关晓飞（北京农业职业学院）

张云鹤（国家农业信息化工程技术研究中心）

杨永杰（北京农业职业学院）

张　红（北京农业职业学院）

底姗娜［农芯科技（北京）有限责任公司］

张向宇［农芯科技（北京）有限责任公司］

前 言

党的二十大报告中明确提出“加强教材建设和管理”，教育部办公厅印发的《关于组织开展“十四五”职业教育国家规划教材建设工作的通知》指出“加快建设新形态教材”。活页式、工作手册式等新形态教材是目前高职教材的重点发展方向之一。商务文书写作是工作岗位要求具备的重要通用能力之一，注重实操性和应用性，活页式教材可以解决职业院校教材建设与企业工作实际脱节、内容陈旧老化、更新不及时的问题，在结构和内容上更有针对性，更符合职业教育特点和校企“双元”育人的要求。

本书是高职院校商务文书写作类课程领域里的新型活页式教材，也是校企合作开发的教材。通过汲取《国家职业教育改革实施方案》的最新职教改革理念与精髓，全书实现了内容和组织方式的重要变革与创新。全书通过理论与实践相结合，以情境任务为导向，做到知识“三用”，即够用、实用、应用。与其他相关书籍相比，全书具有以下特点：

(1) 创新性。全书在体例上打破了传统纸质教材的编写模式，进行了新的尝试。全书分为两册，即主教材和实操手册，根据企业岗位典型工作任务共分为认识商务文书写作、通用公文撰写、商务管理与事务文书、商务礼仪文书、商务会议文书、商务法律专用文书、商情调研文书、商务策划文书八个项目，每个项目下又分为若干任务。每个项目都有明确的知识目标、技能目标、素质目标、思政目标，每个任务以“情境任务—任务分析—相关知识—任务实施—个人作品—小组推选作品及展示—个人反思与总结—成果测评”为设计编排思路，既提高了个人写作能力，也充分发挥了小组团队协作的作用，设置了学生个人、小组、教师三方成果测评指标，使评价结果更加公正、客观。

(2) 实用性。传统写作教材以理论知识点为主，与实际工作岗位任务结合少，真实体验感不足。全书所选取的文种和案例都是当前企事业单位工作中所常见、常用的，在内容上强调“实用”为主，理论上以“必需、够用”为度。

(3) 操作性。全书以“工学结合”高职教学理论与教学方法为指导，本着“教、学、做”一体化的设计原则,以真实、具体的情境任务驱动教学,引导学生学习相关知识和技能,通过任务实施、个人作品、小组作品及展示、个人反思与总结、成果测评,促使学生将知识与技能转化为真正的写作能力,从而达到巩固与提高的目的。

(4)课程思政润物无声。在教材的每个项目中巧妙融入课程思政目标,单独设置“思政园地”,着力培养学生的工匠精神、爱国情怀和职业素养。

本书由汪海燕担任主编,并负责全书的策划和统稿工作。《商务文书写作》主教材的具体编写分工如下:项目一、项目二、项目三、项目六由汪海燕编写;项目四由车红莉编写;项目五由关晓飞编写;项目七由王绍飞编写;项目八由刘保莲编写。《商务文书写作》(实操手册)的具体编写分工如下:实操篇的项目一、项目二、项目三、项目六和案例篇对应案例由汪海燕编写;实操篇的项目四和案例篇对应案例由车红莉编写;实操篇的项目五和案例篇对应案例由关晓飞编写;实操篇的项目七和案例篇对应案例由王绍飞编写;实操篇的项目八和案例篇对应案例由刘保莲编写。

在本书的编写过程中,校企合作单位国家农业信息化工程技术研究中心张云鹤、农芯科技(北京)有限责任公司底姗娜、张向宇为全书的典型工作任务提取提供了重要建议,为全书的体例结构提供了宝贵意见。北京农业职业学院教务处杨永杰处长、张红副处长为本教材的编写提供了重要的支持。此外,全书在编写过程中得到了中国农业大学出版社编辑们的具体指导,参阅并借鉴了国内部分同类优秀教材和网络资源,在参考文献中无法逐一列出,在此一并表示感谢!

编　者

2023 年 8 月 22 日

目 录

Contents

目 录

Contents

项目 1
认识商务文书写作

【知识目标】掌握商务文书的定义、写作要素构成、写作逻辑的组织方式、写作的规范性要求。

【技能目标】能够分析商务文书的主旨、材料、结构，能够运用合理的写作逻辑和规范性要求，提高商务文书的写作水平。

【素质目标】通过对商务文书写作的整体认知，引导学生树立全局意识，培养学生的逻辑思维能力，引导学生在写作中树立规范意识，培养团队合作精神和爱岗敬业精神。

【思政目标】培养学生爱岗敬业的职业精神。

思政园地

敬业的"小王"

在一家大型国际企业中，有一位负责商务文件写作的员工小王。某天，公司接到了一个重要的合作项目，需要准备一系列复杂的商务文件。小王深知这些文件的重要性，他立即投入了工作。

首先，他仔细研究了项目的要求和相关资料，确保对项目有全面的了解。在撰写文件的过程中，小王严格遵循公司的文件格式和规范，以确保文件的专业性和一致性。他对每一个细节都仔细地核对和修正，确保文字准确、逻辑严谨。为了确保文件的内容准确无误，小王与项目团队的各个成员深入沟通和协作。他认真倾听他们的意见和建议，并将这些信息融入到文件中。在时间紧张的情况下，小王依然坚守高质量的原则。他加班加点，仔细检查每一份文件，确保没有任何错误或遗漏。

最终，小王按时交付了高质量的商务文件，为公司的合作项目提供了有力的支持。他的专业精神和高度负责的态度得到了项目团队和领导的高度认可。

问题：这个案例体现了商务文书写作岗位的哪些职业精神？

任务 1.1　认识商务文书

一、情境任务

王晴刚入职百胜中国在北京总部的人力资源部门，部门主管通知她准备一份公司的招聘广告，打算两周后用于参加一所大学的校园招聘会。王晴接到任务后立即开始行动，她用自己擅长写小说的文笔好好表现了一番，只用了一晚上的功夫就把招聘广告写好了。第二天一上班王晴就把招聘广告交给了主管，主管看后很不满意，说公司介绍写得太“虚幻”，招聘岗位写得不明确，让她重写。如果你是王晴，后面你应该怎么办？

二、任务分析

商务文书应用非常广泛，几乎涉及各个领域，为解决商务事务发挥着重要作用。通过上述情境任务，需要掌握：①商务文书的概念和特征；②正确领会领导意图；③学习文体知识，完成构思任务；④完成初稿送主管领导审阅并修改；⑤最终定稿。

三、相关知识

（一）商务文书的概念

商务文书也被称为商务应用文，是人们在经济活动中处理商务贸易事务时所使用的具有使用价值、经济意义和固定或惯用格式的文体。

应用文的使用非常广泛，涉及各个领域、各个部门、各个阶层和每个个人。比如，科研单位的工作人员，需要用到学术论文；政府机关指导工作，需要用公文；工商企业经营，需要用合同；打官司，需要用诉状；学生生病了，不能上课，需要用到请假条……相对于其他文体，应用文的使用频率要高得多：许多人可以一辈子不写小说、剧本、诗歌、散文，但他在工作、生活、学习中却免不了要写应用文，小到写张请假条，大到计划、总结、论文等。正如叶圣陶先生所说的那样：“大学毕业生不一定能写小说、诗歌，但是一定要能写工作和学习中使用的文章，而且非写得既通顺又扎实不可。”可以这么说，应用文使用的广泛性已经到了无处不在的程度。在中国特色社会主义市场经济条件下，应用文是任何企事业单位和个人日常工作、生活中不可缺少的一个重要工具。应用文同别的文体比较，有共性，也有个性。共性是它们都是对客观事物的反映，都要用词造句、使用标点符号，讲究条理性、逻辑性，同样使用叙述、说明、议论等表达方式，要求准确、鲜明、生动的文风。

1979年，上海辞书出版社出版的《辞海》对"应用文"一词的解释是：是人们在日常生活、工作和学习中所应用的简易通俗文字，包括书信、公文、契约、启事、条据等。该定义很简单，没能概括出应用文的本质特征，仅仅指出应用文的"简易通俗"，这只是应用文的一些方面，而不是全部特征。根据国务院办公厅颁布的《国家行政机关公文处理办法》中对公文的定义，推广开来，应用文的定义为：应用文是机关团体、企事业单位以及人民群众在日常工作、生产和生活中办理公务以及个人事务时，交流情况、沟通信息、具有直接实用价值和惯用格式的一种书面交际工具。这个定义规定了应用文的本质特征，使它明显区别于其他文体，又涵盖了应用文的基本特性。

因此，商务文书的特征本质上是一种文体，具有应用文格式规范、行文简约、具有实用性的特点，使用范围广泛，是国家机关、经济组织、社会团体用来处理商务事务的书面交际工具。

（二）商务文书的分类

在实际工作中，大家可能会遇到形形色色、各种各样的商务文书，根据其形式和内容用途大致可以将其划分为以下几种类型。

1. 按形式来划分

以形式作为划分标准，商务文书可以大致分为以下两类：

(1) 固定格式的商务文书：常见的固定格式的商务文书主要有商务合同、邀请信、通知、请示以及批复。相比较而言，这类商务文书的格式是有比较规范的要求的。

(2) 非固定格式的商务文书：所谓非固定格式的商务文书，在日常工作中往往应用得更为广泛，比如市场调查报告、商务策划类文书。

2. 按内容用途来划分

以内容用途作为划分标准，商务文书可以分为以下三类：

(1) 通用的商务文书：常见的通用商务文书主要有通知、请示、总结以及合同等。

(2) 礼仪性的商务文书：所谓礼仪性的商务文书，主要是指邀请函、欢迎词、欢送词等。

(3) 策划性的商务文书：所谓策划性的商务文书，主要是指创业策划书、营销策划书、公关活动策划书等。

(三)商务文书写作的特征

1. 商务文书写作语言具有一定特色

商务写作的独特内容决定了写作的语言风格，商务写作具有书面语的鲜明特征，格调正式、意思明确、语句流畅。无论从格式还是传播渠道看，商务文书写作的篇幅都不宜冗长，应简洁明了，只有这样才符合商务活动的规律。商务文书写作应仔细地研究商务内容，考虑写作对象的需求，什么样的语言承载什么样的内容。

2. 商务文书写作有明确的目的

商务文书写作内容是以传播商务信息为主，必定会受到商业运作规律的影响，写作自然带有商务活动规则的印记，比如建立业务关系、联络彼此情感、传递有关信息、发出相关指令、做出必要解释、进行劝说、提出建议等。商务活动的最终目的是创造利润，商务人员总是想方设法拓宽销路，尽可能多地占有市场份额，以期获得最大的投资回报。于是，在经营上，商务人员非常注重建立融洽的商业关系，尽量树立良好的公众形象，多方运用公关促销，以广揽客户，谋求更多的回报。因此，商务文书需要符合商务对象的心理，以情动人，赢得了客户，就赢得了市场。

3. 商务文书写作不同于普通的写作，有特定的写作对象

商务文书写作牵涉的商务活动广泛，所载信息量大，且变化万千，写作关系复杂，写作涉及的人物身份不同，既有董事长和执行总裁，也有普通业务员。无论写作的参与人员身份、地位有何不同，如果写作对象能够愉悦地接受写作内容，商务活动就能顺利进行。商务文书写作的核心是“如何去满足消费者心目中的预期”。写作对象即是商务文书写作的终端消费者，当我们将商务文书写作当成一种产品来看待时，我们就能发现商务文书写作除了基本的语言句式的学习，还得参考写作环境与写作对象的不同点，即使写作的内容相同，但是不同的写作对象也要求不同的写作方式、不同的写作风格、不同的写作定位。

知识拓展：
视频 1-1-1 如何写作？

(四)范例评析

招聘广告

一、公司简介

×× 老年服务中心于 20×× 年在西安成立，采用有限责任公司的形式，主要面向老年人群体，针对老年人不同层次的需求提供多种个性化服务。公司致力于为老年人群体创造理想、温暖的晚年生活，满足老年人在生理、心理上的个性化需求，为构建社会主义和谐社会贡献一份绵薄之力。

二、招聘岗位

(一)行政助理(1名)

岗位要术:

1. 协助行政总监完成公司行政事务管理;
2. 协助审核、修订公司各项管理规章制度,进行日常行政工作的组织与管理;
3. 各种税章制度监督与执行;
4. 协助行政总监进行内部、安全管理,为其他部门提供及时有效的行政服务;
5. 协助行政总监开展招聘、培训等工作;
6. 会务安排,做好会前准备、会议记录和会后资料整理工作。

任职资格:

1. 行政管理及相关专业大专及以上学历,2年以上工作经验,有服务性企业工作经验者优先;
2. 熟练掌握统计报表、书面报告,熟练操作Word、Excel、PowerPoint等办公软件;
3. 具有较强的时间管理能力以及解决突发事件的能力。

(二)市场部经理(1名)

岗位要求:

1. 负责对公司理财业务的市场适应性进行调研,并作出产品的定位及变动策略,以便更加适应市场的需求;
2. 负责制定公司理财业务的市场营销方案,并安排方案的实施;
3. 督促并指导下属员工完成公司制定的月度、季度、年度任务;
4. 完成公司交派的其他任务。

任职资格:本科以上学历,年龄45周岁以下,金融相关行业,2年以上同等工作经验者优先。

(三)服务人员(1名)

岗位要求:

具备良好的沟通表达能力、较强的亲和力;待人友善,工作效率高;工作认真,谨慎细心,用心主动;有良好的团队合作精神。

任职资格:有客服工作或医药保健营销工作经验者优先。

三、公司地址及联系方式

公司地址:略　　电子邮箱:略　　联系电话:略

知识拓展：
视频 1-1-2　制作招聘启事海报

【评析】

本则招聘广告结构较完整，包括公司简介、招聘岗位、公司地址及联系方式，这些都是招聘广告必不可少的内容，也是应聘者最关注的地方。有些招聘广告还会明确写出“岗位发展空间”和“公司的福利和待遇”。

四、任务实施（步骤）

（一）环境要求

可选择多媒体教室等场所进行，备好纸、笔，配备计算机、投影仪等设备，最好每名学生配备一台计算机进行上机写作。

（二）实施步骤

1. 认真阅读情境任务，划出情境任务中的关键词。

2. 认真阅读“相关知识”，划出你觉得重要的知识点。

3. 每人执笔或上机，通过网络查找相关材料，独立完成情境任务的初稿（在“个人作品”中呈现）。

4. 分组讨论，各小组组员相互评阅初稿，然后选出本组代表作进行修改。

5. 以小组为单位上交一篇作品并在多媒体上展示，师生共同点评。

五、个人作品（可附页）

六、小组推选作品及展示

小组成员：______________________________

个人在小组的贡献：________________________

小组推选代表作(最终版,可附页)：

七、个人反思与总结

八、成果测评

个人自评：自评指标详见表 1-1-1，成绩占比 20%。

组间互评：组间互评指标详见表 1-1-2，成绩占比 40%。

教师评价：教师测评指标详见表 1-1-3，成绩占比 40%。

表 1-1-1　个人自评指标

序号	评价指标	分值	评分标准	得分
1	阅读情境任务，划出情境任务中的关键词	10	标出了关键词，得 10 分；没标出，得 0 分	
2	阅读相关知识，划出对你完成情境任务有用的信息	10	在相关知识处标注了有用信息，得 10 分；没标出，得 0 分	
3	文本的写作格式（个人）	10	有基本的写作格式，得 10 分；格式杂乱，得 0 分	
4	文本的写作内容（个人）	30	内容至少包括公司简介、招聘岗位、公司地址及联系方式，得 30 分；少一项，扣 10 分	
5	文本与情境任务结合程度（个人）	10	结合紧密，得 10 分；结合较紧密，得 7~9 分；结合较少，得 4~6 分；结合很少或没有，得 0 分	
6	书写工整	10	文本整洁，没有涂改，得 10 分；文本较整洁，得 7~9 分；文本基本整洁，得 4~6 分；文本不整洁，得 0~3 分	
7	团队协作	20	积极主动参与团队讨论和承担任务，得 20 分；较主动参与团队讨论和承担任务，得 14~19 分；能够配合小组其他成员较好地完成任务，得 10~13 分；完成小组任务较差，得 6~9 分，几乎没有参与小组任务，得 0~5 分	
8	个人评价得分（合计）			

表 1-1-2　小组互评指标

	评价指标	分值	评分标准	得分
1	文本的写作格式(小组代表作)	20	有基本的写作格式，得 20 分；格式杂乱，得 0 分	
2	文本的内容（小组代表作）	20	内容至少包括公司简介、招聘岗位、公司地址及联系方式，得 20 分；少一项，扣 10 分	
3	文本与情境任务结合程度（小组代表作）	20	结合紧密，得 20 分；结合较紧密，得 10~19 分；结合很少，得 1~9 分；没有结合，得 0 分	
4	上台展示形式	20	文本展示清楚，得 20 分；文本展示较清楚，得 12~19 分；文本展示不太清楚，得 8~11 分；文本展示不清楚，得 1~7 分	
5	小组上台汇报	20	思路清晰，表达流利，得 20 分；思路较清晰，表达较流利，得 12~19 分；思路不太清晰，表达不太流利，得 8~11 分；思路不清晰，表达不流利，得 1~7 分	
6	小组评价得分（合计）			

表 1-1-3　指导教师评价指标

序号	评价指标	分值	评分标准	得分
1	阅读情境任务，划出情境任务中的关键词	5	标出了关键词，得 5 分；没标出，得 0 分	
2	阅读相关知识，划出对你完成情境任务有用的信息	5	在相关知识处标注了有用信息，得 5 分；没标出，得 0 分	
3	文本的写作格式（个人）	5	有基本的写作格式，得 5 分；格式杂乱，得 0 分	
4	文本的写作内容（个人）	20	内容至少包括公司简介、招聘岗位、公司地址及联系方式，得 20 分；少一项，扣 8 分	
5	文本与情境任务结合程度（个人）	5	结合紧密，得 5 分；结合较紧密，得 3~4 分；结合很少，得 1~2 分；没有结合，得 0 分	
6	书写工整	5	文本整洁，没有涂改，得 5 分；文本较整洁，得 1~4 分	
7	团队协作	5	主动参与团队讨论和承担任务，得 5 分；较主动参与团队讨论和承担任务，得 1~4 分	
8	文本的写作格式（小组代表作）	5	有基本的写作格式，得 5 分；格式杂乱，得 0 分	
9	文本的内容（小组代表作）	20	内容至少包括公司简介、招聘岗位、公司地址及联系方式，得 20 分；少一项，扣 10 分	
10	文本与情境任务结合程度（小组代表作）	5	结合紧密，得 5 分；结合较紧密，得 3~4 分；结合很少，得 1~2 分；没有结合，得 0 分	
11	代表小组上台展示	5	代表小组上台展示，得 5 分；没有展示，得 0 分	
12	反思与总结	10	能客观、公正地找出问题，并能提出可行性改进意见，得 10 分；能客观、公正地找出问题，但改进意见不具有针对性，得 5~9 分；不能客观、公正地找出问题，提出的改进意见不具针对性，得 0~4 分	
13	思政素养	5	体现了正确的三观，得 5 分；否则，得 0 分	
14	教师评价得分（合计）			

任务 1.2　商务文书的写作要素

一、情境任务

清明节即将到来，×× 学院团委为了宣传中国优秀传统文化和丰富同学们的业余文化生活，打算组织一次团日活动，由你来负责此次活动的策划，并撰写策划方案。

要求：请你确定方案的标题、结构，将方案主要内容的框架写出来（写清楚一级标题）。

二、任务分析

商务文书在写作之前需要弄清楚有哪些写作要素，做到心中有数。完成上述任务可以按照下面的思路：①正确领会任务要求；②确定关键信息；③学习相关知识点；④形成文稿。

三、相关知识

（一）主旨

主旨是通过写作内容所表现出来的贯穿全文的基本观点或看法，常被比作文章的“灵魂”。主旨可以通过以下方式体现。

1. 主旨与标题

商务文书的主旨经常在标题中体现出来，因此，应特别注意标题的写作，标题要求概括得准确简练。如：

(1)《××公司2020年上半年营销工作总结》

(2)《关于同意设立××分公司的批复》

(3)《重庆磁器口“袍哥人家”体验店项目策划方案》

2. 主旨的依托和要求

对商务文书来说，要求做到：正确，即体现写作要求；鲜明，即态度要鲜明，针对性强。

主旨仅仅是一种观点或是看法。从写作角度看，它只是一种不实在的东西。主旨本身没有说服力，必须靠一些实在的东西来支撑，说服他人。如：切实加强企业文化建设，如何“切实”，如何“加强”，加强哪些方面的企业文化建设等，全都不清楚，必须有相应内容的说明。

（二）材料

材料是商务文书写作的物质基础，主要用来证明写作的观点，使写作的观点即主旨，言之有理、有说服力，常被比作文章的“血肉”。

材料主要有数据和典型事例，用来支撑主旨。数据和事例的处理上，一般而言：先总体数据，典型事例仅仅是为更好地说明问题而用，应该作为总体数据这个“面”中的一个“点”。在使用材料时，要求切题，符合主题的需要；要求真实，合乎实际；要求典型，有代表性，说服力强。

（三）结构

结构常常称为思路。一份商务文书可能有多个小观点，也可能用多个材料来证明一个观点,这种排列关系,就是文章的结构,常被比作文章的“骨架”。

除了排列的顺序,结构还牵涉一些其他内容,如材料的详略处理、开头与结尾的方式、过渡与照应的配合等。

1. 固定格式的商务文书结构方式

固定格式的商务文书以公文为代表,多采用“三部曲”的结构形势,内容一般分三个部分处理,在写作通知、通报、报告、请示、批复等公文时多用。这种形式主要包括三部分内容:为什么写;写什么内容;有什么要求。

如:“通报”

(1)通报的缘由(为什么写);

(2)通报的事项:通报的具体情况、对情况的分析、单位给予的奖惩(写什么);

(3)通报结语:提出希望或号召(有何要求)。

如:“请示”

(1)请示缘由(为什么要写请示);

(2)请示事项(请示什么内容);

(3)请示结语(有何要求)。

它的开头和结尾有几种常见的方式。常见的开头方式有概述式、根据式、目的式。概述式是点明具体情况,根据式是点明发文的根据,目的式是点明发文的目的。常见的结尾方式有总结式、希望或号召式、结语式。总结式是总结全文,再次强调主要内容;希望或号召式是对主体部分所写内容提出希望或号召;结语式是以结束语作为结尾,常见于公文的处理,如“特此通知”“以上请示,妥否,请批示”等。

2. 非固定格式的商务文书结构方式

非固定格式商务文书以商务策划类文书为代表,一般由三个部分构成:导入、问题分析、策略设计。

商务策划是一个解决问题的过程,必然要涉及问题的分析和问题的解决。所以“问题分析”和“策略设计”是基本的构成单位。而问题的来源、问题解决的目标和任务必须要明确,所以“导入”也必不可少。这样,三个部分的联系才明确,逻辑才清楚。

(1)导入部分。商务策划文书的导入部分是为了阅读者明确问题的背景和策划的任务而存在的。导入就是介绍和引导,是为读者进入正式阅读提供基本信息,是建立读者与文案之间联系的桥梁。

(2)问题分析。问题分析是对问题的界定和对问题结构、问题成因进行层层深入的探索,以求找到问题的关键,然后针对问题的关键,提出合理有效的解决问题的途径。问题分析应当包含以下基本板块。

①问题提出。问题提出是对课题任务的明确和确认。尽管委托方可能对问题已经比较清楚——任务和问题最先应当是由他们提出的，但通过明确问题和任务，委托方可以对商务策划工作的严谨性和科学性产生认同，也通过这样的方式再次与委托方进行沟通，进一步加深理解，获得共识。

问题提出可以对交代的问题和任务进行简要回顾，文字不宜太多。

②目标与任务。目标与任务是承接问题提出的。有时候，目标与任务看似已经明确了，实际上却可能由于没有确认，仍然模糊不清。为此，明确目标与任务是必需的。

明确了目标（具体行动所达到的定性和定量的标准），也就为商务策划设定了努力的方向。明确设定的目标和任务是商务策划所有活动的价值体现。

在这一部分的写作中，要注意提出的目标必须有效，表述一定要准确，对方的要求一定要体现，同时，要有明确的量化指标。

③问题界定。问题界定是商务策划解决问题的关键，也是商务策划文案写作的关键。要通过问题界定体现商务策划专业人士严谨科学和权威性的思考，体现商务策划的价值。为此，在这个部分里，要进行深入分析，把研究分析的过程向读者展示清楚，表达一定要准确，为此就要使用各种可以采用的图形、图表和图示，使表达尽量浅显易懂。

④问题关键点。问题关键点是对问题界定的总结和归纳。在层层分析之后，要有一个结论性的总结，让人明确，方便读者跳跃性阅读，让读者省掉复杂的过程，直接达到结论。如果读者有兴趣，企图对分析过程进行研究和审查，便可以到上面的部分去寻找。

(3)策略设计。“策略设计”部分是商务策划文案的中心。商务策划文案实际上是对策略进行的阐释和说明——在大多数时候，如果将策划的背景、问题的关键和目标与任务分析透彻，应对方案就已经清楚了。策略设计包含了以下内容。

①策划主题。任何策划都可能包含多个策划主题。主题是灵魂，是行动的标准和方向。确定了策划主题，才有真正意义上的方案构思。

策划主题是一种选择，在进行选择时，必须不重复地列举所有可能的主题，依据一定的标准和方向进行逐一的评价。评价的结果，就是经过选择的策划主题。主题应当是思路开放的，如果将主题设定得过于狭窄，会影响到策略构想，使策划在资源整合和行动方案设计上局限于狭窄的领域里，流于一般。为此，在确定策划主题时要思维开阔，提出多种可能性，最后经过论证，确定最为合适的主题。

②策划方针。选定了策划主题后，要发展出相应的策划方针。策划方针是策划行动和策略设计的指导思想，具体地指导和规定了策略设计行为。比如，策划主题选择是

“先内后外，加强专业能力，构建核心竞争力”，那么，依照这样的主题，就可以有如下几条方针，如“流程再造，组织设计”“去粗取精，专业化建设”“收缩战线，放弃非核心业务”等。

策划方针是对行动的指导，要求具有策略性，而不能仅仅停留在宏观的战略性思考上。方针的提出要明确、简练，不可以空泛，不可以模糊。

③策略构想。策略构想是运用策略思考寻求问题的解决途径的过程。策划者运用专业能力，采用灵活有效的策略思考，就所面临的问题寻求解答，进行构思。这个过程是高度发散的、高度灵活的，思维表现出极强的流畅性、变通性和独特性。

策略构想是读者最为关注的部分，在阅读时将会仔细地研究和审查这个部分的表现，稍有瑕疵，就很容易被读者发现。所以在商务策划文案写作时，要花大力气，努力将这个复杂的思考过程用浅显的手法表现出来，让读者能够有比较清楚的了解。如果可能，尽量用直观的方式呈现在文案里。

④策略方案。策略方案在商务策划文案中是最重要的部分，受到读者最直接的关注，也是策划文案最吸引人、最靓丽的部分。从某种意义上讲，所有的部分都是这个部分的准备和辅助。

这个部分的写作是商务策划文案写作人员专业能力和素养的集中体现。商务策划文案的读者可能不关心具体的分析过程，但对策略方案却不会忽略跳过。在提案过程中，无论是正式的提案，还是非正式的提案，即使策划提案者对商务策划过程中策略设计部分的演讲和演示都比较清楚，委托方也仍然会仔细地阅读策略方案的内容，反复检查其中的细节，针对策略的来源、过程，策略的针对性和有效性，以及策略实施的可行性进行慎重的研究。

所以尽管策略方案并不涉及具体的实施细则和执行计划，但大体上要说明委托方应当如何进行操作和实施、资源如何配置、行动如何安排、组织如何协调，等等。在写作时，一定要细心、周密地根据策划背景中自身资源能力条件的分析，进行策略设计，使之显得既大胆独创，又严谨审慎，步骤稳妥，富有操作性；既平衡了各方利益，照顾到策略方案产生的可能影响，又最大限度地整合了有限的资源，充分地发挥了资源的效力。

在商务策划文案写作中，常常也需要提供一个基本的项目预算。根据情况，如果确为必需，就需要在商务策划文案、策略方案后面列出一个经费预算表。有时甚至还需要提供一个现金流量表。在写作中，这样的内容也是不能马虎的，要细致、准确、精确地制作表格，以供读者审阅。

⑤应急措施与备用方案。任何的策略方案都可能在执行过程中因为前提条件发生了不

可预期的变化而影响到方案的实施，使原先设计完美的策略方案不得不面临调整。所以根据可能的变化，设计相应的应急备用方案是商务策划所必需的。

应急措施与备用方案是针对策略方案在具体实施过程中可能出现的重大偏差，从策略控制的角度，就策略设计中的关键环节，设计备用和替代的行动方案。在实际环境中，应急措施和备用方案可能是没有付诸实施的，但对于商务策划文案来说，这是必须具备的一部分。在写作时，应急措施与备用方案可以简略，但决不可以敷衍了事。

知识拓展：
视频 1-2-1 活动策划方案常见模板

⑥附录。附录在商务策划文案中也是常常出现的。对于复杂的推演论证过程、充分调查研究的各种原始数据和材料、各种背景资料，以及相应的调研报告等，在正文中不便纳入，都可以收录在附录里。这些材料应当依据一定的标准，分门别类，归在一起，方便读者查阅。

（四）语言表达

商务文书的语言表达是用文字的形式进行表述，因为商务文书不同于小说、散文等文体，因此它具有自身的特点。

1. 明白

要求观点明确，思路清晰；用词造句应平实、规范。

2. 准确

要求语言能精确无误地表达作者要表达的理论和观点。准确表达，辨清细微差别，避免产生歧义；使用书面语言，不用或少用口语、俗语，不生造词语，不写错别字；正确使用介词、数量词和商务文书常用的惯用词语、专业词语；正确使用标点符号。

3. 简洁

即简明扼要。要求去除冗余，思路清晰，重点明确，概括能力强。

4. 庄重

商务文书的语言受内容、目的、对象和范围的制约，决定了语言风格上的庄重，要根据不同的场合，掌握恰当的分寸。一般都使用书面语言而不用口头语，敬谦辞使用比较多。

（五）范例评析

“读书丰富人生，知识创造财富”活动策划方案

一、活动意义

为了深入落实学院“贯彻十八大精神，建设骨干学院文化为主旋律”的工作方针，从图书馆的工作职能出发，通过丰富多彩的读书活动，让师生品读中国的经典文学作品，了解祖国的语言文化，增强民族文化的认同，提高自身的人文素养，传承和弘扬优秀文化传统,激发民族自信心和自豪感;引导读者多读书,读好书,让读书成为习惯,让书香盈满校园。

二、活动目标

营造热爱读书的良好风气,让广大读者养成良好的读书习惯。

促进师生会读书、会学习,逐步形成具有××学院特色的校园文化。

三、活动时间

20××年4月23日—5月27日。

四、活动地点

××图书馆。

五、主办单位及活动领导小组

图书馆主办,领导小组由组长××,副组长××,组员××组成。

六、活动对象

全院教职工及学生。

七、活动主题

“读书丰富人生,知识创造财富”。

八、活动内容

(一)读者签名活动

开展以“走进阅读世界,共享阅读快乐”为主题的读者签名活动。

活动时间:20××年4月23日下午。

活动地点:图书馆一楼。

(二)优秀读者评选活动

根据读者在上一年度(20××年5月20日—20××年5月20日)借书量的统计,对这期间利用馆藏文献册次最多的读者(教职工前5名,学生前10名)给予一定的奖励。

活动时间:暂定20××年5月23日。

与会人员:部分领导及获奖者代表。

(三)开通移动图书馆试用活动

读者使用移动图书馆将可以不受校园网IP的限制,移动图书馆已解决校园外无法阅读校内资源的问题,读者不论是在家、在路上、在车上都可以轻松访问校内资源。移动图书馆不再是一个孤立的软件平台,而是对性能优良的图书馆集成管理系统、数字图书馆资源、一站式搜索系统、文献传递系统等应用服务系统的高度集成,具有强大的应用服务能力。移动图书馆可实现馆藏查询、续借、预约、挂失、到期提醒、热门书排行榜、咨询等自助式移动服务。同时,可阅读时事新闻、热门杂志、报纸以及听书和学术视频。

（四）“阅读无限,还书免责”活动

学院图书馆作为一个资源共享的公共服务窗口,里面多种多样的图书为大家提供了知识,带来了欢乐。由于各种原因,部分读者可能还没及时归还到期的图书,为了让滞留的图书重返图书馆,方便其他读者的使用,图书馆将开展“阅读无限,还书免责”活动。图书馆将在主页和校园网上公布目前已经超期仍没有归还书籍的读者名单及相关信息。读者只要在20×× 年 5 月 3 日来我馆归还图书,无论超期多久,图书馆都将免收还书延误费。希望通过这次活动,回来的不仅仅是图书,更是一种文明的体现和诚信的回归。

活动时间:20×× 年 4 月 23 日—5 月 3 日。

（五）世界读书日精品图书推荐

在图书馆主页上发布世界读书日精品图书推荐清单。

（六）“你的眼光,我的选择”采书活动

开展“你的眼光,我的选择”图书荐选活动,开展读者选书、图书馆购书活动。活动中读者所需要的图书,图书馆将第一时间到新华书店现场采购,及时满足全校师生员工因学习和教研对图书资源的需求。

活动时间:20×× 年 4 月 23 日—5 月 27 日。

（七）“最美图书馆”摄影比赛

活动主题:最美图书馆。

活动内容:通过摄影镜头捕捉校园图书馆中的人、物、事,真实地反映校园阅读文化。可以是常被人忽略的图书馆某个角落,可以是你心中最美的读者,可以是辛勤工作的图书馆员工,可以是散发着浓浓墨香的书册……把你心目中最美图书馆的画面用相机记录下来发给我们。

1. 活动要求

(1) 参赛作品为个人作品,要突出主题,体现教育意义,作品表现风格不限。

(2) 参赛作品单幅、组照均可(一组照片最多 3 张),黑白、彩色不限,数码作品必须是 jpeg 格式,作者必需保存原稿。

(3) 不得抄袭和盗用他人作品。

2. 提交方式

(1) 将作品 (jpeg 格式) 以邮件发送到 ××。邮件主题注明系部、班级、学号、姓名。

(2) 将照片实物交至图书馆一楼采编室李老师处,照片后面注明系部、班级、学号、姓名。

评奖：一等奖1名，二等奖2名，优胜奖3名。

活动时间：20×× 年4月23日—20×× 年5月20日。

活动地点：图书馆。

（八）“书库寻宝”比赛

活动形式：参赛者按比赛要求和规则到图书馆书库找到指定书籍中的书签。

报名方式：全体师生读者，以个人为单位，到图书馆报名，报名截止时间：20×× 年5月××日上午11点。

活动流程：活动组织方在指定的书籍中添加书签，由参赛选手根据书目名称，通过图书馆设备检索书目，在限定时间内找到书签数量最多者获胜。

（九）经费预算

（省略）

【评析】

这是一篇活动策划方案，标题凸显主旨，正文由活动意义、活动目标、活动时间、活动地点、主办单位及活动领导小组、活动对象、活动主题、活动内容、经费预算九个部分组成，属于非固定格式商务文书的结构方式。

四、任务实施（步骤）

（一）环境要求

可选择多媒体教室等场所进行，备好纸、笔，配备计算机、投影仪等设备，最好每名学生配备一台计算机进行上机写作。

（二）实施步骤

1. 认真阅读情境任务，划出情境任务中的关键词。

2. 认真阅读“相关知识”，划出你觉得重要的知识点。

3. 每人执笔或上机，通过网络查找相关材料（活动策划方案），独立完成情境任务的初稿（在“个人作品”中呈现）。

4. 分组讨论，各小组组员相互评阅初稿，然后选出本组代表作进行修改。

5. 以小组为单位上交一篇作品并在多媒体上展示，师生共同点评。

五、个人作品(可附页)

六、小组推选作品及展示

小组成员:________________________________

个人在小组的贡献:________________________

小组推选代表作(最终版,可附页):

七、个人反思与总结

八、成果测评

个人自评：自评指标详见表1-2-1，成绩占比20%；

组间互评：组间互评指标详见表1-2-2，成绩占比40%；

教师评价：教师测评指标详见表1-2-3，成绩占比40%。

表1-2-1 个人自评指标

序号	评价指标	分值	评分标准	得分
1	阅读情境任务，划出情境任务中的关键词	10	标出了关键词，得10分；没标出，得0分	
2	阅读相关知识，划出对你完成情境任务有用的信息	10	在相关知识标注了有用信息，得10分；没标出，得0分	
3	文本的写作格式（个人）	10	有基本的写作格式，得10分；格式杂乱，得0分	
4	文本的写作内容（个人）	30	内容至少包括方案的标题、主要内容，得30分；少一项，扣10分	
5	文本与情境任务结合程度（个人）	10	结合紧密，得10分；结合较紧密，得7~9分；结合较少，得4~6分；结合很少或没有，得0分	
6	书写工整	10	文本整洁，没有涂改，得10分；文本较整洁，得7~9分；文本基本整洁，得4~6分；文本不整洁，得0~3分	
7	团队协作	20	积极主动参与团队讨论和承担任务，得20分；较主动参与团队讨论和承担任务，得14~19分；能够配合小组其他成员较好地完成任务，得10~13分；完成小组任务较差，得6~9分，几乎没有参与小组任务，得0~5分	
8	个人评价得分（合计）			

表 1-2-2 小组互评指标

序号	评价指标	分值	评分标准	得分
1	文本的写作格式(小组代表作)	20	有基本的写作格式,得 20 分;格式杂乱,得 0 分	
2	文本的内容(小组代表作)	20	内容包括方案的标题、主要内容,得 20 分;少一项,扣 10 分	
3	文本与情境任务结合程度(小组代表作)	20	结合紧密,得 20 分;结合较紧密,得 10~19 分;结合很少,得 1~9 分;没有结合,得 0 分	
4	上台展示形式	20	文本展示清楚,得 20 分;文本展示较清楚,得 12~19 分;文本展示不太清楚,得 8~11 分;文本展示不清楚,得 1~7 分	
5	小组上台汇报	20	思路清晰,表达流利,得 20 分;思路较清晰,表达较流利,得 12~19 分;思路不太清晰,表达不太流利,得 8~11 分;思路不清晰,表达不流利,得 1~7 分	
6	小组评价得分(合计)			

表 1-2-3 指导教师评价指标

序号	评价指标	分值	评分标准	得分
1	阅读情境任务,划出情境任务中的关键词	5	标出了关键词,得 5 分;没标出,得 0 分	
2	阅读相关知识,划出对你完成情境任务有用的信息	5	在相关知识标注了有用信息,得 5 分;没标出,得 0 分	
3	文本的写作格式(个人)	5	有基本的写作格式,得 5 分;格式杂乱,得 0 分	
4	文本的写作内容(个人)	20	内容包括方案的标题、主要内容,得 20 分;少一项,扣 10 分	
5	文本与情境任务结合程度(个人)	5	结合紧密,得 5 分;结合较紧密,得 3~4 分;结合很少,得 1~2 分;没有结合,得 0 分	
6	书写工整	5	文本整洁,没有涂改,得 5 分;文本较整洁,得 1~4 分	
7	团队协作	5	主动参与团队讨论和承担任务,得 5 分;较主动参与团队讨论和承担任务,得 1~4 分	
8	文本的写作格式(小组代表作)	5	有基本的写作格式,得 5 分;格式杂乱,得 0 分	
9	文本的内容(小组代表作)	20	内容至少包括方案的标题、主要内容,得 20 分;少一项,扣 10 分	
10	文本与情境任务结合程度(小组代表作)	5	结合紧密,得 5 分;结合较紧密,得 3~4 分;结合很少,得 1~2 分;没有结合,得 0 分	
11	代表小组上台展示	5	代表小组上台展示,得 5 分;没有展示,得 0 分	

续表 1-2-3

序号	评价指标	分值	评分标准	得分
12	反思与总结	10	能客观、公正地找出问题，并能提出可行性改进意见，得 10 分；能客观、公正地找出问题，但改进意见不具有针对性，得 5~9 分；不能客观、公正地找出问题，提出的改进意见不具针对性，得 0~4 分	
13	思政素养	5	体现了正确的三观，得 5 分；否则，得 0 分	
14	教师评价得分（合计）			

任务 1.3　商务文书的写作逻辑

一、情境任务

××科技有限公司老板张总有一个很重要的会议，需要邀请刘总、李总和王总参加，张总让秘书小丽今天（周二）尽快确定好会议召开的时间和地点。小丽马上行动，将她了解的情况向张总进行了汇报，但张总对小丽的汇报并不满意。

知识拓展：
视频 1-3-1　行文的逻辑

以下是小丽向张总汇报的内容：刘总今天（周二）15:00 不能参加会议。李总说他不介意晚一点开会，会议放在明天开也可以，但 10:30 以前不行。王总的秘书说，王总明天较晚时间才能从法兰克福赶回来。会议室明天已经有人预定了，但星期四还没有人预订。会议时间定在星期四 11:00 似乎比较合适，您看行吗？

要求：根据以上情境，请你运用金字塔原理理顺逻辑关系，重新组织语言汇报。

二、任务分析

要进行高效、清晰的表达与写作，需要理清思路，按照一定的逻辑表达，而不是将未经过组织的思想表达出来，按照下面的思路：①正确领会任务要求；②确定关键信息；③按照金字塔原理理顺逻辑关系；④按照一定的逻辑关系进行口头汇报。

三、相关知识

（一）写作的逻辑

1. 自上而下组织思想

控制表达的顺序是清晰写作的前提，而最清晰的顺序就是先提出总结性思想，然后再提出被总结的具体思想。因为人们的知识背景和理解力千差万别，如果你不预先告诉读者某一组思想之间的逻辑关系，他们很有可能会认为某一组中的思想之间根本没有任何联系。退一步说，即使人们能够得出与你完全相同的解读，你也使他们的阅读增加了难度，因为他们必须自己找出这种未被说明的逻辑关系。

下面看看这个示例，除自上而下的顺序，任何其他顺序都可能造成误解。

甲：上个星期我去了趟苏黎世。苏黎世是一个非常保守的城市。我们到一家室外餐馆吃午饭，你知道吗？在15分钟内我至少见到了15个留胡须或胡髭的人。

看到这个，你可能会认为，“她在谈论苏黎世已变得不再保守”，或“她准备把苏黎世同其他城市进行比较”，甚至“她很迷恋男人的胡须或者胡髭”。无论你作出什么反应，你的大脑都在等待关于以上话题的进一步信息，而不管实际的后续信息如何。这时甲接着说：

甲：如果你在任何一家纽约的办公室周围转一转，你会发现几乎没有一个不留短络腮胡子或胡髭的人。

此时，你似乎明白这并不是在比较城市，倒像是在比较城市中的白领职员，而且似乎也不只是胡须和胡髭，还包括各种面部毛发。这时你也许会认为，“也许她不喜欢男人面部蓄须；也许她想比较不同办公室职员的蓄须方式；也许她对专业机构如此容忍职员蓄须感到惊讶”。对话继续进行：

甲：当然，面部蓄须多年以前就已经是伦敦街头的一景了。

听到这里，你似乎明白她想说伦敦在这方面比其他城市发展得更早。但实际上听到下面的对话补充，你才终于明白她最初想要表达的意思。

甲：你知道吗？我简直难以相信，在商业圈子里，男人面部蓄须已达到了如此被广泛接受的程度。在苏黎世……在纽约……还有，在伦敦……

通过上面的案例可以看出，读者在摄入信息时，总是在寻找一种能够将所摄入信息联系起来的结构。为了保证读者找到的结构就是你希望他采纳的结构，你必须提前把这种结构告诉他们——这样他们就知道要寻找哪个共同点了。否则，读者很可能会发现某种非你所望的逻辑关系，甚至还可能根本发现不了任何逻辑关系，这样既是在浪费你的时间，也是在浪费读者的时间。

2. 自下而上思考

自下而上进行信息的归类概括，从最底部的层次开始，将句子按某种逻辑顺序组织成段落，然后将段落组织成章节，最后将章节组织成完整的文章，而代表这篇完整文章的则是金字塔最顶部的一个思想。具体地说，文章中的思想必须符合以下规则。

(1)文章结构中任一上层次的思想都必须是其下一层次思想的概括。

(2)每一组中的思想都必须属于同一范畴。

(3)每一组中的思想都必须按逻辑顺序组织。

(二)金字塔中的子结构

条理清晰的文章所表述的各个思想之间都具有明确的逻辑关系,以便组成总体上的金字塔结构(图1-3-1)。这样,文章总是自金字塔的顶端开始、自上而下地沿每一个分支结构将其思想逐渐呈现给读者。

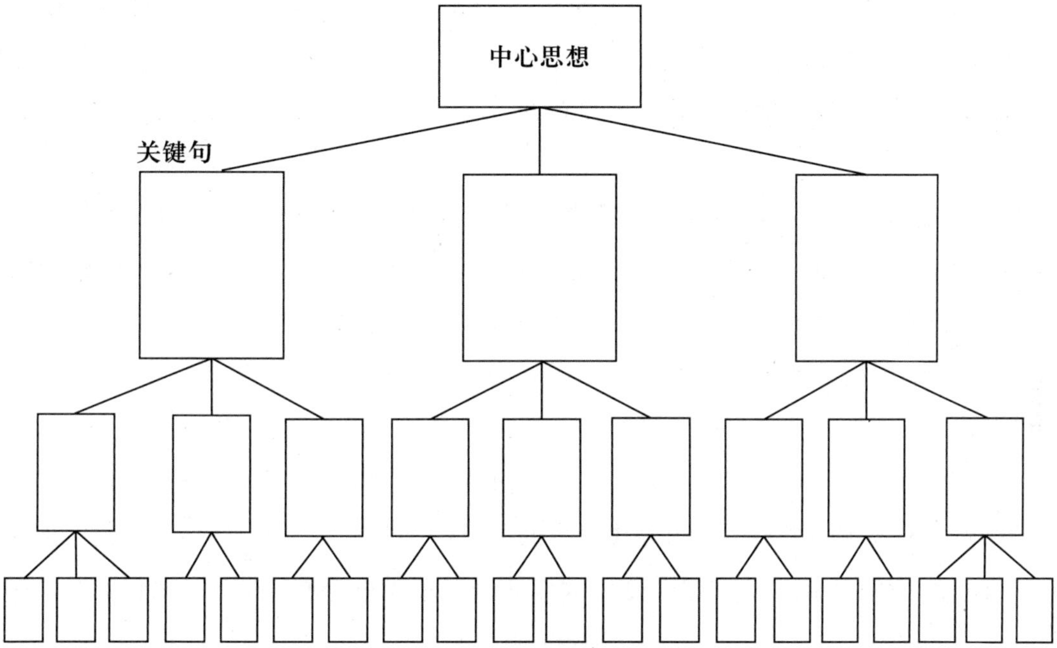

图1-3-1　写作的金字塔结构

由于金字塔的规则非常明确,如果在开始写作之前,你就已经十分了解你想要表达的思想,就可以相对容易地将要表达的思想组织成规范的金字塔结构。但是,大多数人在刚开始写作时可能对他们想要表达的思想还只有一个模糊的想法,甚至根本不知如何下笔。在你不得不用话语或文字将你的思想表示出来之前,你很可能无法准确地了解自己的思想。甚至连你认为已经构思好的第一个思想,写出来可能都不是十分准确。

因此,不要幻想一开始就能将思想组织成金字塔。首先你必须梳理你想要表达的思想,正好金字塔中的子结构能够加快你梳理思想的过程,比如主题与子题之间的纵向关系、各子题之间的横向关系、序言的叙述方式。下面将详细解释这些逻辑关系。

1. 纵向关系

纵向联系能够很好地吸引读者的注意力。通过纵向联系,你可以引导一种疑问 / 回答式的对话,从而使读者带着极大的兴趣了解你的思路进展。

金字塔结构中每一个方框就是一个“思想”,这里的“思想”被定义为“向读者发出新信息并引发读者疑问的语句”。(人们一般不会阅读他们已经了解的内容,因此,也可以说,表达思想的主要目的就是向读者传递新的信息。)

为了向读者传递新的信息而作的表述必然会使读者对其逻辑性产生疑问。例如,“为什么会这样?”“怎样才能这样?”或者“为什么你这样说?”作为文章的作者,你必须在该表述的下一个层次横向地回答读者的疑问。但是,你的回答仍然是向读者传递他不知道的新信息,这又使读者产生新的疑问,于是你又在下一个层次对新的疑问进行回答。

你将不断地按照“引起读者疑问并回答疑问”的模式继续写作,直到你认为读者不会再对你的新表述提出任何疑问为止。至此,作者就可以离开金字塔结构的第一个分支,返回关键句层次,继续回答由金字塔最顶端方框中的思想引起的初始疑问。

因此,要想吸引读者的全部注意力,作者必须在做好回答问题的准备之前,避免引起读者的疑问;也必须在引起读者疑问之前,避免先提供对该问题的回答。

金字塔结构具有一种神奇的力量,能使你只有在读者需要的时候才提供相应的信息。图 1-3-2 是从 G.K. 切斯特顿写的文章中摘出的一个幽默故事,G.K. 切斯特顿说,猪应该被当作宠物;读者当然会问“为什么这么说?”切斯特顿说:“有两个原因:首先,猪很漂亮;其次,

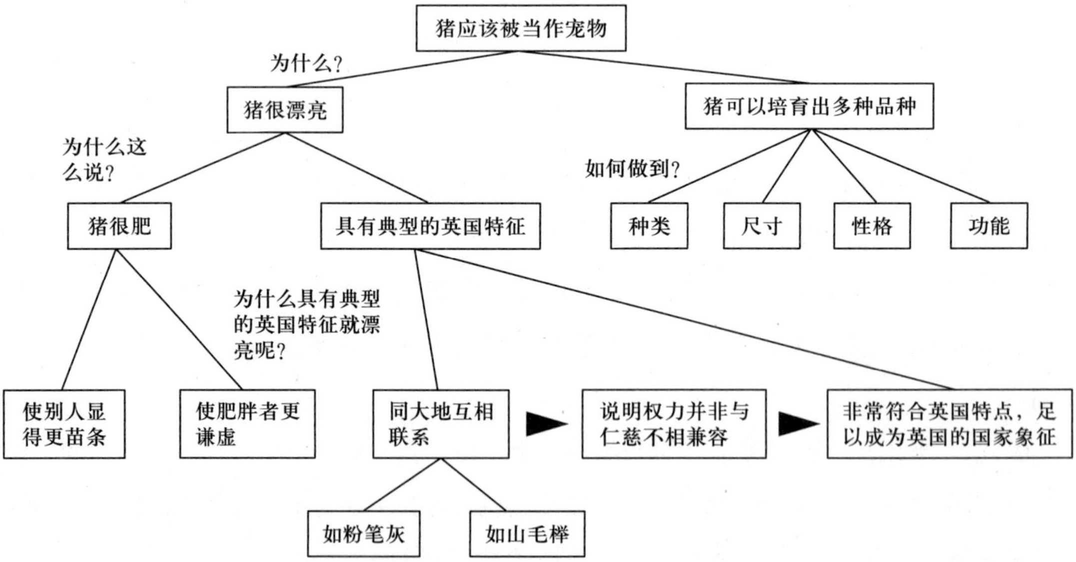

图 1-3-2 金字塔结构引导疑问 / 回答式对话

猪可以培育出多种品种。”下面是 G.K. 切斯特顿和读者之间的对话，通过对话我们能够清楚看到金字塔结构的运用。

读者：为什么说猪很漂亮？

G.K. 切斯特顿：猪很漂亮，因为猪很肥，而且具有英国既强势又仁慈的特征。

读者：肥胖有什么漂亮的？

G.K. 切斯特顿：肥胖能够使别人显得更苗条，也能够使肥胖者更谦虚。

至此，虽然你显然不会同意 G.K. 切斯特顿的论述，但至少你能够明白他的论述过程。你能够清楚地了解 G.K. 切斯特顿为什么作出如上表述，也显然不需要再提出疑问以进一步了解其推理过程。于是，G.K. 切斯特顿可以继续他的另一部分论述，即猪漂亮是因为它们具有典型的英国特征。

读者：为什么具有典型的英国特征就漂亮呢？

G.K. 切斯特顿：猪同大地是互相联系的，这种联系说明权力并非与仁慈不相兼容，这种态度是很符合英国特点的，也非常美好，足以成为英国的国家象征。

同样，你可能会对这种观点持不同意见，但是，你能够很清楚地了解 G.K. 切斯特顿这样表述的原因。这种表述之所以清晰是因为其思想的组织一直紧紧围绕着回答由主题引发的读者的疑问。最后一部分关于猪的品种的论述，也能够同样清楚地被读者理解。

综上所述，金字塔结构的巨大价值就在于迫使你在理清思路时，对纵向的疑问 / 回答式逻辑关系在视觉上清晰化。你的每一个表述都应当引发读者的疑问，而你也必须在这一表述以下的横向结构层次上逐个回答读者的疑问。

2. 横向关系

当考虑在下一结构层次上如何表述时，必须保证你的表述能够回答上一个结构层次的表述所引起的疑问，同时还必须保证表述符合逻辑。也就是说，表述必须具有明确的归纳或演绎关系，但不可同时既具有归纳关系又具有演绎关系。在组织思想时，归纳和演绎是仅有的两种可能的逻辑关系。

演绎性思想组合是由几项承前启后的论述组成的：第一个思想是对当今世界上的某种现象的表述；第二个思想是对该句子的主语或谓语的表述；第三个思想则说明了以上两种表述同时在世界上存在时所具有的隐含意义。因此，演绎性思想组合具有以下形式：

◆所有人都会死

◆李白是一个人

◆因此，李白会死

你需要概括演绎性思想组中的论述，以提高一个抽象层次。你的概括主要基于最后一个表述："因为李白是一个人，所以李白会死。"

归纳性思想组合中的思想互相关联，你可以用同一个名词表示组中所有思想，如支持的原因、反对的原因、步骤、问题等。归纳性论述的形式是：

◆法国坦克已抵达波兰边境

◆德国坦克已抵达波兰边境

◆俄国坦克已抵达波兰边境

为了提高一个抽象层次，你需要判断以上句子的共同点（即都是针对波兰的战争行为），并得出一个推论。你的推论可能是"波兰将受到坦克入侵"或类似的思想。

如果你选择以演绎法回答由某个思想引起的疑问，你就必须进行三段论式的论述。其中，第二个思想是对第一个思想的主语或谓语的表述，而第三个思想则从以上两个思想中得出推论。如果你选择以归纳法回答由某个思想引起的疑问，你就必须保证该组思想在逻辑上具有共同点，并且可以用一个名词表示。

3. 序言的结构

金字塔结构可以使你与读者不断地进行疑问 / 回答式对话。但是，除非引发这种疑问 / 回答式对话与读者有相关性，否则这种疑问 / 回答式对话很难吸引读者的注意力。保证出现相关性的唯一办法，就是使这个句子直接回答读者头脑中已存在的某一疑问。

写作的主要目的是告诉别人他们所不知道的信息，但前提是读者对这些信息感兴趣，只有在需要了解问题的答案时才会去找答案。因此，为了保证你的文章能够吸引读者的注意，你必须使文章回答读者头脑中已有的问题，或者能回答读者对周围发生的事情短暂思考后可能会提出的问题。文章的序言可以通过追溯问题的起源和发展来确定这一问题。

问题的起源和发展以叙述的形式出现，按照典型的叙述模式发展。序言的开头应向读者说明"背景"的时间和地点。在这一背景中发生的某件事情，可称为"冲突"，启发读者提出（或将使读者提出）你的文章将要"回答"的"疑问"。

知识拓展：
视频 1-3-2 金字塔结构

这种典型的讲故事式的呈现——背景、冲突、疑问、回答——能够确保在引导读者了解你的思维过程之前，你和读者是"站在同一位置上"的。这种形式还能保证你将思想的重点一定放在文章的最前面。这也是判断你是否以最直接方式传递正确信息的方法。

(三)范例评析

下面是一篇未应用金字塔原理写作的备忘录。

致:

主题:TTW

以下是对本人近两周工作成果的小结。

我们都知道,排版成本是所有新版书籍的成本中最重要的部分,占精装本成本的40%和简装本的50%~55%。

排版成本主要包括:

机器排版	30%~50%
校对	17%~25%
初校样及校订	10%~16%
编排	10%~20%
整版及布版	10%~15%

将TTW与平均标准进行对比可以发现,TTW在排版工艺上的生产力相对较低。目前,排版评估员正在对我向他们提供的一些典型案例进行研究。

该企业对每一项排版工作基本都要重复相同的步骤,以保证较高的质量。这也是其在简单业务的排版上不具竞争力的原因之一。

爱斯勃雷(Aylesbury)公司对TTW公司的排版成本较高的原因非常感兴趣。我已经同罗伊·沃尔特、布赖恩·汤普森和乔治·肯尼迪谈过此事。肯尼迪愿意进行一项实验,以找出:①该企业的排版工序中是否有可以简化的步骤,尤其是针对某些排版任务而言;②其较低生产力的原因即为什么低于平均标准。

TTW公司目前的排版任务已经超负荷了。排版部门的大部分工作都无法按时完成。目前这种生产能力低下的现象在手工排版工序上尤为突出。TTW公司支付的工资比该地区其他印刷厂都低,因而越来越难以吸纳和保留排版工作。

现在,TTW公司正面临工会提出的一项新的要求。有两名排版工人已经离开。

该企业排版部门的员工数目前少于编制,而员工的加班工作量却超过了50%。

结论:

1. 降低排版成本似乎可采取如下方法:

   A. 简化价格较低的排版项目的工序。

   B. 改变工作方法、提高生产效率。

2. 为了简化某些项目的工序，必须针对某些项目进行一些实验，对其整个工序进行全程跟踪，控制因改变校对次数和时机而对排版质量造成的边际效应，并观察客户对此的反应。此举节约的费用可能占到排版总成本的10%。

我认为，第二种降低排版成本的方法需要进行细致的方法研究。TTW目前在排字和手工排版上的效率低于平均标准20%~50%。该企业应当能够有所改善。

3. 如果我们将TTW同贝尔德公司、波奈尔公司或沃特路公司进行比较，也许可以有所发现。乔治·肯尼迪和罗伊·沃尔特似乎有兴趣进行这项对比研究。但是，我已经告诉过他们，也许他们不会有很大的发现。

4. 爱斯勃雷对TTW公司的排版成本也存在不同的看法。格里·卡尔弗特认为TTW公司的排版成本肯定过高；乔治·肯尼迪则认为尚无确凿证据显示其排版成本过高；而罗伊·沃尔特则认为他还无法对此下结论。他们似乎都非常愿意对此进行调查。

作者：

日期：

采用金字塔结构对上面的备忘录修改：

致：

主题：TTW

我过去两周在爱斯勃雷公司研究排版部门的成本。我们都知道，排版成本占精装本成本的40%，占简装本成本的50%~55%。TTW公司并不知道其排版成本是否过高，但是人们认为该公司在简单排版任务上缺乏竞争力。

经过初步调查，我们认为该公司可能能够通过以下方法大幅降低其排版成本：

◆省略排版过程中不必要的步骤

◆将工人工资提高到具有竞争力的水平

1. 省略步骤

TTW公司在排字和手工排版方面的工作效率比平均标准低20%~50%。观察其排版方法可以发现，该公司对每一项排版任务，基本都采取同样的步骤以保证质量。这是该公司缺乏竞争力的部分原因。

我就这一发现同罗伊·沃尔特、布赖恩·汤普森和乔治·肯尼迪讨论过。肯尼迪愿意进行一项实验，以找出：①该企业的排版工序中是否有可以简化的步骤，尤其是针对某些排版任务而言；②其低于平均标准的原因。

下周我们将全程跟踪几项简单的排版任务，控制因改变校对次数和时机而对排版质量造成的边际效应，并观察客户对此的反应。此举节约的费用可能占到排版总成本的10%。我们还将进行一项细致的方法研究，以尽量缩短该公司与平均标准的差距。

2. **增加工资**

TTW公司支付给工人的工资比该地区其他印刷厂的低，因此难以吸纳和留住排版工人。有两名排版工人刚刚辞职，使该公司排版部门的员工人数低于编制。因此，大多数排版任务都无法按时完成，工人的加班工作量也超过了50%。

该公司目前正面临着工会提出的一项新的要求，可能会被迫增加工人工资。如果这样，该公司应该能够招收到适当的人选，减少加班费用。

作者：

日期：

【评析】

经过修改后的备忘录思路清晰，表达清楚，通过标题及小标题突出文章结构中的重要部分，以便读者能够迅速地找到关于某一个问题的详细论述。

四、任务实施(步骤)

(一)环境要求

可选择多媒体教室等场所进行，备好纸、笔，配备计算机、投影仪等设备，最好每名学生配备一台计算机进行上机写作。

(二)实施步骤

1. 认真阅读情境任务，划出情境任务中的关键词。

2. 认真阅读“相关知识”，划出你觉得重要的知识点。

3. 每人执笔或上机，通过网络查找相关材料，独立完成情境任务的初稿(在“个人作品”中呈现)。

4. 分组讨论，各小组组员相互评阅初稿，然后选出本组代表作进行修改。

5. 以小组为单位上交一篇作品并在多媒体上展示，师生共同点评。

五、个人作品（可附页）

六、小组推选作品及展示

小组成员：________________________________

个人在小组的贡献：__________________________

小组推选代表作(最终版,可附页):

七、个人反思与总结

八、成果测评

个人自评：自评指标详见表 1-3-1，成绩占比 20%；

组间互评：组间互评指标详见表 1-3-2，成绩占比 40%；

教师评价：教师测评指标详见表 1-3-3，成绩占比 40%。

表 1-3-1　个人自评指标

序号	评价指标	分值	评分标准	得分
1	阅读情境任务，划出情境任务中的关键词	10	标出了关键词，得 10 分；没标出，得 0 分	
2	阅读相关知识，划出对你完成情境任务有用的信息	10	在相关知识标出了有用信息，得 10 分；没标出，得 0 分	
3	文本的写作格式（个人）	10	有基本的写作格式，得 10 分；格式杂乱，得 0 分	
4	文本的写作内容（个人）	30	内容运用金字塔结构，表述清楚，得 30 分；存在一个疑问没解答清楚，扣 10 分	
5	文本与情境任务结合程度（个人）	10	结合紧密，得 10 分；结合较紧密，得 7~9 分；结合较少，得 4~6 分；结合很少或没有，得 0 分	
6	书写工整	10	文本整洁，没有涂改，得 10 分；文本较整洁，得 7~9 分；文本基本整洁，得 4~6 分；文本不整洁，得 0~3 分	
7	团队协作	20	积极主动参与团队讨论和承担任务，得 20 分；较主动参与团队讨论和承担任务，得 14~19 分；能够配合小组其他成员较好地完成任务，得 10~13 分；完成小组任务较差，得 6~9 分，几乎没有参与小组任务，得 0~5 分	
8	个人评价得分（合计）			

表 1-3-2 小组互评指标

序号	评价指标	分值	评分标准	得分
1	文本的写作格式(小组代表作)	20	有基本的写作格式,得 20 分;格式杂乱,得 0 分	
2	文本的内容(小组代表作)	20	内容运用金字塔结构表述清楚,得 30 分;存在一个疑问没解答清楚,扣 10 分	
3	文本与情境任务结合程度(小组代表作)	20	结合紧密,得 20 分;结合较紧密,得 10~19 分;结合很少,得 1~9 分;没有结合,得 0 分	
4	上台展示形式	20	文本展示清楚,得 20 分;文本展示较清楚,得 12~19 分;文本展示不太清楚,得 8~11 分;文本展示不清楚,得 1~7 分	
5	小组上台汇报	20	思路清晰,表达流利,得 20 分;思路较清晰,表达较流利,得 12~19 分;思路不太清晰,表达不太流利,得 8~11 分;思路不清晰,表达不流利,得 1~7 分	
6	小组评价得分(合计)			

表 1-3-3 指导教师评价指标

序号	评价指标	分值	评分标准	得分
1	阅读情境任务,划出情境任务中的关键词	5	标出了关键词,得 5 分;没标出,得 0 分	
2	阅读相关知识,划出对你完成情境任务有用的信息	5	在相关知识标注了有用信息,得 5 分;没标出,得 0 分	
3	文本的写作格式(个人)	5	有基本的写作格式,得 5 分;格式杂乱,得 0 分	
4	文本的写作内容(个人)	20	内容运用金字塔结构表述清楚,得 20 分;存在一个疑问没解答清楚,扣 10 分	
5	文本与情境任务结合程度(个人)	5	结合紧密,得 5 分;结合较紧密,得 3~4 分;结合很少,得 1~2 分;没有结合,得 0 分	
6	书写工整	5	文本整洁,没有涂改,得 5 分;文本较整洁,得 1~4 分	
7	团队协作	5	主动参与团队讨论和承担任务,得 5 分;较主动参与团队讨论和承担任务,得 1~4 分	
8	文本的写作格式(小组代表作)	5	有基本的写作格式,得 5 分;格式杂乱,得 0 分	
9	文本的内容(小组代表作)	20	内容运用金字塔结构表述清楚,得 20 分;存在一个疑问没解答清楚,扣 10 分	
10	文本与情境任务结合程度(小组代表作)	5	结合紧密,得 5 分;结合较紧密,得 3~4 分;结合很少,得 1~2 分;没有结合,得 0 分	

续表 1-3-3

序号	评价指标	分值	评分标准	得分
11	代表小组上台展示	5	代表小组上台展示，得 5 分；没有展示，得 0 分	
12	反思与总结	10	能客观、公正地找出问题，并能提出可行性改进意见，得 10 分；能客观、公正地找出问题，但改进意见不具有针对性，得 5~9 分；不能客观、公正地找出问题，提出的改进意见不具针对性，得 0~4 分	
13	思政素养	5	体现了正确的三观，得 5 分；否则，得 0 分	
14	教师评价得分（合计）			

任务 1.4　商务文书的写作规范

一、情境任务

刚到 ×××× 股份有限公司办公室工作的小张负责商务文书的拟写。小张心想自己作为一名国家重点大学的本科毕业生，肯定能胜任此项工作。但没想到不到一个月，小张拟写的一些文件老是出现小问题，办公室负责人让他把出现问题的地方重新修改，并列出了问题清单。

标题有问题的公文如下：《关于 ×××× 意见的函》《××× 授予 ××× 同志 ×××× 称号的通报》《关于请求解决 ×××× 经费的请示》《转发 ×××× 方案的通知》。

小张拟写的某些文件正文部分还有涉及数字、标点符号用法有误的地方，办公室负责人也让他通读后找出问题并进行修改。

要求：根据以上情境，将标题有问题的公文修改过来，同时总结数字、标点符号正确的用法。

二、任务分析

商务文书的写作应具有规范性，完成上面的任务可以按照下面的思路：①正确领会任务要求；②查找公文中的问题；③按照商务文书的写作规范修改；④将文稿发给主管领导审核。

三、相关知识

（一）数字的使用规范

商务文书写作规范性的要求首先表现在所应用的数字上。对于在商务文书中应用的数字，有以下的使用规范和要求。

1. **真实准确**

在商务文书中使用数字,第一个规范和要求是真实准确。表现在商务文书中的数字通常对实际工作有着极大的指导作用和意义,因此其所援引的数字数据务必要来自稳妥的出处,这样才能确保数据是真实准确的。

2. **各个分数之和与总数相等**

"各个分数之和与总数相等",这也是运用数字的基本要求之一。

3. **统计口径一致**

在商务文书中援引的数字的统计口径也是非常重要的,不同统计口径的数据放在一起是没有任何意义的;只有在统计口径一致的前提下,才能进行数据之间的对比。

4. **列举数字有可比性**

除了明确数字比较的基准,我国公文写作的法规规定,按惯例"×× 以上"以及"×× 以下"都应该是包含该数字在内的。

5. **注意倍数关系**

在商务文书中,数字之间的倍数关系反映在"降低""降低了"以及"降低到"等表示数字变化的用语上。需要强调的是,"降低 70%"与"降低了 70%"表达的是同样的倍数关系,即原来为 100%,现在变为了 30%;而"降低到 70%"则不同,它表示原来为 100%,现在变为了 70%。

6. **分清楚汉字与阿拉伯数字的使用场合**

汉字和阿拉伯数字的使用场合是在商务文书写作过程中需要注意的另一个问题,需要予以明确的界定。具体的规定为:商务文书中的数字,除成文日期、部分结构层次叙述,以及在词组惯用语、缩略语和具有修辞色彩的语句中作为词素时必须为汉字外,其他情况应当使用阿拉伯数字。

(二)部分结构层次叙述的规范性

所谓的"部分结构层次叙述",就是对商务文书中的几级嵌套的分层次编号。具体要求为:

◆结构层次的第一层,其层次编号用汉字"一、""二、""三、"……来表示;

◆结构层次的第二层,其层次编号用"(一)""(二)""(三)"……来表示;

◆结构层次的第三层,其层次编号可以用阿拉伯数字来"1.""2.""3."……表示;

◆结构层次的第四层,其层次编号可以用"(1)""(2)""(3)"……来表示。

与此同时,还要求商务文书的结构层次最好不要多于四级,否则逻辑关系的复杂会给读者带来极大的不便。

(三)计量单位的使用规范

在国家标准规范中对于计量单位也是有明确要求的,如表 1-4-1 所示。

表 1-4-1 计量单位的使用规范示例表

	正确使用	不易使用
长度单位	千米、米、分米、厘米	公分、尺
功率单位	千瓦、瓦	马力
质量重量单位	千克、公斤、吨、克、毫克	斤、两
热能单位	焦耳	千卡
体积单位	升、毫升	公升、立升
土地面积单位	公顷、平方米	亩、平方丈

(四)文种的使用规范

在商务文书的写作中,还应该特别注意文种的使用规范。其中,“转发”和“印发”两种文种的用法尤其值得分辨清楚。

(1)转发范围:意见、通知,比如《转发 ×××× 若干意见的通知》。

(2)印发范围:计划、规划、方案、办法,比如《印发 ×××× 方案的通知》。

(五)标点的使用规范

1. 多个书名号或引号并列时不用顿号分隔

例如:各中小学要积极贯彻落实《中华人民共和国预防未成年人犯罪法》、《中华人民共和国未成年人保护法》、《中华人民共和国义务教育法》及相关要求。

这个用法是错误的,正确的表述是:各中小学要积极贯彻落实《中华人民共和国预防未成年人犯罪法》《中华人民共和国未成年人保护法》《中华人民共和国义务教育法》及相关要求。

2. 在标示数值和起止年限时使用连接号应规范

例如:制定并实施学校安防达标建设三年行动计划(2013–2015 年)。

这个用法是错误的,正确的表述是:制定并实施学校安防达标建设三年行动计划(2013—2015 年)。

3. 在并列分句中使用分号统领

例如:各职能部门在查处取缔无证无照经营工作中要各司其职、互相配合,工商部门负责查处取缔未取得有效许可证擅自从事经营活动的行为;工信部门负责依法监督管理无线电和电子电器产品维修行业;公安部门负责依法监督管理旅馆业、公章刻制业。

这个用法是错误的,正确的表述是:各职能部门在查处取缔无证无照经营工作中要各司其职、互相配合;工商部门负责查处取缔未取得有效许可证擅自从事经营活动的行为;工信部门负责依法监督管理无线电和电子电器产品维修行业;公安部门负责依法监督管理旅馆业、公章刻制业。

4. 在并列分句中使用句号后应使用句号

例如:一是养老保险安置。对进入企业工作的失地农民要同企业员工一样纳入企业职工基本养老保险;二是医疗保险安置。城镇居民医疗保险制度已建立,可参加城镇居民医疗保险。

这个用法是错误的,正确的表述是:一是养老保险安置。对进入企业工作的失地农民要同企业员工一样纳入企业职工基本养老保险。二是医疗保险安置。城镇居民医疗保险制度已建立,可参加城镇居民医疗保险。

5. 不同的括号形式配合使用

例如:围绕政府半年工作开展回头看,认真总结上半年工作,科学谋划下半年工作。(责任单位:各镇(街道))

这个用法是错误的,正确的表述是:围绕政府半年工作开展回头看,认真总结上半年工作,科学谋划下半年工作。[责任单位:各镇(街道)]

6. 标示公文发文字号中的发文年份时,应使用六角括号

例如:根据 × 发[2013]3 号文件精神,……

这个用法是错误的,正确的表述是:根据 × 发〔2013〕3 号文件精神,……

7. 书名号内标示停顿时用空格

例如:根据《×× 省物价局、×× 省财政厅关于 ×× 市建制镇城市基础设施配套费征收标准的批复》(×× 规〔2012〕59 号)文件要求,……

这个用法是错误的,正确的表述是:根据《×× 省物价局　×× 省财政厅关于 ×× 市建制镇城市基础设施配套费征收标准的批复》(×× 规〔2012〕59 号)文件要求,……

8. 括号内行文末尾需要符号时可用问号、叹号和省略号,其余都不需要

例如:为加强对全区查处取缔无证无照经营综合治理工作的领导,决定成立 ×× 区查处取缔无证无照经营综合治理工作领导小组(领导小组组长由常务副区长兼任,副组长由 ×× 局局长兼任。),负责该项工作的协调处理。

这个用法是错误的,正确的表述是:为加强对全区查处取缔无证无照经营综合治理工作的领导,决定成立 ×× 区查处取缔无证无照经营综合治理工作领导小组(领导小组组长由常务副区长兼任,副组长由 ×× 局局长兼任),负责该项工作的协调处理。

(六)范例评析

公文标题的拟写经常会出现一些问题,如表 1-4-2 中列举了一些常见的错误,并对应进行了修改,请你看看是否有问题。

表 1-4-2　公文标题示例及改正

错误类型	错误实例	正确写法
文种重复	《关于……意见的函》	《关于……的函》,应删去“意见”
介词连用	《关于对……的批复》	《关于……的批复》,应删去“对”
缺介词	《×× 授予 ××× 通知 ××× 称号的通报》	“授予”之前加“关于”
“转发”与“印发”混淆	1.《转发……方案的通知》 2.《印发……若干意见的通知》	1. 转发范围:意见、通知,应改为《转发……若干意见的通知》; 2. 印发范围:计划、规则、方案、办法,应改为《印发……方案的通知》
用词不当	1.《关于请求解决 ×× 经费的请示》; 2.《关于上报 ×× 情况的报告》	前者“请示”已含“请求”意思,删去“请求”。后者“报告”已有前者上报意思,删去“上报”
错用标点符号	1.《转报 ×× 公司关于〈××〉的请示》 2.《关于 ×× 广珠西线三期、博深项目联合采购泥青……请示》	除法规性文件,其他在标题中不使用标点符号。应将前者“〈 〉”和后者“、”删去
漏发文形式及文种	《广东省……暂行办法》	这是一个印发部门的文件,应在“广东省”之前加“印发”,“办法”之后加“通知”,然后办法作为附件下发

【评析】

上面案例中对标题中常出现的问题做了较全面的总结和分析,针对公文中经常出现的问题进行了修改,对规范商务文书的写作具有重要的指导意义。

四、任务实施(步骤)

(一)环境要求

可选择多媒体教室等场所进行,备好纸、笔,配备计算机、投影仪等设备,最好每名学生配备一台计算机进行上机写作。

(二)实施步骤

1. 认真阅读情境任务,划出情境任务中的关键词。

2. 认真阅读“相关知识”,划出你觉得重要的知识点。

3. 每人执笔或上机,通过网络查找相关材料,独立完成情境任务的初稿(在“个人作品”中呈现)。

4. 分组讨论,各小组组员相互评阅初稿,然后选出本组代表作进行修改。

5. 以小组为单位上交一篇作品并在多媒体上展示,师生共同点评。

五、个人作品（可附页）

六、小组推选作品及展示

小组成员：________________________________

个人在小组的贡献：________________________

小组推选代表作（最终版，可附页）：

七、个人反思与总结

八、成果测评

个人自评:个人自评指标详见表 1-4-3,成绩占比 20%;

组间互评:组间互评指标详见表 1-4-4,成绩占比 40%;

教师评价:教师测评指标详见表 1-4-5,成绩占比 40%。

表 1-4-3 个人自评指标

序号	评价指标	分值	评分标准	得分
1	阅读情境任务,划出情境任务中的关键词	10	标出了关键词,得 10 分;没标出,得 0 分	
2	阅读相关知识,划出对你完成情境任务有用的信息	10	在相关知识标注了有用信息,得 10 分;没标出,得 0 分	
3	文本的写作格式(个人)	10	有基本的写作格式,得 10 分;格式杂乱,得 0 分	
4	文本的写作内容(个人)	30	内容包括所有问题公文的标题修改、数字用法总结、标点符号总结,得 30 分;少一项,扣 10 分	
5	文本与情境任务结合程度(个人)	10	结合紧密,得 10 分;结合较紧密,得 7~9 分;结合较少,得 4~6 分;结合很少或没有,得 0 分	
6	书写工整	10	文本整洁,没有涂改,得 10分;文本较整洁,得 7~9 分;文本基本整洁,得 4~6 分;文本不整洁,得 0~3 分	
7	团队协作	20	积极主动参与团队讨论和承担任务,得 20 分;较主动参与团队讨论和承担任务,得 14~19 分;能够配合小组其他成员较好地完成任务,得 10~13 分;完成小组任务较差,得 6~9 分,几乎没有参与小组任务,得 0~5 分	
8	个人得分(合计)			

表 1-4-4 小组互评指标

序号	评价指标	分值	评分标准	得分
1	文本的写作格式（小组代表作）	20	有基本的写作格式，得 20 分；格式杂乱，得 0 分	
2	文本的内容（小组代表作）	20	内容包括所有问题公文的标题修改、数字用法总结、标点符号总结，得 20 分；少一项，扣 10 分	
3	文本与情境任务结合程度（小组代表作）	20	结合紧密，得 20 分；结合较紧密，得 10~19 分；结合很少，得 1~9 分；没有结合，得 0 分	
4	上台展示形式	20	文本展示清楚，得 20 分；文本展示较清楚，得 12~19 分；文本展示不太清楚，得 8~11 分；文本展示不清楚，得 1~7 分	
5	小组上台汇报	20	思路清晰，表达流利，得 20 分；思路较清晰，表达较流利，得 12~19 分；思路不太清晰，表达不太流利，得 8~11 分；思路不清晰，表达不流利，得 1~7 分	
6	小组得分（合计）			

表 1-4-5 指导教师评价指标

序号	评价指标	分值	评分标准	得分
1	阅读情境任务，划出情境任务中的关键词	5	标出了关键词，得 5 分；没标出，得 0 分	
2	阅读相关知识，划出对你完成情境任务有用的信息	5	在相关知识标注了有用信息，得 5 分；没标出，得 0 分	
3	文本的写作格式（个人）	5	有基本的写作格式，得 5 分；格式杂乱，得 0 分	
4	文本的写作内容（个人）	20	公文的标题修改、数字用法总结、标点符号总结全面，得 20 分；少一项，扣 10 分	
5	文本与情境任务结合程度（个人）	5	结合紧密，得 5 分；结合较紧密，得 3~4 分；结合很少，得 1~2 分；没有结合，得 0 分	
6	书写工整	5	文本整洁，没有涂改，得 5 分；文本较整洁，得 1~4 分	
7	团队协作	5	主动参与团队讨论和承担任务，得 5 分；较主动参与团队讨论和承担任务，得 1~4 分	
8	文本的写作格式（小组代表作）	5	有基本的写作格式，得 5 分；格式杂乱，得 0 分	
9	文本的内容（小组代表作）	20	内容包括所有问题公文的标题修改、数字用法总结、标点符号总结，得 20 分；少一项，扣 10 分	
10	文本与情境任务结合程度（小组代表作）	5	结合紧密，得 5 分；结合较紧密，得 3~4 分；结合很少，得 1~2 分；没有结合，得 0 分	

续表 1-4-5

序号	评价指标	分值	评分标准	得分
11	代表小组上台展示	5	代表小组上台展示，得 5 分；没有展示，得 0 分	
12	反思与总结	10	能客观、公正地找出问题，并能提出可行性改进意见，得 10 分；能客观、公正地找出问题，但改进意见不具有针对性，得 5~9 分；不能客观、公正地找出问题，提出的改进意见不具针对性，得 0~4 分	
13	思政素养	5	体现了正确的三观，得 5 分；否则，得 0 分	
14	教师评价得分（合计）			

项目 2 通用公文撰写

【知识目标】掌握几种常见通用公文类型(通知、通报、请示、报告、函)的写法。

【技能目标】能够根据情境任务要求,规范地拟写通知、通报、请示、报告、函等通用公文。

【素质目标】通过情境化教学,培养学生严谨、认真的精神,通过小组展示和评价,培养团队互助、正视自我、取长补短的能力。

【思政目标】培养学生严谨、认真的精神。

思政园地

只因一字之差,"县委书记"变"歌星"

2019 年 12 月 27 日,某县再次扬名国内,这次出名不是因为该县著名的香瓜、双孢菇和小肉食鸡,而是因为一个住建局提交给县委书记的汇报材料上的错别字。在这份公文材料上,有大大小小多处错误,其中包括标点符号、汇报数字,但最令人啼笑皆非的是居然把县委书记的姓给打错了。该县县委书记本名王峰,汇报上错误地打印成了汪峰。王峰书记在这份让人哭笑不得的汇报文件上批示"我不是歌星"。

王峰变汪峰,真可谓一字之差,谬之千里。按理说,文字工作者在文章中偶尔出现个别错别字无可厚非。但公文文件不允许出错,因为公文文件一般需要秘书起草、部门领导修改、单位领导审阅无误后才能进行上报或者公之于众,所以公文与个人记日记有着本质的区别,出现这样的低级错误实属不该。

问题:你认为通用公文写作与一般写作相比需要特别注意什么?

任务 2.1　通　知

一、情境任务

为迎接第二十八个世界读书日的到来,北京 ×× 职业学院图书馆面向全院师生,联合多家文献数据库推出读书月系列线上、线下活动,其中线上活动包括有奖阅读、摄影大赛、答题闯关等内容,线下活动将于 2023 年 4 月 17 日上午 10 点在图书馆广场举办,届时将进行数字资源现场宣传活动,并且每项活动都准备了奖品。

要求:请根据以上情境,拟写通知。

二、任务分析

在写作时要做好如下工作:①正确领会任务要求;②学习文体知识,完成构思任务;③写成初稿送主管领导审阅并修改;④熟悉文种格式,按规定形式发布。

三、相关知识

(一)通知的特点

通知可以用来批转下级机关的公文,转发上级机关和不相隶属机关的公文,传达要求下级机关办理和需要有关单位周知或执行的事项,以及任免人员。通知具有下述特点。

1. 广泛的适用性

(1)从行文主体上说,党政机关、企事业单位、社会团体及其各部门都可以使用。

(2)从公文内容上说,既可以传达上级的指示性意见,批准和发布行政法规等各种规约类公文,也可以部署重要工作任务,告知会议信息。

(3)从行文关系上说,用于下行文和平行文均可。

2. 主题的单纯性

通知要严格执行一文一事的有关规定,一个通知主要讲清一项工作、一个问题、一件事情,并且要忠实于被传达的内容,不能增加、遗漏和走样,要求极为准确。

3. 内容的时效性

通知都要求在一定时间范围内生效执行,因此必须明确规定时限要求,正文中大多包括时间要素。缺少时间要素,通知的内容就属于出现了“硬伤”。

4. **事项的可操作性**

通知的内容一般都具有执行性或周知性,所以要具体说明执行要点和要求,这些要点和要求必须具体明白,不能含糊其词,必须能够使受文机关按照通知要求去做即可完成任务。

5. **表述形式的灵活性**

根据通知内容的繁简程度,通知的表述形式有所不同,有时多层多段,有时独段,有时分项,有时不分项,均可酌情而定。另外,通知在内容层次的安排上也较灵活,没有固定不变的表达方式。

(二)通知的结构形式

1. **标题**

除内容极简单不必概括或过于复杂难以概括者外,通知的标题均要采用标准的公文标题式样。颁布(公布、发布、印发)、批转、转发性通知,应在标题中明确标示出性质。颁布的法规、规章(条例、规定、办法等)名称加书名号,如《北京市商务局关于印发〈2007年北京市商业服务业规范公共场所英语标识工作实施方案〉的通知》,其他一般不用。如果用“通知”转发“通知”,为避免文种上的重叠,可以只标一个“通知”,如《北京市商务局转发商务部办公厅关于继续开展“中华老字号”认定等工作的通知》。

2. **收文单位**

收文单位应当在标题之下、正文之前左侧顶格标明。如果属于普发性通知,应当概括标明下级机关名称,如“各区人民政府”“市政府各委、办、局”“各市属机构”。

3. **正文**

正文是通知的主体,也就是通知的内容。正文的内容依次包括通知的缘由(目的、意义或依据)、通知事项和执行通知的要求或希望三部分。具体表述时,内容简单、篇幅简短的通知,可以采用篇段合一的方式;内容重要和篇幅稍长的通知,应当采用分层表达的方式,即依次分为三个部分:开头、主体和结尾。一般来说,通知的事项应分条列项表达,总之,不同类别的通知,正文写法变化较大,要根据实际情况确定正文的写法。

4. **附件和附件说明**

有些通知需要带有补充说明和参考作用的附件,应当在正文之下标注附件名称和份数,以免漏阅。

5. **落款**

准确标明发文机关名称和发文日期。

(三)通知的类型及其写法

根据通知的性质、内容和用途不同,通知可分为下述几类。

1. 指示性通知

指示性通知主要用于传达要求下级机关执行的事项。与指示的作用类似，指示性通知可以用于结合实际情况传达上级指示，布置工作、制定政策，以供下级机关办理或与其他单位共同执行。

2. 规定性通知

规定性通知主要用于针对某些工作或行为出台明确规范，以及对具体工作提出明确要求。与指示性通知相比，它侧重于强调应当做什么和怎样做；而指示性通知比较注重从思想上给予人们启发和指导，在提高思想认识的基础上落实指示精神。

3. 事务性通知

与指示性通知相对应的就是事务性通知，内容为发文机关要求下级单位办理的一般事项或临时性公务，如节假日放假的通知、要求下级机关报送文件的通知、调整电话号码的通知等。

4. 会议通知

会议通知，即会议主办单位向应当参加会议的有关单位发出的通知，以告知参加会议的有关事项。这类通知可以采用篇段合一或分层表达两种表达形式。前者多用于单位内部召开的一般性、临时性会议，后者多用于规模较大、规格较高、较重要的会议。通知内容应当包括会议时间、地点、参加人员、会议议题或主要内容、注意事项等。必要时，还要说明会议指导思想、会议目的、报到时间与地点、会期、联系方式、食宿安排、返程交通、是否需要回执等相关事宜。会议通知的时效性很强，必须提前发出。

5. 批转、转发、印发性通知

此类通知主要用于上级机关根据工作需要批转下级机关的公文，下级机关转发上级机关、平级机关和不相隶属机关的公文，发布执行某一规章或其他规范性文件。

6. 知照性通知

知照性通知用于要求有关单位周知一般事项，以便公务联络或信息沟通，如《北京市人事局关于公布废止部分规范性文件的通知》《北京市人民政府关于调整本市规划工作管理体制的通知》等。

知照性通知的主要目的是向有关单位或特定读者告知消息，通常不具有直接的约束力。撰写这样的通知，必须将需要告知的有关事项准确、简明、具体地说明。

7. 聘任通知

聘任通知，是上级机关任命和聘用干部时对所属下级机关下达的一种较为特殊的知照性通知。这类通知的写法较为简单，在通知中写明被通知单位后，只写任命或聘任某人担

知识拓展：
视频 2-1-1
通知

任何种职务，或者是免去何人的何种职务，同时写清楚任命和聘用的时间。

（四）通知的撰写要求

1. 中心明确，说明清楚

撰写通知的关键是将事项交代清楚，便于收文者能够正确理解并准确执行，绝不能含糊其词、模棱两可。

2. 主题集中，一文一事

为了使通知的事项能够迅速执行与办理，每个通知只明确说明一件事情、布置一项工作，不能头绪繁乱。

3. 条理清晰，表达简练

通知的撰写要求层次分明、条理清晰，使读者一目了然；在文字表达上要求准确简练，不生歧义。

4. 雷厉风行，讲求时效

为了提高工作效率，保证行文时效，撰写通知必须及时快速，以免贻误时机。

（五）范例评析

××物业管理公司文件

×安字〔2023〕8号

××物业管理公司

关于做好防汛防风安全检查工作的紧急通知

各项目处：

根据市气象台发布的暴雨预警，为了落实区安委会及住宅中心的紧急部署，做好防汛防风安全检查工作，现将有关事项通知如下：

一、各项目处必须加强领导和组织协调。按照安全管理规程，把安全检查工作落到实处；必须加强宣传教育，提高安全意识。明确岗位责任，必须确保每天24小时值班，值班表务必于8月14日前上报总经理办公室。

二、认真检查屋顶防水、雨漏、地漏排水系统，防止地下室及地下车库进水，保证排水通畅，要制定地下室人员转移预案。

三、认真检查高层楼房避雷防护设施，对楼顶和墙面安装的广告牌要进行排查，避免发生安全责任事故。

四、认真检查小区内架空电缆，遇有问题及时处理；避免大风刮断电线，影响住户生活。

五、切实做好小区环境卫生工作。及时清扫落叶，清运垃圾，避免堵塞下水道。

六、切实做好防汛、防风安全预警，出现问题按预案要求迅速逐层落实。

××物业管理公司（印章）

××××年×月××日

【评析】

这是一则事务性通知。与指示性、规定性通知相比，事务性通知是在更加具体的层面上告知人们办什么事、在哪里办、何时办、怎样办事。这类通知一般都比较简短，只要将有关要素说明得准确、具体、清楚即可。

四、任务实施（步骤）

（一）环境要求

可选择多媒体教室等场所进行，备好纸、笔，配备计算机、投影仪等设备，最好每名学生配备一台计算机进行上机写作。

（二）实施步骤

1. 认真阅读情境任务，划出情境任务中的关键词。

2. 认真阅读“相关知识”，划出你觉得重要的知识点。

3. 每人执笔或上机，通过网络查找相关材料，独立完成情境任务的初稿（在“个人作品”中呈现）。

4. 分组讨论，各小组组员相互评阅初稿，然后选出本组代表作进行修改。

5. 以小组为单位上交一篇作品并在多媒体上展示，师生共同点评。

五、个人作品(可附页)

六、小组推选作品及展示

小组成员:____________________

个人在小组的贡献:____________________

小组推选代表作(最终版,可附页):

七、个人反思与总结

八、成果测评

个人自评：自评指标详见表2-1-1，成绩占比20%；

组间互评：组间互评指标详见表2-1-2，成绩占比40%；

教师评价：教师测评指标详见表2-1-3，成绩占比40%。

表2-1-1　个人自评指标

序号	评价指标	分值	评分标准	得分
1	阅读情境任务，划出情境任务中的关键词	10	标出了关键词，得10分；没标出，得0分	
2	阅读相关知识，划出对你完成情境任务有用的信息	10	在相关知识标注了有用信息，得10分；没标出，得0分	
3	文本的写作格式（个人）	10	有基本的写作格式，得10分；格式杂乱，得0分	
4	文本的写作内容（个人）	30	包括标题、收文单位、正文、落款，如有附件增加附件，得30分；少一项，扣10分	
5	文本与情境任务结合程度（个人）	10	结合紧密，得10分；结合较紧密，得7~9分；结合较少，得4~6分；结合很少或没有，得0分	
6	书写工整	10	文本整洁，没有涂改，得10分；文本较整洁，得7~9分；文本基本整洁，得4~6分；文本不整洁，得0~3分	
7	团队协作	20	积极主动参与团队讨论和承担任务，得20分；较主动参与团队讨论和承担任务，得14~19分；能够配合小组其他成员较好地完成任务，得10~13分；完成小组任务较差，得6~9分，几乎没有参与小组任务，得0~5分	
8	个人评价得分（合计）			

表 2-1-2 小组互评指标

序号	评价指标	分值	评分标准	得分
1	文本的写作格式(小组代表作)	20	有基本的写作格式,得 20 分;格式杂乱,得 0 分	
2	文本的内容(小组代表作)	20	内容包括标题、收文单位、正文、落款,如有附件增加附件,得 20 分;少一项,扣 10 分	
3	文本与情境任务结合程度(小组代表作)	20	结合紧密,得 20 分;结合较紧密,得 10~19 分;结合很少,得 1~9 分;没有结合,得 0 分	
4	上台展示形式	20	文本展示清楚,得 20 分;文本展示较清楚,得 12~19 分;文本展示不太清楚,得 8~11 分;文本展示不清楚,得 1~7 分	
5	小组上台汇报	20	思路清晰,表达流利,得 20 分;思路较清晰,表达较流利,得 12~19 分;思路不太清晰,表达不太流利,得 8~11 分;思路不清晰,表达不流利,得 1~7 分	
6	小组评价得分(合计)			

表 2-1-3 指导教师评价指标

序号	评价指标	分值	评分标准	得分
1	阅读情境任务,划出情境任务中的关键词	5	标出了关键词,得 5 分;没标出,得 0 分	
2	阅读相关知识,划出对你完成情境任务有用的信息	5	在相关知识标注了有用信息,得 5 分;没标出,得 0 分	
3	文本的写作格式(个人)	5	有基本的写作格式,得 5 分;格式杂乱,得 0 分	
4	文本的写作内容(个人)	20	内容包括标题、收文单位、正文、落款,得 20 分;少一项,扣 10 分	
5	文本与情境任务结合程度(个人)	5	结合紧密,得 5 分;结合较紧密,得 3~4 分;结合很少,得 1~2 分;没有结合,得 0 分	
6	书写工整	5	文本整洁,没有涂改,得 5 分;文本较整洁,得 1~4 分	
7	团队协作	5	主动参与团队讨论和承担任务,得 5 分;较主动参与团队讨论和承担任务,得 1~4 分	
8	文本的写作格式(小组代表作)	5	有基本的写作格式,得 5 分;格式杂乱,得 0 分	
9	文本的内容(小组代表作)	20	内容至少包括标题、收文单位、正文、落款,如有附件增加附件,得 20 分;少一项,扣 10 分	
10	文本与情境任务结合程度(小组代表作)	5	结合紧密,得 5 分;结合较紧密,得 3~4 分;结合很少,得 1~2 分;没有结合,得 0 分	

续表 2-1-3

序号	评价指标	分值	评分标准	得分
11	代表小组上台展示	5	代表小组上台展示,得 5 分;没有展示,得 0 分	
12	反思与总结	10	能客观、公正找出问题,并能提出可行性改进意见,得 10 分;能客观、公正找出问题,但改进意见不具有针对性,得 5~9 分;不能客观、公正地找出问题,提出的改进意见不具针对性,得 0~4 分	
13	思政素养	5	体现了正确的三观,得 5 分;否则,得 0 分	
14	教师评价得分(合计)			

任务 2.2 通 报

一、情境任务

最近,青海省邮政运输局党委决定,授予在邮车出班途中以身殉职的邮车驾驶员陈 ×× “优秀共产党员”的荣誉称号。

×××× 年陈 ×× 从部队复员后调入邮电系统,成为了省邮政运输局的一名汽车驾驶员。20 年来,他长期驾车奔波在高原邮运线上,大部分时间都在跑高海拔地区。他兢兢业业为党工作,从未发生任何行车责任事故和质量责任事故,出色地完成了每一次邮运任务。

×××× 年 9 月 10 日,陈 ×× 负责西宁至黄南藏族自治州河南县的邮件运输任务。11 日返回途中途经海拔 3 600 多米的麦秀山时,他突发脑出血,半身麻木。在右手、右脚都不听使唤的情况下,他在崎岖难行的山路上驾车行驶了 5 个半小时,把邮车和邮件安全无损地送回州上。汽车开进州邮电局后,陈 ×× 终于支撑不住,倒在了方向盘上。后虽经过医院全力抢救,但最佳抢救时机已过,在昏迷了 20 多天后,陈 ×× 于 10 月 2 日不幸去世,年仅 49 岁。

要求:请根据以上情境,拟写通报。

二、任务分析

通报用于表彰先进、批评错误、传达重要精神、交流重要情况。在写作时要做好如下工作:①正确领会任务要求;②学习文体知识,完成构思任务;③写成初稿送主管领导审阅并修改;④熟悉文种格式,按规定形式发布。

三、相关知识

（一）通报的特点

通报属下行文种，党政机关、企事业单位、学校、部队都可以使用，是从事工作指导、思想教育时常用的一种公文。通报有下述几个特点。

1. 告知广泛

通报所涉及的人物或事件具有典型性，旨在进行宣传教育、启发引导或广泛沟通，因此，一般下发的范围较广。

2. 客观真实

通报的内容均是实际工作中已经发生的真实情况，具有事实上的绝对准确性，并非防范性的政治说教。这是起到广泛的教育推动作用的基础。

3. 行文及时

通报行文的目的在于尽快把情况传达出去，以引起广泛注意，促进工作，因此特别要求及时迅速行文。

4. 正面引导

无论是表扬先进、批评错误，还是传达重要情况，其目的都在于通过典型可信的人和事，引导人们明辨是非、吸取教训、弘扬正气、树立新风。

（二）通报的结构形式

1. 标题

一般由发文机关、事由及文种组成。特别要注意的是要准确揭示事实的性质。撰写褒奖性通报，标题的事由部分常用“表彰”或“授予 ×× 称号”等一类的词语表明发文机关的倾向与立场。若拟写批评性通报，也要在事由部分表明态度，使用例如“擅自”或“给予 ×××× 处分”等词语。另外，通报的标题有直述式和转述式两种写法：由发文机关直接发出的内容比较单一的通报，采用直述式写法，即直接叙述情况，如“中共 ×× 县委关于给予秦 ×× 严重警告处分的通报”；发文机关转发已有成文的通报，多采用转述式写法，例如“×× 市人民政府关于 ×× 县希望工程捐款管理和使用情况的通报”，所转发的附件是“×× 县人民政府关于希望工程捐款管理和使用情况的报告”。

2. 收文单位

通报属于发文针对性很强的公文，所以其发文一般要标注收文单位。该项内容一般不得省略。

3. 正文

正文是通报的主体和核心部分。不同类别的通报具有不同的写法,但是都离不开叙述事实、评价分析、说明处理决定或方法等基本部分。

4. 发文机关

写明发文机关名称或加盖印章。

5. 发文时间

标明发文的年、月、日。

(三)通报的类型及其写法

按照通报的内容和功能,可以分为三种类型。

1. 表彰性通报

表彰性通报主要用于表彰突发性事件中的好人好事,如救人、救火、勇斗歹徒、拾金不昧等事迹,也用于确认和公布先进集体、先进个人的表彰结果,介绍先进经验,树立先进典型,旨在宣传先进思想和事迹,鼓励和号召大家学习先进、做好工作。

正文一般由三个部分组成:首先,采用记叙的表达方式,概述事件的经过,要写明何时、何地、何人、做了何事,主要经过及事件结果如何。其次,对好人好事进行分析评论,有时需要简要介绍人物的一贯表现,语言要简洁明确。这个部分采用议论的方式,但是省略了议论的过程,只留下结论,即使用论断式的语言。最后,写明表彰决定的内容。如授予荣誉称号、给予物质奖励,提出希望和要求,号召大家学习先进模范。

2. 批评性通报

批评性通报主要针对生产、交通、安全、医疗等方面的重大责任事故而制发,以便引起有关单位的重视和警惕,防止重蹈覆辙。正文一般分为三个部分:首先,叙述事故发生的经过情况,可以用"据调查"开头,把在什么时间、地点,发生了什么事故以及事故造成的损失情况交代清楚,关键要做到要素齐全,点到而止。其次,对事故的原因进行分析,指出事故的危害及其影响。最后,写明对事故的处理决定,提出防止此类事故重演的措施和要求,引以为戒,关键是要对症下药。

3. 情况通报

情况通报主要用来传达上级机关的重要精神和工作中出现的重要情况、新问题、新动向,以及需要下级机关周知的事项,以便及时交流信息,引起广泛重视,统一思想认识和行动,共同完成任务,同时也为领导决策提供重要情报。

情况通报的正文多为三个部分:首先,概述通报的是什么情况,是在什么时间、空间范围内的情况,以及这些情况的来源;其次,介绍情况本身,把情况的来龙去脉、前因后果等阐述清楚，可以分条列项地说明；最后，写明上级机关的指示性意见，提出下级机关应当注意的问题。

（四）通报的撰写要求

1. 通报的内容必须准确无误

撰写之前一定要搞好调查研究，反复核实有关情况，确保不能与事实有丝毫出入，以免造成不良影响。

2. 通报的事实必须具有典型性

必须选择有价值的事例制发通报，充分发挥通报对工作的指导意义和对干部群众的普遍教育功能。

知识拓展：
视频 2-2-1
通报

3. 通报的语言必须慎重推敲，讲究分寸

分析和评价要实事求是，合情入理，恰如其分；不能空发议论，借题发挥；对事件的定性，切忌片面化和绝对化，不允许任意夸大或缩小，要做到表扬不溢美，批评不扬恶。

4. 通报要讲究时效性

要趁热打铁，及时行文，以达到最佳表达效果。时过境迁再来行文，通报的效果就会大打折扣。

（五）范例评析

中共 ×× 省化工总公司党委

关于授予张 ××“优秀共产党员”荣誉称号的通报

各分公司党委，总公司党委各部门，各直属机构：

张 ×× 同志是 ×× 分公司所属 ×× 化工厂管道维修工人，共产党员。20×× 年 8 月 12 日上午 8 时 30 分，×× 化工厂成品车间后处理工段油气管道突然爆炸起火。正在清理夜间施工现场的张 ×× 被爆炸气浪推倒，头部、右臂和大腿等多处受伤，鲜血直流，鞋子也甩出很远。在这危急关头，张 ×× 强忍剧痛，迅速爬起，顾不得穿鞋和查看伤势，踩着玻璃碎片，冲入烈火之中，迅速关闭了喷胶阀门、油气分层罐手阀、蒸汽总阀，接着又先后用了 10 余个干粉灭火器扑救颗粒泵、混胶罐等处的大火，在随后赶来的厂保安员韩 ×× 的援助下，英勇奋战十几分钟，终于将大火全部扑灭，避免了火势的蔓延。

张 ×× 在身体多处受伤、火势凶猛并随时可能发生更大爆炸的危急关头，将个人生死置之度外，果断处理突发事件，为遏制火势蔓延、防止事故扩大、减少国家财产损失，做出了突出的贡献。他的行为体现了为保护国家财产和人民利益不惜牺牲个人生命的崇高精神品质，谱写了一曲当代共产党人的正气之歌。韩 ×× 不顾危险、奋力救火,表现了忠于职守、不怕牺牲的精神,不愧为一名称职的保安人员。

为此,总公司党委研究决定:

一、将张 ×× 和韩 ×× 奋力灭火的英勇事迹通报全公司,予以公开表彰。

二、授予张 ××"优秀共产党员"荣誉称号,为其晋升一级工资,并颁发奖金 ×××× 元,以资鼓励。

三、为韩 ×× 晋升一级工资,并颁发奖金 ×××× 元,以资鼓励。

希望各分公司党委、总公司党委各部门、各直属机构组织广大共产党员和干部职工认真学习总公司党委的表彰通报。以张 ××、韩 ×× 的英勇事迹和崇高精神为动力,努力做好本职工作,落实安全生产责任,为我省化工行业的改革与发展作出更大的贡献。

中共 ×× 省化工总公司党委(印)

20×× 年 8 月 20 日

【评析】

这是表彰好人好事的通报,具有很好的示范作用。

首先,采用记叙的表达方式,简要叙述了事件经过,写明何人在何时、何地做了何事,结果如何。记叙文的各要素完备清晰,使人一目了然。事件经过部分虽然着墨不多,却写得精彩感人,给人留下了形象生动的印象。

其次,采用议论的表达方式就事论理,紧密结合张 ××、韩 ×× 英勇扑救烈火的事迹,进行恰如其分的评析,语言简要明确。我们看到,文章省略了推理论证的过程,只留下结论性的意见,即使用论断性的语言,表明了发文机关的鲜明态度。

最后,采用引用说明的方式,转达了总公司党委表彰决定的内容:授予荣誉称号,给予物质奖励,提出希望和要求,号召大家向先进模范学习,进一步突出表明了制发本通报的目的,体现了通报所具有的广泛宣传教育功能。

撰写表彰先进的通报要与写先进事迹材料区分开来。通报的好人好事多数是突发性的,如救人、灭火、见义勇为、拾金不昧等,这是通报的常见事项,但是不可能天天都遇到、人人都遇到。而先进事迹材料所表彰的是长期积极工作的先进人物或模范人物,是供评选先进工作者用的材料。

四、任务实施(步骤)

(一)环境要求

可选择多媒体教室等场所进行,备好纸、笔,配备计算机、投影仪等设备,最好每名学生配备一台计算机进行上机写作。

（二）实施步骤

1. 认真阅读情境任务，划出情境任务中的关键词。

2. 认真阅读“相关知识”，划出你觉得重要的知识点。

3. 每人执笔或上机，通过网络查找相关材料，独立完成情境任务的初稿（在“个人作品”中呈现）。

4. 分组讨论，各小组组员相互评阅初稿，然后选出本组代表作进行修改。

5. 以小组为单位上交一篇作品并在多媒体上展示，师生共同点评。

五、个人作品（可附页）

六、小组推选作品及展示

小组成员：________________________________

个人在小组的贡献：________________________

小组推选代表作(最终版,可附页)：

七、个人反思与总结

八、成果测评

个人自评：自评指标详见表 2-2-1，成绩占比 20%；

组间互评：组间互评指标详见表 2-2-2，成绩占比 40%；

教师评价：教师测评指标详见表 2-2-3，成绩占比 40%。

表 2-2-1　个人自评指标

序号	评价指标	分值	评分标准	得分
1	阅读情境任务，划出情境任务中的关键词	10	标出了关键词，得 10 分；没标出，得 0 分	
2	阅读相关知识，划出对你完成情境任务有用的信息	10	在相关知识标注了有用信息，得 10 分；没标出，得 0 分	
3	文本的写作格式（个人）	10	有基本的写作格式，得 10 分；格式杂乱，得 0 分	
4	文本的写作内容（个人）	30	内容包括标题、收文单位、正文、发文机关、发文时间，得 30 分；少一项，扣 10 分	
5	文本与情境任务结合程度（个人）	10	结合紧密，得 10 分；结合较紧密，得 7~9 分；结合较少，得 4~6 分；结合很少或没有，得 0 分	
6	书写工整	10	文本整洁，没有涂改，得 10 分；文本较整洁，得 7~9 分；文本基本整洁，得 4~6 分；文本不整洁，得 0~3 分	
7	团队协作	20	积极主动参与团队讨论和承担任务，得 20 分；较主动参与团队讨论和承担任务，得 14~19 分；能够配合小组其他成员较好地完成任务，得 10~13 分；完成小组任务较差，得 6~9 分，几乎没有参与小组任务，得 0~5 分	
8	个人评价得分（合计）			

表 2-2-2　小组互评指标

序号	评价指标	分值	评分标准	得分
1	文本的写作格式（小组代表作）	20	有基本的写作格式，得 20 分；格式杂乱，得 0 分	
2	文本的内容（小组代表作）	20	内容包括标题、收文单位、正文、发文机关、发文时间，得 20 分；少一项，扣 10 分	
3	文本与情境任务结合程度（小组代表作）	20	结合紧密，得 20 分；结合较紧密，得 10~19 分；结合很少，得 1~9 分；没有结合，得 0 分	
4	上台展示形式	20	文本展示清楚，得 20 分；文本展示较清楚，得 12~19 分；文本展示不太清楚，得 8~11 分；文本展示不清楚，得 1~7 分	

续表 2-2-2

序号	评价指标	分值	评分标准	得分
5	小组上台汇报	20	思路清晰，表达流利，得 20 分；思路较清晰，表达较流利，得 12~19 分；思路不太清晰，表达不太流利，得 8~11 分；思路不清晰，表达不流利，得 1~7 分	
6	小组评价得分（合计）			

表 2-2-3　指导教师评价指标

序号	评价指标	分值	评分标准	得分
1	阅读情境任务，划出情境任务中的关键词	5	标出了关键词，得 5 分；没标出，得 0 分	
2	阅读相关知识，划出对你完成情境任务有用的信息	5	在相关知识标注了有用信息，得 5 分；没标出，得 0 分	
3	文本的写作格式（个人）	5	有基本的写作格式，得 5 分；格式杂乱，得 0 分	
4	文本的写作内容（个人）	20	内容包括标题、收文单位、正文、发文机关、发文时间，得 20 分；少一项，扣 10 分	
5	文本与情境任务结合程度（个人）	5	结合紧密，得 5 分；结合较紧密，得 3~4 分；结合很少，得 1~2 分；没有结合，得 0 分	
6	书写工整	5	文本整洁，没有涂改，得 5 分；文本较整洁，得 1~4 分	
7	团队协作	5	主动参与团队讨论和承担任务，得 5 分；较主动参与团队讨论和承担任务，得 1~4 分	
8	文本的写作格式（小组代表作）	5	有基本的写作格式，得 5 分；格式杂乱，得 0 分	
9	文本的内容（小组代表作）	20	内容包括标题、收文单位、正文、发文机关、发文时间，得 20 分；少一项，扣 10 分	
10	文本与情境任务结合程度（小组代表作）	5	结合紧密，得 5 分；结合较紧密，得 3~4 分；结合很少，得 1~2 分；没有结合，得 0 分	
11	代表小组上台展示	5	代表小组上台展示，得 5 分；没有展示，得 0 分	
12	反思与总结	10	能客观、公正地找出问题，并能提出可行性改进意见，得 10 分；能客观、公正地找出问题，但改进意见不具有针对性，得 5~9 分；不能客观、公正地找出问题，提出的改进意见不具针对性，得 0~4 分	
13	思政素养	5	体现了正确的三观，得 5 分；否则，得 0 分	
14	教师评价得分（合计）			

任务 2.3　请　示

一、情境任务

为了适应时代的发展，提高教师使用多媒体教学的能力，×× 市第一中学拟购置一批多媒体教学设备，但学校现有资金不足，其中已有 ×× 万元，尚缺 ×× 万元，拟向 ×× 市教育局请示给予经费支持。

要求：根据以上情境，拟写一则请示。

二、任务分析

请示用于向上级机关请求指示和批准。在写作时要做好如下工作：①正确领会任务要求；②学习文体知识，完成构思任务；③写成初稿送主管领导审阅并修改：④熟悉文种格式，按规定形式印制。

三、相关知识

（一）请示的应用范围

请示用于向上级机关请求指示和批准。任何依法成立、合法存在的机关组织，都可以在自己的职权范围内独立自主地解决和处理问题，不必事无巨细都去请示上级机关。下列几种情况属于请示的应用范围：

（1）对上级机关的法规、政策及其决定、指示等有不理解之处，或它们不适应本单位情况而需要变通处理时，需要请求上级机关予以解释、指示与认可。

（2）请求审批或批转本机关制定的重要规章、重大决策意见。

（3）请求批准人员编制、机构设置、干部任免、领导班子的组成与调整、经费预算以及重要人员或事故的处理。

（4）请求协调与解决本机关无法解决的困难或问题。

（5）根据规定必须履行审批手续的事项。

总之，凡是下级机关在职责范围内无权解决、无力解决、不知如何解决的问题，均需要提请上级机关给予裁决、指示或批准。任何超越权限或擅自处理不该由本机关处理的问题，都是错误的行为。

(二)请示的特点

1. 成文的条件性

请示的内容必须是属于本机关职权范围内无法解决的困难或问题。下级机关既要尊重上级机关的领导与指导,及时请求上级机关帮助解决问题;也要尽职尽责、切实办好职责范围内的事情。

2. 行文的超前性

请示必须在事前行文,不能先斩后奏,这是请示行文的重要原则。事前行文有助于提请上级机关帮助把关,增加了一层保险系数,避免出现重大失误。

3. 内容的单纯性

请示的内容必须主体单一,严格执行一文一事制度,以便上级机关及时处理,还可缩短公文办理周期,提高行文效率。

4. 明显的时效性

请示是下级机关工作中出现紧急或重要事项时的行文。下级机关发出请示后就开始期盼上级机关尽早答复。上级机关及时答复,就能够使问题得到及时解决;一旦延误时机,可能造成较大损失。这就体现了请示的时效性。

5. 结果的必复性

上级机关收到下级请示后,无论同意与否,都有责任尽快予以办理和答复,避免下级机关贻误工作,这是上级机关和下级机关在为人民服务这个根本利益相一致的前提下的共同要求,有请必复是上级机关处理请示与报告两种文件的重要区别。

(三)请示的结构形式

请示由标题、收文单位、正文、发文机关、发文时间等部分组成。

1. 标题

请示的标题有两种写法:一是三要素齐备的写法,即发文机关名称+事由+文种,如“××市环保局关于更换市容清洁车辆所需经费的请示”,二是省略机关名称的写法,即只保留事由和文种两个要素,如“关于进一步加强对历史文化名城的保护与管理工作的请示”等,要特别注意“请示”与“报告”不能混用,不能把请示写成报告,也不能写成“请示报告”。

2. 收文单位

请示只能写一个上级主管机关的名称,受多重领导的机关向上级请示时,应根据请示内容,主送其中一个负责答复的上级机关,抄送另一个上级机关。

3. **正文**

正文是请示的主体。为了增强行文效果,撰写请示的正文时,一般分为以下三个部分。

(1)说明请示原因

撰写请示都要从陈述原因开始,主要说明行文的理由、依据或目的,必要时可以说明所请示问题产生的背景。有时根据具体情况,要阐明解决问题的必要性、紧迫性。同时,还要讲清请示事项已经具备的条件和办理的可行性,这是为上级机关的批复提供有说服力的事实、数据或依据,有利于上级机关尽快批复。讲清原因后,经常用“为此,特请示如下”,或“现将有关事项请示如下”,或“现提出以下请示意见”等作为过渡句,引出正文的主体部分。

(2)提出请示事项

这是请示的主体部分,主要说明遇到了什么问题,要请示哪些事项,本机关准备怎样处理。重点在于对解决有关问题提出具体建议或意见,以及对具体要求的说明,有时还需要提出解决问题的初步方案,供上级机关定夺。若有可供选择的多个方案或建议,则需提出本机关的倾向性意见。提倡积极帮助上级机关出谋划策的态度与做法,坚决反对简单消极地上交矛盾的态度和做法。

(3)结尾用语

请示要用简短的语言,明确提出请上级指示、批准、批转的肯定要求。注意采用征询、请求、谦和的语气,使用期请的语言,常以“特此请示,请予审批”“以上请示如无不当,请批转各有关单位执行”等结语表达行文要求。

有的请示的结尾用语语气强硬,很不得体,例如“无论如何,望批准”“以上请示急迫,限五日内答复”,还有含混不清,用意不明的情况,例如“以上意见,请予以考虑”“以上意见当否,请批准”“以上请示如有不当,请批复”,只要稍加斟酌,就会发现这些语言的毛病。更有甚者:“此项工程定于6月15日开工,请于此日前予以批准。”这类语言哪里还像是在请示上级机关,分明是在给上级下达“任务书”或“最后通牒”。

4. **发文机关**

发文机关即在请示的结尾规范地标明发文机关名称,规范地用章。

5. **发文时间**

按照要求规范标明发文时间。

(四)请示的类型及其写法

根据请示的用途以及行文目的的区别,请示可以分为下述三类。

1. **请求指示类的请示**

此类请示的核心是要解决“请求指示怎样做”的问题,例如,政策规定难以把握,工作中遇到新的复杂情况等,需要请求上级给予指示。行文中,要写明本机关的意见或建议,以便上级机关批复时参考。

2. 请求批准类的请示

此类请示的核心是要解决“请求批准这样做”的问题,在机构设置、人员编制、领导班子调整、财务预算、重要事件或重要人物的处理问题上,常常要请上级机关审核批准。行文中需要把有待批准的事项阐述清楚,必要时应当采用附件形式,提供有关事项的完备材料,以便上级机关了解有关情况。

3. 请求批转类的请示

此类请示的核心是要解决“请求让同级相关机关或部门这样做”的问题。针对本机关提出的涉及重大事项的解决方案、工作部署,或拟订的重要规章制度,请求上级机关批转在相关机关或部门范围内执行。

(五)请示的撰写要求

(1)严格遵循一文一事原则,一份请示只讲一个问题,切忌数事混杂。

(2)请示的理由必须充分,一般包括两个方面:一是需要;二是可能。讲需要,就是要强调现实必要性以及请示事项办成后,将会带来的经济效益、社会效益;讲可能,就是要说明办成请示事项已经具备的有利条件。

(3)请示目的要明确,做到提出的建议和要求具体明确,解决问题的措施、办法和要求必须切实可行。

(4)严格按照隶属关系逐级行文,不能多头主送,也不能主送领导者个人(领导人明确要求的除外)。

(5)请示必须在事前行文,切忌先斩后奏;未获上级机关批复之前,请示不得抄送下级机关。

(6)行文之前要主动与主管领导取得联系,做好沟通工作,求得领导的同情、理解和支持。大量经验证明,提前沟通是请示事项容易获得批准的重要因素。

(六)范例评析

××市人民政府关于

承办20××年春季全国糖酒商品交易会有关事项的请示

省人民政府:

根据××部通知,20××年春季全国糖酒商品交易会将于3月下旬在我市举行,我市将承担有关会务工作。为使这次交易会达到预期目的,并取得圆满成功,现将有关事项请示如下:

一、成立全国糖酒商品交易会领导小组,交易会筹备及交易会期间的有关重大事项由会务领导小相负责组织协调。领导小组下设办公室,负责日常具体工作。

二、会务接待工作由商品交易会办公室牵头,×× 市工商局、×× 市糖酒公司、×× 市糕点公司共同承办,请省级各有关部门大力支持、指导。

三、交易会期间,有接待任务的各宾馆、饭店、招待所及大会交易场,应接受会务办公室的统一安排,遵守物业管理规定。执行交易秩序管理通告,做好与会人员的住宿和交易场地的接待和管理工作。

四、交易会期间,公安、交通部门要切实加强社会治安和市内交通管理,保证与会人员的人身、财产安全;铁路、航空、航运部门要尽力做好代表的返程中转和各类物资的运输工作;城市供水、供电、供气部门要认真做好水、电、气的供应,切实保证交易会需要;工商、市容、卫生管理部门要积极支持配合,保证交易会的顺利进行。

五、交易会期间,场内广告业务由大会统一办理,场外广告悬挂时间由大会统一安排。

六、预计本届交易会将有 5 万余人由大会统一安排接待,在此期间,望各市、地、州和省级各部门尽量不在 ×× 市安排会议。

以上请示,请予审批。

附件:20×× 年春季全国糖酒商品交易会领导小组名单(略)

×× 市人民政府(印)
20×× 年 ×× 月 ×× 日

【评析】

这是围绕组织大型活动制发的请示,写得中规中矩。

公文标题看起来字数较多,但仔细推敲后却相当精准。

正文开头部分对行文背景的交代言简意赅,行文目的明确,一看便知。

主体内容分条表达,简洁清晰。各项内容的排布,即需要上级审批的事项,涉及交易会的组织举措、接待服务、安全保卫、后勤保障、广告宣传等方面,考虑得周密、完善、实在、稳妥,具有可行性,体现了务实细致的工作作风。

结尾用语使用规范,目的明晰。

总体看来,此文请示事项务实合理,具体可行;语言表达准确精当,简洁得体;格式要素规范完备,行文思路清晰流畅,具有典型示范价值。

四、任务实施（步骤）

（一）环境要求

可选择多媒体教室等场所进行，备好纸、笔，配备计算机、投影仪等设备，最好每名学生配备一台计算机进行上机写作。

（二）实施步骤

1. 认真阅读情境任务，划出情境任务中的关键词。

2. 认真阅读“相关知识”，划出你觉得重要的知识点。

3. 每人执笔或上机，通过网络查找相关材料，独立完成情境任务的初稿（在“个人作品”中呈现）。

4. 分组讨论，各小组组员相互评阅初稿，然后选出本组代表作进行修改。

5. 以小组为单位上交一篇作品并在多媒体上展示，师生共同点评。

五、个人作品（可附页）

六、小组推选作品及展示

小组成员：________________________________

个人在小组的贡献：________________________

小组推选代表作(最终版,可附页):

七、个人反思与总结

八、成果测评

个人自评:自评指标详见表 2-3-1,成绩占比 20%;

组间互评:组间互评指标详见表 2-3-2,成绩占比 40%;

教师评价:教师测评指标详见表 2-3-3,成绩占比 40%。

表 2-3-1 个人自评指标

序号	评价指标	分值	评分标准	得分
1	阅读情境任务,划出情境任务中的关键词	10	标出了关键词,得 10 分;没标出,得 0 分	
2	阅读相关知识,划出对你完成情境任务有用的信息	10	在相关知识标注了有用信息,得 10 分;没标出,得 0 分	
3	文本的写作格式(个人)	10	有基本的写作格式,得 10 分;格式杂乱,得 0 分	
4	文本的写作内容(个人)	30	内容包括标题、收文单位、正文、发文机关、发文时间,得 30 分;少一项,扣 10 分	
5	文本与情境任务结合程度(个人)	10	结合紧密,得 10 分;结合较紧密,得 7~9 分;结合较少,得 4~6 分;结合很少或没有,得 0 分	
6	书写工整	10	文本整洁,没有涂改,得 10 分;文本较整洁,得 7~9 分;文本基本整洁,得 4~6 分;文本不整洁,得 0~3 分	
7	团队协作	20	积极主动参与团队讨论和承担任务,得 20 分;较主动参与团队讨论和承担任务,得 14~19 分;能够配合小组其他成员较好地完成任务,得 10~13 分;完成小组任务较差,得 6~9 分,几乎没有参与小组任务,得 0~5 分	
8	个人评价得分(合计)			

表 2-3-2 小组互评指标

序号	评价指标	分值	评分标准	得分
1	文本的写作格式(小组代表作)	20	有基本的写作格式,得 20 分;格式杂乱,得 0 分	
2	文本的内容(小组代表作)	20	内容包括标题、收文单位、正文、发文机关、发文时间,得 20 分;少一项,扣 10 分	
3	文本与情境任务结合程度(小组代表作)	20	结合紧密,得 20 分;结合较紧密,得 10~19 分;结合很少,得 1~9 分;没有结合,得 0 分	
4	上台展示形式	20	文本展示清楚,得 20 分;文本展示较清楚,得 12~19 分;文本展示不太清楚,得 8~11 分;文本展示不清楚,得 1~7 分	

续表 2-3-2

序号	评价指标	分值	评分标准	得分
5	小组上台汇报	20	思路清晰，表达流利，得 20 分；思路较清晰，表达较流利，得 12~19 分；思路不太清晰，表达不太流利，得 8~11 分；思路不清晰，表达不流利，得 1~7 分	
6	小组评价得分（合计）			

表 2-3-3 指导教师评价指标

序号	评价指标	分值	评分标准	得分
1	阅读情境任务，划出情境任务中的关键词	5	标出了关键词，得 5 分；没标出，得 0 分	
2	阅读相关知识，划出对你完成情境任务有用的信息	5	在相关知识标注了有用信息，得 5 分；没标出，得 0 分	
3	文本的写作格式（个人）	5	有基本的写作格式，得 5 分；格式杂乱，得 0 分	
4	文本的写作内容（个人）	20	内容包括标题、收文单位、正文、发文机关、发文时间，得 20 分；少一项，扣 10 分	
5	文本与情境任务结合程度（个人）	5	结合紧密，得 5 分；结合较紧密，得 3~4 分；结合很少，得 1~2 分；没有结合，得 0 分	
6	书写工整	5	文本整洁，没有涂改，得 5 分；文本较整洁，得 1~4 分	
7	团队协作	5	主动参与团队讨论和承担任务，得 5 分；较主动参与团队讨论和承担任务，得 1~4 分	
8	文本的写作格式（小组代表作）	5	有基本的写作格式，得 5 分；格式杂乱，得 0 分	
9	文本的内容（小组代表作）	20	内容包括标题、收文单位、正文、发文机关、发文时间，得 20 分；少一项，扣 10 分	
10	文本与情境任务结合程度（小组代表作）	5	结合紧密，得 5 分；结合较紧密，得 3~4 分；结合很少，得 1~2 分；没有结合，得 0 分	
11	代表小组上台展示	5	代表小组上台展示，得 5 分；没有展示，得 0 分	
12	反思与总结	10	能客观、公正地找出问题，并能提出可行性改进意见，得 10 分；能客观、公正地找出问题，但改进意见不具有针对性，得 5~9 分；不能客观、公正地找出问题，提出的改进意见不具针对性，得 0~4 分	
13	思政素养	5	体现了正确的三观，得 5 分；否则，得 0 分	
14	教师评价得分（合计）			

任务 2.4　报　告

一、情境任务

为了丰富大学生的业余生活和培养学生爱国、责任担任等意识，××学院团委发动全院学生以系部为单位，组织了丰富多彩的活动，如“一二·九”爱国教育活动、关爱老年人等一系列活动。现系团总支需要将本年度的工作向学院团委报告。

要求：根据以上情境，拟写一则报告。

二、任务分析

报告用于向上级机关汇报工作，反映情况，答复上级机关的询问。在写作时要做好如下工作：①正确领会任务要求；②学习文体知识，完成构思任务；③写成初稿送主管领导审阅并修改；④熟悉文种格式，按规定形式发布。

三、相关知识

（一）报告的用途及其与请示的异同

报告用于向上级机关汇报工作、反映情况、答复上级机关的询问。报告与请示都是上行文。从行文关系的角度来说，都反映了下情上达，下级机关接受和服从上级机关的领导与指导的关系。但是，从写作角度来说，报告与请示的区别十分明显，主要有下述几方面。

1. 行文目的不同

报告是为了向上级机关汇报工作、反映情况，是一种陈述性的文种，旨在让上级机关了解有关情况；请示是为了请求上级机关的指示和批准。

2. 行文时间不同

报告在事中和事后行文；请示必须在事前行文，不能先斩后奏或擅自处理。

3. 内容要求不同

报告的内容具有综合性的特点，可以同时反映多方面的情况和问题；请示的内容单纯，必须要执行一文一事的制度。

4. 处理结果不同

报告行文后，不需要上级机关行文批复；请示行文后，上级机关必须给予答复。

（二）报告的类型

1. 按照报告的内容划分

有综合报告、专题报告。

(1)综合报告　用来全方位地汇报一个地区、一个单位一段时间内全面工作的进展或完成情况。这种报告内容丰富，篇幅较长，综合性较强。

(2)专题报告　用来反映一项工作或一个问题的完成与处理情况，其特点是突出一个“专”字，内容单一，专指性强，是典型的一事一报的公文。如《××大学关于教师职称评定工作的报告》是在完成一次职称评定工作后起草而成的。

2. 按照报告的目的划分

有工作报告、情况报告、答复性报告等。

(1)工作报告　旨在向上级机关汇报工作进展情况，以便上级机关统一协调和掌握下属工作情况，实行有针对性的领导。

(2)情况报告　旨在向上级机关反映除工作之外的各方面有关情况，如社会动态、职工思想状况、严重自然灾害以及其他需要上级机关及时了解和掌握的特殊情况。它与工作报告大有不同：工作报告的重点是汇报做了哪些工作，取得了哪些成绩，还存在什么不足、今后有什么打算；情况报告的重点在于反映情况，例如上级机关的决策、部署执行情况，本机关工作中出现的新问题、新情况，某些问题的处理情况，发生重大突发性事件等。这其中有些只是要求提供准确的数字信息，而有些是以书面文字的形式反映情况，以便上级及时了解和掌握状况，要注意的是，情况报告主要不是反映开展工作的情况，它的重点和主体内容是反映工作中出现的新动态以及社会和自然领域的客观现实。

(3)答复性报告　当上级机关有所询问时，比较简单的问题，可以口头答复，比较重要的问题，上级机关往往要求用书面形式答复，下级机关就要撰写答复性报告，这是一种被动行文。撰写时要注意有问有答，问啥答啥，切忌答非所问。

（三）报告的结构形式

1. 标题

标题一般采用发文机关名称＋事由＋文种的形式，定期制发的报告需要标明针对的时间，以示区别。综合报告的标题可以省略介词结构，专题报告的标题要特别注意将事由概括准确。例如，“××区人民政府2017年工作报告”，这是综合报告的标题；“××县林业局关于2018年春季植树造林工作的报告”，这是专题报告的标题。

2. 收文单位

收文单位顶格写在正文前第一行，是发文者的直接的上级机关。

3. **正文**

报告的正文通常这样安排：

(1)说明报告的缘由 例如，为什么要写报告，是遵照领导的明确要求，还是认为有必要让领导机关了解有关工作情况，或是为了答复上级机关的询问。还要简要介绍报告涉及的主要内容、时间和空间范围等。

(2)报告的主要内容 即讲明报告涉及的主要工作进展情况。撰写时要突出重点，抓住核心问题，有成绩、有经验、有不足、有改进意见。

(3)结语 一般使用"特此报告，请审阅" "特此报告"等语句。结语不能用"以上报告如无不妥，请批转……执行"，因为报告与请示不同。如果有请上级批转的要求，应当使用请示或意见等文种。

4. **发文机关**

按照要求标明发文机关名称，并规范使用印章。

5. **成文时间**

按照要求标明成文的具体日期。

(四)工作报告正文的写作方法与要求

1. **工作报告正文的写法**

(1)开头 主要采用概述式写法，即概要叙述报告所涉及的工作，包括行文依据和报告针对的时间、地点、主要任务以及总体效果评价等，这些内容都是点到为止。例如，《××市人民政府关于上半年工业生产情况的报告》开头这样写："今年上半年，我市工业出现了经济效益与发展速度同步增长的好势头。到6月末，工业总产值完成×××亿元，比去年同期增长55.2%，完成年计划的54.2%。工业企业利润比去年同期增长52.5%，是近十年来实现利润最高的一年。上缴利润和工业税收分别比去年同期增长20.4%和10.1%。"这一段语言不多，简要概述了上半年的工业总产值、工业企业利润、上缴利润、工业税收等方面的增长情况，客观地说明了该市工业生产的经济效益与发展速度同步增长的良好势头。

(2)报告主体 重点报告工作进展情况、工作的主要成绩、工作中采取的主要措施，以及主要的经验体会；找出存在的不足之处或薄弱环节，说明解决办法，提出下一步工作的安排意见或表明进一步做好工作的愿望。主体部分仍然采用概述的写法，只是要区分重点与一般，有详有略。

(3)结尾 通常使用的结语是"特此报告，请审阅"等。

2. **工作报告正文的撰写要求**

(1)采用记叙的方式，概述工作内容及其完成情况，既不用细节描写，也无须罗列过多事例。一般按照时间顺序或工作步骤进行概括叙述。

(2)突出重点内容,做到点面结合。突出重点,即突出本单位中心工作进展情况,不能写成流水账。点面结合,即在叙述中心工作进展的前提下,对普遍情况要有概括性叙述,如适当引用一些数据,以增强说服力。但是概述不等于笼统,事实要写清楚,情况要说透彻,以便给上级留下深刻的印象。

(3)坚持实事求是的态度,对成绩不夸大,对问题不缩小,尊重事实的本来面貌。

(4)报告中不能写请示事项。

(五)范例评析

××市人民政府关于治理××河水质污染问题的报告

××省人民政府:

省政府转来××××委员会提出的关于××河水质污染状况的报告,经市政府调查研究,对报告中提出的有关问题及解决方案报告如下:

一、解决××河水质污染问题的关键是尽快建成污水处理厂。现在××河的污染主要是××区排放的污水所致。××区的排放量为25万吨,污水比较集中,因污水处理厂未能及时建立,致使污水直接排入××河,造成了××河的污染。

为解决××河的污染,市政府已抓紧××区污水处理厂建设,争取在2020年建成。××区污水处理厂原设计概算为8 316万元,按现行价格估算约为1 100万元,已于2018年×月开工,建成了8项附属设施,完成投资200万元。市政府今年安排的300万元投资已全部落实,××区城环局正在组织实施。

根据××河河道以南人口密集区的地下水污染××河环境问题,在污水处理厂未建成之前,利用现有污水管道,把污水引到某区污水处理厂以西,污水直接排入污水处理厂的出口,这就避开了污染区。

二、电热厂的粉煤灰也是污染源之一。对于电热厂储灰厂的选址,必须考虑到对地下水和环境的污染。选址已责成××区电热厂抓紧做工作,争取尽快报市政府有关部门审批。对南储灰厂渗漏对地下水的污染,主要采取截流集中排放的措施,以减少对地下水的污染。

××市人民政府

2019年×月×日

【评析】

行文规范简练,如"省政府转来××××委员会提出的关于××河水质污染状况的报告"一句表明了问题的来源、写作的缘由;"经市政府调查研究,对报告中提出的有关问题及解决方案报告如下"一句表明报告是经过研究得来的答复,并引出下文。

内容针对性强。针对问题一一答复，提出解决办法。

四、任务实施(步骤)

(一)环境要求

可选择多媒体教室等场所进行，备好纸、笔，配备计算机、投影仪等设备，最好每名学生配备一台计算机进行上机写作。

(二)实施步骤

1. 认真阅读情境任务，划出情境任务中的关键词。

2. 认真阅读“相关知识”，划出你觉得重要的知识点。

3. 每人执笔或上机，通过网络查找相关材料，独立完成情境任务的初稿(在“个人作品”中呈现)。

4. 分组讨论，各小组组员相互评阅初稿，然后选出本组代表作进行修改。

5. 以小组为单位上交一篇作品并在多媒体上展示，师生共同点评。

五、个人作品(可附页)

六、小组推选作品及展示

小组成员:______________________________

个人在小组的贡献:______________________

小组推选代表作(最终版,可附页):

七、个人反思与总结

八、成果测评

个人自评：自评指标详见表2-4-1，成绩占比20%；

组间互评：组间互评指标详见表2-4-2，成绩占比40%；

教师评价：教师测评指标详见表2-4-3，成绩占比40%。

表2-4-1 个人自评指标

序号	评价指标	分值	评分标准	得分
1	阅读情境任务，划出情境任务中的关键词	10	标出了关键词，得10分；没标出，得0分	
2	阅读相关知识，划出对你完成情境任务有用的信息	10	在相关知识标注了有用信息，得10分；没标出，得0分	
3	文本的写作格式（个人）	10	有基本的写作格式，得10分；格式杂乱，得0分	
4	文本的写作内容（个人）	30	内容包括标题、收文单位、正文、发文机关、成文时间，得30分；少一项，扣10分	
5	文本与情境任务结合程度（个人）	10	结合紧密，得10分；结合较紧密，得7~9分；结合较少，得4~6分；结合很少或没有，得0分	
6	书写工整	10	文本整洁，没有涂改，得10分；文本较整洁，得7~9分；文本基本整洁，得4~6分；文本不整洁，得0~3分	
7	团队协作	20	积极主动参与团队讨论和承担任务，得20分；较主动参与团队讨论和承担任务，得14~19分；能够配合小组其他成员较好地完成任务，得10~13分；完成小组任务较差，得6~9分，几乎没有参与小组任务，得0~5分	
8	个人评价得分（合计）			

表2-4-2 小组互评指标

序号	评价指标	分值	评分标准	得分
1	文本的写作格式（小组代表作）	20	有基本的写作格式，得20分；格式杂乱，得0分	
2	文本的内容（小组代表作）	20	内容包括标题、收文单位、正文、发文机关、成文时间，得20分；少一项，扣10分	
3	文本与情境任务结合程度（小组代表作）	20	结合紧密，得20分；结合较紧密，得10~19分；结合很少，得1~9分；没有结合，得0分	
4	上台展示形式	20	文本展示清楚，得20分；文本展示较清楚，得12~19分；文本展示不太清楚，得8~11分；文本展示不清楚，得1~7分	

续表 2-4-2

序号	评价指标	分值	评分标准	得分
5	小组上台汇报	20	思路清晰，表达流利，得 20 分；思路较清晰，表达较流利，得 12~19 分；思路不太清晰，表达不太流利，得 8~11 分；思路不清晰，表达不流利，得 1~7 分	
6	小组评价得分（合计）			

表 2-4-3　指导教师评价指标

序号	评价指标	分值	评分标准	得分
1	阅读情境任务，划出情境任务中的关键词	5	标出了关键词，得 5 分；没标出，得 0 分	
2	阅读相关知识，划出对你完成情境任务有用的信息	5	在相关知识标注了有用信息，得 5 分；没标出，得 0 分	
3	文本的写作格式（个人）	5	有基本的写作格式，得 5 分；格式杂乱，得 0 分	
4	文本的写作内容（个人）	20	内容包括标题、收文单位、正文、发文机关、成文时间，得 20 分；少一项，扣 10 分	
5	文本与情境任务结合程度（个人）	5	结合紧密，得 5 分；结合较紧密，得 3~4 分；结合很少，得 1~2 分；没有结合，得 0 分	
6	书写工整	5	文本整洁，没有涂改，得 5 分；文本较整洁，得 1~4 分	
7	团队协作	5	主动参与团队讨论和承担任务，得 5 分；较主动参与团队讨论和承担任务，得 1~4 分	
8	文本的写作格式（小组代表作）	5	有基本的写作格式，得 5 分；格式杂乱，得 0 分	
9	文本的内容（小组代表作）	20	内容至少包括标题、收文单位、正文、发文机关、成文时间，得 20 分；少一项，扣 10 分	
10	文本与情境任务结合程度（小组代表作）	5	结合紧密，得 5 分；结合较紧密，得 3~4 分；结合很少，得 1~2 分；没有结合，得 0 分	
11	代表小组上台展示	5	代表小组上台展示，得 5 分；没有展示，得 0 分	
12	反思与总结	10	能客观、公正地找出问题，并能提出可行性改进意见，得 10 分；能客观、公正地找出问题，但改进意见不具有针对性，得 5~9 分；不能客观、公正地找出问题，提出的改进意见不具针对性，得 0~4 分	
13	思政素养	5	体现了正确的三观，得 5 分；否则，得 0 分	
14	教师评价得分（合计）			

任务 2.5　函

一、情境任务

××职业学院五年前对实验室的电脑设备进行了更新，购置了一批惠普（HP）ProDesk 680 G6 商用台式计算机，现发现在使用过程中出现启动慢、死机等现象，于是向计算机供应商北京××有限公司发函，询问计算机维修及维修费用等相关事宜，以便尽快解决问题。

要求：根据以上情况，拟写一封函。

二、任务分析

函用于同级机关及不同系统的单位之间商洽工作、询问和答复问题，请求批准和答复审批事项。在写作时要做好如下工作：①正确领会任务要求；②学习文体知识，完成构思任务；③写成初稿送主管领导审阅并修改；④熟悉文种格式，按规定形式发布。

三、相关知识

（一）函的定义

函主要适用于不相隶属机关之间商洽工作、询问和答复问题，向有关部门请求批准和答复审批事项，或通报有关事宜。

从这个定义中可以看出，函的使用范围相当广泛。不相隶属机关之间以及上级、下级与平级之间均可以使用，且涉及的内容与方面非常之多。可以商洽工作，也可以询问情况，还可以答复问题，而且请求批准或答复审批事项以及通报有关事宜，都可以使用这种公文。

（二）函的特点

1. 适用范围广泛

平行或不相隶属的机关之间相互往来公文，不受级别限制，都可以使用函行文。

2. 内容单纯具体

函的内容遵循一文一事的原则，不能一文多事。要涉及具体的人、具体的事、具体的时间、具体的事项。

3. 格式灵活简便

机关对外发函,在格式上的要求比较灵活,写法较自由,行文的限制较少。

4. 文字表达简练

函的篇幅都比较简短。

(三)函的结构形式

函一般由标题、收文单位、正文、发文机关、发文时间等组成。

1. 标题

函的标题一般由发文机关名称、事由和文种(函和复函)三部分组成,在具备正式文头的情况下,也可省略发文机关名称。

2. 收文单位

收文单位写全称或规范化简称。

3. 正文

不同内容和用途的函,其正文写法不同。

(1)主动发函　主动发函(请求函、商洽函、询问函、告知函)的正文一般首先说明发函的原因、理由、根据,询问什么问题,告知哪些情况等,要写得清楚、明白、诚恳,以取得对方的理解和支持。其中,请求函则主要说明请求的理由和请求批准的事项等,商洽函还应当说明本单位的意见。发函理由要充分明确,合乎事理。函的结尾要写明要求答复,并使用诚恳谦和的语言和商量、征询的语气,如“请即函复”“特此函告,请复”“以上意见,请即函复”。

(2)复函　复函(包括答复函和批准函)的正文首先要针对来函表示收悉,如“贵局 2018 年 3 月 24 日《关于商洽 ×× 问题的来函》收悉”,这是复函惯用的开头引语。然后,针对来函请求、商洽、询问的有关事项,明确答复或表态。如果撰写批准函,则重在表态同意某某事,还可以在此基础上阐述有关意见,提醒对方注意有关事项。最后使用“特此函告”“特此函复”“此复”等惯用语结尾。

4. 发文机关

在文尾标明发文机关名称,或规范使用印章。

5. 发文时间

在发文机关之下标明具体的发文时间。

(四)函的类型及其写法

根据发函的目的和内容,可以划分为请求函、批准函、商洽函、询问函等。

1. 请求函

请求函旨在向专门职能部门请求批准，撰写时应将请求批准的有关事项及发函机关的具体意图交代清楚。

2. 批准函

批准函用于批准平级机关的请求事项，可分为表态式批准函和阐发式批准函。

3. 商洽函

商洽函旨在与对方机关商洽有关事情，请求予以协助或解决某个问题。

4. 询问函

询问函即向对方询问了解有关事项。上下级机关、平行机关、无隶属关系的机关之间都可以使用。

（五）函的撰写要求

写公函不同于写书信。书信的写作比较随便，个性化特点比较突出，更没有法律意义上的明确规定。公函是国家法定的公文，基本写作规则是符合公文规范。具体来说，撰写公函要注意以下事项：

（1）函的正文内容要开门见山、具体明确，无论是主动发函还是复函，都要直陈其事，交代清楚，不要转弯抹角，要去掉一切客套和空泛的议论。

（2）要按照一文一事的规则，一封公函谈一件事，便于处理和答复。

（3）行文要郑重其事，要讲究体例和格式规范，维护公文的严肃性。

（4）语言要得体而有分寸。发函要使用平和、礼貌、商洽的语言，对上级机关要尊重，对下级机关要平和，对平级机关和不相隶属的机关要诚恳。切忌使用生硬、命令或恭维的语言，复函的语言要肯定确切，不能含糊笼统、犹豫不定。

（5）批准函的结语。应用“特此函复”，而不用“特此批复”，以示尊重。

知识拓展：
视频 2-5-1 函

（六）范例评析

××省商务厅关于商洽委托代培涉外秘书人员的函

××贸易大学：

随着我国经济文化领域对外交流日益频繁，我厅部分秘书人员先后调整到涉外部门工作，新近上岗的秘书人员缺乏涉外秘书知识，业务素质亟待提高。据悉，贵院将于今年9月起开办涉外秘书培训班，系统讲授涉外秘书、公关礼仪等课程，这将是我厅新任秘书人员一个难得的学习机会。为尽快提高涉外秘书人员的从业素质，我厅拟选派15名在职涉外秘书人员全程参加此次培训班的学习，并于培训班结束后继续委托贵院代培 1 年时间，不知贵院能否同意。所需代培经费及其他相关费用，我厅将按学院规定按时如数拨付。

如蒙慨允，敬请函复为盼。

××省商务厅（印章）

20××年 7 月 22 日

【评析】

商洽函要在标题中写明商洽事项，给对方传达明确信息。

正文内容大都分为两个层次：首先，说明发函理由，一般以实际工作情况为背景提出需求。上文首先说明本厅在岗秘书人员素质亟待提高这个事实，说明参加在职学习的必要性。其次，说明商洽事项，这是发函目的所在。上文明确提出需要商洽的具体事项和本单位意见。如果商洽事项涉及几个方面，以分条列项说明为宜，以便对方考虑研究。商洽函态度要谦和，语言要恳切。结尾用语是对回函的期待，要注重语气得体，可以用“以上事宜，恳请支持”“如同意，诚请尽快复函”“如蒙慨允，请即复函为盼”等结尾。上文结尾用语得体规范。

四、任务实施（步骤）

（一）环境要求

可选择多媒体教室等场所进行，备好纸、笔，配备计算机、投影仪等设备，最好每名学生配备一台计算机进行上机写作。

（二）实施步骤

1. 认真阅读情境任务，划出情境任务中的关键词。

2. 认真阅读“相关知识”，划出你觉得重要的知识点。

3. 每人执笔或上机，通过网络查找相关材料，独立完成情境任务的初稿（在“个人作品”中呈现）。

4. 分组讨论，各小组组员相互评阅初稿，然后选出本组代表作进行修改。

5. 以小组为单位上交一篇作品并在多媒体上展示，师生共同点评。

五、个人作品(可附页)

六、小组推选作品及展示

小组成员:______________________________

个人在小组的贡献:______________________

小组推选代表作(最终版,可附页):

七、个人反思与总结

八、成果测评

个人自评：个人自评指标详见表 2-5-1，成绩占比 20%；

组间互评：组间互评指标详见表 2-5-2，成绩占比 40%；

教师评价：教师测评指标详见表 2-5-3，成绩占比 40%。

表 2-5-1 个人自评指标

序号	评价指标	分值	评分标准	得分
1	阅读情境任务，划出情境任务中的关键词	10	标出了关键词，得 10 分；没标出，得 0 分	
2	阅读相关知识，划出对你完成情境任务有用的信息	10	在相关知识标注了有用信息，得 10 分；没标出，得 0 分	
3	文本的写作格式（个人）	10	有基本的写作格式，得 10 分；格式杂乱，得 0 分	
4	文本的写作内容（个人）	30	内容包括标题、收文单位、正文、发文机关、发文时间，得 30 分；少一项，扣 10 分	
5	文本与情境任务结合程度（个人）	10	结合紧密，得 10 分；结合较紧密，得 7~9 分；结合较少，得 4~6 分；结合很少或没有，得 0 分	
6	书写工整	10	文本整洁，没有涂改，得 10 分；文本较整洁，得 7~9 分；文本基本整洁，得 4~6 分；文本不整洁，得 0~3 分	
7	团队协作	20	积极主动参与团队讨论和承担任务，得 20 分；较主动参与团队讨论和承担任务，得 14~19 分；能够配合小组其他成员较好地完成任务，得 10~13 分；完成小组任务较差，得 6~9 分，几乎没有参与小组任务，得 0~5 分	
8	个人评价得分（合计）			

表 2-5-2 小组互评指标

序号	评价指标	分值	评分标准	得分
1	文本的写作格式(小组代表作)	20	有基本的写作格式,得 20 分;格式杂乱,得 0 分	
2	文本的内容(小组代表作)	20	内容包括标题、收文单位、正文、发文机关、发文时间,得 20 分;少一项,扣 10 分	
3	文本与情境任务结合程度(小组代表作)	20	结合紧密,得 20 分;结合较紧密,得 10~19 分;结合很少,得 1~9 分;没有结合,得 0 分	
4	上台展示形式	20	文本展示清楚,得 20 分;文本展示较清楚,得 12~19 分;文本展示不太清楚,得 8~11 分;文本展示不清楚,得 1~7 分	
5	小组上台汇报	20	思路清晰,表达流利,得 20 分;思路较清晰,表达较流利,得 12~19 分;思路不太清晰,表达不太流利,得 8~11 分;思路不清晰,表达不流利,得 1~7 分	
6	小组评价得分(合计)			

表 2-5-3 指导教师评价指标

序号	评价指标	分值	评分标准	得分
1	阅读情境任务,划出情境任务中的关键词	5	标出了关键词,得 5 分;没标出,得 0 分	
2	阅读相关知识,划出对你完成情境任务有用的信息	5	在相关知识标注了有用信息,得 5 分;没标出,得 0 分	
3	文本的写作格式(个人)	5	有基本的写作格式,得 5 分;格式杂乱,得 0 分	
4	文本的写作内容(个人)	20	内容包括标题、收文单位、正文、发文机关、发文时间,得 20 分;少一项,扣 10 分	
5	文本与情境任务结合程度(个人)	5	结合紧密,得 5 分;结合较紧密,得 3~4 分;结合很少,得 1~2 分;没有结合,得 0 分	
6	书写工整	5	文本整洁,没有涂改,得 5 分;文本较整洁,得 1~4 分	
7	团队协作	5	主动参与团队讨论和承担任务,得 5 分;较主动参与团队讨论和承担任务,得 1~4 分	
8	文本的写作格式(小组代表作)	5	有基本的写作格式,得 5 分;格式杂乱,得 0 分	
9	文本的内容(小组代表作)	20	内容包括标题、收文单位、正文、发文机关、发文时间,得 20 分;少一项,扣 10 分	
10	文本与情境任务结合程度(小组代表作)	5	结合紧密,得 5 分;结合较紧密,得 3~4 分;结合很少,得 1~2 分;没有结合,得 0 分	

续表 2-5-3

序号	评价指标	分值	评分标准	得分
11	代表小组上台展示	5	代表小组上台展示，得 5 分；没有展示，得 0 分	
12	反思与总结	10	能客观、公正地找出问题，并能提出可行性改进意见，得 10 分；能客观、公正地找出问题，但改进意见不具有针对性，得 5~9 分；不能客观、公正地找出问题，提出的改进意见不具针对性，得 0~4 分	
13	思政素养	5	体现了正确的三观，得 5 分；否则，得 0 分	
14	教师评价得分（合计）			

项目 3

商务管理与事务文书

【**知识目标**】了解章程、制度、商务计划、商务总结的含义、特点与作用；掌握其写作格式、结构与写法。

【**技能目标**】能够根据情境任务要求，撰写规范的章程、制度、商务计划、商务总结等文书。

【**素质目标**】通过情境化教学，培养学生计划、总结能力和规范意识，逐步具备组织管理者的宏观意识；通过小组展示和评价，培养团队互助、正视自我、取长补短的能力。

【**思政目标**】培养学生实事求是、具体问题具体分析的能力。

思政园地

对症下药

东汉末年三国初期，诸侯混战，水旱成灾，疾病流行，人民处在水深火热之中。当时有位叫华佗的医生，自小熟读经书，尤其精通医学，医术非常高明，不管什么疑难杂症，到他手里，大多药到病除。华佗一生非常同情劳苦大众，四处奔波为人民解除疾苦，被人尊称为“神医”。

有一天，州官倪寻和李延一同到华佗那儿看病，两人诉说的病症相同：头痛发热。华佗分别给两人诊脉后，给倪寻开了泻药，给李延开了发汗的药。两人看了药方，感到非常奇怪，两人的症状相同，病情一样，为什么吃的药却不一样呢？华佗看出了他们的疑问，问道：“生病前你们都做了什么？”倪寻回忆说：“我昨天赴宴回来，就感到有点不舒服，今天就头疼发烧了。”“我好像是昨天没盖好被子受凉了。”李延答道。“那就对了。”华佗解释道，“你俩相同的,只是病症的表象。倪寻的病因是由内部伤食引起的,应该通肠胃,而李延的病因却是由外感风寒、着凉引起的,应该发汗。两人的病因不同,我当然得对症下药,给你们用不同的药治疗了。"倪、李二人觉得华佗说得非常有道理,回去吃下不同的药,两人的病第二天就好了。后来,"对症下药"这一成语,就用来比喻要善于区别不同的情况,正确地处理各种不同的问题。

问题:华佗对症下药的故事包含着怎样的哲学道理?

任务3.1　章　程

一、情境任务

××学院工商社团已经成立多年,社团主要协助老师组织工商专业学生参加职业技能大赛。为了有效提高学生职业技能大赛的参赛水平、拓展视野及丰富校园文化生活,社团成员将以工商专业学生为主体,面向全校学生招新,积极组织职业技能大赛培训和社团活动。为了使工商社团高效有序运行,急需拟定一个"××工商社团章程"。

要求:请根据以上情境,拟写"××工商社团章程"。

二、任务分析

章程是党派、社团或企事业单位等组织自行制定的关于组织规程或办事规则的文书。它对于强化组织管理,保证各项活动正常进行具有规范保障作用,对其组织或单位内部人员有制约作用。在写作时要做好如下工作:①正确领会任务要求;②学习文体知识,完成构思任务;③写成初稿送主管领导审阅并修改:④熟悉文种格式,按规定形式印制。

三、相关知识

(一)章程的概念

章程是政党、团体、企业或其他组织依据法律法规,对本组织的性质、宗旨、任务、组织原则、成员条件及义务、权利、机构设置、职权范围、行为规则、纪律措施等进行规范要求的规章文书,也是组织的纲领性文件。章程一旦生效,便是该组织的根本法,具有很强的规范性和约束力。

国家行政机关及其职能部门一般不使用章程这一文种。

(二)章程的特点

1. 组织性

根据国家有关规定,章程是成立一个团体组织的必要条件。

2. 准则性

章程是组织或全体成员必须遵守的工作、行为准绳,违反者将受到处罚。

3. 稳定性

章程一经规定,就具有长期的稳定性,不能朝令夕改。当然,随着时间的推移,对章程进行一些补充和修改也是必要的,但这些修改须经充分讨论和表决通过。

(三)章程的常见类型

1. 组织章程

组织章程,即用于制定政党、社团组织的组织准则和成员行为规范的章程。如《中国共产党章程》《中国中小企业协会章程》等。

2. 企业章程

企业章程,即用于规范企业的性质、组织原则、机构设置和经营管理等的章程。如《中国石油化工股份有限公司章程》等。

(四)章程的结构和写法

章程一般由标题和正文组成。

1. 标题

(1)团体组织名称+章程。如,富华服饰有限公司章程。

(2)团体组织名称+事项+章程。如,××有限公司发行股票章程。

2. 正文

章程的正文由总则、分则、附则三部分构成。第一章即“总则”,中间各章为“分则”,末章为“附则”。

(1)总则　是章程的纲领,对全文起统率作用。

①组织章程的总则部分写作一般要求阐明组织的名称、性质、宗旨、任务、指导思想和组织本身的建设等。

②企业章程的总则部分写作涉及的内容一般有企业名称、宗旨、经济性质、隶属关系、服务对象、机构等。

(2)分则　即基本规则部分,分则部分即总则和附则之间的各章。

①组织章程的分则部分,通常需写明的内容如下。

组织人员:加入条件、加入程序、义务和权利、纪律规定等。

组织机构：领导机构、常务机构和办事机构的设置、规模、产生方式和程序、任期、职责、相互关系等。

组织经费：来源、管理方式。

组织活动：内容、时间和方式。

其他事宜：根据不同组织、团体的需要而确定。

②企业章程的分则部分通常需写明组织关系、资本构成、人事制度、资产管理、业务范畴、运作规程、利润分配等。

(3)附则　为补充说明的部分。

组织章程、企业章程、附则一般都要写解释权、修订权、实施要求、生效日期、本章程与其他法规、规章的关系，以及其他未尽事项等。

(五)章程的写作要求

1. 内容完备

如社团章程，要包括社团名称、宗旨、任务、组织机构、会员资格、入会手续、权利义务、领导者的产生和任期、会费的缴纳和经费的管理使用等。必要的项目要完备，不能漏掉某些重要项目，表达内容要明白确切，不要含糊其词。

2. 结构严谨

全文由总则、分则到附则，要有合理的顺序。分则部分，一般是先讲成员，再讲组织，后讲经费；组织之中，先讲中央，次讲地方，后讲基层，或先讲代表大会，次讲理事会，再讲常务理事会；政策，先讲对内政策，再讲对外政策。这样环环相扣，逻辑严密。条款要完整和单一，一条表达一个意思，忌把一个意思拆分成几条，也不要把几个意思糅合在一条之中，避免交叉杂乱。

3. 语言简洁

要开门见山，单刀直入，不转弯抹角，不比喻夸张，不展开论证。用条文表达，按内容的内在联系安排材料，加上序码，不用关联词，句与句、段与段间有一定的跳跃性。

知识拓展：
视频 3-1-1　公司章程写作

4. 程序合法

凡章程从撰写初稿到定稿，须经历讨论、修改和会议通过等环节。通常是成立起草小组，先拟出草案；接着召开座谈会征求意见；最后，组织章程由代表大会(会员大会)通过，企业章程由董事会(理事会)通过，才能成为正式章程。

(六)范例评析

××股份有限公司发行股票章程

第一章　总　则

第一条　××股份有限公司(以下简称“公司”)是以公有制为主体的社会主义股份制企业,是依法注册登记、独立核算,具有法人资格的经济实体。经中国人民银行××分行批准发行股票,为维护投资者的合法权益,特制定本章程。

第二条　公司股份由国家股、单位股、个人股组成。

国家股是指全民所有制企业的国家资产折成的股份。

单位股是指集体所有制企业的资金折成的股份,以及其他企事业单位认购的股份。

个人股是指个人资金认购的股份。

第三条　公司股票是发给入股者的股份所有权凭证。股票持有者享有按股领取红利等公司章程规定的股东权利,并在股票金额范围内承担公司经营亏损或破产的有限经济责任。股票可以转让、抵押和继承,股票遗失可以申请挂失。

第四条　公司发行的股票名称为:上海××股份有限公司股票。

公司发行的股票为不定期限的记名式股票,并以人民币计值,每股股值为人民币100元,股份总额为25万股,合计人民币2 500万元。

第二章　发　行

第五条　公司向社会公开发行股票6.09万股,总计金额为609万元,其中单位股3.59万股,总计金额为359万元,主要向横向联合中投资方发行。个人购2.5万股,总计金额为250万元,主要向本公司职工发行。个人购买股票至多20股。

第六条　公司发行股票委托金融机构代理发行。

第七条　公司按季向中国人民银行××分行金融行政管理处报送财务报表,并向股票持有者公开公司经营情况。

第八条　公司股票按20××年×月×日××人民政府发布的《××股票管理暂行办法》中规定的范围发行。

第三章　转　让

第九条　公司股票可以转让买卖,但必须通过经中国人民银行上海市分行批准经营股票交易业务的金融机构办理。单位股股票只限于单位之间转让。

第十条　股票转让买卖以现货为限。

股票交易价格可由交易双方自行商定。委托金融机构进行交易的,股票价格可由委托方自行决定。

第十一条　公司按季向社会公开经注册会计师查核鉴证的财务报表。

第四章　分　配

第十二条　公司在依法向国家缴纳税金后的利润中先提取一定比例的盈余公积金、公益金,剩余部分列为按股分红基金,用于当年分红。当按股分红基金过大时,则适当留存作分红后备基金,用于以丰补欠。

第十三条　公司股票只计红利,不计股息。红利率预期年化利率由董事会决定。

第十四条　公司发放红利于每年年终决算后进行。股票发行的第一年,自发行日至年终决算日不满1年的,红利并入下一年度发放。公司发放红利时,对个人股按国家规定扣缴20%的个人收入调节税。

第十五条　公司在发放红利日前登报公告。

第十六条　公司如发生经营亏损,且未建立红利后备基金,当年不发红利。以后也不再补付,投资人对亏损负有限经济责任。

第五章　附　则

第十七条　本章程由××股份有限公司董事会负责解释。

第十八条　本章程自中国人民银行××分行批准之日施行。

【评析】

这是一篇企业业务章程。例文结构为章断条连式。总则四条,分别说明公司性质、制定本章程的目的、公司的组成成分、股票持有者的权利及股名、股值等。分则三章,分别规定了股票的发行、转让、分配等方面的具体规范。末章附则规定了章程的解释权和施行日期。例文符合规范章程的一般写法,构思周密、条款完整、语言简洁明了。

四、任务实施(步骤)

(一)环境要求

可选择多媒体教室等场所进行,备好纸、笔,配备计算机、投影仪等设备,最好每名学生配备一台计算机进行上机写作。

(二)实施步骤

1. 认真阅读情境任务,划出情境任务中的关键词。

2. 认真阅读“相关知识”,划出你觉得重要的知识点。

3. 每人执笔或上机,通过网络查找相关材料,独立完成情境任务的初稿(在“个人作品”中呈现)。

4. 分组讨论,各小组组员相互评阅初稿,然后选出本组代表作进行修改。

5. 以小组为单位上交一篇作品并在多媒体上展示,师生共同点评。

五、个人作品(可附页)

六、小组推选作品及展示

小组成员:________________________________

个人在小组的贡献:__________________________

小组推选代表作(最终版,可附页):

七、个人反思与总结

八、成果测评

个人自评:个人自评指标详见表 3-1-1,成绩占比 20%;

组间互评:组间互评指标详见表 3-1-2,成绩占比 40%;

教师评价:教师测评指标详见表 3-1-3,成绩占比 40%。

表 3-1-1　个人自评指标

序号	评价指标	分值	评分标准	得分
1	阅读情境任务,划出情境任务中的关键词	10	标出了关键词,得 10 分;没标出,得 0 分	
2	阅读相关知识,划出对你完成情境任务有用的信息	10	在相关知识标注了有用信息,得 10 分;没标出,得 0 分	
3	文本的写作格式(个人)	10	有基本的写作格式,得 10 分;格式杂乱,得 0 分	
4	文本的写作内容(个人)	30	内容至少包括标题、总则、分则、附则,得 30 分;少一项,扣 10 分	
5	文本与情境任务结合程度(个人)	10	结合紧密,得 10 分;结合较紧密,得 7~9 分;结合较少,得 4~6 分;结合很少或没有,得 0 分	
6	书写工整	10	文本整洁,没有涂改,得 10 分;文本较整洁,得 7~9 分;文本基本整洁,得 4~6 分;文本不整洁,得 0~3 分	
7	团队协作	20	积极主动参与团队讨论和承担任务,得 20 分;较主动参与团队讨论和承担任务,得 14~19 分;能够配合小组其他成员较好地完成任务,得 10~13 分;完成小组任务较差,得 6~9 分,几乎没有参与小组任务,得 0~5 分	
8	个人评价得分(合计)			

表 3-1-2　小组互评指标

序号	评价指标	分值	评分标准	得分
1	文本的写作格式(小组代表作)	20	有基本的写作格式,得 20 分;格式杂乱,得 0 分	
2	文本的内容(小组代表作)	20	内容包括标题、总则、分则、附则,得 20 分;少一项,扣 10 分	
3	文本与情境任务结合程度(小组代表作)	20	结合紧密,得 20 分;结合较紧密,得 10~19 分;结合很少,得 1~9 分;没有结合,得 0 分	
4	上台展示形式	20	文本展示清楚,得 20 分;文本展示较清楚,得 12~19 分;文本展示不太清楚,得 8~11 分;文本展示不清楚,得 1~7 分	
5	小组上台汇报	20	思路清晰,表达流利,得 20 分;思路较清晰,表达较流利,得 12~19 分;思路不太清晰,表达不太流利,得 8~11 分;思路不清晰,表达不流利,得 1~7 分	
6	小组评价得分(合计)			

表 3-1-3　指导教师评价指标

序号	评价指标	分值	评分标准	得分
1	阅读情境任务,划出情境任务中的关键词	5	标出了关键词,得 5 分;没标出,得 0 分	
2	阅读相关知识,划出对你完成情境任务有用的信息	5	在相关知识标注了有用信息,得 5 分;没标出,得 0 分	
3	文本的写作格式(个人)	5	有基本的写作格式,得 5 分;格式杂乱,得 0 分	
4	文本的写作内容(个人)	20	内容包括标题、总则、分则、附则,得 20 分;少一项,扣 10 分	
5	文本与情境任务结合程度(个人)	5	结合紧密,得 5 分;结合较紧密,得 3~4 分;结合很少,得 1~2 分;没有结合,得 0 分	
6	书写工整	5	文本整洁,没有涂改,得 5 分;文本较整洁,得 1~4 分	
7	团队协作	5	主动参与团队讨论和承担任务,得 5 分;较主动参与团队讨论和承担任务,得 1~4 分	
8	文本的写作格式(小组代表作)	5	有基本的写作格式,得 5 分;格式杂乱,得 0 分	
9	文本的内容(小组代表作)	20	内容至少包括标题、总则、分则、附则,得 20 分;少一项,扣 10 分	
10	文本与情境任务结合程度(小组代表作)	5	结合紧密,得 5 分;结合较紧密,得 3~4 分;结合很少,得 1~2 分;没有结合,得 0 分	

续表 3-1-3

序号	评价指标	分值	评分标准	得分
11	代表小组上台展示	5	代表小组上台展示,得5分;没有展示,得0分	
12	反思与总结	10	能客观、公正地找出问题,并能提出可行性改进意见,得10分;能客观、公正地找出问题,但改进意见不具有针对性,得5~9分;不能客观、公正地找出问题,提出的改进意见不具针对性,得0~4分	
13	思政素养	5	体现了正确的三观,得5分;否则,得0分	
14	教师评价得分(合计)			

任务 3.2　制　度

一、情境任务

2021 年年底,×× 学院工商综合实训室完成了更新改造,为了保证实训室设备的安全有效使用以及保持实训室环境的卫生整洁,拟出台《工商综合实训室管理制度》,请你起草这份制度。

要求:请根据以上情境,拟写《工商综合实训室管理制度》。

二、任务分析

制度的适应范围广泛。任何依法成立的组织单位都需要以规章制度的形式来约定有关人员共同遵守的事项、职责范围或要求达到的标准,以保证生产、工作、学习、生活等的正常秩序。在写作时要做好如下工作:①明确制定该制度的目的;②界定实训室使用时的各种管理规范;③熟悉文种格式,按规定形式印制。

三、相关知识

(一)制度的概念

制度是国家机关、团体、企事业单位为了加强对某项工作的管理而制定的要求有关人员共同遵守的管理操作规程和行为准则。

(二)制度的特点

1. 规程具体性

制度体现的工作规范和工作程序是针对某项具体的工作或岗位而制定的。

2. 准则性

制度对人们的制约比不上规定，制度主要是作为一种行为准则。

3. 发布形式多样性

制度除作为文件发布外，还可以张贴或悬挂在某一岗位和工作现场。

（三）制度的主要类型

1. 岗位性制度

岗位性制度，即对做好某一个岗位的工作而制定的管理操作规程和行为要求。如《××公司保安工作制度》《×× 汽车修理公司门卫制度》等。

2. 法规性制度

法规性制度，即根据有关政策法规而制定的某一项工作的工作程序和管理规范。如《×× 银行资金营运管理制度》《×× 公司用电管理制度》等。

（四）制度的结构和写法

1. 标题

(1) 制发机关 + 制度内容 + 文种。如《×× 科技公司财产管理制度》。

(2) 制度内容 + 文种。如《会计岗位责任制度》《行政事业单位审计制度》等。

2. 正文

(1) 内容较多、涉及面较广的制度，正文的内容分三部分。

总则：说明制文的目的、根据和指导思想。

分则：总则和附则之外的中间部分，是对某项工作的实质性规范。

附则：说明执行要求及生效日期等事项。

(2) 内容较单一、基层单位的制度，其正文一般如下。

第一条：写制定制度的目的、要求、适用范围等。

中间各条：写制度的各项具体规范。

最后一条：写施行制度的要求及生效日期。

(3) 特殊情况。有的制度各条均写具体规范，略去制定制度的目的、适用范围和生效日期等。

注意事项：制度有两种常用的结构形式，即章条体例法和条目序号编排法。

章条体例法，适合内容比较复杂的制度，可分为总则、分则、附则。即把全文分成若干章，每章有若干条，每条下可有若干款。用条号统编，款号分列，自始至终，条号不因分章断开，每一条里的款号各自成序，不与前条款号相衔接。

条目序号编排法，适合内容比较简单的制度，只分条不分章。

3. **落款**

落款,即写在正文右下方,内容有制发机关名称、制发时间构成。如果标题已注明制发单位,则此处可省略。

(五)写作要求

1. 内容必须符合党和国家的方针、政策及法律。

2. 条文必须具体、实在,针对性强,有可行性。

3. 语言准确、明晰、简练,不含糊笼统,以免产生歧义。

(六)范例评析

门卫管理制度

一、门卫工作人员在值班时间必须衣饰整洁,对来访者以礼相待,态度和蔼。

二、门卫工作人员必须坚守工作岗位,做好安全保卫工作。

三、传达室是工作场所,外来人员不准在室内谈天闲坐。外来联系工作的人员必须出示介绍信,并进行来访登记,方可进厂。

四、上班时间谢绝会客。除急事外,私人电话一般不传呼。集体参观必须持上级主管部门介绍信,并事先与本厂有关部门联系,经同意后才能入厂。

五、本厂职工一律不准带小孩上班,不准带零食,不准穿拖鞋,进厂必须衣冠端正,佩戴厂徽(戴在胸左上方),未佩戴者需登记上报。外包工、临时工、外来学习培训人员进厂应出示凭证。

六、凡本厂职工迟到者必须登记。上班期间因公外出,应持出厂证。凡经批准的病假、事假、调休等人员出厂应持有准假证。所有持证人员必须在门卫登记后才能出厂,对无证出厂者,门卫有权登记并及时上报人保科。

七、凡厂内的原辅材料、生产设备、工具零件、成品、半成品等一切物资一律凭成品物资出厂单或实物现金发票出厂联出厂。凡拎包等物出厂要主动向门卫打招呼。对不符合手续出厂的物品门卫有权询问、检查或滞留。

八、各种车辆按指定地点停放,未经批准不准入厂。

未来生物科技公司

20×× 年 × 月 × 日

【评析】

这份企业的《门卫管理制度》,是一种岗位性制度。内容以人为中心,涉及出入厂人员、物品和车辆管理。首先,规范的是对外来人员(来联系工作的人员和集体参观人员)的管理;其次,是规范对内部人员及物品、车辆的管理(上班期间进出厂的注意事项和有关考勤事宜)。

这篇范例条理清晰、规定明确,针对性强,便于执行。

四、任务实施(步骤)

(一)环境要求

可选择多媒体教室等场所进行,备好纸、笔,配备计算机、投影仪等设备,最好每名学生配备一台计算机进行上机写作。

(二)实施步骤

1. 认真阅读情境任务,划出情境任务中的关键词。
2. 认真阅读"相关知识",划出你觉得重要的知识点。
3. 每人执笔或上机,通过网络查找相关材料,独立完成情境任务的初稿(在"个人作品"中呈现)。
4. 分组讨论,各小组组员相互评阅初稿,然后选出本组代表作进行修改。
5. 以小组为单位上交一篇作品并在多媒体上展示,师生共同点评。

五、个人作品(可附页)

六、小组推选作品及展示

小组成员：________________________________

个人在小组的贡献：________________________

小组推选代表作(最终版,可附页)：

七、个人反思与总结

八、成果测评

个人自评:自评指标详见表 3-2-1,成绩占比 20%;

组间互评:组间互评指标详见表 3-2-2,成绩占比 40%;

教师评价:教师测评指标详见表 3-2-3,成绩占比 40%;

表 3-2-1 个人自评指标

序号	评价指标	分值	评分标准	得分
1	阅读情境任务,划出情境任务中的关键词	10	标出了关键词,得 10 分;没标出,得 0 分	
2	阅读相关知识,划出对你完成情境任务有用的信息	10	在相关知识标注了有用信息,得 10 分;没标出,得 0 分	
3	文本的写作格式(个人)	10	有基本的写作格式,得 10 分;格式杂乱,得 0 分	
4	文本的写作内容(个人)	30	内容至少包括标题、正文、落款,得 30 分;少一项,扣 10 分	
5	文本与情境任务结合程度(个人)	10	结合紧密,得 10 分;结合较紧密,得 7~9 分;结合较少,得 4~6 分;结合很少或没有,得 0 分	
6	书写工整	10	文本整洁,没有涂改,得 10 分;文本较整洁,得 7~9 分;文本基本整洁,得 4~6 分;文本不整洁,得 0~3 分	
7	团队协作	20	积极主动参与团队讨论和承担任务,得 20 分;较主动参与团队讨论和承担任务,得 14~19 分;能够配合小组其他成员较好的完成任务,得 10~13 分;完成小组任务较差,得 6~9 分,几乎没有参与小组任务,得 0~5 分	
8	个人评价得分(合计)			

表 3-2-2 小组互评指标

序号	评价指标	分值	评分标准	得分
1	文本的写作格式(小组代表作)	20	有基本的写作格式,得 20 分;格式杂乱,得 0 分	
2	文本的内容(小组代表作)	20	内容包括标题、正文、落款,得 20 分;少一项,扣 10 分	
3	文本与情境任务结合程度(小组代表作)	20	结合紧密,得 20 分;结合较紧密,得 10~19 分;结合很少,得 1~9 分;没有结合,得 0 分	
4	上台展示形式	20	文本展示清楚,得 20 分;文本展示较清楚,得 12~19 分;文本展示不太清楚,得 8~11 分;文本展示不清楚,得 1~7 分	

续表 3-2-2

序号	评价指标	分值	评分标准	得分
5	小组上台汇报	20	思路清晰，表达流利，得 20 分；思路较清晰，表达较流利，得 12~19 分；思路不太清晰，表达不太流利，得 8~11 分；思路不清晰，表达不流利，得 1~7 分	
6	小组评价得分(合计)			

表 3-2-3　指导教师评价指标

序号	评价指标	分值	评分标准	得分
1	阅读情境任务，划出情境任务中的关键词	5	标出了关键词，得 5 分；没标出，得 0 分	
2	阅读相关知识，划出对你完成情境任务有用的信息	5	在相关知识标注了有用信息，得 5 分；没标出，得 0 分	
3	文本的写作格式(个人)	5	有基本的写作格式，得 5 分；格式杂乱，得 0 分	
4	文本的写作内容(个人)	20	内容包括标题、正文、落款，得 20 分；少一项，扣 10 分	
5	文本与情境任务结合程度(个人)	5	结合紧密，得 5 分；结合较紧密，得 3~4 分；结合很少，得 1~2 分；没有结合，得 0 分	
6	书写工整	5	文本整洁，没有涂改，得 5 分；文本较整洁，得 1~4 分	
7	团队协作	5	主动参与团队讨论和承担任务，得 5 分；较主动参与团队讨论和承担任务，得 1~4 分	
8	文本的写作格式(小组代表作)	5	有基本的写作格式，得 5 分；格式杂乱，得 0 分	
9	文本的内容(小组代表作)	20	内容至少包括标题、正文、落款，得 20 分；少一项，扣 10 分	
10	文本与情境任务结合程度(小组代表作)	5	结合紧密，得 5 分；结合较紧密，得 3~4 分；结合很少，得 1~2 分；没有结合，得 0 分	
11	代表小组上台展示	5	代表小组上台展示，得 5 分；没有展示，得 0 分	
12	反思与总结	10	能客观、公正地找出问题，并能提出可行性改进意见，得 10 分；能客观、公正地找出问题，但改进意见不具有针对性，得 5~9 分；不能客观、公正地找出问题，提出的改进意见不具针对性，得 0~4 分	
13	思政素养	5	体现了正确的三观，得 5 分；否则，得 0 分	
14	教师评价得分(合计)			

任务 3.3　商务计划

一、情境任务

据我国卫生部门保守估计，我国有 2.4 亿人存在着不同程度的肥胖，每年仅在减肥保健品方面，消费金额就达 60 亿～ 100 亿元，如此巨大的市场需求使得众多厂家纷纷进入这一市场，减肥产品的市场竞争异常激烈。秘书小丁是广州天美保健品开发有限公司市场部的员工，该公司主要生产"苗条身形"减肥产品，为了扩大产品的市场份额，公司决定利用春天即将到来的良好时机开展促销活动。为了使活动有条不紊地顺利进行，市场部经理召集部门成员针对活动的目标、方式、时间、范围及经费预算等进行商讨。经过全体成员反复斟酌，确定了此次促销活动的具体内容与步骤，小丁要根据商讨结果制订出促销活动计划。

要求：请根据以上情境，拟写促销活动计划。

二、任务分析

凡事预则立，不预则废。要想使该促销活动取得成功，首要环节是制订周密的计划。在写作时要做好以下工作：①明确促销活动的目的、时间、地点；②构思活动开展的具体步骤；③掌握商务计划写作的相关知识与技能。

三、相关知识

（一）商务计划的概念

商务计划是商务部门和企业为未来一定时期制定的商务工作目标，以及为完成目标做出的具体安排。企业的一切商务活动都围绕计划在开展和运营。制订计划、实施计划、监控计划是企业管理系统的三大支柱，所以计划在商务运营中起到极为重要作用，是企业在现在和将来之间架设桥梁的日程表。

商务计划是个统称，企业中常用的"规划""安排""方案""要点""打算"等都属于商务计划的范畴。它们的主要区别体现在涉及范围的大小、时限的长短和内容的详略上。

（二）商务计划的特点

1. 目的明确

任何一份商务计划都是为了达到某种目标、完成某项任务而制定的。一份计划的终极效果就在预定目的是否实现中得到集中反映。

2. **科学预期**

任何计划都是先于实践活动而制订的，科学预期是针对计划的前导，认真吸取以往的经验，认识当前的情况，对未来进行科学预见，确定达到什么目标、做什么、如何做、会遇到什么问题、应采取什么对策等。若设立不实际的目标，预期失误或偏差，就会给工作带来被动和损失。

3. **切实可行**

为实现预期目标，商务计划中必须有切实可行的实施步骤和有力的措施，并符合制定者的自身实际，包括人力、资源、重点、时间表等，这些是目标能够实现的保证。

4. **系统整合**

企业的商务运作是严密复杂的系统运动，企业整体的计划组合了不同部门的计划。例如，生产计划中的质量计划、数量计划、成本计划等都要加以整合，与企业的运作系统匹配。

5. **监督调整**

计划在实施过程中要及时检查和监督，发生不可预测的情况或发现不尽合理的问题时，需要计划制定者适时加以修订。

(三)商务计划种类

按性质分为综合性计划和专题性计划。

按内容分为管理计划、生产计划、销售计划、财务计划、培训计划等。

按时间分为长期规划(3年以上)、中期计划(2 ~ 3年)、年度计划、季度计划、月计划等。

按范围分为总公司计划、分公司计划、地域(华北地区)计划、部门计划、个人计划等。

按格式分为条文式计划、表格式计划和文表结合式计划。

(四)商务计划的结构和写法

商务计划一般由标题、正文、落款三部分构成。

1. **标题**

商务计划标题常见的写法有：

(1)单位名称 + 时限 + 内容摘要 + 文种名称。如《恒达商业集团2008年增产节约计划》。

(2)单位名称 + 内容摘要 + 文种名称。如《东方公司实行经营责任制计划》。

(3)时限 + 内容摘要 + 文种名称。如《第四季度华东市场推广方案》。

(4)内容摘要 + 文种名称。如《新入职员工岗前培训计划》。

注意事项：

内容摘要要标明计划所针对的问题(提炼)；

文种名称根据实际确切使用(计划、规划、安排、方案、打算、要点等),不成熟或未经批准的计划,在标题后或正下方括号注明“草案”或“讨论稿”。

个人工作计划标题中不必写名字,常在标题下或文后方日期之上具名。

2. 正文

正文是商务计划的具体内容,其写作结构并不统一,常用的计划正文结构包括前言、主体、结尾三个部分。

(1)前言　前言主要交代“为什么做”的问题,说明制订计划的指导思想、缘由、目的、依据等相关内容或概述背景情况,并说明完成计划的必要性和可能性。

前言部分行文要简明扼要,不宜做过多阐述,忌套话、大话、空话。

(2)主体　主体是计划写作的重点部分,阐述“做什么”“怎么做”“何时做”的问题。一般必须写清以下三方面的内容。

①目标任务——“做什么”。明确制订出达到的目标(指标、数量和质量上的要求)。

②措施——“怎么做”。写清楚采取何种办法,利用什么条件,动员哪些力量,由何单位何人具体负责,如何协调配合完成任务。

③步骤程序——“何时完成”。即写明实现计划分几个步骤或几个阶段。

注意事项:

目标、措施、步骤程序,可分开写,也可措施和步骤程序放在一起写;

根据计划的内容和表述需要,选择写条文式、图表式或文图结合式;

许多商务计划是需要带有附件的,如图表、图片、文字说明等,这也是计划的重要组成部分,应逐一将附件名称列于正文之下、落款之上,并将所有附件与计划装订在一起。

(3)结尾　结尾可以说明计划的执行要求,也可以提出希望或号召;有的计划不专门写结尾,主体部分写完后全文自然结束。

3. 落款

在正文右下方写明制订计划的单位名称和日期。如果标题中已经标明单位名称,并在下方注上日期,那么落款也可以不写。

(五)商务计划的写作要求

1. 客观求实

计划内容必须根据自身的实际情况,分析自身存在的各种条件,量力而行,提出新目标、新任务和解决的措施。这就要求制作者要领会有关的方针政策,认真调查研究,使计划的写作紧紧依据客观实际和企业发展需要,追求企业效益的最大化。为了应对市场竞争中瞬息万变的形势,指标、措施的制订要留有余地,确保计划经过努力得以实现。

2. 准确清晰

计划的表述必须清楚、准确，没有歧义，要避免长篇大论，避免抽象笼统的空话、套话，力求用简洁易懂、平实确切的词语把计划的目标任务、措施步骤落实，不用“大概”“左右”“估摸”等模糊词语，尤其是一些数字、百分比等数据，以及一些专业词汇不能有丝毫差错，以免贻误大计。

3. 有条有理

无论是条文式、表格式还是文表复合式计划，在整体安排上都要做到结构合理、层次分明、眉目清楚、逻辑性强。安排时要考虑任务的主次和急缓，按照先重点后一般、先急后缓的逻辑顺序展开。每一项工作都要先指出目标和任务，再说明措施和步骤，让实施者一看就明白。

（六）范例评析

光华玻璃公司第三季度生产计划

为了加强计划管理和生产调度，实现1—9月公司总产值××××万元，完成全年指标的78%，特制定第三季度生产计划。

一、指导思想

必须认真贯彻提高经济效益的指导思想，全面提高各项经济技术指标，努力增产短线产品，厉行节约，实现增产增收，力求达到一个没有水分的增长速度。

贯彻五个原则：

(1)贯彻公司和职代会确定的今年生产比上年实际增长4%的原则，全年总产值要达到或超过××××万元。

(2)继续贯彻以质量求生存，生产抓提前不靠后的原则。

(略)

二、要抓好四方面的工作

(1)加强市场预测，狠抓产品质量和品种，千方百计生产适销对路产品，特别是安瓿、玻璃管及青霉素瓶要根据市场需要进行生产。仪器产品要摸清市场变化情况，打开销路，防止库存积压。

(2)通过企业整顿，建立和健全各项生产管理制度，把工作转移到提高经济效益上来。(略)

(3)切实抓好原材料和能源的供应和节约，确保生产稳定增长。(略)

(4)搞好安全生产，做好防暑降温和防台防汛工作，安排好高温人员宿舍，搞好清凉饮料供应和食堂卫生等工作。(略)

三、各车间生产安排

一车间：

1 号炉四台行列机生产青霉素瓶，其中：1 号、2 号、3 号机生产 7CC，日产 72.6 万只，设备利率 95%，全程合格率 92%，责任人王直星。

4 号机生产 10CC。（略）

9 月份 1 号、2 号机各安排中修一次，1 号机扣除 10 天，2 号机扣除 7 天计。

2 号炉一台六组行列机生产盐水瓶。（略）

（其他车间生产安排略）

生产安排中要注意的几个问题：

（1）根据药厂需要，本季度需要增加 7CC、减少 10CC 的青霉素瓶，因此，4 号机在 6 月底前要做好调换 7CC 的准备工作。

（2）2 号炉要加强维护保养，争取年内不修。（略）

附件一：总产值计划表。（略）

附件二：产量计划表。（略）

光华玻璃公司

二〇 ×× 年 3 月 3 日

【评析】

该商务计划言简意赅、内容完整、条理清楚、用词朴实。前言以简洁的文字说明制订计划的依据和目的。第一部分提出目标，摆明五条原则。虽用的是“原则”这个词，但每一条都说明了具体任务要求。第二部分列出了达标的四方面措施，先重点后一般，先急后缓，每一条措施都具体有力，如第 1 条指出经销定产的关键点。第三部分具体落实生产计划，用极为精练的语言细化、量化有关设备、操作、产量、合格率、责任人等生产安排和要求，使计划切实可行，最后将总产值计划和产量计划以表格形式用附件附上，便于实施者查询进度和检查执行情况。

四、任务实施（步骤）

（一）环境要求

可选择多媒体教室等场所进行，备好纸、笔，配备计算机、投影仪等设备，最好每名学生配备一台计算机进行上机写作。

（二）实施步骤

1. 认真阅读情境任务，划出情境任务中的关键词。

2. 认真阅读“相关知识”，划出你觉得重要的知识点。

3. 每人执笔或上机，通过网络查找相关材料，独立完成情境任务的初稿（在“个人作品”中呈现）。

4. 分组讨论，各小组组员相互评阅初稿，然后选出本组代表作进行修改。

5. 以小组为单位上交一篇作品并在多媒体上展示，师生共同点评。

五、个人作品（可附页）

六、小组推选作品及展示

小组成员：____________________

个人在小组的贡献：____________________

小组推选代表作（最终版，可附页）：

七、个人反思与总结

八、成果测评

个人自评：自评指标详见表 3-3-1，成绩占比 20%；

组间互评：组间互评指标详见表 3-3-2，成绩占比 40%；

教师评价：教师测评指标详见表 3-3-3，成绩占比 40%。

表 3-3-1　个人自评指标

序号	评价指标	分值	评分标准	得分
1	阅读情境任务，划出情境任务中的关键词	10	标出了关键词，得 10 分；没标出，得 0 分	
2	阅读相关知识，划出对你完成情境任务有用的信息	10	在相关知识标注了有用信息，得 10 分；没标出，得 0 分	
3	文本的写作格式（个人）	10	有基本的写作格式，得 10 分；格式杂乱，得 0 分	
4	文本的写作内容（个人）	30	内容至少包括标题、正文、落款，得 30 分；少一项，扣 10 分	
5	文本与情境任务结合程度（个人）	10	结合紧密，得 10 分；结合较紧密，得 7~9 分；结合较少，得 4~6 分；结合很少或没有，得 0 分	
6	书写工整	10	文本整洁，没有涂改，得 10 分；文本较整洁，得 7~9 分；文本基本整洁，得 4~6 分；文本不整洁，得 0~3 分	
7	团队协作	20	积极主动参与团队讨论和承担任务，得 20 分；较主动参与团队讨论和承担任务，得 14~19 分；能够配合小组其他成员较好地完成任务，得 10~13 分；完成小组任务较差，得 6~9 分，几乎没有参与小组任务，得 0~5 分	
8	个人评价得分（合计）			

表 3-3-2　小组互评指标

序号	评价指标	分值	评分标准	得分
1	文本的写作格式(小组代表作)	20	有基本的写作格式,得 20 分;格式杂乱,得 0 分	
2	文本的内容(小组代表作)	20	内容包括标题、正文、落款,得 20 分;少一项,扣 10 分	
3	文本与情境任务结合程度(小组代表作)	20	结合紧密,得 20 分;结合较紧密,得 10~19 分;结合很少,得 1~9 分;没有结合,得 0 分	
4	上台展示形式	20	文本展示清楚,得 20 分;文本展示较清楚,得 12~19 分;文本展示不太清楚,得 8~11 分;文本展示不清楚,得 1~7 分	
5	小组上台汇报	20	思路清晰,表达流利,得 20 分;思路较清晰,表达较流利,得 12~19 分;思路不太清晰,表达不太流利,得 8~11 分;思路不清晰,表达不流利,得 1~7 分	
6	小组评价得分(合计)			

表 3-3-3　指导教师评价指标

序号	评价指标	分值	评分标准	得分
1	阅读情境任务,划出情境任务中的关键词	5	标出了关键词,得 5 分;没标出,得 0 分	
2	阅读相关知识,划出对你完成情境任务有用的信息	5	在相关知识标注了有用信息,得 5 分;没标出,得 0 分	
3	文本的写作格式(个人)	5	有基本的写作格式,得 5 分;格式杂乱,得 0 分	
4	文本的写作内容(个人)	20	内容包括标题、正文、落款,得 20 分;少一项,扣 10 分	
5	文本与情境任务结合程度(个人)	5	结合紧密,得 5 分;结合较紧密,得 3~4 分;结合很少,得 1~2 分;没有结合,得 0 分	
6	书写工整	5	文本整洁,没有涂改,得 5 分;文本较整洁,得 1~4 分	
7	团队协作	5	主动参与团队讨论和承担任务,得 5 分;较主动参与团队讨论和承担任务,得 1~4 分	
8	文本的写作格式(小组代表作)	5	有基本的写作格式,得 5 分;格式杂乱,得 0 分	
9	文本的内容(小组代表作)	20	内容至少包括标题、正文、落款,得 20 分;少一项,扣 10 分	
10	文本与情境任务结合程度(小组代表作)	5	结合紧密,得 5 分;结合较紧密,得 3~4 分;结合很少,得 1~2 分;没有结合,得 0 分	

续表 3-3-3

序号	评价指标	分值	评分标准	得分
11	代表小组上台展示	5	代表小组上台展示，得 5 分；没有展示，得 0 分	
12	反思与总结	10	能客观、公正地找出问题，并能提出可行性改进意见，得 10 分；能客观、公正地找出问题，但改进意见不具有针对性，得 5~9 分；不能客观、公正地找出问题，提出的改进意见不具针对性，得 0~4 分	
13	思政素养	5	体现了正确的三观，得 5 分；否则，得 0 分	
14	教师评价得分（合计）			

任务 3.4　商务总结

一、情境任务

2022 年，明成大酒店在悦达投资有限公司和胜利商业集团公司的共同经营下有了较大的变化：两家股东投入大量的资金对酒店部分设备设施进行了更新和改造，荒废多年的三楼经过装修后重新营业，弥补了酒店娱乐项目的空缺，使酒店的服务项目更加完善，客房异味的问题，通过打开窗户通风得到了根本的解决，同时对客房旧电视进行了更新……所有的这些给酒店带来了生机和希望。由于酒店设备的更新、服务项目的完善、员工服务水准的进一步提高，明成大酒店在 2022 年的星评复核中取得有史以来的最好成绩——第二名，明成大酒店在酒店业获得了较高的声誉。酒店注重员工的精神文明建设，为员工创造了良好的生活空间。将酒店的洗衣房改造成一个宽敞的员工餐厅和员工活动的两用室；并添置了桌球、乒乓球、棋牌等娱乐项目，多次开展各项比赛，既增强了员工的体质又丰富了员工的业余生活；酒店还将太阳能热水器安装到了员工宿舍，解决了员工冬天洗澡的问题。2022 年，明成大酒店对本年度的工作进行了认真总结。

要求：请根据以上情境，拟写明成大酒店 2022 年度工作总结。

二、任务分析

企业只有不断地总结反思才能在商海的风浪里稳固发展。完成此任务需要熟悉商务总结的写作知识与技能，在写作时要做好如下工作：①全面了解 2022 年度明成大酒店的工作情况，比如大堂部、客房部、公关部、餐饮部、后勤部等各部门工作任务的完成情况；②在充分占有材料的基础上，再进行分析与归纳，提炼出规律性认识；③熟悉文种格式，完成写作。

三、相关知识

（一）商务总结的概念

总结是对前一个阶段的工作或一项任务进行系统回顾和认真分析，形成具有条理化、系统化的书面材料。它应包含检查实施情况、归纳经验教训、提出规律性结论等内容。

商务总结是企业对已完成的商务实践活动进行系统的回顾、检查、分析、评价，找出经验与教训，并归纳、综合、探索规律，为未来的商务工作提供借鉴和帮助的一种商务管理文书。

（二）商务总结的特点

1. 目的性

总结旨在对前一段工作进行回顾，以期寻找经验和规律。

2. 实践性

总结来自实践，它的观点就是从自身实践活动中抽象出来的认识和规律。

3. 业务性

总结是本单位、本部门、本系统的人所共同关心的问题，业务性、技术性较强。写作时要务虚与务实相结合。

4. 理论性

总结务实，以事实为基础，但还需要提到理论的高度，不仅要说出“是什么”，还要阐明“为什么”和“怎么办”。

（三）商务总结的分类

按性质分为综合性总结和专题性总结。

按内容分为生产总结、销售总结、市场推广总结、人力资源工作总结等。

按时间分为年度总结、季度总结、月总结、阶段总结等。

按范围分为公司总结、部门总结、车间总结、班组总结、个人总结等。

（四）结构和写法

商务总结的结构一般由标题、正文和落款三部分组成。

1. 标题

（1）公文式标题　由总结单位名称、时限、事由和文种组成。如《火炬电器工业公司 2021 年度工作总结》《二车间一季度技术改造总结》。

有时可省略单位名称或时限，如《2021 年销售工作总结》《争先创优活动总结》。

(2) 文章式标题　是由概括总结的核心内容或基本观点而形成的，标题中不标明“总结”字样。如《信通公司是如何扭亏为盈的》《科技立厂，人才兴业》。

(3) 正副式标题　常由正题与副题组成，正题揭示观点或概括内容，副题标明单位名称、时限、文种。如《安全生产是企业运营的基本保障——虎山煤矿 2021 年度生产总结》。

2. 正文

正文包括前言、主体两部分。

(1) 前言　简要概括总结的目的、对象、时间、地点、背景等基本情况，为下文做铺垫。有的也通过结论、提问的方式对总结的主要内容进行提示，或对总结的核心问题归纳定论，或为引起读者的关注提出问题，以明确总结的重点。

(2) 主体　一般包括以下三方面内容。

①基本做法、成绩和经验。在什么思想指导下，做了哪些工作，采取了哪些措施，取得了哪些成绩，主客观原因是什么，有哪些体会。成绩、做法是基础材料，经验体会是重点。

②问题与教训。写出工作中存在的问题与不足，不同的总结可以有不同的侧重。反映问题的总结，此部分重点分析其主客观原因，以及由此得出的教训；典型经验总结，这部分不写；常规工作总结，则概括写存在的主要问题。

③今后的工作和努力的方向。这部分内容，需写得简单明了。

3. 落款

在正文右下方署上单位名称，名称下面标明时间。如果单位名称已署在标题下面，则可不再落款。

总结的结构形式有以下 4 种：

1. 条目式

把材料概括为要点，按一定的次序分为一、二、三等条，一项项地写下去，这样条理清楚，但往往欠紧凑。

2. 三段式

这是指从认识事物的习惯来安排顺序，先对总结的内容作概括性交代，表明基本观点；接着叙述事情经过，同时配合议论，进行初步分析；最后总结出几点体会、经验和存在的问题。这种结构单纯、易学。

3. 分项式

这是指不按事件的发展顺序，而是把已做的事情分几个项目，也就是几类，一类一项地写下去，每类问题又按先介绍基本情况，再叙述事情经过，后归纳按经验或问题的顺序写下来。

4. 漫谈式

这是指把自己的实践、认识、体会慢慢叙述出来。它多用于向别人介绍自己的学习经验、亲身经历的个人总结。

（五）写作要求

1. 求真务实

商务总结要坚持实事求是的态度，如实反映商务活动的情况，所有内容都要符合客观实际、核实无误，显现文书的科学性和可信性。力戒脱离实际、故意拔高、移花接木、遮盖隐瞒。另外，写出的总结一定要对商务工作有指导意义，那种为写而写、应付交差、流于形式的总结毫无价值。

2. 准备充分

要写好商务总结，在起草前就要有针对性地了解情况、收集资料，包括反映企业历史与现状、环境与条件、计划目标等相关情况的背景材料；反映事物本质、能说明观点、具有代表性的真人真事的典型材料；反映企业经营过程、显现经营效益和发展势态的各种数据材料等。

3. 分析提炼

商务总结的目的是回顾以往的经营管理活动，提出新的目标，所以要突出重点，抓住关键的有特色的问题深入分析，找出事物内在联系，并提炼出规律性的、有指导意义的观点。那种“摆土豆式”的罗列工作，“喊口号式”的空洞花架，只能误导决策。

（六）范例评析

售后服务是企业的命根子

××技术服务中心2020年工作总结

2020年，××集团技术服务中心全体员工和分布在全国各地维修网点的员工一起，根据何××总经理关于“售后服务是企业的命根子”的指示精神，坚持“拥有××电器，享受一流服务”的宗旨和“一切为了使用户满意”的标准，发扬“同心多奉献，合力创一流”的企业精神，大力开展优质服务活动，扎扎实实地做好各项工作，实现了2020年的总体目标。全年维修合格率达99.8%，比去年上升了30.3%；维修返修率为0.2%，比去年下降30.13%；用户来信处理率100%，全年未出现重大的维修质量投诉，赢得了用户和社会各界的好评，促进了××系列产品的销售，促进了××售后服务工作向服务质量标准化、服务网络体系化、服务管理规范化、服务方式多样化、服务经营一体化的方向发展。2020年被评为全国优质服务企业。

回顾一年来的工作，我们主要做了以下几项：

一、优化网点建设，加强网点管理

1. 开展网点升级达标活动

（略）

2. 开展网点调研考察

（略）

3. 合理调整网点布局，扩大维修服务的覆盖面

（略）

4. 开展用户抽查，优化网点结构

（略）

二、调整售后服务策略，适应市场和用户需要

1. 增加服务项目，扩展服务范围

（略）

2. 转换服务形式，提高服务水平

（略）

3. 开拓服务经营一体化道路，增强自身实力

（略）

三、提高员工素质，深化优质服务

（略）

四、开展“××电器百日维修服务质量无投诉”活动

（略）

2021年是××事业发展的关键一年，也是实现集团中期发展规划的决定性一年。我中心必须进一步贯彻落实何××总经理关于“售后服务是企业的命根子”和汤××总经理关于“服务先于销售”的指示精神，坚持“一切为了使用户满意”的最高标准，把售后服务工作作为首要任务，为维护××信誉贡献更大的力量。

【评析】

这是一篇企业售后服务的专题性总结。标题采用正副题式，正题揭示文章的中心内容，副题标示出单位、时间、事由和文种。正文由前言、主体、结尾三部分组成。前言部分概述了基本情况，交代了总结所涉及的时限、单位、背景、工作任务、完成情况，并引用数据，概述了成就，用语精练，字里行间洋溢着信心和决心，然后用“回顾”一句过渡到主体部分。主体部分分四大项列举了一年来的主要工作，内容按逻辑顺序排列，围绕着“命根子”这个中心，充分证明了总结中所提出的各个观点。最后以展望作结，充满了信心，反映了企业的精神面貌。

全文层次分明，观点与材料统一，是一篇值得借鉴的总结。另外，副标题应加破折号。

四、任务实施（步骤）

（一）环境要求

可选择多媒体教室等场所进行，备好纸、笔，配备计算机、投影仪等设备，最好每名学生配备一台计算机进行上机写作。

（二）实施步骤

1. 认真阅读情境任务，划出情境任务中的关键词。

2. 认真阅读“相关知识”，划出你觉得重要的知识点。

3. 每人执笔或上机，通过网络查找相关材料，独立完成情境任务的初稿（在“个人作品”中呈现）。

4. 分组讨论，各小组组员相互评阅初稿，然后选出本组代表作进行修改。

5. 以小组为单位上交一篇作品并在多媒体上展示，师生共同点评。

五、个人作品（可附页）

六、小组推选作品及展示

小组成员：________________

个人在小组的贡献：________________

小组推选代表作(最终版,可附页):

七、个人反思与总结

八、成果测评

个人自评:自评指标详见表 3-4-1,成绩占比 20%;

组间互评:组间互评指标详见表 3-4-2,成绩占比 40%;

教师评价:教师测评指标详见表 3-4-3,成绩占比 40%。

表 3-4-1 个人自评指标

序号	评价指标	分值	评分标准	得分
1	阅读情境任务,划出情境任务中的关键词	10	标出了关键词,得 10 分;没标出,得 0 分	
2	阅读相关知识,划出对你完成情境任务有用的信息	10	在相关知识标注了有用信息,得 10 分;没标出,得 0 分	
3	文本的写作格式(个人)	10	有基本的写作格式,得 10 分;格式杂乱,得 0 分	
4	文本的写作内容(个人)	30	内容至少包括标题、正文、落款,得 30 分;少一项,扣 10 分	
5	文本与情境任务结合程度(个人)	10	结合紧密,得 10 分;结合较紧密,得 7~9 分;结合较少,得 4~6 分;结合很少或没有,得 0 分	
6	书写工整	10	文本整洁,没有涂改,得 10 分;文本较整洁,得 7~9 分;文本基本整洁,得 4~6 分;文本不整洁,得 0~3 分	
7	团队协作	20	积极主动参与团队讨论和承担任务,得 20 分;较主动参与团队讨论和承担任务,得 14~19 分;能够配合小组其他成员较好地完成任务,得 10~13 分;完成小组任务较差,得 6~9 分,几乎没有参与小组任务,得 0~5 分	
8	个人评价得分(合计)			

表 3-4-2 小组互评指标

序号	评价指标	分值	评分标准	得分
1	文本的写作格式(小组代表作)	20	有基本的写作格式,得 20 分;格式杂乱,得 0 分	
2	文本的内容(小组代表作)	20	内容包括标题、正文、落款,得 20 分;少一项,扣 10 分	
3	文本与情境任务结合程度(小组代表作)	20	结合紧密,得 20 分;结合较紧密,得 10~19 分;结合很少,得 1~9 分;没有结合,得 0 分	
4	上台展示形式	20	文本展示清楚,得 20 分;文本展示较清楚,得 12~19 分;文本展示不太清楚,得 8~11 分;文本展示不清楚,得 1~7 分	

续表 3-4-2

序号	评价指标	分值	评分标准	得分
5	小组上台汇报	20	思路清晰，表达流利，得20分；思路较清晰，表达较流利，得12~19分；思路不太清晰，表达不太流利，得8~11分；思路不清晰，表达不流利，得1~7分	
6	小组评价得分（合计）			

表 3-4-3　指导教师评价指标

序号	评价指标	分值	评分标准	得分
1	阅读情境任务，划出情境任务中的关键词	5	标出了关键词，得5分；没标出，得0分	
2	阅读相关知识，划出对你完成情境任务有用的信息	5	在相关知识标注了有用信息，得5分；没标出，得0分	
3	文本的写作格式（个人）	5	有基本的写作格式，得5分；格式杂乱，得0分	
4	文本的写作内容（个人）	20	内容包括标题、正文、落款，得20分；少一项，扣10分	
5	文本与情境任务结合程度（个人）	5	结合紧密，得5分；结合较紧密，得3~4分；结合很少，得1~2分；没有结合，得0分	
6	书写工整	5	文本整洁，没有涂改，得5分；文本较整洁，得1~4分	
7	团队协作	5	主动参与团队讨论和承担任务，得5分；较主动参与团队讨论和承担任务，得1~4分	
8	文本的写作格式（小组代表作）	5	有基本的写作格式，得5分；格式杂乱，得0分	
9	文本的内容（小组代表作）	20	内容至少包括标题、正文、落款，得20分；少一项，扣10分	
10	文本与情境任务结合程度（小组代表作）	5	结合紧密，得5分；结合较紧密，得3~4分；结合很少，得1~2分；没有结合，得0分	
11	代表小组上台展示	5	代表小组上台展示，得5分；没有展示，得0分	
12	反思与总结	10	能客观、公正地找出问题，并能提出可行性改进意见，得10分；能客观、公正地找出问题，但改进意见不具有针对性，得5~9分；不能客观、公正地找出问题，提出的改进意见不具针对性，得0~4分	
13	思政素养	5	体现了正确的三观，得5分；否则，得0分	
14	教师评价得分（合计）			

项目 4 商务礼仪文书

【知识目标】了解欢迎词、欢送词、邀请信、请柬、贺信等礼仪文书的含义、特点与作用、种类，掌握其写作格式、结构与要求。

【技能目标】能够根据情境任务要求，撰写规范的常用商务礼仪文书。

【素质目标】通过情境化教学，培养学生懂礼仪、规范化的工作习惯，为工作、学习与人情往来创造和谐融洽的气氛，体现良好的企业形象与训练有素的职业风范；通过小组展示和评价，培养团队互助、正视自我、取长补短、知礼守礼的能力，提高情感表达能力。

【思政目标】培养学生知礼仪、守礼仪的行为习惯，提高自身综合素养。

思政园地

十里长亭话别

“十里长亭”一词出自唐白居易撰、宋孔傅续撰的《白孔六帖》:“十里一长亭，五里一短亭”。

长亭、杨柳、美酒、南浦等字眼，已经被赋予了特定的含义，都是送别诗词中最具代表性和象征性的文字符号。“送君十里长亭，折支灞桥垂柳”是古人送别的经典场景。江淹《别赋》中说:“春草碧色，春水绿波，送君南浦，伤如之何？”南浦遂为送别之地。李白《金陵酒肆留别》诗中有“金陵子弟来相送，欲行不行各尽觞”之句，“尽觞”即喝尽杯中的酒，饮酒亦为送行时所常见。而柳永在《雨霖铃》中描写的“寒蝉凄切，对长亭晚，骤雨初歇。都门帐饮无绪，留恋处，兰舟催发”的送别场面，则既有长亭，也有杨柳，还有美酒，实为送别词之佳作。

问题:古人送别的礼仪有哪些？这些体现了古人什么样的情感？

任务4.1 欢 迎 词

一、情境任务

某大学校学生会主席李明被安排参加学校新生迎接工作。校团委领导要求李明带新生参观校园并致欢迎词。面对即将在校园生活四年的新同学,作为学长的李明将如何表达他对学弟学妹们的欢迎呢?

要求:请根据以上情境,以学生会主席李明的名义拟写迎新欢迎词。

二、任务分析

欢迎词是在接待或招待客人的正式场合中,主人发表的表示欢迎之意的致词。使用欢迎词有助于建立或深化彼此的感情,有助于缓和或谅解以往的矛盾、误解;还有助于为今后的交流合作创造良好的氛围等,在欢迎场合都少不了要用到欢迎词。在写作时要做好如下工作:①正确领会任务要求;②学习文体知识,完成构思任务;③写成初稿送主管领导审阅并修改;④熟悉文种格式,按规定形式印制。

三、相关知识

(一)欢迎词的概念

欢迎词是行政机关、社会团体、企事业单位在迎接宾客来访、领导视察、新成员加入等各种活动、欢迎仪式或宴会上向来宾的致词,是对欢迎对象的来临表示热烈欢迎和美好祝愿的礼仪文书。欢迎词的使用频率很高。

(二)欢迎词的特点

1. 欢愉性

中国有句古话,“有朋自远方来,不亦乐乎”,所以致欢迎词当有一种愉快的心情,言词用语务必富有激情和表现出致词人的真诚。只有这样才可给客人一种“宾至如归”的感觉,为下一步各种活动的圆满举行打下良好的基础。

2. 口语性

欢迎词本意是现场当面向宾客口头表达的,所以口语化是欢迎词文字上的必然要求,在遣词用语上要运用生活化的语言,既简洁又富有生活的情趣。口语化会拉近主人同来宾的亲切关系。

（三）欢迎词的类型

1. 从表达方式上分

（1）现场讲演欢迎词　一般由欢迎人在被欢迎人到达时在欢迎现场口头发表的欢迎稿。

（2）报刊发表欢迎词　这是发表在报刊或公开发行刊物上的欢迎稿，一般在客人到达前后发表。

2. 从社交公关性质上分

（1）私人交往欢迎词　私人交往欢迎词一般是在个人举行较大型的宴会、聚会、茶会、舞会、讨论会等非官方的场合下使用的欢迎稿。私人交往欢迎词往往具有很大的即时性、现场性。

（2）公事往来欢迎词　这样的欢迎词一般在较庄重的公共事务中使用，要有事先准备好的得体的书面稿，文字措辞上的要求较私人交往欢迎词更加正式和严格。

（四）欢迎词的结构和写法

欢迎词的结构由标题、称谓、正文和落款四部分构成。

1. 标题

（1）直接以文种命名　如“欢迎词”。

（2）欢迎仪式或庆典的名称＋文种　如“在××××团来访的欢迎仪式上的欢迎词”“在××宴会上的欢迎词”。

（3）致词者的职务或姓名＋欢迎仪式或庆典的名称＋文种　如“×××在欢迎×××仪式上的致辞”。

当然，标题只限于书面刊登，致词时就不必宣读了。

2. 称谓

称谓一般写在开头顶格处，要用尊称，表示对来宾的尊重，如“尊敬的××董事长阁下”“尊敬的各位先生、女士”“各位亲爱的朋友们”等。按照对方特定的规矩、习惯称呼，能更好地体现待人时的礼貌。

3. 正文

欢迎词的正文通常由开头、主体、结尾三部分构成。

（1）开头　在欢迎词的开头部分，首先要表明致词人以什么身份、代表谁、对谁表示欢迎之意。如：“请允许我以××总经理的身份，代表××公司和全体员工，向远道而来的各方嘉宾表示热烈的欢迎！”

（2）主体　主体部分要根据双方的关系，回顾以往双方友好交往、愉快合作的交往历程、所取得的成果，阐明宾客来访的意义，并对未来进行展望，表达美好祝愿。

(3) 结尾　在结尾部分要再一次对来宾表示欢迎与祝愿，如“再一次对你们的光临表示热烈欢迎”“祝你们的来访取得圆满成功”“祝你们访问期间过得愉快”“让我们携手共进，共创辉煌”等。

4. 落款

现场发表的欢迎词往往可以不用落款。用于在媒体上发表的欢迎词则必须署名，可以选择在文章末尾署名或是用括号在标题下注明。

(五) 欢迎词的写作要求

欢迎词的写作要求是：突出尊敬之意，感情真挚，用语通俗流畅。

(1) 体现热情诚恳　撰写欢迎词的正文，语言要朴实、热情、简洁，语气要亲切、诚恳，感情要真挚，宜多用短句，言辞应力求格调高雅。

(2) 注重短小精悍　回顾以往的叙述要简洁，议论不要过多，力求精当；对主要宾客的赞颂和评价要热情、中肯。可以有适当的联想与发挥，但是整个篇幅不宜过长。

(3) 营造友好气氛　要注意尊重来宾的风俗习惯，应避开对方的忌讳，坚持求同存异的原则，多谈一致性，不谈或少谈分歧，尽力营造友好和谐的气氛。

(六) 范例评析

欢　迎　词

尊敬的各位女士、先生、朋友们：

值此 ××× 公司 10 周年庆典之际，请允许我代表 ××× 公司向远道而来的朋友们表示热烈的欢迎！

朋友们不顾路途遥远，专程前来贺喜并洽谈贸易合作事宜，为我公司 10 周年庆典增添了一份热烈和祥和。我由衷地感到高兴，并对朋友们为增进双方友好关系所做出的努力，表示诚挚的谢意！

今天在座的各位朋友中，有许多是我们的老朋友，我们之间有着良好的合作关系。我公司成立 10 年能取得今天的成绩，离不开老朋友们的真诚合作和大力支持。对此，我们表示由衷的钦佩和感谢。同时，我们也为能有幸结识来自全国各地的新朋友感到十分高兴。在此，我谨再次向新朋友们表示热烈欢迎，并希望能与大家密切协作，发展相互间的友好合作关系。

“有朋自远方来，不亦乐乎？”在此新朋老友相会之际，我提议：为今后我们之间的进一步合作，为我们之间日益增进的友谊，为朋友们的健康幸福，干杯！

【评析】

范例展示的是某公司 10 周年庆典活动的欢迎词，内容主要是围绕对参加人员的欢迎和感谢进行，并将本公司的发展与来宾的关系结合在一起，既表达了欢迎感谢之意，也加深了主办方与参会者之间的关系。语言简短而含义深远，能使来宾感受到主人的盛情，也为双方的交流与合作营造了友好的氛围。

四、任务实施（步骤）

（一）环境要求

可选择多媒体教室等场所进行，备好纸、笔，配备计算机、投影仪等设备，最好每名学生配备一台计算机进行上机写作。

（二）实施步骤

1. 认真阅读情境任务，划出情境任务中的关键词。
2. 认真阅读“相关知识”，划出你觉得重要的知识点。
3. 每人执笔或上机，通过网络查找相关材料，独立完成情境任务的初稿（在“个人作品”中呈现）。
4. 分组讨论，各小组组员相互评阅初稿，然后选出本组代表作进行修改。
5. 以小组为单位上交一篇作品并在多媒体上展示，师生共同点评。

五、个人作品（可附页）

六、小组推选作品及展示

小组成员：________________

个人在小组的贡献：________________

小组推选代表作（最终版，可附页）：

七、个人反思与总结

八、成果测评

个人自评：自评指标详见表 4-1-1，成绩占比 20%；

组间互评：组间互评指标详见表 4-1-2，成绩占比 40%；

教师评价：教师测评指标详见表 4-1-3，成绩占比 40%。

表 4-1-1　个人自评指标

序号	评价指标	分值	评分标准	得分
1	阅读情境任务，划出情境任务中的关键词	10	标出了关键词，得 10 分；没标出，得 0 分	
2	阅读相关知识，划出对你完成情境任务有用的信息	10	在相关知识标注了有用信息，得 10 分；没标出，得 0 分	
3	文本的写作格式（个人）	10	有基本的写作格式，得 10 分；格式杂乱，得 0 分	
4	文本的写作内容（个人）	30	内容至少包括标题、称谓、正文、落款，得 30 分；少一项，扣 10 分	
5	文本与情境任务结合程度（个人）	10	结合紧密，得 10 分；结合较紧密，得 7~9 分；结合较少，得 4~6 分；结合很少或没有，得 0 分	
6	书写工整	10	文本整洁，没有涂改，得 10 分；文本较整洁，得 7~9 分；文本基本整洁，得 4~6 分；文本不整洁，得 0~3 分	
7	团队协作	20	积极主动参与团队讨论和承担任务，得 20 分；较主动参与团队讨论和承担任务，得 14~19 分；能够配合小组其他成员较好地完成任务，得 10~13 分；完成小组任务较差，得 6~9 分，几乎没有参与小组任务，得 0~5 分	
8	个人评价得分（合计）			

表 4-1-2　小组互评指标

序号	评价指标	分值	评分标准	得分
1	文本的写作格式（小组代表作）	20	有基本的写作格式，得 20 分；格式杂乱，得 0 分	
2	文本的内容（小组代表作）	20	内容包括标题、称谓、正文、落款，得 20 分；少一项，扣 10 分	
3	文本与情境任务结合程度（小组代表作）	20	结合紧密，得 20 分；结合较紧密，得 10~19 分；结合很少，得 1~9 分；没有结合，得 0 分	
4	上台展示形式	20	文本展示清楚，得 20 分；文本展示较清楚，得 12~19 分；文本展示不太清楚，得 8~11 分；文本展示不清楚，得 1~7 分	

续表 4-1-2

序号	评价指标	分值	评分标准	得分
5	小组上台汇报	20	思路清晰,表达流利,得 20 分;思路较清晰,表达较流利,得 12~19 分;思路不太清晰,表达不太流利,得 8~11 分;思路不清晰,表达不流利,得 1~7 分	
6	小组评价得分(合计)			

表 4-1-3　指导教师评价指标

序号	评价指标	分值	评分标准	得分
1	阅读情境任务,划出情境任务中的关键词	5	标出了关键词,得 5 分;没标出,得 0 分	
2	阅读相关知识,划出对你完成情境任务有用的信息	5	在相关知识标注了有用信息,得 5 分;没标出,得 0 分	
3	文本的写作格式(个人)	5	有基本的写作格式,得 5 分;格式杂乱,得 0 分	
4	文本的写作内容(个人)	20	内容包括标题、称谓、正文、落款,得 20 分;少一项,扣 10 分	
5	文本与情境任务结合程度(个人)	5	结合紧密,得 5 分;结合较紧密,得 3~4 分;结合很少,得 1~2 分;没有结合,得 0 分	
6	书写工整	5	文本整洁,没有涂改,得 5 分;文本较整洁,得 1~4 分	
7	团队协作	5	主动参与团队讨论和承担任务,得 5 分;较主动参与团队讨论和承担任务,得 1~4 分	
8	文本的写作格式(小组代表作)	5	有基本的写作格式,得 5 分;格式杂乱,得 0 分	
9	文本的内容(小组代表作)	20	内容至少包括标题、称谓、正文、落款,得 20 分;少一项,扣 10 分	
10	文本与情境任务结合程度(小组代表作)	5	结合紧密,得 5 分;结合较紧密,得 3~4 分;结合很少,得 1~2 分;没有结合,得 0 分	
11	代表小组上台展示	5	代表小组上台展示,得 5 分;没有展示,得 0 分	
12	反思与总结	10	能客观、公正地找出问题,并能提出可行性改进意见,得 10 分;能客观、公正地找出问题,但改进意见不具有针对性,得 5~9 分;不能客观、公正地找出问题,提出的改进意见不具针对性,得 0~4 分	
13	思政素养	5	体现了正确的三观,得 5 分;否则,得 0 分	
14	教师评价得分(合计)			

任务4.2　欢 送 词

一、情境任务

某公司为期两天的10周年庆典活动取得了圆满的成功。通过这次活动,与会人员沟通了感情、密切了关系,为今后进一步的合作做了良好的铺垫。庆典活动马上就要结束了,公司经理李明将在欢送宾客时致辞,对他们的到来表示感谢,并对以后的深度合作寄以期待。

要求:请根据以上情境,帮李明拟写一份欢送词。

二、任务分析

欢送词是行政机关、企事业单位、社会团体或个人在公共场合欢送友好团体回归或亲友出行时致辞的讲话稿。其主要功用与欢迎词除应用的时间、场合不同,并无实质性的区别。在写作时要做好如下工作:①正确领会任务要求;②学习文体知识,完成构思任务;③写成初稿送主管领导审阅并修改;④熟悉文种格式,按规定形式印制。

三、相关知识

(一)欢送词的概念

欢送词是主办方在会议或活动结束、受邀单位或来宾离开时,为表达对来宾的欢送之意,在欢送宾客的仪式、集会、宴会上表示热烈欢送的一种礼仪文书。

(二)欢送词的特点

1. 惜别性

“相见时难别亦难”,中国人重情谊这一千古不变的民族传统精神在今天更显得珍贵。欢送词要表达亲朋好友远行时的感受,所以依依惜别之情要溢于言表。当然格调也不可过于低沉,尤其是公共事务的交往更应把握好分别时所用言辞的分寸。

2. 口语性

同欢迎词一样,口语性也是欢送词的一个显著特点。遣词造句也应注意使用生活化的语言,使送别既富有情趣又自然得体。

3. 简短精练

欢送词作为礼仪性文书,又是口头发表的讲话,通常只需三五分钟的时间,内容单纯,简短精练。

(三)欢送词的常见类型

按表达方式来分,可分为现场讲演欢送词和报刊发表欢送词两种。

按社交的公关性质来分可分为私人交往欢送词和公事往来欢送词两种。

(四)欢送词的结构和写法

欢送词一般由标题、称呼、正文、落款四部分组成。

1. 标题

标题的写法一般有以下两种。

(1)单独以文种命名,如“欢送词”。

(2)由活动内容+文种名构成,如“在××学院毕业典礼上的欢送词”“在××研讨会闭幕式上的欢送词”。

2. 称呼

称呼要写在开头顶格处。称呼分两种:一种是写上宾客个人的姓名、职务或尊称。另一种用泛称,如“尊敬的各位先生们、女士们:”“亲爱的×××各位同仁:”。

3. 正文

欢送词的正文一般由开头、主体和结尾三部分构成。

(1)开头　开头通常应说明此时在举行何种欢送仪式,发言人是以什么身份代表哪些人向宾客表示欢送的。

(2)主体　欢送词在这一部分要回顾和阐述双方在合作或访问期间在哪些问题和项目上达成了一致的立场、取得了哪些有突破性的进展,陈述本次合作交流中双方的合作和交流给双方所带来的益处,阐述其深远的历史意义。对于私人欢送词,还应注意表达双方在共事合作期间彼此友谊的加深增进及分别之后的想念之情。若为朋友送行,还可加上一些勉励的话。

(3)结尾　通常在结尾处再次向来宾表达感谢与祝愿,并表达期待再次合作的心愿。亲朋好友远行尤其要表达希望早日团聚的惜别之情。如“最后,请允许我再次向贵方表示衷心的感谢,祝你们一路顺风”“让我们携手共进,为创造美好的未来而共同奋斗”等。

4. 落款

欢送词在落款处要署上致辞的单位名称、致辞者的身份、姓名,并署上成文日期。

(五)欢送词的写作要求

(1)称呼用尊称,注意宾客身份,致辞要恰到好处,感情要亲切、真挚、诚恳,以创造一种友好的气氛,密切关系,推动双边合作。

(2)措辞要慎重,勿信口开河,要尊重对方风俗习惯,既有礼貌,又有分寸。

(3)语言要精确、热情、友好、温和、礼貌,要便于交际场合朗读、演说。

(4)言简意赅,篇幅不宜过长。

(六)范例评析

欢 送 词

尊敬的女士们、先生们:

首先,我代表 ×××,对你们访问的圆满成功表示热烈的祝贺。

明天你们就要离开了,在即将分别的时刻,我们依依不舍。大家相处的时间是短暂的,但我们之间的友好情谊是美好的。常言道:“来日方长,后会有期”,相信我们之间的友情会长长久久。我们欢迎各位女士、先生下次再来我们 ×× 做客,相信我们的合作会更加友好。

最后祝大家一路顺风、万事如意!

××× 公司

×××× 年 ×× 月 ×× 日

【评析】

这是一则洽谈会欢送词。此欢送词采用了三段式结构来行文。第一段对活动的圆满成功表达祝贺之情;第二段用简练的话语表达依依惜别之情和良好的祝愿,并展望未来;第三段以祝福语结尾。全文结构清晰、感情真挚、语言简练。

四、任务实施(步骤)

(一)环境要求

可选择多媒体教室等场所进行,备好纸、笔,配备计算机、投影仪等设备,最好每名学生配备一台计算机进行上机写作。

(二)实施步骤

1. 认真阅读情境任务,划出情境任务中的关键词。

2. 认真阅读“相关知识”,划出你觉得重要的知识点。

3. 每人执笔或上机,通过网络查找相关材料,独立完成情境任务的初稿(在“个人作品”中呈现)。

4. 分组讨论,各小组组员相互评阅初稿,然后选出本组代表作进行修改。

5. 以小组为单位上交一篇作品并在多媒体上展示,师生共同点评。

五、个人作品（可附页）

六、小组推选作品及展示

小组成员：________________________________

个人在小组的贡献：________________________

小组推选代表作（最终版，可附页）：

七、个人反思与总结

八、成果测评

个人自评：自评指标详见表 4-2-1，成绩占比 20%；

组间互评：组间互评指标详见表 4-2-2，成绩占比 40%；

教师评价：教师测评指标详见表 4-2-3，成绩占比 40%。

表 4-2-1　个人自评指标

序号	评价指标	分值	评分标准	得分
1	阅读情境任务，划出情境任务中的关键词	10	标出了关键词，得 10 分；没标出，得 0 分	
2	阅读相关知识，划出对你完成情境任务有用的信息	10	在相关知识标注了有用信息，得 10 分；没标出，得 0 分	
3	文本的写作格式（个人）	10	有基本的写作格式，得 10 分；格式杂乱，得 0 分	
4	文本的写作内容（个人）	30	内容至少包括标题、称呼、正文、落款，得 30 分；少一项，扣 10 分	
5	文本与情境任务结合程度（个人）	10	结合紧密，得 10 分；结合较紧密，得 7~9 分；结合较少，得 4~6 分；结合很少或没有，得 0 分	
6	书写工整	10	文本整洁，没有涂改，得 10 分；文本较整洁，得 7~9 分；文本基本整洁，得 4~6 分；文本不整洁，得 0~3 分	
7	团队协作	20	积极主动参与团队讨论和承担任务，得 20 分；较主动参与团队讨论和承担任务，得 14~19 分；能够配合小组其他成员较好地完成任务，得 10~13 分；完成小组任务较差，得 6~9 分，几乎没有参与小组任务，得 0~5 分	

表 4-2-2　小组互评指标

序号	评价指标	分值	评分标准	得分
1	文本的写作格式（小组代表作）	20	有基本的写作格式，得 20 分；格式杂乱，得 0 分	
2	文本的内容（小组代表作）	20	内容包括标题、称呼、正文、落款，得 20 分；少一项，扣 10 分	
3	文本与情境任务结合程度（小组代表作）	20	结合紧密，得 20 分；结合较紧密，得 10~19 分；结合很少，得 1~9 分；没有结合，得 0 分	
4	上台展示形式	20	文本展示清楚，得 20 分；文本展示较清楚，得 12~19 分；文本展示不太清楚，得 8~11 分；文本展示不清楚，得 1~7 分	
5	小组上台汇报	20	思路清晰，表达流利，得 20 分；思路较清晰，表达较流利，得 12~19 分；思路不太清晰，表达不太流利，得 8~11 分；思路不清晰，表达不流利，得 1~7 分	

表 4-2-3　指导教师评价指标

序号	评价指标	分值	评分标准	得分
1	阅读情境任务，划出情境任务中的关键词	5	标出了关键词，得 5 分；没标出，得 0 分	
2	阅读相关知识，划出对你完成情境任务有用的信息	5	在相关知识标注了有用信息，得 5 分；没标出，得 0 分。	
3	文本的写作格式（个人）	5	有基本的写作格式，得 5 分；格式杂乱，得 0 分	
4	文本的写作内容（个人）	20	内容包括标题、称呼、正文、落款，得 20 分；少一项，扣 10 分	
5	文本与情境任务结合程度（个人）	5	结合紧密，得 5 分；结合较紧密，得 3~4 分；结合很少，得 1~2 分；没有结合，得 0 分	
6	书写工整	5	文本整洁，没有涂改，得 5 分；文本较整洁，得 1~4 分	
7	团队协作	5	主动参与团队讨论和承担任务，得 5 分；较主动参与团队讨论和承担任务，得 1~4 分	
8	文本的写作格式（小组代表作）	5	有基本的写作格式，得 5 分；格式杂乱，得 0 分	
9	文本的内容（小组代表作）	20	内容至少包括标题、称呼、正文、落款，得 20 分；少一项，扣 10 分	
10	文本与情境任务结合程度（小组代表作）	5	结合紧密，得 5 分；结合较紧密，得 3~4 分；结合很少，得 1~2 分；没有结合，得 0 分	

续表 4-2-3

序号	评价指标	分值	评分标准	得分
11	代表小组上台展示	5	代表小组上台展示,得 5 分;没有展示,得 0 分	
12	反思与总结	10	能客观、公正地找出问题,并能提出可行性改进意见,得 10 分;能客观、公正地找出问题,但改进意见不具有针对性,得 5~9 分;不能客观、公正地找出问题,提出的改进意见不具针对性,得 0~4 分	
13	思政素养	5	体现了正确的三观,得 5 分;否则,得 0 分	

任务 4.3　邀请函、请柬

一、情境任务

假如你是 ×× 学院学生会文艺部部长,你部组织了一场名为“演我身边事”的话剧晚会。该晚会定于 20×× 年 × 月 × 日晚 7:00 在学院小礼堂举行,拟邀请学院学生工作处李处长出席观看。

要求:根据以上情境,请你给李处长写一份请柬。

二、任务分析

邀请函和请柬都是对客人发出邀请的礼仪性专用信函,在当今社会组织的公共关系活动中,邀请函和请柬的使用频率高,应用广泛。在写作时要做好如下工作:①正确领会任务要求;②学习文体知识,完成构思任务;③写成初稿送主管领导审阅并修改:④熟悉文种格式,按规定形式印制。

三、相关知识

(一)邀请函、请柬的概念

邀请函与请柬同为邀约性礼仪文书,是行政机关、企事业单位、社会团体或个人邀请有关单位或人员出席重要会议、典礼或重要活动所使用的礼仪信函。邀请函与请柬相似,但邀请函的信息量比请柬大,使用范围也比请柬大,而请柬比邀请函庄重、典雅,表达的礼仪、情感色彩更浓一些。那什么时候需要写作邀请函、什么时候需要写作请柬呢?

(1)邀请函一般是为具体实质性工作、任务或事项发出的,如学术研讨会、科技成果鉴定会等;而请柬一般是为礼仪性、例行性、娱乐性活动发出的,如庆典、娱乐、晚会等。

(2)邀请函一般由社会组织出面,邀请对象的范围往往不能确指,而是某个行业或较大的范围,被邀请的人员较多,使用称谓大多为泛指;请柬可以由社会组织出面发出,也可由个人发出,邀请对象一般都是上级领导、专家、社会名流、兄弟单位代表、友好亲朋等,请柬的称谓一定要确指。

(3)邀请函为了表示对被邀请者的尊重,可以使用重要的敬语,也可以使用一般的敬语。请柬,既可以表示对被邀请者的尊重,又可以表示邀请者对此事的郑重态度,因此请柬一定要使用重要的敬语。

(4)从外观形式上讲,邀请函采用书信形式,一般不刻意追求外在形式的美观,请柬则应注重其外在形式的装饰性、观赏性。

(二)邀请函、请柬的特点

1. 告知性

无论是邀请对方参加会议还是其他活动,邀请函和请柬首先起到了告知作用。

2. 邀约性

体现对被邀请方诚挚的邀请,同时还具有一定的约定性,要求被邀请人给予回应,以便邀请方做好会议或活动的具体准备工作。

3. 礼仪性

邀请函和请柬的使用,包含表达尊重、联络情感的意味,从内容到形式均具有鲜明的礼仪性特点。

(三)邀请函、请柬的常见类型

按用途分,有会议类邀请函、请柬,用于庆祝会、纪念会、座谈会等;有活动类邀请函、请柬,用于典礼仪式、活动宴请等。

(四)邀请函、请柬的结构和写法

1. 邀请函

(1)标题 ①单独由文种名称构成。首行居中写“邀请函”“邀请信”的字样。②由发文单位+活动内容+文种构成,如“××学会民间文学理论报告会邀请函”。

(2)称谓 写清楚被邀请的单位名称或被邀请者的姓名及头衔,后加冒号。如“××大学:”“×××教授:”等。有时对具体某人的称呼单加“尊敬的”词语表示敬意。

(3)正文 向被邀请人简单问候,说明邀请对方参加什么活动、邀请的原因是什么。介绍活动安排的细节及注意事项,诸如时间、地点、参加人员等。文末写“届时敬请光临指导”“敬请莅临”“恳请光临”“恭候光临”等礼貌用语。也可用“此致敬礼”“顺致节日问候”

等语句。

(4)落款　正文右下方署上发文单位名称和发文日期,并加盖公章。若是私人邀请,则署上姓名和日期。

2. **请柬**

(1)标题　由文种名称"请柬"构成,位于第一行居中。现在市面上的请柬一般都已印制好封面,封面上印有"请柬"字样。

(2)称谓　标题下顶格写明被邀请的单位全称或被邀个人姓名。通常,个人姓名后要加职务或职称,或使用"先生""女士"等字样。

(3)正文　写清活动的性质、形式、时间、地点等要素。如有其他要求,如正式宴会的着装要求等,也一并写出。最后用"敬请光临""敬请指导"等礼节用语结束正文。

(4)落款　正文右下方署上邀请方单位名称或邀请人的姓名和邀请日期。若单位邀请需加盖印章。

(五)邀请函、请柬的写作要求

1. **相关信息一定要准确**

活动的时间、地点、被邀请人的姓名、头衔等都务必核实无误。

2. **语言要礼貌得体**

一般来说,邀请函和请柬都要求文辞典雅得体。宜用谦逊、期盼性语言,以表诚邀之心,不能出现命令式的用语。注明邀请方的联系方式,如有必要,可增加回执单,注明要求对方予以回复,以便邀请方做好活动前的安排。

(六)范例评析

【例 1】

邀 请 函

尊敬的 ×× 先生 / 女士:

您好!

我们很荣幸地邀请您参加 5 月 15—16 日在北京 ×× 饭店举办的"第 × 届联合国粮食及农业组织亚太地区大会非政府组织磋商会议"。本次会议的主题是:从议程到行动——继"非政府组织粮食主权论坛"之后。此次磋商会议由联合国粮农组织(FAO)和国际粮食主权计划委员会亚洲分会(IPC-Asia)主办,中国国际民间组织合作促进会协办。届时,来自亚太地区 80 多个民间组织的 100 余名代表将参加会议。本次会议宣言将在 5 月 17—21 日召开的 × 届联合国粮食及农业组织亚太地区大会上宣读。

本次会议的主要议题包括:

1. 亚太地区粮食和农业领域的非政府组织如何在地区和国家层面执行“全球行动议程／公民社会战略”。

2. 亚太地区粮食和农业领域的非政府组织如何根据目前形势确定今后行动的参与者。

3. 参会机构起草非政府组织建议书提交给第×届联合国粮食及农业组织亚太地区会议，继续呼吁维护农民的利益。

真诚地期待着您的积极支持与参与！

中国××国际计划委员会亚洲分会代表

××××年×月×日

【评析】

本例文是关于第×届联合国粮食及农业组织亚太地区大会非政府组织磋商会议的邀请函，内容上主要包括两大部分：第一部分交代了会议的主题、主办单位、协办单位、时间、地点等情况；第二部分主要分点列出会议的主要议题。全文语气彬彬有礼，措辞大方得体。总体上，本文语言简洁明了，格式规范。此文值得我们借鉴的是，文中除了详细地写清了时间、地点、活动情况之外，还围绕此次会议写出了会议的主要议题。这样写，既让被邀请者能大概了解会议的主要内容，吸引人们参加会议，又便于被邀请者就主要议题提前做好准备，以最好的状态参加会议。邀请函的最终目的是为了让被邀请者能够乐于、准时、顺利地出席相关的活动。文末以诚恳的语言召唤被邀请者前来出席会议，达到很好的效果。

【例2】

请　柬

尊敬的×××先生／女士／小姐：

第66届全国电子产品展销会暨20××年（上海）国际消费电子展开幕仪式定于20××年10月25日（星期三）上午9:30在上海光大会展中心东馆（上海市漕宝路78号）举行。诚邀您届时莅临指导。

第56届全国电子产品展销会组委会

20××年10月5日

（敬请持本柬的贵宾于上午9:00准时到会展中心贵宾休息室签到）

【评析】

这份请柬开篇写邀请对象，礼貌而庄重。正文交代邀请事由及时间、地点，简洁明了。正文末尾写上邀请敬语，殷切诚挚。

四、任务实施（步骤）

（一）环境要求

可选择多媒体教室等场所进行，备好纸、笔，配备计算机、投影仪等设备，最好每名学生配备一台计算机进行上机写作。

（二）实施步骤

1. 认真阅读情境任务，划出情境任务中的关键词。

2. 认真阅读“相关知识”，划出你觉得重要的知识点。

3. 每人执笔或上机，通过网络查找相关材料，独立完成情境任务的初稿（在“个人作品”中呈现）。

4. 分组讨论，各小组组员相互评阅初稿，然后选出本组代表作进行修改。

5. 以小组为单位上交一篇作品并在多媒体上展示，师生共同点评。

五、个人作品（可附页）

六、小组推选作品及展示

小组成员：________________________________

个人在小组的贡献：________________________

小组推选代表作(最终版,可附页)：

七、个人反思与总结

八、成果测评

个人自评：自评指标详见表 4-3-1，成绩占比 20%；

组间互评：组间互评指标详见表 4-3-2，成绩占比 40%；

教师评价：教师测评指标详见表 4-3-3，成绩占比 40%。

表 4-3-1 个人自评指标

序号	评价指标	分值	评分标准	得分
1	阅读情境任务，划出情境任务中的关键词	10	标出了关键词，得 10 分；没标出，得 0 分	
2	阅读相关知识，划出对你完成情境任务有用的信息	10	在相关知识标注了有用信息，得 10 分；没标出，得 0 分	
3	文本的写作格式（个人）	10	有基本的写作格式，得 10 分；格式杂乱，得 0 分	
4	文本的写作内容（个人）	30	内容至少包括标题、称谓、正文、落款，得 30 分；少一项，扣 10 分	
5	文本与情境任务结合程度（个人）	10	结合紧密，得 10 分；结合较紧密，得 7~9 分；结合较少，得 4~6 分；结合很少或没有，得 0 分	
6	书写工整	10	文本整洁，没有涂改，得 10 分；文本较整洁，得 7~9 分；文本基本整洁，得 4~6 分；文本不整洁，得 0~3 分	
7	团队协作	20	积极主动参与团队讨论和承担任务，得 20 分；较主动参与团队讨论和承担任务，得 14~19 分；能够配合小组其他成员较好地完成任务，得 10~13 分；完成小组任务较差，得 6~9 分，几乎没有参与小组任务，得 0~5 分	
8	个人评价得分（合计）			

表 4-3-2 小组互评指标

序号	评价指标	分值	评分标准	得分
1	文本的写作格式（小组代表作）	20	有基本的写作格式，得 20 分；格式杂乱，得 0 分	
2	文本的内容（小组代表作）	20	内容包括标题、称谓、正文、落款，得 20 分；少一项，扣 10 分	
3	文本与情境任务结合程度（小组代表作）	20	结合紧密，得 20 分；结合较紧密，得 10~19 分；结合很少，得 1~9 分；没有结合，得 0 分	
4	上台展示形式	20	文本展示清楚，得 20 分；文本展示较清楚，得 12~19 分；文本展示不太清楚，得 8~11 分；文本展示不清楚，得 1~7 分	

续表 4-3-2

序号	评价指标	分值	评分标准	得分
5	小组上台汇报	20	思路清晰,表达流利,得 20 分;思路较清晰,表达较流利,得 12~19 分;思路不太清晰,表达不太流利,得 8~11 分;思路不清晰,表达不流利,得 1~7 分	

表 4-3-3　指导教师评价指标

序号	评价指标	分值	评分标准	得分
1	阅读情境任务,划出情境任务中的关键词	5	标出了关键词,得 5 分;没标出,得 0 分	
2	阅读相关知识,划出对你完成情境任务有用的信息	5	在相关知识标注了有用信息,得 5 分;没标出,得 0 分	
3	文本的写作格式(个人)	5	有基本的写作格式,得 5 分;格式杂乱,得 0 分	
4	文本的写作内容(个人)	20	内容包括标题、称谓、正文、落款,得 20 分;少一项,扣 10 分	
5	文本与情境任务结合程度(个人)	5	结合紧密,得 5 分;结合较紧密,得 3~4 分;结合很少,得 1~2 分;没有结合,得 0 分	
6	书写工整	5	文本整洁,没有涂改,得 5 分;文本较整洁,得 1~4 分	
7	团队协作	5	主动参与团队讨论和承担任务,得 5 分;较主动参与团队讨论和承担任务,得 1~4 分	
8	文本的写作格式(小组代表作)	5	有基本的写作格式,得 5 分;格式杂乱,得 0 分	
9	文本的内容(小组代表作)	20	内容至少包括标题、称谓、正文、落款,得 20 分;少一项,扣 10 分	
10	文本与情境任务结合程度(小组代表作)	5	结合紧密,得 5 分;结合较紧密,得 3~4 分;结合很少,得 1~2 分;没有结合,得 0 分	
11	代表小组上台展示	5	代表小组上台展示,得 5 分;没有展示,得 0 分	
12	反思与总结	10	能客观、公正地找出问题,并能提出可行性改进意见,得 10 分;能客观、公正地找出问题,但改进意见不具有针对性,得 5~9 分;不能客观、公正地找出问题,提出的改进意见不具针对性,得 0~4 分	
13	思政素养	5	体现了正确的三观,得 5 分;否则,得 0 分	

任务4.4 贺 信

一、情境任务

10月23日是李老师的60岁寿辰，张明每年都会当面为李老师送上生日祝福，但是今年由于工作变动，张明远在外地不能回来为李老师祝寿。张明回想起读书时，李老师对他的谆谆教诲和无微不至的关怀，为不能当面为老师祝寿而感到遗憾，决定写一封贺信。

要求：请根据以上情境，帮张明给李老师写封贺信。

二、任务分析

贺信是在喜庆仪式、隆重典礼或其他重大商务活动取得成功时表示庆贺之意的礼仪文书。在商务活动中，贺信对于联络情感、加强合作具有十分重要的作用。在写作时要做好如下工作：①正确领会任务要求；②学习文体知识，完成构思任务；③写成初稿送主管领导审阅并修改；④熟悉文种格式，按规定形式印制。

三、相关知识

（一）贺信的概念

贺信是表示庆贺的书信的总称，指党政机关、企事业单位、社会团体或个人向其他集体、单位或个人取得的成就、获得某种职位、组织的成立、纪念日期表示祝贺的一种专用书信。贺信现在已成为表彰、赞扬、庆贺对方在某个方面所做贡献的一种常用形式，它还兼有表示慰问和赞扬的功能。写贺信，要写清向谁祝贺、祝贺什么、为什么要祝贺等。有时还要向被祝贺者提出新的要求和希望，并写上表示祝贺的话。

（二）贺信的特点

1. 祝贺性

贺信是表示祝贺的礼仪文书，制发目的就是向对方表达本方的祝贺，因此表示祝贺是它最主要的特点。

2. 褒扬性

贺信不仅用于表示祝贺，而且对对方取得的成绩给予赞扬、在重大的节庆表达美好的祝愿，需要用到表达强烈感情的词语，让别人能感受到发文者的用意。贺信中丝毫不允许贬低对方。

3. 时效性强

由于贺信是因事而发的，如果是事情过去之后再发贺信，那么就会使贺信失去意义。

4. 行文方向多向

在行文方向上，贺信可以是上行文，也可以是下行文，还可以是平行文。

5. 简明性

贺信表达祝贺之意时，往往言简意赅。

（三）贺信的常见类型

1. 上级给下级的贺信

贺信可以表达节日祝贺，也可以对工作成绩表示祝贺等。这类贺信，最后都要提出希望和要求。

2. 下级给上级的贺信

这类贺信一般对全局性的工作成绩表示祝贺，此外还要表明下级对完成有关任务的信心和决心。

3. 平级单位之间的贺信

这类贺信，一般就对方单位所取得的工作成就表示祝贺，同时还可以表明向对方学习的谦虚态度，以及保持和发展双方关系的良好愿望。

4. 国家之间的贺信（贺电）

当有外交关系的国家新首脑就职，或者友好国家有重大喜事时，一般要发贺信（贺电），这既是礼节上的需要，同时也是谋求双方共同发展、维护双方共同利益的方式。

5. 个人之间的贺信

这类贺信用于亲朋好友在重要节日、重大喜事中互相祝贺、慰勉、鼓励；或者祝贺某人在工作、学习中取得了好成绩，以分享快乐。

（四）贺信的结构和写法

贺信一般由标题、称谓、正文和落款四部分构成。

1. 标题

贺信的标题通常可以划分为以下三类。

（1）直接以“贺信”做标题，如在第一行正中书写“贺信”二字。个人之间的贺信也可以不写标题。

（2）由发文单位和文书类别构成，如：“教育局贺信”。

（3）由发文单位 + 受文单位或对象 + 文书名称构成，如：“全国妇联向凯旋的航天员刘洋致贺信”。

2. **称谓**

在第二行顶格写清楚被祝贺的单位或是个人的名称或是姓名，如果是写给个人的贺信，要在姓名后加“先生”“女士”或相应的称呼，称呼之后要加冒号。

3. **正文**

正文包括开头、主体、结尾三部分内容。

(1) 开头　常用“值此……之际”，或“欣闻……特代表……向……致以热烈的祝贺”开宗明义。

(2) 主体　要交代清楚以下几项内容：第一，结合当前的形势，说明对方取得成绩的大背景，或者某个重要会议召开的历史条件。第二，概括说明对方都在哪些方面取得了成绩，还要对其获得成绩的主观、客观原因进行总结。如果是寿辰贺信，应概括地说明对方的贡献和品德。总之，这一部分是贺信的中心部分，一定要交代清楚祝贺的原因。

(3) 结尾　表示热烈的祝贺，要写出自己祝贺的心情，要真诚地表达自己的祝福和慰问，还要多写一些鼓励的话，提出希望和共同理想。如“此致”“敬礼”“祝争取更大的进步”“祝您健康长寿”“祝大会圆满成功”“谨祝取得新的、更好的成绩”等一类祝福语结尾。

4. **落款**

落款写明发文的单位或个人的姓名、名称，并署上成文的时间。

(五)贺信的写作要求

(1) 贺信要体现的是自己真诚的祝福，是加强彼此联系、增强双方交流的重要手段，所以贺信用语要有鲜明的感情色彩，要使人感到温暖和愉快，受到鼓舞和教育。冷冰冰的陈述、评价是表达不出贺者心愿的。

(2) 贺信内容要真实，评价成绩要恰如其分，表示决心要切实可行，不可空发议论，空喊口号。

(3) 贺信要求简单短小，不宜长篇大论；语言要求精炼、简洁明快，不堆砌华丽辞藻；篇幅要短小精悍。

(六)范例评析

贺　信

《××》杂志社：

我们怀着十分欣喜与钦佩的心情通知您，贵刊在刚刚结束的“中国期刊奖暨第二届全国百种重点社科期刊”评选中荣获“中国期刊奖暨第二届全国百种重点社科期刊”称号。在此，向贵刊表示忠心祝贺与诚挚敬意。

处于世纪之交的“中国期刊奖暨第二届全国百种重点社科期刊”评选是 20 世纪最后一次对全国期刊界的检阅，承前启后，继往开来，预示着新世纪中国期刊业进一步繁荣、腾飞的灿烂前景。吮吸着悠久历史的芬芳，沐浴着时代奋进的精神，祝愿贵刊早日成长为中国期刊之林的一棵参天大树。

《中国出版》杂志社敬贺

××××年××月××日

【评析】

这篇贺信语言精练、简洁明快、言简意赅但又不乏祝贺的情真意切，内容表达恰如其分，感情饱满充沛，充分表达出《中国出版》杂志社对《××》杂志社所获荣誉的肯定与热情祝贺，由衷地表达了其真诚的敬意与祝福。

这篇贺信格式极其规范严谨，体现出祝贺单位对被祝贺单位的尊重和敬意。最后，点明这次评选是对全国期刊界的检阅，预示新世纪中国期刊业进一步繁荣、腾飞的灿烂前景，并进而提出鼓励、劝勉，希望《××》杂志社在新世纪里早日成长为中国期刊之林的一棵参天大树。落款中“敬贺”二字作用不容忽视，它更密切了双方联系，礼多人不怪。

四、任务实施（步骤）

（一）环境要求

可选择多媒体教室等场所进行，备好纸、笔，配备计算机、投影仪等设备，最好每名学生配备一台计算机进行上机写作。

（二）实施步骤

1. 认真阅读情境任务，划出情境任务中的关键词。

2. 认真阅读“相关知识”，划出你觉得重要的知识点。

3. 每人执笔或上机，通过网络查找相关材料，独立完成情境任务的初稿（在“个人作品”中呈现）。

4. 分组讨论，各小组组员相互评阅初稿，然后选出本组代表作进行修改。

5. 以小组为单位上交一篇作品并在多媒体上展示，师生共同点评。

五、个人作品(可附页)

六、小组推选作品及展示

小组成员:______________________________

个人在小组的贡献:______________________

小组推选代表作(最终版,可附页):

七、个人反思与总结

八、成果测评

个人自评：自评指标详见表 4-4-1，成绩占比 20%；

组间互评：组间互评指标详见表 4-4-2，成绩占比 40%；

教师评价：教师测评指标详见表 4-4-3，成绩占比 40%。

表 4-4-1　个人自评指标

序号	评价指标	分值	评分标准	得分
1	阅读情境任务，划出情境任务中的关键词	10	标出了关键词，得 10 分；没标出，得 0 分	
2	阅读相关知识，划出对你完成情境任务有用的信息	10	在相关知识标注了有用信息，得 10 分；没标出，得 0 分	
3	文本的写作格式（个人）	10	有基本的写作格式，得 10 分；格式杂乱，得 0 分	
4	文本的写作内容（个人）	30	内容至少包括标题、称谓、正文、落款，得 30 分；少一项，扣 10 分	
5	文本与情境任务结合程度（个人）	10	结合紧密，得 10 分；结合较紧密，得 7~9 分；结合较少，得 4~6 分；结合很少或没有，得 0 分	
6	书写工整	10	文本整洁，没有涂改，得 10 分；文本较整洁，得 7~9 分；文本基本整洁，得 4~6 分；文本不整洁，得 0~3 分	
7	团队协作	20	积极主动参与团队讨论和承担任务，得 20 分；较主动参与团队讨论和承担任务，得 14~19 分；能够配合小组其他成员较好地完成任务，得 10~13 分；完成小组任务较差，得 6~9 分，几乎没有参与小组任务，得 0~5 分	
8	个人评价得分（合计）			

表 4-4-2 小组互评指标

序号	评价指标	分值	评分标准	得分
1	文本的写作格式(小组代表作)	20	有基本的写作格式,得 20 分;格式杂乱,得 0 分	
2	文本的内容(小组代表作)	20	内容包括标题、称谓、正文、落款,得 20 分;少一项,扣 10 分	
3	文本与情境任务结合程度(小组代表作)	20	结合紧密,得 20 分;结合较紧密,得 10~19 分;结合很少,得 1~9 分;没有结合,得 0 分	
4	上台展示形式	20	文本展示清楚,得 20 分;文本展示较清楚,得 12~19 分;文本展示不太清楚,得 8~11 分;文本展示不清楚,得 1~7 分	
5	小组上台汇报	20	思路清晰,表达流利,得 20 分;思路较清晰,表达较流利,得 12~19 分;思路不太清晰,表达不太流利,得 8~11 分;思路不清晰,表达不流利,得 1~7 分	
6	小组评价得分(合计)			

表 4-4-3 指导教师评价指标

序号	评价指标	分值	评分标准	得分
1	阅读情境任务,划出情境任务中的关键词	5	标出了关键词,得 5 分;没标出,得 0 分	
2	阅读相关知识,划出对你完成情境任务有用的信息	5	在相关知识标注了有用信息,得 5 分;没标出,得 0 分	
3	文本的写作格式(个人)	5	有基本的写作格式,得 5 分;格式杂乱,得 0 分	
4	文本的写作内容(个人)	20	内容包括标题、称谓、正文、落款,得 20 分;少一项,扣 10 分	
5	文本与情境任务结合程度(个人)	5	结合紧密,得 5 分;结合较紧密,得 3~4 分;结合很少,得 1~2 分;没有结合,得 0 分	
6	书写工整	5	文本整洁,没有涂改,得 5 分;文本较整洁,得 1~4 分	
7	团队协作	5	主动参与团队讨论和承担任务,得 5 分;较主动参与团队讨论和承担任务,得 1~4 分	
8	文本的写作格式(小组代表作)	5	有基本的写作格式,得 5 分;格式杂乱,得 0 分	
9	文本的内容(小组代表作)	20	内容至少包括标题、称谓、正文、落款,得 20 分;少一项,扣 10 分	
10	文本与情境任务结合程度(小组代表作)	5	结合紧密,得 5 分;结合较紧密,得 3~4 分;结合很少,得 1~2 分;没有结合,得 0 分	

续表 4-4-3

序号	评价指标	分值	评分标准	得分
11	代表小组上台展示	5	代表小组上台展示,得 5 分;没有展示,得 0 分	
12	反思与总结	10	能客观、公正地找出问题,并能提出可行性改进意见,得 10 分;能客观、公正地找出问题,但改进意见不具有针对性,得 5~9 分;不能客观、公正地找出问题,提出的改进意见不具针对性,得 0~4 分	
13	思政素养	5	体现了正确的三观,得 5 分;否则,得 0 分	
14	教师评价得分(合计)			

项目5

商务会议文书

【**知识目标**】了解会议通知、会议议程、会议日程、会议记录、会议纪要的含义、特点与作用；掌握其写作格式、结构与要求。

【**技能目标**】能够根据情境任务要求，撰写规范的常用商务会议文书。

【**素质目标**】通过情境化教学，培养学生数字化、表格化、规范化的职业素养，培养学生时间管理意识和统筹规划能力；通过小组展示和评价，培养团队互助、正视自我、取长补短的能力。

【**思政目标**】培养学生善于谋划、协调沟通、做事周全的能力。

思政园地

善于谋划、协调沟通、做事周全

小明是一个善于谋划与协调沟通、做事周全的人。他历任多个项目经理，每个项目都取得了优异的成绩。他的秘诀是事前做好充分准备，提前预测可能出现的问题，并制定解决方案。同时，在项目执行过程中，他能够随时应变，做出合理的调整，并及时与团队成员沟通，确保每个人都清楚自己的角色和任务。

在一次新项目启动会上，小明发现团队成员之间存在不少的沟通问题。为了解决这个问题，他分析了问题的根源，并制定了一系列沟通计划和培训方案。他邀请了专业的培训师，举行了一系列团队培训，并安排了定期的交流会议，以确保团队成员之间的沟通顺畅。

在项目执行过程中，小明经常与团队成员进行沟通，了解成员遇到的问题，并制定相应的解决方案。他也十分注重与客户的沟通，及时回复客户提出的问题，解决客户遇到的困难。

在项目结束时,小明和团队成员一起进行了细致的总结与反思,将项目中的成功经验和不足之处进行了系统性的总结,为以后的项目执行提供了重要的借鉴。

小明深知,成功与团队合作密不可分。他善于发现每个团队成员的长处,并给予他们充分的机会和支持。同时,他也十分重视与团队成员之间的关系,注重建立良好的人际关系,以此增强团队凝聚力。

最终,小明所领导的项目圆满结束,客户给予了高度评价。小明的声誉也随之高涨,他成为公司中备受好评的一名项目经理。

问题:1. 小明为什么能够成为一名在公司中备受好评的项目经理?

2. 小明能够圆满完成项目的背后揭示了什么样的道理?

任务5.1 会议通知

一、情境任务

某生物技术研究所研究出一项新型生物应用技术,并有意转让科研成果,或找厂家合作生产。为此,该所计划在报纸上刊发通知,邀请全国生物技术生产应用企业于2023年5月8日在北京凯旋宾馆二楼会议厅举行新产品技术洽谈会。要求参会企业提前报名,准时到场,自带企业简介。联系人为李嘉,联系电话:010—××××××××。

要求:请你据此内容撰写一则会议通知。

二、任务分析

会议通知是为了召开一场会议而向相关人员发布的一种通知。通常会在会议前一段时间内,由会议主持人或组织者发出,包括会议的时间、地点、参会人员、议程、会议主题等一系列内容。会议通知具有明确的目的和内容,旨在让参会人员在事先了解情况的基础上做好准备,提高会议效率和成果。在写作时要做好如下工作:①正确领会任务要求;②学习文体知识,完成构思任务;③写成初稿送主管老师审阅并修改:④熟悉文种格式。

三、相关知识

会议通知是一种用于发布会议的基本要素,要求与会人员共同执行、办理或者周知的文书,是会议组织者和与会人员会前沟通的重要途径,发布会议通知是会前工作的重要环节。

(一)会议通知的特点

1. 告知性

会议通知包含会议的基本要素,它常利用书面、电话、海报或邮件等形式发布会议名称、会议主题、会议议题、与会人员、会议时间和地点,以及一些与会人员需要注意的其他事项,行文思路清楚,表述准确,具有鲜明的告知性。

2. 指导性

会议通知通常包括会议召开的背景、会议目标和与会人员需要注意的事项,接收者对此要认真领会,并在规定时间内完成通知布置的任务和材料的准备,从而提高会议的实效性。

3. 时效性

会议通知是一种制发比较快捷、运用灵便的应用文种,通常在会议召开前公布。根据会议规模的大小、会议的性质和与会人员的身份,发布会议通知的时间也是不一样的。例如:大型的会议,其会议通知常在一个月前发出,并通常附有回执,可以选择多种方式发布,在会期临近时,最好用电话再次确认;而单位的例会,则可以当日发布会议通知,联系并确定与会人员。

(二)会议通知的种类

根据会议种类、规模的不同,会议通知可分为以下几类:

(1)按通知的形式可分为口头通知和书面通知。

(2)按通知的性质可分为预备性通知和正式会议通知。

(3)按会议通知的发布方式,常分为文件式、备忘录式、请柬式和张贴式会议通知四种。

(三)会议通知的结构和写法

会议通知一般由标题、通知对象、正文和落款组成。

1. 标题

通知的标题有四种写法:一是完全式(发文机关+事由+文种);二是省略式(发文机关省略);三是省略式(事由省略,发文机关+通知);四是只写文种,即“通知”。

2. 通知对象

通知对象就是会议通知的接收方,可以是具体的某个单位,如“××公司”也可以是多个单位的统称,如“各分公司”或将几个单位并列列出,还可以是个人,这时通常直接写参会者姓名和职务。

3. 正文

通知的正文是重点内容,一般包括以下三点:①通知的缘由:为什么要发这个通知,也可以是通知的背景介绍。②通知的具体内容:一般包括时间、地点、人物、事项等,不同的通知其内容也不一样，例如复杂一些的会议通知，主要包括会议的名称、目的、议题、时间、会址、参加会议的要求、注意事项、筹办会议单位、联系人、联系方式、地址、前往会址的路线等；而相对简单一些的会议通知，主要包括会议的名称、目的、内容（含时间、地点）、要求、筹办单位等。③习惯用语：常用的通知习惯用语有“特此通知 / 本通知自下发之日起实施 / 以上通知，望认真执行”等。当然，结尾部分的习惯用语也可不写，通知的事项写完，正文就结束了。

4. 落款

在会议通知的结尾处写明主办单位名称和成文时间并加盖公章。

有的会议通知还会附上回执或报名表，一般包括参会者的单位、姓名、年龄、性别、职称、预定回程票及食宿的需求等内容，要求通知对象在相应的期限内填好后寄回，以便统计参会人数和安排会务接待。

（四）会议通知的写作要求

（1）通知事项的重点要突出、切实可行，使受文者能正确理解并准确执行。

（2）内容要具体明确。在众多的公文种类中，通知与实际工作的关系最密切，事项性通知尤为突出。因此，通知的内容必须详尽且具体，便于理解和执行。这就要求在撰写通知之前，必须做好调查研究工作，缜密思考，反复推敲，充分保证文件质量。

（3）制发要迅速及时。撰写通知要及时、迅速，要提高效率，以免贻误时机，给工作带来影响。及时行文，不仅是部署重大行动、制止非法或违规活动的需要，也是批转（转发）文件、告知有关事项的需要。通知的标题中有时会出现“紧急”“临时”“补充”等字样，这也正是它制发灵活、反应迅速的体现。

（4）用语要准确得体。通知的适用范围不同，行文方向也不一样，因此必须根据实际需要，区别使用不同的公文用语。

（五）范例评析

××市秘书学研究会关于召开2017年学术年会的通知

学会各位会员：

在我国进入全面建设小康社会的关键性阶段，党的十九大即将召开。在新时期新形势下，为深入开展秘书学理论研究，推进秘书教育改革，推动秘书事业持续稳定发展，开创秘书职业认证和秘书工作新局面，我会定于2017年10月8日召开学术年会。现将本次年会相关事宜通知如下：

一、会议时间

2017年10月8日（周日）9:00—12:00

二、会议地点

××大学图书馆侧楼206会议室

三、参会人员

（一）个人会员及团体会员

（二）省、市秘书学及秘书职业界领导和嘉宾

四、会议主要议程

（一）学会本届理事会工作报告

（二）特邀领导、专家报告

（三）年度优秀论文颁奖

（四）讨论通过学会章程修订案

（五）换届选举

（六）获奖论文点评

（七）秘书职业资格考试辅导经验交流

（八）学会2018年工作计划

五、其他事宜

（一）请于2017年9月30日前填写会议回执并寄回，以便统计人数安排用餐。

（二）填写工作成果信息交流表，以便通过学会简报交流，上述表格请于2017年10月2日前发至学会电子邮箱：gzmixx@163.com。

（三）会员费每人100元，采取现场收取现金的方式，同时开具正式发票。

（四）交流的论文请自行打印30份，报到后交会务组统一发放。

（五）报到时间、地点：2017年10月8日上午8:30，××大学图书馆侧楼二楼大厅。

（六）交通指引

公交310、313、801到××大学。

地铁6号线，××点C出口到××大学。

联系人：××大学公共管理系　肖小丹

联系电话：1386235××××

××市秘书学会研究会（印）

2017年9月15日

附件1　会议回执（略）

附件2　工作成果信息交流表（略）

【评析】

这是一则文件式会议通知，结构完整，包括标题、通知对象、正文、落款和附件五个部分。通知标题包括会议组织方名称、会议名称和文种，一目了然。正文则包括了会议召开的形势背景和目的，先总体上介绍了会议情况，接下来分条列项地说明了会议时间、地点、参会人员、会议主要议程和其他事宜，让参会者会前对会议本身和自己所需做的准备工作有了一个清晰的认识。本例文总体来说，言简意赅，思路明确。

四、任务实施（步骤）

（一）环境要求

可选择多媒体教室等场所进行，备好纸、笔，配备计算机、投影仪等设备，最好每名学生配备一台计算机进行上机写作。

（二）实施步骤

1. 认真阅读情境任务，划出情境任务中的关键词。
2. 认真阅读“相关知识”，划出你觉得重要的知识点。
3. 每人执笔或上机，通过网络查找相关材料，独立完成情境任务的初稿（在“个人作品”中呈现）。
4. 分组讨论，各小组组员相互评阅初稿，然后选出本组代表作进行修改。
5. 以小组为单位上交一篇作品并在多媒体上展示，师生共同点评。

五、个人作品（可附页）

六、小组推选作品及展示

小组成员：______________________________

个人在小组的贡献：______________________

小组推选代表作(最终版,可附页)：

七、个人反思与总结

八、成果测评

个人自评：自评指标详见表 5-1-1，成绩占比 20%；

组间互评：组间互评指标详见表 5-1-2，成绩占比 40%；

教师评价：教师测评指标详见表 5-1-3，成绩占比 40%；

表 5-1-1　个人自评指标

序号	评价指标	分值	评分标准	得分
1	阅读情境任务，划出情境任务中的关键词	10	标出了关键词，得 10 分；没标出，得 0 分	
2	阅读相关知识，划出对你完成情境任务有用的信息	10	在相关知识标注了有用信息，得 10 分；没标出，得 0 分	
3	文本的写作格式（个人）	10	有基本的写作格式，得 10 分；格式杂乱，得 0 分	
4	文本的写作内容（个人）	30	内容至少包括标题、通知对象、正文、落款，得 30 分；少一项，扣 10 分	
5	文本与情境任务结合程度（个人）	10	结合紧密，得 10 分；结合较紧密，得 7~9 分；结合较少，得 4~6 分；结合很少或没有，得 0 分	
6	书写工整	10	文本整洁，没有涂改，得 10 分；文本较整洁，得 7~9 分；文本基本整洁，得 4~6 分；文本不整洁，得 0~3 分	
7	团队协作	20	积极主动参与团队讨论和承担任务，得 20 分；较主动参与团队讨论和承担任务，得 14~19 分；能够配合小组其他成员较好地完成任务，得 10~13 分；完成小组任务较差，得 6~9 分，几乎没有参与小组任务，得 0~5 分	
8	个人评价得分（合计）			

表 5-1-2　小组互评指标

序号	评价指标	分值	评分标准	得分
1	文本的写作格式(小组代表作)	20	有基本的写作格式，得 20 分；格式杂乱，得 0 分	
2	文本的内容（小组代表作）	20	内容包括标题、通知对象、正文、落款，得 20 分；少一项，扣 5 分	
3	文本与情境任务结合程度（小组代表作）	20	结合紧密，得 20 分；结合较紧密，得 10~19 分；结合很少，得 1~9 分；没有结合，得 0 分	
4	上台展示形式	20	文本展示清楚，得 20 分；文本展示较清楚，得 12~19 分；文本展示不太清楚，得 8~11 分；文本展示不清楚，得 1~7 分	
5	小组上台汇报	20	思路清晰，表达流利，得 20 分；思路较清晰，表达较流利，得 12~19 分；思路不太清晰，表达不太流利，得 8~11 分；思路不清晰，表达不流利，得 1~7 分	
6	小组评价得分（合计）			

表 5-1-3　指导教师评价指标

序号	评价指标	分值	评分标准	得分
1	阅读情境任务，划出情境任务中的关键词	5	标出了关键词，得 5 分；没标出，得 0 分	
2	阅读相关知识，划出对你完成情境任务有用的信息	5	在相关知识标注了有用信息，得 5 分；没标出，得 0 分	
3	文本的写作格式（个人）	5	有基本的写作格式，得 5 分；格式杂乱，得 0 分	
4	文本的写作内容（个人）	20	内容包括标题、通知对象、正文、落款，得 20 分；少一项，扣 5 分	
5	文本与情境任务结合程度（个人）	5	结合紧密，得 5 分；结合较紧密，得 3~4 分；结合很少，得 1~2 分；没有结合，得 0 分	
6	书写工整	5	文本整洁，没有涂改，得 5 分；文本较整洁，得 1~4 分	
7	团队协作	5	主动参与团队讨论和承担任务，得 5 分；较主动参与团队讨论和承担任务，得 1~4 分	
8	文本的写作格式（小组代表作）	5	有基本的写作格式，得 5 分；格式杂乱，得 0 分	
9	文本的内容（小组代表作）	20	内容包括标题、通知对象、正文、落款，得 20 分；少一项，扣 5 分	
10	文本与情境任务结合程度（小组代表作）	5	结合紧密，得 5 分；结合较紧密，得 3~4 分；结合很少，得 1~2 分；没有结合，得 0 分	
11	代表小组上台展示	5	代表小组上台展示，得 5 分；没有展示，得 0 分	
12	反思与总结	10	能客观、公正地找出问题，并能提出可行性改进意见，得 10 分；能客观、公正地找出问题，但改进意见不具有针对性，得 5~9 分；不能客观、公正地找出问题，提出的改进意见不具针对性，得 0~4 分	
13	思政素养	5	体现了正确的三观，得 5 分；否则，得 0 分	
14	教师评价得分（合计）			

任务 5.2　会议议程、会议日程

一、情境任务

某校人文系拟于 10 月 8—11 日召开人才培养创新研讨会，会议将邀请全国相关院校领导、专家约 100 人与会。

1. 如果你是该系办公室秘书，请拟订一份会议议程。

2. 如果你是该系办公室秘书，请拟订一份会议日程。

要求：格式正确、规范，要素齐全。

二、任务分析

会议议程是会议活动的指南，会议主持人要根据议程主持会议，会议参加者要根据议程参与会议。会议日程是会议活动在单位时间内的具体安排。不仅细化议程框架内的全部议题性活动，还要具体安排会议过程中的仪式性活动，有时还包括其他的辅助性活动，如欢迎晚宴、招待会、参观、考察、娱乐等。在写作时要做好如下工作：①正确领会任务要求；②学习文体知识，完成构思任务；③写成初稿送主管老师审阅并修改；④熟悉文种格式。

三、相关知识

（一）会议议程、会议日程的概念

会议议程又名“议事日程”，即会议上议题活动先后顺序的程序性安排。议程所涵盖的除了足以实现会议目的各种议案、议题之外，还包括会议的某项活动主持者姓名、会议某项活动开始的具体时间以及地点等信息。

会议日程是指各项会议活动在单位时间内的具体安排。会议日程不仅细化议程框架内的全部议题性活动，还要具体安排会议过程中的仪式性活动，有时还包括其他的辅助性活动，如欢迎晚宴、招待会、参观、考察、娱乐等。一般情况下会议日程要在会前发给与会者。

（二）会议议程、会议日程的特点

1. 顺序性

议程的先后顺序非常重要，切不可前后倒置或杂乱无章。因此，会议组织者会前要对各项议题活动进行周到细致的安排，确保不错、不漏、不互相冲突。对影响全局的关键的议程，事先应进行预演和排练，将差错的概率降到最低。会议过程中如因议程差错导致混乱，会严重影响会议效果，造成工作的被动。

2. 主次分明

当会议议程较多时，要注意分清主次、轻重、缓急。一般应将重要的、急需解决的议题安排在前面，一般性议题放在后面。这样做有一个好处：即使在预订的会议时间内无法将全部议题处理完毕，起码较紧要的议题已经处理完。那些相对来说较不紧要的议题，则可另择时间处理，或是并入下次会议再议。

3. **时间明确**

即每一个议题都应预估所需的时间，并明白地标示出来。这样做，既可以方便与会者对照议程提前做好准备，也可以提示主持人或者发言人自我约束，节省与会者的时间，提高会议效率。

4. **数量适度**

会议议程既不能安排过多，也不能太少。议程过多，可能导致议而不深，议而不透，议而不决，使会议收不到应有的效果。议程太少，内容太少，会议流于形式，浪费时间。

5. **操作性强**

议程涉及的是具体、详细、实际的活动内容。议程明确具体，与会人员才能围绕议程开展活动，发言讨论才能抓住中心和重点。在具体安排上，要注意将同类性质的议题集中排列在一起，以方便与会者讨论。在先后次序上，要把保密性强、涉及人员范围小的议题排在后面，以便无关人员届时退席。

6. **留有余地**

做任何工作都要留有余地，会议议程的安排也不例外。如果时间安排得过紧过满，一旦出现临时情况就无法应对。因此，议程安排要留有余地。机动余地大小视会议规模而定，时间较长的会议一般留半天至一天左右的机动时间。

（三）会议议程、会议日程的主要类型

不同类型的会议，有不同的议程。大中型会议时间跨度大，会期长，议题比较多，通常应安排开幕式、领导和来宾致辞、领导作报告、大会发言、分组讨论、参观或其他活动、会议总结、宣读决议、闭幕式等环节。与会人员较多的大型、超大型会议还应安排预备会。小型专题会议议程一般较少，如民主生活会、学术讨论会、经验交流会、动员大会、总结表彰会等。法定的程序性会议的议程通常是固定的，如党代会、团代会、职工代表大会、学术年会等。有的会议，议程一经确定应提前告知与会者，如形势分析会、答辩会等，以便与会者利用会前时间进行调查研究，能够有准备地参加会议。有些会议的议程，如现场观摩会、成果汇报会，不仅包括室内活动，还有现场观摩活动等内容。

（四）会议议程、日程的结构和写法

1. **会议议程的结构和写法**

会议议程由标题、题注、正文、落款和制定日期等 5 个部分组成。

⑴ 标题　标题由会议全称加上议程二字组成，如“香楠公司 2013 年年终表彰大会议程”。

⑵题注　法定性会议应当在标题的下方说明会议议程通过的日期、会议名称。如在“中

国人民政治协商会议第十一届全国委员会第一次会议议程”下方用括号注明“2008 年 3 月 2 日政协第十一届全国委员会第一次会议预备会议通过”。一般企业或者单位会议议程可以没有题注。

(3)正文　简要说明每次议题和活动的顺序,并冠以序号,将其清晰地表达出来(句子末尾一般不用标点符号)。

(4)落款　由会议组织机构确定的议程应当标明制定机构的名称,如“秘书处”。由会议通过的议程不用标注落款。

(5)制定日期　无须大会通过的议程要标明制定的具体日期。

2. 会议日程的结构和写法

(1)标题　由会议全称或规范化简称加上“日程”或“日程安排表”“日程表”组成。

(2)稿本　某些法定性会议的日程需要经大会或主席团会议通过,秘书在拟写时应写明“草案”,用圆括号括入,位置在标题之后或者下方居中。秘书报请领导审批的会议日程,也应标明“草案”。

(3)题注　报大会或主席团会议通过的会议日程,应当写明题注,具体写法同会议议程。一般会议的日程如在标题中已经显示会议年份信息的,则可省去不写;如标题未显示年份信息,在其他部分也未显示的,应标明年份。

(4)正文　正文部分有两种格式:

①表格式。一般将具体日期、单位时间、地点、内容等要素排列在表格中,要素的排列方式“因会而异”,具体样式参见“典型案例”。表格式的优点在于会议活动的各项安排清晰明了,适用于需要交代各项具体信息的会议。

②日期式。日期式即按日期先后排列会议的各项活动。具体样式参见“典型案例”。

(5)落款　一般由会议的秘书处落款,也可省略。

(6)制订日期　写法同会议议程,也可省略。

(五)写作要求

1. 整体把握

全面准确地把握会议的议题性活动、仪式性活动以及其他辅助活动,把握其主次关系,突出重点,注意各项活动之间的协调。

2. 时间预测

对各项具体活动所需时间进行预测。预测的方法是:第一,以前同类型会议上同样的活动所耗用的实际时间;第二,本次会议的议题和其他活动的增减情况;第三,每项议题的发言人数和发言时间;第四,每项仪式性和辅助性活动所需的时间;第五,中间休息时间。

3. **符合人体生理和心理规律**

心理学的试验表明，人的精力、体力在一天中呈规律性的变化，高峰一般出现在上午10:00和下午4:00左右。这时，人的思维最清晰、情绪最饱满、精力最充沛、注意力最集中，是安排重要会议活动的最佳时段。

会议日程编排所应遵循的总的原则是，既要精简、高效，又要科学、合理，做到松紧适度，劳逸结合。

（六）范例评析

例1　**中国人民政治协商会议第十一届全国委员会第一次会议议程**

（2008年3月2日政协第十一届全国委员会第一次会议预备会议通过）

一、听取和审议政协全国委员会常务委员会工作报告

二、听取和审议政协全国委员会常务委员会关于提案工作情况的报告

三、列席第十一届全国人民代表大会第一次会议，听取并讨论政府工作报告及其他有关报告

四、选举政协第十一届全国委员会主席、副主席、秘书长、常务委员

五、审议通过政协第十一届全国委员会第一次会议政治决议

六、审议通过政协第十一届全国委员会第一次会议关于政协全国委员会常务委员会工作报告的决议

七、审议通过政协第十一届全国委员会第一次会议提案审查委员会关于政协十一届一次会议提案审查情况的报告

（资料来源：http://news.xinhuanet.com/newscenter/2008-03/02/content7702762.htm）

例2　**全国政协十一届四次会议日程**

（2013年2月28日政协第十一届全国委员会常务委员会第十二次会议通过）

3月3日（星期四）

下午3:00　政协十一届四次会议开幕会

1. 审议通过政协第十一届全国委员会第四次会议议程

2. 听取贾庆林主席作政协全国委员会常务委员会工作报告

3. 听取王志珍副主席作政协全国委员会常务委员会关于政协十一届三次会议以来提案工作情况的报告

3月4日（星期五）

上午9:00　小组讨论（常委会工作报告和提案工作情况报告）

下午3:00　小组讨论（常委会工作报告和提案工作情况报告）

3月5日(星期六)

上午9:00 列席十一届全国人大四次会议开幕会,听取国务院总理温家宝作政府工作报告

下午3:00 小组讨论(政府工作报告)

3月6日(星期日)

上午9:00 小组讨论(政府工作报告)

下午3:00 小组讨论(国民经济和社会发展第十二个五年规划纲要草案)

3月7日(星期一)

上午9:00 小组讨论(国民经济和社会发展第十二个五年规划纲要草案)

下午3:00 小组、界别联组讨论(有一个以上小组的界别安排联组形式,联系本界别实际讨论政府工作报告、国民经济和社会发展第十二个五年规划纲要草案)

3月8日(星期二)

上午9:00 小组讨论(计划报告和预算报告)

下午3:00 政协十一届四次会议第二次全体会议大会发言

3月9日(星期三)

上午9:00 政协十一届四次会议第三次全体会议大会发言

下午 委员休息

3月10日(星期四)

上午9:00 小组讨论(结合常委会工作报告讨论政协工作)

下午3:00 政协十一届四次会议第四次全体会议大会发言

3月11日(星期五)

上午9:00 小组讨论(结合履行职责实践讨论政协工作)

下午3:00 列席十一届全国人大四次会议第三次全体会议

1. 听取最高人民法院院长王胜俊作最高人民法院工作报告

2. 听取最高人民检察院检察长曹建明作最高人民检察院工作报告

3月12日(星期六)

上午9:00 小组讨论("两高"工作报告和各项决议草案)

上午10:30 主席会议

1. 听取小组讨论情况的综合汇报

2. 审议提交政协第十一届全国委员会常务委员会第十三次会议审议的有关文件

下午3:00 政协第十一届全国委员会常务委员会第十三次会议

1. 通过政协第十一届全国委员会第四次会议关于常务委员会工作报告的决议(草案)

2. 审议通过政协第十一届全国委员会提案委员会关于政协十一届四次会议提案审查情况的报告(草案)

3. 通过政协第十一届全国委员会第四次会议政治决议(草案)

3月13日(星期日)

上午9:00　政协十一届四次会议闭幕会

1. 通过政协第十一届全国委员会第四次会议关于常务委员会工作报告的决议

2. 通过政协第十一届全国委员会提案委员会关于政协十一届四次会议提案审查情况的报告

3. 通过政协第十一届全国委员会第四次会议政治决议

注:日程如有变动,由大会秘书处另行通知

(资料来源:https://www.chinanews.com.cn/gn/2011/03-01/2874543.shtml)

【评析】

案例中的会议议程和会议日程符合会议议程、会议日程的结构和写法,结构完整,内容清晰,时间安排详略得当,能够很好地为会议召开服务,保障了会议的顺利进行。

四、任务实施(步骤)

(一)环境要求

可选择多媒体教室等场所进行,备好纸、笔,配备计算机、投影仪等设备,最好每名学生配备一台计算机进行上机写作。

(二)实施步骤

1. 认真阅读情境任务,划出情境任务中的关键词。

2. 认真阅读“相关知识”,划出你觉得重要的知识点。

3. 每人执笔或上机,通过网络查找相关材料,独立完成情境任务的初稿(在“个人作品”中呈现)。

4. 分组讨论,各小组组员相互评阅初稿,然后选出本组代表作进行修改。

5. 以小组为单位上交一篇作品并在多媒体上展示,师生共同点评。

五、个人作品(可附页)

六、小组推选作品及展示

小组成员:________________________________

个人在小组的贡献:________________________

小组推选代表作(修改版,可附页):

七、个人反思与总结

八、成果测评

个人自评:自评指标详见表 5-2-1,成绩占比 20%;

组间互评:组间互评指标详见表 5-2-2,成绩占比 40%;

教师评价:教师测评指标详见表 5-2-3,成绩占比 40%。

表 5-2-1　个人自评指标

序号	评价指标	分值	评分标准	得分
1	阅读情境任务,划出情境任务中的关键词	10	标出了关键词,得 10 分;没标出,得 0 分	
2	阅读相关知识,划出对你完成情境任务有用的信息	10	在相关知识标注了有用信息,得 10 分;没标出,得 0 分	
3	文本的写作格式(个人)	10	有基本的写作格式,得 10 分;格式杂乱,得 0 分	
4	文本的写作内容(个人)	30	完成了会议议程、会议日程的写作,得 30 分;少一项,扣 15 分	
5	文本与情境任务结合程度(个人)	10	结合紧密,得 10 分;结合较紧密,得 7~9 分;结合较少,得 4~6 分;结合很少或没有,得 0 分	
6	书写工整	10	文本整洁,没有涂改,得 10 分;文本较整洁,得 7~9 分;文本基本整洁,得 4~6 分;文本不整洁,得 0~3 分	
7	团队协作	20	积极主动参与团队讨论和承担任务,得 20 分;较主动参与团队讨论和承担任务,得 14~19 分;能够配合小组其他成员较好地完成任务,得 10~13 分;完成小组任务较差,得 6~9 分,几乎没有参与小组任务,得 0~5 分	
8	个人评价得分(合计)			

表 5-2-2　小组互评指标

序号	评价指标	分值	评分标准	得分
1	文本的写作格式(小组代表作)	20	有基本的写作格式,得 20 分;格式杂乱,得 0 分	
2	文本的内容(小组代表作)	20	完成了会议议程、会议日程两篇写作,得 20 分;少一项,扣 10 分	
3	文本与情境任务结合程度(小组代表作)	20	结合紧密,得 20 分;结合较紧密,得 10~19 分;结合很少,得 1~9 分;没有结合,得 0 分	
4	上台展示形式	20	文本展示清楚,得 20 分;文本展示较清楚,得 12~19 分;文本展示不太清楚,得 8~11 分;文本展示不清楚,得 1~7 分	
5	小组上台汇报	20	思路清晰,表达流利,得 20 分;思路较清晰,表达较流利,得 12~19 分;思路不太清晰,表达不太流利,得 8~11 分;思路不清晰,表达不流利,得 1~7 分	
6	小组评价得分(合计)			

表 5-2-3　指导教师评价指标

序号	评价指标	分值	评分标准	得分
1	阅读情境任务,划出情境任务中的关键词	5	标出了关键词,得 5 分;没标出,得 0 分	
2	阅读相关知识,划出对你完成情境任务有用的信息	5	在相关知识标注了有用信息,得 5 分;没标出,得 0 分	
3	文本的写作格式(个人)	5	有基本的写作格式,得 5 分;格式杂乱,得 0 分	
4	文本的写作内容(个人)	20	完成了会议议程、会议日程两篇写作,得 20 分;少一项,扣 10 分	
5	文本与情境任务结合程度(个人)	5	结合紧密,得 5 分;结合较紧密,得 3~4 分;结合很少,得 1~2 分;没有结合,得 0 分	
6	书写工整	5	文本整洁,没有涂改,得 5 分;文本较整洁,得 1~4 分	
7	团队协作	5	主动参与团队讨论和承担任务,得 5 分;较主动参与团队讨论和承担任务,得 1~4 分	
8	文本的写作格式(小组代表作)	5	有基本的写作格式,得 5 分;格式杂乱,得 0 分	
9	文本的内容(小组代表作)	20	完成了会议议程、会议日程两篇写作,得 20 分;少一项,扣 10 分	
10	文本与情境任务结合程度(小组代表作)	5	结合紧密,得 5 分;结合较紧密,得 3~4 分;结合很少,得 1~2 分;没有结合,得 0 分	
11	代表小组上台展示	5	代表小组上台展示,得 5 分;没有展示,得 0 分	
12	反思与总结	10	能客观、公正地找出问题,并能提出可行性改进意见,得 10 分;能客观、公正地找出问题,但改进意见不具有针对性,得 5~9 分;不能客观、公正地找出问题,提出的改进意见不具针对性,得 0~4 分	
13	思政素养	5	体现了正确的三观,得 5 分;否则,得 0 分	
14	教师评价得分(合计)			

任务 5.3　会议记录

一、情境任务

2023 年 12 月 13 日上午 9:00，××公司 2023 年客户联谊会暨 2023 年新产品订货会在杭州国际会议中心第一报告厅隆重召开。会议由副总经理何××主持，出席会议的人员有市童装专业委员会副会长张××、来自全国各地的客户代表以及公司所有中层以上干部。秘书李强负责会议记录。

要求：如果你是秘书李强，你将如何完成此项工作。

二、任务分析

会议记录是会议进程的客观、原始、真实的记录，是编发会议简报、会议纪要等文字材料的基础性材料。某些会议的记录具有一定法律效力。完成会议记录要注意两点：一是记录的项目要完整，相关会议信息要齐全；二是记录内容要客观、准确、真实、完整。同时，会议记录人员应具备较广的知识面、快速记录能力、良好的语言组织能力，以及较强的记忆力。

三、相关知识

（一）会议记录的概念

会议记录是由会议的组织者指定专人如实、准确记录会议组织情况、进程、发言人的发言以及会议的结果等内容的会议文书。会议记录真实地记载了会议的情况，客观地反映了会议的内容和进程，为编发会议快报、会议简报和会议纪要提供了重要素材，可以作为传达贯彻会议精神和执行会议决定、决议的依据，也为日后分析、研究和整理会议内容提供主要依据，因而会议记录是一种重要的文书档案。

（二）会议记录的特点

1. 会议记录的纪实性

会议记录要求准确、真实、清楚、完整，以严肃认真的态度忠实记录发言人的原意。书面语言可以比口头发言适当简练一些，但是不能歪曲和任意增删发言内容。关键的地方应尽量一字不差地记录原话。会议的主要情况、发言的主要内容和意见必须记录完整，不能有遗漏。

2. 会议记录的资料性

会议记录具有现场实录性的特点。它如实记录会议的全过程,其中包括组织概况、会议的主要内容、重要讲话以及代表发言等,能够为日后查找和利用保留原始材料。

(三)会议记录的主要类型

1. 详细记录

有些重要会议,要求有言必录,包括发言中的插话等,都要详细记录在案。这种记录,过去多是采用特定符号记录(速记),现在设备比较优越,可使用现代技术录音,最后根据录音整理成文。有些会议不适宜录音,必须运用速记。

2. 摘要记录

摘要记录是一般会议通用的记录要求,就是“择其要点而记之”,不必有言必录。这种记录宜采用汉字直接记录,记录者一面听发言、一面分析,判断哪些该记,哪些可不记,这样才能抓住要点,避免发生摘而不要的现象。

3. 简要记录

各机关的日常会议或基层单位的一般会议通常是采用汉字作简单记录。这类会议比较简单,往往是磋商某项工作,你一言,我一语,因此记录无须全面,只要记录其实质性的意见就行了。

(四)会议记录的结构和写法

会议记录的格式一般包括首部、主体和尾部三个部分组成。

1. 首部

首部包括标题和会议组织基本情况。这部分通常由记录人在会议开始前填写好。

(1)会议标题　一般由会议名称加“记录”二字组成,如“× × 工作会议记录”。

标题用于标明会议的性质和类别,便于归档备案和日后查考。记录如果用专门的会议记录纸,则标题就填写在记录标题的栏目中;如果用的是一般的记录本,则另起一页书写。

(2)会议组织的基本情况　会议组织基本情况一般要求在会前写好,以免在会议正式开始后,影响对会议内容的记录。常用会议记录的机关,“会议组织基本情况”是预制成表格式的。各机关单位制定的表格形式不大一致,基本内容包括①会议时间:一般的会议只标明开会日期,重大的会议应标明开始和结束日期。②地点:即会议举行的场所。③主持人:写上姓名、职务。④出席人。⑤制度人。⑥列席人。⑦记录人。

2. 主体

主体部分具体记录所要记录的内容:

(1)大会报告、领导讲话　分别写上“× × 同志报告”“× × 同志讲话”,后面用冒号领起，记录所讲内容。

(2) 大会发言　写上“大会发言”，后面用冒号领起。分组讨论则写上“分组讨论”及所讨论的题目，然后分别记录发言人姓名及其发言内容。

(3) 会议研究议题　写上“会议议题”，后面用冒号领起，列上议题名称。如果有两个以上的议题，则要用序号标明，然后依次记录发言人姓名及其发言内容。

(4) 会议的决议、决定　如有决议、决定，须将拟就的文字念给与会人听，要表决的还须记录赞成、不赞成、弃权的票数。

(5) 会议的遗留问题　如会议中有遗留问题应予以记录。

(6) 会议结束　写“散会”，以示记录完整，防止以后添加。

3. 尾部

尾部由主持人和记录人经审核后签字，以示负责。

(五)写作要求

(1) 记录人员自身要有较高的政治素质。既要诚实、公正和实事求是，如实记录，又要严守纪律，不泄密。

(2) 记录人员要具备较强的业务素质。记录虽然不是写文章，但同样是一种很细致的文字工作。要求担任记录的人员理解与掌握会议的主要精神，抓住发言的中心和关键话语，注意不同的意见、补充的意见等，并且能用清晰的字体、通顺的文字迅速记录下来。

(3) 记录要求准确、真实、清楚、完整。以严肃认真的态度忠实记录发言的原意。会议的主要情况、发言的主要内容和意见，必须记录完整，不能有遗漏，也不能随意删改。记录的字体不能过于潦草，不要使用自己创造的简笔字、简称或代号，以免其他人以后查考时无法辨认和阅读。记录使用通用速记符号的，事后应该整理成普通文字。记录一般要使用专门的记录纸，以便于整理保存。

(4) 对于发言的内容，一种是详细记录，即对比较重要的发言要完整地记录下来，尽量记录原话；另一种是做摘要记录，只记录发言的要点和中心内容。究竟采取哪一种方法记录，应当根据会议的性质、讨论的问题、发言内容的重要程度来定。

发言人使用的是口语，逐字逐句全部记录比较困难，也没有必要，可以适当精练、概括一些，去掉口头语言里的虚字、重复等。但是要注意保持原意和原话的特点，原有的语气，不要用记录人的语言或体会改写或代替，发言中有其他人的重要插话，应当加括号记明。

会议主持人在会上所做的提示、转换议题和总结性发言等的内容均应记录清楚。对会上的决议必须准确无误地记录，必要时可以当场诵读一遍。如发现有不确切的地方，可以当即修正。对于在会议上通过的决议，应记明赞成、反对与弃权的票数。

(5)现场做的文字记录,会议结束后要及时全面检查整理记录稿,对其中的错字、漏字、别字或字迹不清、语意不完整等处加以补正。使用速记符号记录的,应在会后及时译出汉文。如果在会议进行中使用录音记录发言,需要在会后整理出书面文字材料。重要的发言记录要请发言者核对,以保证符合原意。重要的会议记录,在经过检查整理后,应送会议主持人审阅签字。需要转发的会议讲话,应在文字整理之后送讲话人审阅。

(6)在记录中凡涉及人名,不要只写姓不写名,也不要只写姓加职务职称,而必须写明姓名,以免产生混淆,也便于将来查考。

(六)范例评析

××公司年度总结会议

会议时间:2021 年 12 月 31 日 10:00-12:00

会议地点:公司 ××× 会议室

主持人:张 ×

记录人:王 ××

参会人员:张 ×、李 ××、王 ××、赵 ×、陈 ××、周 ×、刘 ××、王 ××

会议内容:

1. 张 × 首先对公司 2021 年的工作进行了总结,认为公司取得了一定的成绩,但仍然存在一些不足之处,需要进一步加以改进。

2. 李 ×× 对公司 2022 年的计划进行了介绍,其中包括新产品的推出,市场拓展的计划等。

3. 全体参会人员就公司的团队建设、技术研发、营销推广等方面进行了讨论,提出了一些建议和意见。

4. 王 ×× 结合公司财务状况对公司的未来发展进行了分析和预测。

5. 最后,张 × 对参会人员表示了感谢和鼓励,并强调了公司未来的发展方向和目标。同时,他也指出了公司需要进一步努力和改进的方面。

【评析】

本次会议的记录是一种摘要记录,非常清晰简洁,内容包括会议名称、时间、地点、主持人、记录人以及参会人员等基本信息。总体上来说,这份会议记录除了一些细节方面可以再进一步完善之外,对会议整体情况的记录还是不错的,让人信服和满意。

四、任务实施(步骤)

(一)环境要求

可选择多媒体教室等场所进行,备好纸、笔,配备计算机、投影仪等设备,最好每名学生配备一台计算机进行上机写作。

(二)实施步骤

1. 认真阅读情境任务,划出情境任务中的关键词。
2. 认真阅读“相关知识”,划出你觉得重要的知识点。
3. 每人执笔或上机,通过网络查找相关材料,独立完成情境任务的初稿(在“个人作品”中呈现)。
4. 分组讨论,各小组组员相互评阅初稿,然后选出本组代表作进行修改。
5. 以小组为单位上交一篇作品并在多媒体上展示,师生共同点评。

五、个人作品(可附页)

六、小组推选作品及展示

小组成员:________________________

个人在小组的贡献:________________________

小组推选代表作(修改版,可附页):

七、个人反思与总结

八、成果测评

个人自评：自评指标详见表 5-3-1，成绩占比 20%；

组间互评：组间互评指标详见表 5-3-2，成绩占比 40%；

教师评价：教师测评指标详见表 5-3-3，成绩占比 40%。

表 5-3-1　个人自评指标

序号	评价指标	分值	评分标准	得分
1	阅读情境任务，划出情境任务中的关键词	10	标出了关键词，得 10 分；没标出，得 0 分	
2	阅读相关知识，划出对你完成情境任务有用的信息	10	在相关知识标注了有用信息，得 10 分；没标出，得 0 分	
3	文本的写作格式（个人）	10	有基本的写作格式，得 10 分；格式杂乱，得 0 分	
4	文本的写作内容（个人）	30	内容至少包括首部、主体、尾部，得 30 分；少一项，扣 10 分	
5	文本与情境任务结合程度（个人）	10	结合紧密，得 10 分；结合较紧密，得 7~9 分；结合较少，得 4~6 分；结合很少或没有，得 0 分	
6	书写工整	10	文本整洁，没有涂改，得 10 分；文本较整洁，得 7~9 分；文本基本整洁，得 4~6 分；文本不整洁，得 0~3 分	
7	团队协作	20	积极主动参与团队讨论和承担任务，得 20 分；较主动参与团队讨论和承担任务，得 14~19 分；能够配合小组其他成员较好地完成任务，得 10~13 分；完成小组任务较差，得 6~9 分，几乎没有参与小组任务，得 0~5 分	
8	个人评价得分（合计）			

表 5-3-2　小组互评指标

序号	评价指标	分值	评分标准	得分
1	文本的写作格式（小组代表作）	20	有基本的写作格式，得 20 分；格式杂乱，得 0 分	
2	文本的内容（小组代表作）	20	内容包括首部、主体、尾部，得 20 分；少一项，扣 10 分	
3	文本与情境任务结合程度（小组代表作）	20	结合紧密，得 20 分；结合较紧密，得 10~19 分；结合很少，得 1~9 分；没有结合，得 0 分	
4	上台展示形式	20	文本展示清楚，得 20 分；文本展示较清楚，得 12~19 分；文本展示不太清楚，得 8~11 分；文本展示不清楚，得 1~7 分	
5	小组上台汇报	20	思路清晰，表达流利，得 20 分；思路较清晰，表达较流利，得 12~19 分；思路不太清晰，表达不太流利，得 8~11 分；思路不清晰，表达不流利，得 1~7 分	
6	小组评价得分（合计）			

表 5-3-3　指导教师评价指标

序号	评价指标	分值	评分标准	得分
1	阅读情境任务，划出情境任务中的关键词	5	标出了关键词，得5分；没标出，得0分	
2	阅读相关知识，划出对你完成情境任务有用的信息	5	在相关知识标注了有用信息，得5分；没标出，得0分	
3	文本的写作格式（个人）	5	有基本的写作格式，得5分；格式杂乱，得0分	
4	文本的写作内容（个人）	20	内容包括首部、主体、尾部，得20分；少一项，扣10分	
5	文本与情境任务结合程度（个人）	5	结合紧密，得5分；结合较紧密，得3~4分；结合很少，得1~2分；没有结合，得0分	
6	书写工整	5	文本整洁，没有涂改，得5分；文本较整洁，得1~4分	
7	团队协作	5	主动参与团队讨论和承担任务，得5分；较主动参与团队讨论和承担任务，得1~4分	
8	文本的写作格式（小组代表作）	5	有基本的写作格式，得5分；格式杂乱，得0分	
9	文本的内容（小组代表作）	20	内容至少包括首部、主体、尾部，得20分；少一项，扣10分	
10	文本与情境任务结合程度（小组代表作）	5	结合紧密，得5分；结合较紧密，得3~4分；结合很少，得1~2分；没有结合，得0分	
11	代表小组上台展示	5	代表小组上台展示，得5分；没有展示，得0分	
12	反思与总结	10	能客观、公正地找出问题，并能提出可行性改进意见，得10分；能客观、公正地找出问题，但改进意见不具有针对性，得5~9分；不能客观、公正地找出问题，提出的改进意见不具针对性，得0~4分	
13	思政素养	5	体现了正确的三观，得5分；否则，得0分	
14	教师评价得分（合计）			

任务 5.4　会议纪要

一、情境任务

为了向公司各部门传达新产品订货会的情况，总经理刘 ×× 要求秘书张 × 立即拟写会议纪要并印发给各部门。张 × 接到任务后，开始忙了起来。

要求：请根据以上情境，帮助张 × 拟定一份会议纪要。

二、任务分析

会议纪要是传递会议信息、传达会议精神的公文。秘书人员制发会议纪要，首先要拟写会议纪要，然后经领导审核后予以印发。在拟写会议纪要前，应仔细参阅会议记录和其他相关资料。制发会议纪要一定要符合公司公文印发程序要求。

三、相关知识

（一）会议纪要的概念

会议纪要是记载和传达会议情况及议定事项的公文。会议纪要向上汇报，让上级了解情况，同时要向下传达，以便下级机关遵照执行，因此它的行文方向较为灵活，可上行、下行和平行。

（二）会议纪要的特点

(1)纪实性　其内容是对会议情况的记录和整理。

(2)综合性　不仅反映领导机关的意图和结论，也反映与会者的意见和会议的一般过程。

(3)及时性　其写作时限要求较严，要在会后较短时间内写出。

(4)特殊性　成文后，一般只主送各有关与会单位。

（三）会议纪要的主要类型

会议纪要可分为指令性会议纪要、通报性会议纪要和座谈会议纪要。

1. 指令性会议纪要

指令性会议纪要是指在会议中形成的记录，主要记录会议中做出的决策、任务分配、行动计划等重要内容。它强调的是会议的具体指令和行动计划，用于指导下一步的工作。指令性会议纪要需要具备简洁清晰的语言、准确明确的表述、具备可操作性和可衡量性，以便后续跟进和落实。指令性会议纪要不同于一般的会议记录，它更加具有实际指导意义。

2. 通报性会议纪要

通报性会议纪要，是指记录会议中进行的通告、提醒等信息的会议纪要。它通常包括领导的讲话和通报、相关部门的工作进展情况以及必须要注意的细节和安排。通报性会议纪要有助于保持大家对工作的关注和理解，以及及时了解有关的政策和规定，同时也有利于形成工作的合力。

3. 座谈会议纪要

座谈会议纪要是一种集合多位专家、学者或群众代表等，针对某一主题进行集思广益、交流意见形成的会议纪要。可以帮助与会者更深入地了解主题,共同寻找解决问题的方法和措施,有助于确保会议或活动的执行效率、明确各方责任、及时追踪进展情况等。

(四)会议纪要的结构和写法

会议纪要的结构一般包括标题、时间、正文等内容。

(1)标题　标题有两种写法:其一是单标题,其二是双标题。双标题有两个语言结构,前一个是主标题,概括会议的主题,后一个是副标题,说明会议的名称及所用文种。

(2)时间　纪要的时间一般是会议纪要形成的时间,有时也可以写会议结束的时间。会议纪要的时间一般写在标题下方的居中位置,并且首尾加圆括号。

(3)正文　正文一般包括开头、主体和结尾三部分。①开头部分用简练的文字写出会议概况。介绍召集会议的单位、会议的目的、开会的时间、地点、会期、参加人员、会议的议程和进行情况等。②主体部分主要写会议内容,即会议研究的问题,讨论的意见及所形成的结果。这部分的表述方式比较灵活多样,可以加写序号按问题的顺序逐一表述,也可以直接以小标题形式表述,还可以按内容性质加序号分若干部分表述。③结尾部分有两种写法。一种是提出希望、号召,要求有关单位认真贯彻会议精神,努力完成会上提出的各项任务;另一种是不另写结尾,正文的主体部分结束就是全文的结尾,一般工作会议纪要常常采用这种写法。

(五)写作要求

(1)要真实、准确地概括会议内容,尤其是会议的议决事项。会议纪要,既要忠实于会议的实际内容,又要归纳整理好,不能随主观意图增减或更改会议的内容,而必须做到真实、准确地表达会议内容。

(2)要突出反映会议的重点内容,这主要是指重点反映会议所讨论的问题及形成的统一意见,即会议明确和解决的问题。

(3)会议纪要的写作要及时,否则拖延时间过长,会给人“时过境迁”之感,影响公文的效果。

(六)范例评析

××公司阶段性总结会议纪要

会议时间:2021年8月1日下午2时

会议地点:公司会议室

参会人员:王×、李××、张××、陈××

会议内容:

1. 王×宣布公司上个季度的业绩结果,并对全体员工进行了表扬。

2. 李 ×× 汇报了最近的市场竞争形势和公司的销售情况。

3. 张 ×× 提出了几个项目的进展情况，并呼吁大家加强合作，争取早日完成。

4. 陈 ×× 提出了一些人力资源方面的问题，并希望得到领导的解决意见。

5. 王 × 回答了陈 ×× 的问题，并针对市场竞争情况提出了一些改进措施。

会议决议：

1. 公司将对业绩优秀的员工进行奖励，奖励金额以两万元为限。

2. 加强市场竞争意识，共同完成各个项目任务，达成年度销售额目标。

3. 解决人力资源问题，提高员工的工作满意度和绩效表现。

4. 下次会议时间和议题将由王总进行安排，并提前通知参会人员。

【评析】

这份会议纪要比较简洁明了，符合会议纪要的基本要求，内容也较为全面地记录了会议的主要内容和决议。但同时也有一些可以优化的地方，比如在记录人员列表的时候，应注明各人的职位，以方便后续参考；会议决议部分可以具体描述执行计划和负责人，以便落实执行情况的跟踪和评估。另外，在文本的格式方面，可以对各个议题进行编号或分段，以方便整体阅读和理解。

四、任务实施（步骤）

（一）环境要求

可选择多媒体教室等场所进行，备好纸、笔，配备计算机、投影仪等设备，最好每名学生配备一台计算机进行上机写作。

（二）实施步骤

1. 认真阅读情境任务，划出情境任务中的关键词。

2. 认真阅读“相关知识”，划出你觉得重要的知识点。

3. 每人执笔或上机，通过网络查找相关材料，独立完成情境任务的初稿（在“个人作品”中呈现）。

4. 分组讨论，各小组组员相互评阅初稿，然后选出本组代表作进行修改。

5. 以小组为单位上交一篇作品并在多媒体上展示，师生共同点评。

五、个人作品(可附页)

六、小组推选作品及展示

小组成员：________________________________

个人在小组的贡献：________________________

小组推选代表作(修改版,可附页)：

七、个人反思与总结

八、成果测评

个人自评：自评指标详见表 5-4-1，成绩占比 20%；

组间互评：组间互评指标详见表 5-4-2，成绩占比 40%；

教师评价：教师测评指标详见表 5-4-3，成绩占比 40%。

表 5-4-1　个人自评指标

序号	评价指标	分值	评分标准	得分
1	阅读情境任务，划出情境任务中的关键词	10	标出了关键词，得 10 分；没标出，得 0 分	
2	阅读相关知识，划出对你完成情境任务有用的信息	10	在相关知识标注了有用信息，得 10 分；没标出，得 0 分	
3	文本的写作格式（个人）	10	有基本的写作格式，得 10 分；格式杂乱，得 0 分	
4	文本的写作内容（个人）	30	内容至少包括标题、时间、正文，得 30 分；少一项，扣 10 分	
5	文本与情境任务结合程度（个人）	10	结合紧密，得 10 分；结合较紧密，得 7~9 分；结合较少，得 4~6 分；结合很少或没有，得 0 分	
6	书写工整	10	文本整洁，没有涂改，得 10 分；文本较整洁，得 7~9 分；文本基本整洁，得 4~6 分；文本不整洁，得 0~3 分	
7	团队协作	20	积极主动参与团队讨论和承担任务，得 20 分；较主动参与团队讨论和承担任务，得 14~19 分；能够配合小组其他成员较好地完成任务，得 10~13 分；完成小组任务较差，得 6~9 分，几乎没有参与小组任务，得 0~5 分	
8	个人评价得分（合计）			

表 5-4-2　小组互评指标

序号	评价指标	分值	评分标准	得分
1	文本的写作格式（小组代表作）	20	有基本的写作格式，得 20 分；格式杂乱，得 0 分	
2	文本的内容（小组代表作）	20	内容包括标题、时间、正文，得 20 分；少一项，扣 10 分	
3	文本与情境任务结合程度（小组代表作）	20	结合紧密，得 20 分；结合较紧密，得 10~19 分；结合很少，得 1~9 分；没有结合，得 0 分	
4	上台展示形式	20	文本展示清楚，得 20 分；文本展示较清楚，得 12~19 分；文本展示不太清楚，得 8~11 分；文本展示不清楚，得 1~7 分	
5	小组上台汇报	20	思路清晰，表达流利，得 20 分；思路较清晰，表达较流利，得 12~19 分；思路不太清晰，表达不太流利，得 8~11 分；思路不清晰，表达不流利，得 1~7 分	
6	小组评价得分（合计）			

表 5-4-3　指导教师评价指标

序号	评价指标	分值	评分标准	得分
1	阅读情境任务，划出情境任务中的关键词	5	标出了关键词，得 5 分；没标出，得 0 分	
2	阅读相关知识，划出对你完成情境任务有用的信息	5	在相关知识标注了有用信息，得 5 分；没标出，得 0 分	
3	文本的写作格式（个人）	5	有基本的写作格式，得 5 分；格式杂乱，得 0 分	
4	文本的写作内容（个人）	20	内容包括标题、时间、正文，得 20 分；少一项，扣 10 分	
5	文本与情境任务结合程度（个人）	5	结合紧密，得 5 分；结合较紧密，得 3~4 分；结合很少，得 1~2 分；没有结合，得 0 分	
6	书写工整	5	文本整洁，没有涂改，得 5 分；文本较整洁，得 1~4 分	
7	团队协作	5	主动参与团队讨论和承担任务，得 5 分；较主动参与团队讨论和承担任务，得 1~4 分	
8	文本的写作格式（小组代表作）	5	有基本的写作格式，得 5 分；格式杂乱，得 0 分	
9	文本的内容（小组代表作）	20	内容至少包括标题、时间、正文，得 20 分；少一项，扣 10 分	
10	文本与情境任务结合程度（小组代表作）	5	结合紧密，得 5 分；结合较紧密，得 3~4 分；结合很少，得 1~2 分；没有结合，得 0 分	
11	代表小组上台展示	5	代表小组上台展示，得 5 分；没有展示，得 0 分	
12	反思与总结	10	能客观、公正地找出问题，并能提出可行性改进意见，得 10 分；能客观、公正地找出问题，但改进意见不具有针对性，得 5~9 分；不能客观、公正地找出问题，提出的改进意见不具针对性，得 0~4 分	
13	思政素养	5	体现了正确的三观，得 5 分；否则，得 0 分	
14	教师评价得分（合计）			

项目 6 商务法律专用文书

【知识目标】了解经济合同、招标书、投标书的含义、特点与分类;掌握其写作格式、结构与写法。

【技能目标】能够根据情境任务要求,撰写规范的经济合同、招标书、投标书等文书。

【素质目标】培养学生科学化、规范化、严谨务实的思维习惯,逐步具备并强化组织管理者的商务和法律意识;通过小组展示和评价,培养团队互助、正视自我、取长补短的能力。

【思政目标】培养学生严谨务实、诚实守信和法治观念。

思政园地

一字之差的法律文书,伤不起的是执法者

南宁市民韦先生骑电动车时打手机,被交警口头警告。在《公安交通管理口头警告告知书》中,交警要求他签字的位置写着“被告人”。韦先生认为,这份告知书把普通市民列为“被告人”,交警部门太随意。本报南国法援公益律师称,行政违法和刑事犯罪两者性质完全不同,交警用错法律术语的做法非常不严谨。6 月 17 日,南宁市交警支队表示将更正错误。6 月 24 日,记者回访时发现,“被告人”已更改为“被处罚人”。(6 月 25 日《南国早报》)

稍微有点法律常识的人都知道,“被告人”与“被处罚人”或者“被告知人”是完全不同的法律术语,其表达意思不同,针对的对象也完全不同。“被告人”是刑事案件中在审判阶段对涉嫌犯罪的当事人在法律上的称谓。而市民韦先生骑电动车时打手机,被交警口头警告,

只是行政处罚，在法律文书中使用刑事犯罪嫌疑人才使用的称谓，显然是错误的——不是不合理，而是不合法。

法律文书，一字之差，谬之千里，性质也全变。在上述这起案件中，正是交警部门在法律文书中使用了错误的法律术语，才使得本是行政处罚的案件有了刑事案件的感觉。

问题：你怎么理解法律文书中"一字之差，谬之千里"的含义？

任务 6.1　经济合同

一、情境任务

深圳荣华贸易总公司想将公司的业务推广到上海，拟筹建上海办事处，但是考虑到经济成本和实际运作的困难，荣华贸易的林总一直有些犹豫。后经朋友介绍，得知上海市光明广告集团公司也有意在深圳成立分公司，也正为同样的问题犯难。林总立即联系上海市光明广告集团公司的邵总，就双方交换写字楼为对方准备办事处一事进行了商谈，经过一番协商，双方就写字楼的质量、双方的权利与义务、合同的履行期限、违约责任和解决争议的办法等达成了一致意见。深圳荣华贸易总公司秘书小王根据商讨结果制定出了一份交换写字楼合同。

要求：请根据以上情境，拟写一份交换写字楼合同。

二、任务分析

现在的社会已经进入到法治时代，凡事以法为重。越来越多的经济关系和经济活动准则需要用法律形式确定下来。格式规范、内容准确的经济合同自然成为发展商品经济不可或缺的工具。要想此次写字楼交换成功，写作合同时，一要明确此次经济行为的目的和意义；二要考虑双方约定的具体条款；三要掌握经济合同写作的相关知识与技能。

三、相关知识

（一）经济合同的内涵

经济合同的出现是社会进步的体现。在我国经济发展的不同阶段，曾经有不同的合同立法。如 1981 年实施的《中华人民共和国经济合同法》、1985 年实施的《中华人民共和国涉外经济合同法》和 1987 年实施的《中华人民共和国技术合同法》，这些法规的颁布和实施对规范当时的经济行为起到了非常重要的作用。我国现行的合同法是1999年3月15日第九届全国人大二次会议审议并通过的《中华人民共和国合同法》,同年10月1日实施,以往的数种合同法一并同时废止。

《中华人民共和国合同法》的实施有利于社会主义市场经济的发展,对维护社会经济秩序,促进生产专业化和扩大再生产,保护合同当事人的合法权益,帮助当事人实现经济目的都起到了十分重要的作用,同时有利于企业加强经营管理,也有利于工商管理部门和企业主管部门对企业进行监管。

《中华人民共和国合同法》第二条规定:合同是平等主体的自然人、法人、其他组织之间设立、变更、终止民事权利义务关系的协议。

经济合同是社会和经济发展到一定阶段的产物,涉及交易、权利与义务的确定,与百姓社会生活的各个方面息息相关。从内涵上看,经济合同是指平等民事主体的法人、其他经济组织、个体工商户、农村承包经营户相互之间为实现一定的经济目的,明确相互权利义务关系而设立、变更、终止民事权利义务关系的协议。从外延上看,它主要包括购销、建设工程承包、加工承揽、货物运输、供用电、仓储保管、财产租赁、借款、财产保险,以及其他经济合同。虽然经济合同在内容上各有侧重,但总体上,经济合同的客体都是指合同主体的权利、义务所共同指向的事物。经济合同的内容包括合同主体享有的权利和所承担的义务。

经济合同的主体是自然人、法人和其他组织。其中自然人即公民,是指依法享有民事权利承担民事义务的人。法人是经国家认可,具有一定的组织结构,有独立的财产或独立的预算,能够以自己的名义进行经济活动,具有民事权利能力和行为能力,依法独立享受民事权利和承担民事义务的组织。具体包括依照法定程序成立的国家机关、企事业单位、社会团体等,其他组织则包括具有民事权利能力和民事行为能力的企业承包人、个体工商户、农村承包经营户等组织或个人。

(二)经济合同的特点

1. 合法性

合同的合法性主要体现在主体、内容、订立程序和表达形式都必须符合国家的规定。具体来说,①合同的当事人都必须是能独立承担民事权利和民事义务的法人、自然人和其他组织。②合同的内容必须合法,凡是违反国家相关规定,伤害国家、社会、他人合法利益的合同,都是无效合同,是不受法律保护的。如以国家明文禁止的买卖人口、非法集资、走私文物、聚众赌博、贩卖毒品等为内容的合同都是无效合同,当事人还会面临被追究刑事责任的后果。③合同的签订程序必须合法。合同的内容要经过反复协商,一致同意后才能签订。④合同的表达形式必须合法。一般的合同文本要争取采用合同管理机关或有关行业主管部门规定的统一的文本合同格式,在合同的形式上尽量做到完整和规范。

2. 约束性

合同一旦签订即具有法律约束力,合同当事方就要认真履行合同规定的义务,并依法享有相关的权利。任何一方不得擅自更改或解除合同。否则,必须承担由此变更所导致的经济损失和法律后果。

3. 平等性

合同当事方无论钱财多少,无论地位高低,都是依法享有独立民事权利和承担民事义务的平等的组织或个体,在签订合同时都享受平等的权利,同时也必须承担各自的义务。在签订合同时,必须依据"协商一致、平等互利、等价有偿"的原则,任何一方或其他势力都不可以把自己的意志强加给合同当事方,不得干涉合同签订的内容和形式。

(三)经济合同种类

按照合同内容来分:经济合同的种类由1993年颁布的10个合同种类发展到现在的15大类:买卖合同,供用电、水、气、热力合同,赠予合同,借款合同,租赁合同,融资租赁合同,承揽合同,建设工程合同,运输合同,技术合同,保管合同,仓储合同,委托合同,行纪合同,居间合同。不同种类的合同都侧重于不同的内容,行文上也有各自的风格。

按照合同订立的基本形式来分:除法律有特殊规定外,采取什么形式订立合同由当事人自行选择。依据《中华人民共和国合同法》第十条规定:当事人订立合同,有书面形式、口头形式和其他形式。法律、行政法规规定采用书面形式的,应当采用书面形式。书面形式是指合同书、信件和数据电文(包括电报、电传、传真、电子数据交换和电子邮件)等可以有形地表现所载内容的形式。

按照合同涉及的国别分为对内经济合同和涉外经济合同。

按写作格式分为条文式合同、表格式合同和文表结合式合同。

按照时效分为长期合同、中期合同和短期合同。

(四)经济合同与意向书、协议书的区别

合同、意向书和协议常被混淆在一起。三者都属于契约文书,都和当事方的经济活动密切相关,但是彼此之间的区别还是较明显的。

意向书是记载当事方合作意愿,作为进一步洽谈活动展开的基础,常成为签订协议和合同的前奏,是当事方洽谈一致的结果,有一定的约束力,但本身不具备法律效力,意向书中也不涉及违约责任。

事实上,合同和协议书确实存在很多一致性。合同和协议作为签约方对共同关注的事

项经过详细研究和商讨后确立下来的一致意见，在符合法律法规的前提下，一旦经双方或多方签字就都具有了法律效力；作为契约的一种，都能对签订方具有约束作用；对契约中约定的商品贸易或工作的开展都具有指导作用；写作格式也大体一样。

《中华人民共和国合同法》第二条也规定：合同是平等主体之间设立、变更、终止民事权利义务关系的协议。从这一概念中可以看出，合同就是协议。但根据逻辑学的原理，所有的合同都是协议，但并非所有的协议都是合同，所以说合同是具有特定内容的协议。具体来看，协议书与合同之间的主要区别有：

(1)合同有违约责任的规定，协议书一般不涉及。

(2)经济合同有"合同法"作为依据，协议书暂时没有具体法规规定。

(3)协议书比合同应用范围广，项目往往比合同项目要大，内容不如合同具体。因此，协议书签订以后，往往还要分项签订一些专门合同。

(五)经济合同的结构和写法

经济合同一般由标题、正文、落款三部分构成。

1. 标题

经济合同标题常见的写法是：合同的性质＋文种，如《基本建设合同》《粮食订购合同》。标题的右下方常标明合同编号。

2. 正文

正文是经济合同的具体内容，常包括引言、主体、结尾三个部分。

(1)引言　引言即合同的开头，通常有合同当事方的基本信息和签订合同的目的及依据。如在标题之下另起一行并排写出签约方的单位名称全称、签约方代表人姓名，单位名称后面可以用括号注明"甲方""乙方""出租方""承租方""买方""卖方"等，在下文中则用简称来指代。然后常用"为了……，根据……法律的规定，双方经过充分协商，特订立本合同，以便共同遵守。"等惯用语来引出正文的主体。

(2)主体　合同的主体是指合同的具体条款，是经济合同最核心的部分。《合同法》第二章第十二条规定，经济合同必备的条款有标的(货物、劳务、工程项目等)、数量和质量、价款或酬金、履行期限、地点与方式、验收、结算方式、违约责任和解决争议的方法等。还可以根据具体情况补充其他条款。

经济合同的条款经当事方协商一致后，逐一写明。条款涉及当事方的权利与责任，书写要意思明确、切实可行，它是合同能否正确履行的关键。

(3)结尾　结尾常包括合同的有效期限、合同文本的份数及保存方式、合同附件份数及名称。如"本合同自××××年××月××日至××××年×月×日有效，过期作废。”“本合同自双方代表签字,加盖双方公章或合同专用章即生效,至 × 日后终止。”“本合同一式四份,甲乙双方各执一份,副本两份,送双方上级主管机关存查。”

3. 落款

在正文下方标注合同当事方单位全称和法人姓名,加盖公章或合同专用章,双方代表签字。如需审批,需写双方主管机关和签证机关的名称并加盖印章。数额较大、周期较长的合同还要公证,之后标注合同签订日期。如有需要,日期下写明合同当事方各自的地址、邮编、传真、电话、银行账号、电子邮箱地址等信息。

(六)经济合同的写作要求

签订经济合同是一种法律行为,必须遵循合法原则、平等互利原则、协商一致原则和等价有偿原则。写作合同时一定要态度端正、谨慎细致。具体来说,写作经济合同应注意以下几点:

1. 严格遵守国家法律法规和现行政策规定

只有内容和签订程序都合法的合同才是有效合同,才受到法律的保护。

2. 体现协商一致、平等互利的原则

签订经济合同要体现出自觉自愿和平等互利的原则,任何一方不得将自己的意志强加给对方,也不允许其他势力对合同内容进行干涉。合同的内容需经当事方协商一致。

3. 条款要完备

合同的条款要完整齐备,逻辑严密,任何的疏漏和想当然都会引发误会甚至产生严重的经济和法律后果。要严格按照《合同法》的规定来设置条款。有时根据实际需要,经当事方协商一致后还可以进行补充。

4. 语言要明确

合同语言须准确、周密,以防止产生歧义,造成损失,中断合同的正确履行。如某公司从国外进口原木,合同中规定的质量标准为“直径 50 厘米以上”“交货地点为北京”“乙方不能按期交货,每延期一天,应偿付甲方 5%的违约金。”这些条款内容的不精确肯定会导致当事方之间产生纠纷。

5. 态度要严肃

签订合同是法律行为,一旦签订就会产生法律效力。单方面的改变和停止合同内容都需要承担相应的违约责任。所以书写合同时态度一定要严肃认真,不能有丝毫马虎。

(七)范例评析

房屋租赁合同

出租方(以下简称甲方):姓名＿＿＿＿＿＿＿＿　身份证号:＿＿＿＿＿＿＿＿＿＿＿＿

产权证号:＿＿＿＿＿＿＿＿＿＿　电话:＿＿＿＿＿＿＿＿

承租方(以下简称乙方):姓名＿＿＿＿＿＿＿＿　身份证号:＿＿＿＿＿＿＿＿＿＿＿＿

电话:＿＿＿＿＿＿＿＿＿＿＿＿

为了明确甲方与乙方的权利义务,经双方友好协商,特签订本合同,以便共同遵守:

一、房屋基本情况

甲方房屋(以下简称该房屋)坐落于＿＿＿＿＿＿＿＿＿＿＿＿＿＿,结构为＿＿＿＿＿＿＿＿,室内建筑面积为＿＿＿＿＿。具体见附件1。

二、房屋用途

该房屋用途为居住。仅限乙方居住,期间不得转租他人。

乙方不得改变房屋用途,不得改变房屋建筑结构,不得向外扩建。

三、租赁期限

租赁期限自＿＿年＿＿月＿＿日至＿＿年＿＿月＿＿日止。甲方应于本合同生效之日起5日内,将该房屋交付给乙方。

四、租金

该房屋月租金为人民币＿＿＿＿＿,租金交付实行＿＿＿＿＿月一次交清。

租赁期间,如遇到国家有关政策调整,则按新政策规定调整租金标准。

五、租金付给方式

乙方需在每月月初十号之前将本月的房屋租金人民币＿＿＿＿＿元以银行转账的形式交付给甲方,并用手机短信及时通知对方。甲方提供中国银行账号为＿＿＿＿＿。

六、关于室内家具家电的约定

甲方提供部分家具家电供乙方使用,清单见附件2。乙方应爱护使用。

七、甲方对房屋产权的承诺

甲方保证该房屋没有产权纠纷。

八、维修养护责任

租用期间,室内家具家电的一般日常维修保养均由乙方负责,费用由乙方自付。若属常规房屋大修,费用则由甲方承担。因乙方管理使用不善造成房屋及其相连设备、家具家电的损坏,其维修费用由乙方承担。若出现重大损坏,甲方将追究其责任,并要求赔偿损失。租赁期间，防火安全，环境卫生，综合治理及安全、保卫等工作，乙方应执行当地有关部门规定并承担全部责任，并听从甲方检查劝告。

九、关于装修和改变房屋建筑结构的约定

乙方不得随意改变房屋建筑结构，不得损坏房屋设施及原装修。

如实在需要改变房屋的内部某一设置，需先征得甲方书面同意，投资由乙方自理。退租时，甲方有权要求乙方按原状恢复。

十、关于房屋租赁期间的有关费用

所有需付费的项目和物品，如水、电、燃气、电话、网络、有线电视、管理费等，均由乙方自己付费，并承担用户的一切违约责任。

在租赁期，如果发生政府机关有关部门征收本合同未列出项目但与使用该房屋有关的费用，均由乙方支付。

十一、租赁期满

租赁期满后，如乙方要求继续租赁，乙方应在期满前一个月向甲方提出，若甲方同意继续租赁，则续签租赁合同。

十二、因乙方责任终止合同的约定

乙方有下列情形之一的，甲方可终止合同并收回房屋，造成甲方损失，由乙方负责赔偿：

1. 擅自拆改承租房屋结构或改变承租房屋用途的。

2. 拖欠租金累计达半个月。

3. 利用承租房屋进行违法活动的。

4. 故意损坏承租房屋的。

十三、提前终止合同

租赁期间，任何一方提出终止合同，需提前一个月书面通知对方，经双方协商后签订终止合同书，在终止合同书签订前，本合同仍有效。

如因国家建设、不可抗力因素，甲方必须终止合同时，一般应提前一个月书面通知乙方。乙方的经济损失甲方不予补偿。

十四、违约责任

租赁期间双方必须信守合同，任何一方违反本合同的规定，依据事实轻重，按年度须向对方交纳年度租金的10%作为违约金。乙方逾期未交付租金的，每逾期一日，甲方有权按月租金的2%向乙方加收滞纳金。

十五、因不可抗力原因导致该房屋毁损和造成损失的，双方互不承担责任。

十六、本合同未尽事项，由甲、乙双方另行议定，并签订补充协议。补充协议与本合同不一致的,以补充协议为准。

十七、本合同之附件均为本合同不可分割之一部分。本合同及其附件内空格部分填写的文字与印刷文字具有同等效力。

本合同及其附件和补充协议中未规定的事项,均遵照中华人民共和国有关法律、法规和政策执行。

十八、本合同在履行中发生争议,由甲、乙双方协商解决。协商不成时,甲、乙双方同意由仲裁委员会仲裁。也可向人民法院起诉。

十九、乙方于本合同签订之日向甲方支付保证金人民币 ××× 元后,合同随之生效。

二十、本合同共五页,一式两份,甲、乙双方各执一份,均具有同等效力。

附件 1:房屋建筑结构图

附件 2:房屋内家具家电清单

甲方(签章): 乙方(签章):

签约日期: 年 月 日 签约日期: 年 月 日

【评析】

本房屋租赁合同格式规范、内容完整。采取条文式写法,开头将合同当事方的基本情况标注清楚;前言写出写作此合同的依据和当事方态度;主体则分别列出房屋地址、居室间数、建筑面积、房屋家具电器、月租金额、租金缴纳日期和方法、租赁双方的权力与义务、注意事项、违约处理等基本条款,要言不烦;结尾说明附件名称及效力、未尽事宜、合同生效日期、合同份数及留存方式;落款是当事方的签名盖章和签约时间。

四、任务实施(步骤)

(一)环境要求

可选择多媒体教室等场所进行,备好纸、笔,配备计算机、投影仪等设备,最好每名学生配备一台计算机进行上机写作。

(二)实施步骤

1. 认真阅读情境任务,划出情境任务中的关键词。

2. 认真阅读“相关知识”,划出你觉得重要的知识点。

3. 每人执笔或上机,通过网络查找相关材料,独立完成情境任务的初稿(在“个人作品”中呈现)。

4. 分组讨论,各小组组员相互评阅初稿,然后选出本组代表作进行修改。

5. 以小组为单位上交一篇作品并在多媒体上展示,师生共同点评。

五、个人作品（可附页）

六、小组推选作品及展示

小组成员：________________________________

个人在小组的贡献：________________________

小组推选代表作（修改版，可附页）：

七、个人反思与总结

八、成果测评

个人自评:自评指标详见表 6-1-1,成绩占比 20%;

组间互评:组间互评指标详见表 6-1-2,成绩占比 40%;

教师评价:教师测评指标详见表 6-1-3,成绩占比 40%;

表 6-1-1　个人自评指标

序号	评价指标	分值	评分标准	得分
1	阅读情境任务,划出情境任务中的关键词	10	标出了关键词,得 10 分;没标出,得 0 分	
2	阅读相关知识,划出对你完成情境任务有用的信息	10	在相关知识标注了有用信息,得 10 分;没标出,得 0 分	
3	文本的写作格式(个人)	10	有基本的写作格式,得 10 分;格式杂乱,得 0 分	
4	文本的写作内容(个人)	30	内容至少包括标题、正文、落款,得 30 分;少一项,扣 10 分	
5	文本与情境任务结合程度(个人)	10	结合紧密,得 10 分;结合较紧密,得 7~9 分;结合较少,得 4~6 分;结合很少或没有,得 0 分	
6	书写工整	10	文本整洁,没有涂改,得 10 分;文本较整洁,得 7~9 分;文本基本整洁,得 4~6 分;文本不整洁,得 0~3 分	
7	团队协作	20	积极主动参与团队讨论和承担任务,得 20 分;较主动参与团队讨论和承担任务,得 14~19 分;能够配合小组其他成员较好地完成任务,得 10~13 分;完成小组任务较差,得 6~9 分,几乎没有参与小组任务,得 0~5 分	
8	个人评价得分(合计)			

表 6-1-2　小组互评指标

序号	评价指标	分值	评分标准	得分
1	文本的写作格式(小组代表作)	20	有基本的写作格式,得 20 分;格式杂乱,得 0 分	
2	文本的内容(小组代表作)	20	内容包括标题、正文、落款,得 20 分;少一项,扣 10 分	
3	文本与情境任务结合程度(小组代表作)	20	结合紧密,得 20 分;结合较紧密,得 10~19 分;结合很少,得 1~9 分;没有结合,得 0 分	
4	上台展示形式	20	文本展示清楚,得 20 分;文本展示较清楚,得 12~19 分;文本展示不太清楚,得 8~11 分;文本展示不清楚,得 1~7 分	
5	小组上台汇报	20	思路清晰,表达流利,得 20 分;思路较清晰,表达较流利,得 12~19 分;思路不太清晰,表达不太流利,得 8~11 分;思路不清晰,表达不流利,得 1~7 分	
6	小组评价得分(合计)			

表 6-1-3　指导教师评价指标

序号	评价指标	分值	评分标准	得分
1	阅读情境任务,划出情境任务中的关键词	5	标出了关键词,得 5 分;没标出,得 0 分	
2	阅读相关知识,划出对你完成情境任务有用的信息	5	在相关知识标注了有用信息,得 5 分;没标出,得 0 分	
3	文本的写作格式(个人)	5	有基本的写作格式,得 5 分;格式杂乱,得 0 分	
4	文本的写作内容(个人)	20	内容包括标题、正文、落款,得 20 分;少一项,扣 10 分	
5	文本与情境任务结合程度(个人)	5	结合紧密,得 5 分;结合较紧密,得 3~4 分;结合很少,得 1~2 分;没有结合,得 0 分	
6	书写工整	5	文本整洁,没有涂改,得 5 分;文本较整洁,得 1~4 分	
7	团队协作	5	主动参与团队讨论和承担任务,得 5 分;较主动参与团队讨论和承担任务,得 1~4 分	
8	文本的写作格式(小组代表作)	5	有基本的写作格式,得 5 分;格式杂乱,得 0 分	
9	文本的内容(小组代表作)	20	内容至少包括标题、正文、落款,得 20 分;少一项,扣 10 分	
10	文本与情境任务结合程度(小组代表作)	5	结合紧密,得 5 分;结合较紧密,得 3~4 分;结合很少,得 1~2 分;没有结合,得 0 分	
11	代表小组上台展示	5	代表小组上台展示,得 5 分;没有展示,得 0 分	
12	反思与总结	10	能客观、公正地找出问题,并能提出可行性改进意见,得 10 分;能客观、公正地找出问题,但改进意见不具有针对性,得 5~9 分;不能客观、公正地找出问题,提出的改进意见不具针对性,得 0~4 分	
13	思政素养	5	体现了正确的三观,得 5 分;否则,得 0 分	
14	教师评价得分(合计)			

任务 6.2　招标书

一、情境任务

为了丰富图书馆文献资源，×× 学院图书馆在充分听取在校师生的意见之后，决定采购中文图书和数字资源。为此，学院在 2023 年 3 月 28 日就以上内容向社会公开招标，项目预算金额为 72.8 万元。采购人信息是 ×× 学院，地址位于北京市 ×× 区 ×× 街道 5 号，联系人许老师，电话 010—89××××××，采购代理机构信息是北京 ×× 招标有限公司，地址位于北京市西城区广安门外大街 ××× 号 ×× 大厦 ×××× 室，联系人：李 ××、毛 ××、武 ××，电话 010—××××××××。获取招标文件时间：2023 年 3 月 28 日至 2023 年 4 月 4 日，每天 9:00—12:00，12:00—17:00（北京时间，法定节假日除外）；获取招标文件地点：北京市西城区广安门外大街 ××× 号 ×× 大厦 ×××× 室；提交投标文件截止时间及开标时间：2023 年 4 月 18 日 13:30。

要求：请根据以上情境，以 ×× 学院的名义向社会发布一份招标公告。

二、任务分析

公开平等的市场竞争是保持经济发展活力的法宝。招标对于招标方来说是择优，对于投标方来说是竞争。写作这份招标公告，一要介绍招标项目名称、背景与目的；二要明确招标方的各种要求；三要掌握招标书写作的相关知识与技能。

三、相关知识

（一）招标书的内涵

招标是一种必须依照《中华人民共和国招标投标法》的法律规定而进行的竞争性经济活动。《中华人民共和国招标投标法》由中华人民共和国第九届全国人民代表大会常务委员会第十一次会议于 1999 年 8 月 30 日通过，自 2000 年 1 月 1 日起施行。

招标书又称招标说明书，是指单位或个人在兴建工程、合作经营某项业务或进行大宗商品交易时，先把有关标准、价格、条件等事项以公告形式对外公布，这种文字材料就是招标书。

广义上来说，招标书包括招标申请书、招标通告、招标公告、招标邀请信（函）、招标章程、中标通知书等，即在整个招标过程中招标方制作的各种文件。狭义的标书，是招标的贸易条件和技术条件。物资与设备采购主要应列明商品名称、各种交易条件和投标人须知，如投标人资格、投标日期、投标保证金和投标单寄送方法等。工程项目还应包括项目规范、工程量表、合同条件及图表等，招标书受到法律的监督和保护，是中标后签订合同的重要依据。

招标能引进竞争机制，寻求最佳方案，选择最佳人选。招标书包括公布招标单位、招标项目、招标时间、招标步骤及联系方法等内容，是吸引投标者参与投标的媒介和工具。招标书的使用可以增强市场活力，有利于打破贸易垄断，展开市场经济下的良性竞争。对于招标方来说，招标书可以缩短工程施工或交货时间、提高工程质量、降低生产成本、获得较好的服务，有利于提高经济效益；对于投标方来说，新的挑战也意味着新的机遇，公开平等的竞争将会给单位的发展提供机会和条件。

（二）招标的程序

招标必须严格按照国家法律和相关文件的规定，一般来说招标单位要遵循一整套的流程，分步完成招标工作：

(1)向主管部门报送招标申请书。

(2)发布招标通报、启事或邀请信(函)。

(3)招标方对投标者进行资格审查。

(4)招标方宣布或通知资格审查合格者，送发招标书。

(5)招标方介绍招标企业情况或商品要求。

(6)招标方接受投标书，并予以密封。

(7)组织投标方公开演讲、答辩。

(8)招标方组织审标、议标、评标、定标。

(9)招标方向中标方发中标通知书。

(10)招标方向未中标者退投标书。

（三）招标书的特点

1. 公开性

按照《中华人民共和国招标投标法》第五条的规定："招标投标活动应当遵循公开、公平、公正和诚实信用的原则。"整个招标过程是公开、透明的。招标书的写作也充分体现出公开性。

2. 规范性

招标文书的制作过程和基本内容都要严格遵守《中华人民共和国招标投标法》的规定和要求。其所涉及的技术规范和质量标准都应符合有关法律法规的制约，具有严明的规范性。

3. **明确性**

招标书对招标的项目或工程的主要目的、基本情况、产品质量、人员素质、具体要求等条款的表述要明确、清晰，切忌模棱两可，含有歧义。

4. **竞争性**

招标书要体现出优胜劣汰的原则，充分调动投标方的积极性，吸引投标方踊跃参与竞争。

5. **时效性**

招标书具有强烈的时效性。首先，招标方为了早日完成项目，都希望尽快找到符合条件的最优合作伙伴，故对时间设置了期限要求。其次，招标书中对项目每个阶段的具体展开都有明确的时间标注，以便工作能够有条不紊地开展，也使投标方做到心中有数，根据要求行事。

（四）招标书种类

按招标的范围分为国际招标书、国内招标书、单位系统内部的项目招标书。

按内容和性质分为生产经营性招标书和科学技术性招标书两大类，常见的有设计招标书、建筑工程承包招标书、劳务招标书等。

按招标过程分为招标申请书、招标通告、招标公告、招标邀请信（函）、招标章程、中标通知书等。

按照招标的方式分为公开招标书、邀请招标书和指定招标书。公开招标由建设单位在当地、全国或国际性报纸（媒体）上刊登招标广告；邀请招标由建设单位向有能力承担该项工程的若干施工单位发出招标书；指定招标由建设项目主管部门或提请基本建设主管部门向本地区所属的几个施工企业发出指令性招标书。

（五）招标书的结构和写法

虽然按照招标的不同流程，招标书的写法并不统一。但是典型的招标书还是有较固定的格式，一般由标题、正文、落款与日期组成。

1. **标题**

（1）文种名称　如《招标书》《招标邀请函》《招标公告》《招标启事》。

（2）招标项目内容 + 文种　如《承包工程招标书》《维修月溪乡敬老院围墙招标书》。

（3）招标单位名称 + 文种　如《上海石油化工厂招标通告》《宏发公司招标公告》。

（4）招标单位名称 + 招标项目内容 + 文种　如《湖南湘南学院网络升级招标书》《广州大学修建图书馆工程招标书》。

2. **正文**

正文的构成：引言 + 主体。

（1）引言　引言常简述招标的背景、缘由和依据，以及招标项目的具体名称。主要写明招标单位的基本情况和招标目的。

(2) 主体　主体是招标书的关键内容,要逐条写清文件编号、招标项目情况(如标的的名称、型号、数量、质量、价格、规格等)、招标范围、招标方式(公开招标、指定招标、邀请招标)、招标时限、招标地点、投标资格、商务要求、技术要求、保证条件、支付办法、投标说明、其他事项等内容。

3. 落款与日期

应写明招标单位的名称、地址、电话、传真号码、联系人、邮政编码、发文日期等信息,加盖单位印章。

(六)招标书的写作要求

1. 内容合法

招标是一种具有法律效力的经济活动。招标书的制作一定要严格按照国家颁布的有关招标的具体办法和技术规范,合理合法地撰写招标文书。

2. 格式规范

招标是操作性很强的经济活动,讲究一定的程序和形式。招标书的制作在格式上要遵循相关的规定,从而体现规范的特点。

3. 态度公正

无论是公开招标还是邀请投标,招标方对于参与竞标的对象都应做到一视同仁。制作招标书时也应充分体现出公平、公正、透明的原则,只有客观又不偏颇的态度才能尽快寻求到最佳的合作伙伴。

4. 重点突出

对于招标书中具体项目有关的款项,如要求、标准、条件等要素都要重点予以说明。这样既方便投标方全面了解情况,做出准确的判断,同时也为下一步签订经济合同做好准备。

5. 用语准确

招标书是投标方参与竞标、设计投标书、日后签订合同的主要依据,所用语言一定要清晰准确,切忌含混不清、表述歧义,避免经济和法律纠纷的产生。

(七)范例评析

招标文件

项目编号:2017-021

项目名称:重庆市 ××× 区人民医院采购监控设备及安装

第一篇　采购项目书

我单位根据重庆市 ××× 区政府采购办公室下达的任务通知书,对重庆市 ××× 区人民医院监控设备进行采购及安装。欢迎具有生产、安装监控设备能力的供应商参加竞争性谈判。

一、报名、发标、投标截止及开标时间、地点

1. 发标时间:北京时间2011年3月14日(网上下载,网址:http://www.cqspbrmh.com.)。

2. 投标报名截止时间:北京时间2017年3月16日16:30之前。

3. 投标截止时间:北京时间2017年3月17日15:30之前。

4. 开标时间:北京时间2017年3月17日15:30。

5. 开标地点:重庆市 ××× 区政府采购中心一楼(××× 区 ×× 路336号)。

二、供应商资质要求

1. 具有独立承担民事责任的能力。

2. 具有良好的商业信誉和健全的财务会计制度。

3. 具有履行合同所必需的设备和专业技术能力。

4. 有依法缴纳税收和社会保障资金的良好记录。

5. 参加政府采购活动前三年内,在经营活动中没有重大违法记录。

6. 具有重庆市安防从业资质证。

三、其他规定

(略)

四、谈判费用

一切与谈判有关的费用,均由参与谈判的供应商自理。

五、竞争性谈判文件

(略)

第二篇　采购项目监控主要设备技术参数、数量及要求

一、××× 区人民医院增加监控系统技术参数

(略)

二、现场踏勘

(略)

第三篇　竞　标

一、竞标报价

1. 本谈判项目报价以人民币报价。

2. 提交竞标文件的份数和签署。(略)

3. 竞标文件的递交。(略)

4. 竞标方参与人员。

各个竞标方可派1~3名代表参与谈判，其中1人应为法人代表或具有法人授权委托书的授权代表。

二、谈判程序

（略）

三、成交原则

（略）

四、中标通知

（略）

五、签订合同

（略）

第四篇　商务要求

一、完工时间

（略）

二、设备验收

（略）

三、质保期

（略）

四、付款方式

（略）

五、合同的签订

谈判结束后，成交供应商应持《中标通知书》，按《中标通知书》要求签订书面合同。

第五篇　竞标文件格式要求

一、竞标方概况

二、竞争性报价函（附录1）

三、项目实施方案和技术方案的详细描述

四、商务条款承诺

五、其他优惠承诺

六、法定代表人身份证明（附录2）

七、法定代表人授权委托书（附录3）

八、竞标方的企业法人营业执照复印件

九、相关的资质证明

十、本招标文件中的附录和附件是正文不可分割之部分，具有同等效力。

附件一：××× 区政府采购供应商资格登记申请表

附件二：××× 区政府采购中心供应商资格审查说明

附件三：投标报名表

招标单位：重庆市 ××× 区政府采购中心（盖章）

地址：重庆市 ××× 区 ×× 路 336 号

联系人：曾 ××

电话：138××××××××，137××××××××

2017 年 2 月 1 日

【评析】

这份文件是重庆市 ××× 区人民医院委托 ××× 区政府采购中心采购及安装监控设备的招标书，格式规范。标题点明文件性质。正文分成两部分，即引言和主体。引言包括项目编号和项目名称。接下来，全文分成五篇分别对采购项目书，采购项目监控主要设备技术参数、数量及要求，竞标，商务要求，竞标文件格式要求进行了规定和说明。

落款包括招标单位名称、地址、联系人、电话和文件发布时间，要素齐备。全文思路清晰，内容表达完整。

四、任务实施（步骤）

（一）环境要求

可选择多媒体教室等场所进行，备好纸、笔，配备计算机、投影仪等设备，最好每名学生配备一台计算机进行上机写作。

（二）实施步骤

1. 认真阅读情境任务，划出情境任务中的关键词。

2. 认真阅读“相关知识”，划出你觉得重要的知识点。

3. 每人执笔或上机，通过网络查找相关材料，独立完成情境任务的初稿（在“个人作品”中呈现）。

4. 分组讨论，各小组组员相互评阅初稿，然后选出本组代表作进行修改。

5. 以小组为单位上交一篇作品并在多媒体上展示，师生共同点评。

五、个人作品(可附页)

六、小组推选作品及展示

小组成员:______________________________

个人在小组的贡献:______________________

小组推选代表作(修改版,可附页):

七、个人反思与总结

八、成果测评

个人自评：自评指标详见表 6-2-1，成绩占比 20%；

组间互评：组间互评指标详见表 6-2-2，成绩占比 40%；

教师评价：教师测评指标详见表 6-2-3，成绩占比 40%。

表 6-2-1　个人自评指标

序号	评价指标	分值	评分标准	得分
1	阅读情境任务，划出情境任务中的关键词	10	标出了关键词，得 10 分；没标出，得 0 分	
2	阅读相关知识，划出对你完成情境任务有用的信息	10	在相关知识标注了有用信息，得 10 分；没标出，得 0 分	
3	文本的写作格式（个人）	10	有基本的写作格式，得 10 分；格式杂乱，得 0 分	
4	文本的写作内容（个人）	30	内容至少包括标题、正文、落款与日期，得 30 分；少一项，扣 10 分	
5	文本与情境任务结合程度（个人）	10	结合紧密，得 10 分；结合较紧密，得 7~9 分；结合较少，得 4~6 分；结合很少或没有，得 0 分	
6	书写工整	10	文本整洁，没有涂改，得 10 分；文本较整洁，得 7~9 分；文本基本整洁，得 4~6 分；文本不整洁，得 0~3 分	
7	团队协作	20	积极主动参与团队讨论和承担任务，得 20 分；较主动参与团队讨论和承担任务，得 14~19 分；能够配合小组其他成员较好地完成任务，得 10~13 分；完成小组任务较差，得 6~9 分，几乎没有参与小组任务，得 0~5 分	
8	个人评价得分（合计）			

表 6-2-2　小组互评指标

序号	评价指标	分值	评分标准	得分
1	文本的写作格式(小组代表作)	20	有基本的写作格式,得 20 分;格式杂乱,得 0 分	
2	文本的内容(小组代表作)	20	内容包括标题、正文、落款与日期,得 20 分;少一项,扣 10 分	
3	文本与情境任务结合程度(小组代表作)	20	结合紧密,得 20 分;结合较紧密,得 10~19 分;结合很少,得 1~9 分;没有结合,得 0 分	
4	上台展示形式	20	文本展示清楚,得 20 分;文本展示较清楚,得 12~19 分;文本展示不太清楚,得 8~11 分;文本展示不清楚,得 1~7 分	
5	小组上台汇报	20	思路清晰,表达流利,得 20 分;思路较清晰,表达较流利,得 12~19 分;思路不太清晰,表达不太流利,得 8~11 分;思路不清晰,表达不流利,得 1~7 分	
6	小组评价得分(合计)			

表 6-2-3　指导教师评价指标

序号	评价指标	分值	评分标准	得分
1	阅读情境任务,划出情境任务中的关键词	5	标出了关键词,得 5 分;没标出,得 0 分	
2	阅读相关知识,划出对你完成情境任务有用的信息	5	在相关知识标注了有用信息,得 5 分;没标出,得 0 分	
3	文本的写作格式(个人)	5	有基本的写作格式,得 5 分;格式杂乱,得 0 分	
4	文本的写作内容(个人)	20	内容包括标题、正文、落款与日期,得 20 分;少一项,扣 10 分	
5	文本与情境任务结合程度(个人)	5	结合紧密,得 5 分;结合较紧密,得 3~4 分;结合很少,得 1~2 分;没有结合,得 0 分	
6	书写工整	5	文本整洁,没有涂改,得 5 分;文本较整洁,得 1~4 分	
7	团队协作	5	主动参与团队讨论和承担任务,得 5 分;较主动参与团队讨论和承担任务,得 1~4 分	
8	文本的写作格式(小组代表作)	5	有基本的写作格式,得 5 分;格式杂乱,得 0 分	
9	文本的内容(小组代表作)	20	内容至少包括标题、正文、落款与日期,得 20 分;少一项,扣 10 分	
10	文本与情境任务结合程度(小组代表作)	5	结合紧密,得 5 分;结合较紧密,得 3~4 分;结合很少,得 1~2 分;没有结合,得 0 分	
11	代表小组上台展示	5	代表小组上台展示,得 5 分;没有展示,得 0 分	
12	反思与总结	10	能客观、公正地找出问题,并能提出可行性改进意见,得 10 分;能客观、公正地找出问题,但改进意见不具有针对性,得 5~9 分;不能客观、公正地找出问题,提出的改进意见不具针对性,得 0~4 分	
13	思政素养	5	体现了正确的三观,得 5 分;否则,得 0 分	

任务 6.3 投标书

一、情境任务

随着市场经济活动的规范化和国际化，招投标已经成为企事业单位、各种组织和个人经常要从事的业务活动。为了丰富图书馆文献资源，×× 学院图书馆在充分听取在校师生的意见之后，决定采购中文图书和数字资源。为此，学院在 2023 年 3 月 28 日就以上内容向社会公开招标，项目预算金额为 72.8 万元。在认真阅读了招标公告后，×××× 公司决定参加此次竞标。请以 ×××× 公司的名义向 ×× 学院递交一份投标函。

要求：请根据以上情境，拟写一份投标函。

二、任务分析

投标是一个较量实力、技术、信誉、能力、策略等的一个综合的竞争过程。影响投标成功的因素有很多，但一份格式完整、内容齐备、表述清晰的投标书无疑是能否中标的重要环节。写作这份投标函，一要表明投标的愿望；二要构思投标函的具体内容；三要掌握投标函写作的相关知识与技能。

三、相关知识

（一）投标书的内涵

投标书是对招标书的回答，是投标人在承包建筑工程或承买大宗商品时，愿意接受招标人在招标书中提出的条件和要求，向招标人申请承买或承包并报出价目时使用的一种文书。

投标是一个竞争激烈的商业活动，是各投标方比较实力、技术、财力、信誉、技能、人才、经营策略和管理经验等综合素质的过程。投标是否成功受到很多要素的影响，但是投标书撰写得如何也直接影响到投标的结果。

（二）投标的程序

投标与招标一样，都是一种必须依照《中华人民共和国招标投标法》的规定而进行的竞争性经济活动。投标活动是对招标行为的直接反应。

一般来说，一次成功的投标活动也有相应的程序安排。

(1)须投标者出示有关证件或材料，填写报名登记表，递交投标申请书。

(2)经招标方资格审查合格的投标方撰写投标书，把投标书密封送招标方。

(3)投标方公开演讲、答辩。

(三)投标书的特点

1. 目的明确

任何一份投标书都是对应具体的招标书而写成的，是针对招标书中提供的项目内容、招标方提出的商务及技术要求而做出的回应。投标书目的单一、明确，都是以获得中标为唯一宗旨。

知识拓展：
视频 6-3-1　一分钟看完招标文件

2. 科学严谨

投标书是投标方提供给招标方的备选方案和实力展现。投标书的撰写要讲究科学性，思路要严谨。对于招标项目要有清晰的认识，对即将展开的业务活动要做到胸有成竹，大到总体工作的部署，小到生产工具的准备。在充分展示当前的条件后，对未来进行科学预见。

知识拓展：
视频 6-3-2　制作投标书

3. 切实可行

为了在众多的投标者中脱颖而出，投标书必须提供切实可行的措施和强有力的保障体系。所列条款内容要务实，一切都要建立在实事求是的基础上。

4. 制作规范

投标书与招标书一样，都是非常讲究规范格式的文书。同时，内容上还要严格遵守国家有关的投标规定，认真执行国家颁布的技术规范和质量标准，不能为达到目的而不择手段，随心所欲。

(四)投标书种类

按性质分为：生产经营性投标书、科学技术性投标书两大类。

按投标的对象分为：大宗商品贸易投标书、承包某项工程项目投标书、承包企业投标书、租赁企业投标书、劳务投标书等。

按投标方人员组成情况分为：个人投标书、合伙投标书、集体投标书、企业投标书等。

(五)投标书的结构和写法

投标书一般由标题、称谓、正文、落款与日期组成。

1. 标题

(1)文种　如《投标书》《投标答辩书》《投标申请书》。

(2)投标项目名称 + 文种　如《×× 工程投标书》。

(3)投标单位名称 + 投标项目名称 + 文种　如《×× 公司承包 ×× 工程投标书》。

2. 称谓

称谓即招标单位全称,在标题下一行左顶格书写。

3. 正文

投标书的正文的构成:由前言、主体构成。

(1)前言　前言表明投标的项目名称,交代投标的依据和目的,介绍投标单位的基本情况,以及对该投标项目的态度。

(2)主体　主体要根据实际写清楚商品数量、技术要求、商品价格、商品规格、交货日期、工程项目开工及竣工日期,具体提出完成该项目所要采取的措施,如专业技术、组织管理以及安全生产措施、造价及各项费用预算、投标书有效期限等。有的还要附上对本单位优势的分析,阐明投标单位的指导思想、经营方针、要求招标单位提供的配合条件、标价明细表等。由于标的不一样,需要写明的条款也各有侧重。

4. 落款与日期

落款包括投标单位及法人代表签名盖章,同时写明单位联系方式(联系人信息、单位地址、邮编、电话、传真、银行账号等)和投标日期。

(六)投标书的写作要求

1. 内容合法,用语准确

投标书内容必须符合国家相关法律法规的具体要求、质量标准和技术规范。有效的投标书是签订经济合同的依据,受到法律的约束和保护。投标书的内容一旦经签字确认,任意变更都需承担违约责任。

2. 重点突出,条理清晰

投标书中的各项指标和措施都要重点突出地予以介绍,思路要清晰,务求内容周密。重点突出、表述清楚的投标书既有利于招标方全面准确地了解自身的意图和实力,从而帮助招标方准确选择,同时也为下一步双方签订合同做好准备。

3. 格式规范

投标是操作性很强的商业行为,讲究一定的程序和形式。投标书与之相适应,也要注意格式的规范。

4. 态度客观

投标活动具有相当的竞争性,遵循市场优胜劣汰的规则。但是,投标单位不能为达到目的而不择手段。投标书的书写一定要坚持实事求是的态度。投标单位为承揽招标项目,必须具有相应的技术、经济实力和相应的补偿能力。在写作投标书时,一定要从自身的实际出发,量力而行,对其中达标条件的设置以适度为宜。

5. 讲究时效

所有投标文件的制定都要严格遵循招标方的时间限制，只有按时高效完成投标文书的写作才会给自己迎来主动，获得商机。

(七)范例评析

正 本

中船龙穴造船基地民船项目分段涂装工场施工投标文件

招标编号：0747-0740SITC3004T001

项目名称：中船龙穴造船基地民船项目分段涂装工场工程

投标文件内容：投标文投标函部分

投标人：××× 建筑安装工程有限公司(盖公章)

法定代表人或其委托代理人：(签字或盖章)

日期：2017 年 3 月 10 日

目录

(略)

一、法定代表人身份证明书

(略)

二、投标文件签署授权委托书

(略)

三、投标书

投标书

广州中船南沙龙穴建设发展有限公司：

根据已收到的贵方关于中船龙穴造船基地民船项目分段涂装工场工程(招标编号：0747-0740SITC3004T001)的招标文件，遵照《工程建设项目施工招标投标办法》的规定，我单位经考察现场和研究上述工程招标文件的投标须知、技术规范、工程量清单、图纸和其他有关文件后，我方愿以人民币壹亿壹仟壹佰玖拾叁万捌仟伍佰肆拾壹元(大写)的总报价，按上述技术规范、图纸等的条件承包上述工程的施工、竣工和保修。

1. 一旦我方中标，我方保证在2017年4月30日开工，2018年3月24日竣工，即330天(日历天)内竣工并移交整个工程。

2. 除非另外达成协议并生效，你方的中标通知书和本投标文件将构成约束我们双方的合同。

3. 我们明白招标人不一定要接纳最低的投标价的投标，也不会解释选择否决任何投标的原因与理由。

4. 我方金额为人民币六十万元的投标保证金在投标时已同时递交。

5. 我们确认本投标已考虑招标人或其招标代理单位向我方发出的关于招标文件的修改通知。

6. 我方承诺,如果我们违反了招标文件的相关要求或者未能按照要求履行我方的责任,贵方有权扣除我司提交的人民币六十万元的投标保证金。

投标人:(盖章)××× 建筑安装工程有限公司

邮政编码:030024

单位地址:广东省广州市 ××× 大街 169 号

传真:0351-612×××× **电话:**0351-635××××

法定代表人:(签字、盖章)

开户银行名称:中国建设银行股份有限公司广州市 ××× 支行

开户行地址:广东省广州市 ×× 街 130 号

银行账号:4001835208050012253-××× **电话:**020-619××××

日期:2017 年 3 月 10 日

四、投标书附录

投标书附录

序号	项目内容	约定内容	备注
1	履约保证金	中标价款的(10)%	
2	开竣工时间	预计 2017 年 4 月 30 日开工(以合同开工日期为准),2018 年 3 月 24 日全部竣工	
3	误期违约金额	(30 000)元 / 天	
4	误期赔偿费限额	合同价款(10)%	
5	施工总工期	施工总工期:330 日历天。	
6	质量标准	合格	
7	预付款金额	合同价款的(10)%	
8	进度款付款时间	双方约定的工程款(进度款),按监理、总包人确认的合格工程量每个月支付一次,金额为当月工程量价款的 80%,付款时间为提交经总包人及监理确认的《工程量报告》的下一个月 10 日(遇节假日顺延),累计支付进度款总额不超过合同总价的 90%。(含预付款)	

续表

序号	项目内容	约定内容	备注
9	竣工结算款付款时间	工程通过质监站验收并评定为合格，承包人将符合招标文件要求的工程竣工资料交付总包人，并且审价结论下达后，按照审价确认的工程价款扣除5%质量保证金，总包人签发竣工结算付款凭证后28天内支付本工程合同价款总额的5%竣工款及其余未付款项	
10	质量保证金	合同结算价款的5%	
11	安全、廉洁担保金	安全（合同结算价款的3%），廉洁（合同结算价款的2%）	
12	保修期	竣工验收合格后两年	

五、投标保证金回执单复印件

（略）

六、招标文件要求投标人提交的其他投标资料

（略）

1. 营业执照复印件。
2. 企业资质证书复印件。
3. 诚信手册复印件。
4. 安全生产许可证复印件。
5. 广州市建筑业企业登记备案证复印件。
6. 拟任项目经理资质等级证书及高级工程师职称证复印件。
7. IS09000质量管理体系、职业健康安全管理体系、环境管理体系认证证书复印件。
8. 企业同类型业绩证明材料。
9. 企业近年来履约历史及社会信誉。
10. 企业获奖证书。

【评析】

此文件为投标文件中的投标书部分，单独成册。封面包括投标书的标题，投标工程名称，招标编号，投标单位名称、地址、电话及邮编等基本信息，法人代表姓名，标书送出时间。目录单独成页，记录了投标文件中投标书的组成部分，让读者轻松知悉主要内容。

文件中投标书书写规范、重点突出、语言简洁。标题用“投标书”直接写出文件性质。标题下左顶格写出招标方单位全称。投标书的正文首先表明投标方对该项目的认识，以及投标方对此的态度，然后用分条列项的格式将开工、竣工时间，投标方对招标文件的理解，中标通知书和投标书的法律效力，投标保证金的金额与说明等内容予以明确。落款是投标单位的名称、地址、电话、邮编等基本信息，法人代表姓名，开户银行名称，开户行地址，银行账号、银行电话及投标书签订时间，是一篇写得不错的投标书。

四、任务实施（步骤）

（一）环境要求

可选择多媒体教室等场所进行，备好纸、笔，配备计算机、投影仪等设备，最好每名学生配备一台计算机进行上机写作。

（二）实施步骤

1. 认真阅读情境任务，划出情境任务中的关键词。

2. 认真阅读“相关知识”，划出你觉得重要的知识点。

3. 每人执笔或上机，通过网络查找相关材料，独立完成情境任务的初稿（在“个人作品”中呈现）。

4. 分组讨论，各小组组员相互评阅初稿，然后选出本组代表作进行修改。

5. 以小组为单位上交一篇作品并在多媒体上展示，师生共同点评。

五、个人作品（可附页）

六、小组推选作品及展示

小组成员：________________________________

个人在小组的贡献：__________________________

小组推选代表作(修改版,可附页)：

七、个人反思与总结

八、成果测评

个人自评：自评指标详见表6-3-1，成绩占比20%；

组间互评：组间互评指标详见表6-3-2，成绩占比40%；

教师评价：教师测评指标详见表6-3-3，成绩占比40%。

表6-3-1　个人自评指标

序号	评价指标	分值	评分标准	得分
1	阅读情境任务，划出情境任务中的关键词	10	标出了关键词，得10分；没标出，得0分	
2	阅读相关知识，划出对你完成情境任务有用的信息	10	在相关知识标注了有用信息，得10分；没标出，得0分	
3	文本的写作格式（个人）	10	有基本的写作格式，得10分；格式杂乱，得0分	
4	文本的写作内容（个人）	30	内容至少包括标题、称谓、正文、落款与日期，得30分；少一项，扣10分	
5	文本与情境任务结合程度（个人）	10	结合紧密，得10分；结合较紧密，得7~9分；结合较少，得4~6分；结合很少或没有，得0分	
6	书写工整	10	文本整洁，没有涂改，得10分；文本较整洁，得7~9分；文本基本整洁，得4~6分；文本不整洁，得0~3分	
7	团队协作	20	积极主动参与团队讨论和承担任务，得20分；较主动参与团队讨论和承担任务，得14~19分；能够配合小组其他成员较好地完成任务，得10~13分；完成小组任务较差，得6~9分，几乎没有参与小组任务，得0~5分	
8	个人评价得分（合计）			

表6-3-2　小组互评指标

序号	评价指标	分值	评分标准	得分
1	文本的写作格式(小组代表作)	20	有基本的写作格式，得20分；格式杂乱，得0分	
2	文本的内容（小组代表作）	20	内容包括标题、称谓、正文、落款与日期，得20分；少一项，扣10分	
3	文本与情境任务结合程度（小组代表作）	20	结合紧密，得20分；结合较紧密，得10~19分；结合很少，得1~9分；没有结合，得0分	
4	上台展示形式	20	文本展示清楚，得20分；文本展示较清楚，得12~19分；文本展示不太清楚，得8~11分；文本展示不清楚，得1~7分	
5	小组上台汇报	20	思路清晰，表达流利，得20分；思路较清晰，表达较流利，得12~19分；思路不太清晰，表达不太流利，得8~11分；思路不清晰，表达不流利，得1~7分	
6	小组评价得分（合计）			

表 6-3-3　指导教师评价指标

序号	评价指标	分值	评分标准	得分
1	阅读情境任务，划出情境任务中的关键词	5	标出了关键词，得5分；没标出，得0分	
2	阅读相关知识，划出对你完成情境任务有用的信息	5	在相关知识标注了有用信息，得5分；没标出，得0分	
3	文本的写作格式（个人）	5	有基本的写作格式，得5分；格式杂乱，得0分	
4	文本的写作内容（个人）	20	内容包括标题、称谓、正文、落款与日期，得20分；少一项，扣10分	
5	文本与情境任务结合程度（个人）	5	结合紧密，得5分；结合较紧密，得3~4分；结合很少，得1~2分；没有结合，得0分	
6	书写工整	5	文本整洁，没有涂改，得5分；文本较整洁，得1~4分	
7	团队协作	5	主动参与团队讨论和承担任务，得5分；较主动参与团队讨论和承担任务，得1~4分	
8	文本的写作格式（小组代表作）	5	有基本的写作格式，得5分；格式杂乱，得0分	
9	文本的内容（小组代表作）	20	内容至少包括标题、称谓、正文、落款与日期，得20分；少一项，扣10分	
10	文本与情境任务结合程度（小组代表作）	5	结合紧密，得5分；结合较紧密，得3~4分；结合很少，得1~2分；没有结合，得0分	
11	代表小组上台展示	5	代表小组上台展示，得5分；没有展示，得0分	
12	反思与总结	10	能客观、公正地找出问题，并能提出可行性改进意见，得10分；能客观、公正地找出问题，但改进意见不具有针对性，得5~9分；不能客观、公正地找出问题，提出的改进意见不具针对性，得0~4分	
13	思政素养	5	体现了正确的三观，得5分；否则，得0分	
14	教师评价得分（合计）			

项目 7 商情调研文书

【**知识目标**】了解市场调查报告、可行性研究报告的含义、特点与作用，掌握其写作格式、结构与要求。

【**技能目标**】能够根据情境任务要求，撰写规范的市场调查报告、可行性研究报告。

【**素质目标**】通过情境化教学，培养学生的数据分析能力、项目策划能力，使学生具备良好的数据安全意识，以及较强的数据判断能力；具备较强的系统化思维和文字表达能力。

【**思政目标**】培养学生尊重数据、实事求是、客观公正的精神。

思政园地

珠穆朗玛峰的增高

根据媒体报道，世界第一高峰"珠穆朗玛峰"比以前增高了七寸，也就是说地球表面的最高点，多长高了一点点。

如果以高度或距离来说，"七寸"只不过约为23.3厘米而已，对于一座高山来说，不到三十厘米的差异，其实并无多大意义，何况对于几千米高的世界屋脊而言，区区几寸难道有很大的差别吗？

此种想法如果以平常人的角度来分析，当然是毫无疑问的，并不是什么大不了的事，因为只要在山上竖一块大石头，其影响一定会超过七寸。

然而科学家并不这么想，他们抱持的理念是探究事实的真相，即使只是几公分的差异，他们还是忠于科学方法所测量出来的数据。

问题：珠穆朗玛峰增高的故事能够看出什么道理？

任务7.1 市场调查报告

一、情境任务

笔记本电脑是大学生普遍使用的学习工具，同学们也对笔记本电脑有较多了解。为了提高学习技能，请同学们进行一项关于“大学生购买、使用笔记本电脑状况”的调查，并在所收集的调查资料基础上，进行数据的整理、分析，然后撰写一份市场调查报告。

该项目将在任课教师的指导下由本专业学生完成。“大学生购买、使用笔记本电脑状况”的内容包括：①大学生的自身特征；②大学生对笔记本电脑的认知状况；③大学生对笔记本电脑的使用方式；④大学生购买笔记本电脑的依据；⑤大学生购买笔记本电脑的过程；⑥没有笔记本电脑的同学的购买计划。

要求：请根据以上情境，拟写“大学生购买、使用笔记本电脑状况调查报告”。

二、任务分析

市场调查报告是市场调查工作的关键环节，是整个市场调查工作最终成果的集中表现。在商业活动中，调查报告的作用越来越重要；从事商业管理和实践活动的工作人员，都要学会撰写市场调查报告。在撰写市场调查报告时要做好如下工作：①正确领会调查内容和要求；②认真进行调查，收集和整理调查数据；③学习市场调查报告的结构和写作要求；④完成构思任务，撰写完整的市场调查报告；⑤将市场调查报告提交、送审。

三、相关知识

（一）市场调查报告的概念

市场调查报告是市场调查人员以书面形式，反映市场调查内容及工作过程，并提供调查结论和建议的报告。市场调查报告是反映调查研究情况和成果的一种报告性文件，是市场调查研究成果的集中体现，也是评价调研工作质量的重要依据。一份优秀的市场调查报告，可以系统地、有条理地反映调研问题和结果，帮助决策者掌握所研究问题的基本情况，为企业决策提供科学依据。

（二）撰写市场调查报告的作用

市场调查报告是调研过程的历史记录和总结，是调研活动的最终成果，是评价调研工作质量的重要依据，对市场调查与分析活动有重要作用。市场调查报告的作用表现在以下几个方面。

(1)市场调查报告是市场调查分析的最终成果,是从感性认识到理性认识飞跃过程的反映。

与市场调查资料相比,市场调查报告不仅在形式上更便于阅读,而且能够透过现象看本质,从原始的调查数据中总结出规律性的东西来,使人们能够更加系统而深入地理解市场,从而更好地指导实践活动。

(2)市场调查报告是为各部门管理者、为社会、为企业服务的一种重要形式,是企业经营决策的重要依据。

经过组织整理、提炼加工的市场调查报告都是非常便于阅读和理解的,它全面记载了市场调查项目开展的目的、方法以及实施情况,深入细致地分析了经调查后所得到的主要结果和结论,客观地提出了相关市场建议。因此,一份好的市场调查报告,对于社会或企业管理者、决策者了解整个市场调查过程,并依据这一调查所得到的基本结论来判断经济或市场现状及趋势,从而进行正确的决策具有极其重要的意义。

(3)市场调查报告是评判一项市场调查活动质量高低的重要标志。

与市场调查的其他环节如方案策划、组织培训、操作实施、资料加工整理等相比,市场调查报告是整个市场调查项目最具全面性、代表性的有形产品,也是市场调查呈现给社会或企业,以及市场调查机构本身留档的主要材料。因此,显示一项市场调查活动组织开展的水准,评判其研究结果可信程度的最主要方面就是市场调查报告。

(三)市场调查报告的类型

市场调查的内容极为广泛,不同的调研要解决的问题不同,并且阅读报告的读者对象不同,因此调查报告就具有不同类型。调查报告可以分为综合报告、专题报告、研究性报告和技术性报告等几种。

1. 综合报告

综合报告是全面反映整个调研活动的情况,详细地给出调研基本结果和主要发现的报告。它是提供给用户的最基本的报告。通常需要将统计处理资料的基本结果整理形成统计表和统计图,还要对调研活动中的相关情况进行描述或分析。综合报告主要包含的内容有:调研概况、样本结构、基本结果、对不同层次调研对象的分析、主要项目间的关联性分析以及主要发现等。

2. 专题报告

专题报告是针对某个问题或问题的侧面而撰写的报告。例如,针对农村消费者的问题、针对老年消费者的问题,都可以分别写出专题调查报告。与综合报告相比,专题报告涉及的范围较窄,因而内容比较深入。

3. 研究性报告

研究性报告实际上也可以看成是某种类型的专题报告,只是其学术性较强,需要进行更深入地分析研究,并且要求从中提炼出观点结论等理论性的东西。

4. 技术性报告

技术性报告也叫作说明性报告,是对调研中的许多技术性问题进行说明的报告。例如,对调研过程中调研对象的构成、调研的方法、抽样误差的计算、样本的代表性程度等进行说明,目的是表述调研过程的科学性,从而说明调研结果的客观性和可靠性。

(四)市场调查报告的结构和写法

市场调查报告的结构通常分为三大部分,包括开头部分、主体部分和附录部分。每个部分又包括若干具体内容。开头部分包括扉页、目录、摘要等;主体部分包括正文、结论和建议等。

1. 扉页

扉页是指调查报告翻开后的第一页,点明报告的主题,主要包括三项内容:一是调查报告的标题;二是调查机构名称、调查人员组成、委托调查单位名称;三是完成和提交调查报告的日期。

标题包括市场调查题目、报告日期、委托方、调查方,一般应打印在扉页上。标题就是市场调查报告的题目,是用以揭示、评价、反映调查报告内容的文字。标题是引起读者注意的关键因素。标题通常由"时间 + 范围 + 调查对象 + 文种"构成。标题是市场调查报告内容的浓缩点,是报告的中心问题,选择一个好的标题是调查报告成功的一半。标题必须准确揭示报告的主题思想,做到题文相符。标题要简单明了,高度概括,具有较强的吸引力。

扉页上的其他内容包括人员和机构名称、完成或提交报告日期等,这些内容只要如实填写即可。

2. 目录

目录应列出报告各部分或分部分的标题及其对应的页码。提交调查报告时,如果涉及的内容很多,页数很多,为了便于读者阅读,把各项内容用目录或索引形式标记出来。这使报告使用者对报告的整体框架有一个具体的了解。目录包括各章节的标题,包括题目、大标题、小标题、附件及各部分所在的页码等。若图表较多,报告目录之后还应有图表目录、附件页码和展示品目录等。一般来说,目录的篇幅不宜超过一页。

3. 摘要

摘要是市场调查报告中的内容提要。摘要是调查报告中非常重要的内容,是整个报告的精华，应做到清楚、简洁和高度概括地说明调查活动所获得的主要成果。

摘要包括调查的对象、研究的范围、采用的调查方法、调查的结论与建议。摘要是报告中十分重要的一部分，这部分内容主要是为没有大量时间充分阅读整个报告的高层管理人员预备的。写作时需要注意以下几个问题：一是摘要只给出最重要的内容，一般不要超过2~3页；二是每段要有个小标题或关键词，每段内容应当非常简练，不要超过三四句话；三是摘要应当能够引起读者的兴趣和好奇心去进一步阅读报告的其余部分。

4. **正文**

正文是市场调查报告的主体，是市场调查报告的主要构成要件，也是调查报告的核心部分。正文要求对整个调查活动进行系统描述，并总结出调查结论和提出建设性意见，是体现报告撰写者的调查和研究成果的部分。对于某些市场研究人员，比如产品经理、营销经理或其他人员，除了要知道调查报告的结论和建议以外，还需要了解更多的调研信息。比如考查结果的逻辑性，在调查过程中有没有遗漏，关键的调研结果是如何得出的，等等。这就要求正文部分必须正确阐明全部有关论据，包括问题的提出到引起的结论、论证的全部过程、分析研究问题的方法等。

正文的内容应涵盖以下三个方面：项目背景和目的的介绍、调查方法的说明、调查研究的结果。

(1)项目背景和目的的介绍　项目背景和目的是整个研究的缘由与整个调研方案的依据。项目背景和目的的介绍中着重说明两个问题：企业的产品或服务当时面临的问题或所处的状态；在当时的情况下，想通过调研解决什么问题。具体内容包括以下三点：企业所在的行业特点及企业的整体营销战略、竞争对手的情况以及调研目的，即说明这次调查活动的动机、所要检定的统计假设以及所要了解的问题。

(2)调查方法的说明　撰写这部分内容要做好两个方面的工作：第一，调查方法的设计，采用什么样的研究方法才能够适应该项目的调查特征，要求明确调查项目的属性和特征，即该项目是属于探索性调查、描述性调查，还是因果性调查，是全面调查、重点调查、典型调查，还是抽样调查，需要根据调查项目的具体特征而进行调查方法的设计。第二，确定数据资料的收集方法，是采用文案法，还是实地调查法；是入户访问，还是拦截访问或电话访问；是用观察法，还是用实验法等。

调查方法说明具体包括以下内容：①调研地域范围，说明调研活动在什么地区和区域进行，选择这些地区的理由；②调研对象，指调研对象的界定及基本特点，在实际中怎样甄别等；③样本容量；④抽样方法；⑤资料采集方法；⑥调研的实施过程及问题处理，包括如何实施、遇到什么问题、如何处理；⑦访问员基本情况介绍；⑧资料处理方法及工具；⑨样本的回收情况及有效样本。有效样本具备的两个条件,即真实性、按要求访问。

(3)调查研究的结果 调查结果主要是调研数据资料的统计整理和统计分析。市场调查会得到大量的原始数据与资料,需要对原始资料进行统计整理,运用统计分析方法得出分析结果,并通过文字和统计表、统计图等表达。调研结果部分是市场调查报告的主体部分。

5. 结论和建议

结论和建议是撰写调研分析报告的主要目的,既要对引言和正文部分所提出的主要内容进行总结,又要根据调查结果和结论,向决策者提出有效的措施以及解决某一具体问题可供选择的方案和建议。

调查结论是基于调查结果而提出的意见,而建议则是调查工作者提议应采取的行动,这部分内容是调查报告的关键之处。在写作方法上,要回应引言中所提出的主要问题,结论和建议与正文部分的论述要紧密对应,不可以提出无证据的结论,也不要没有结论性意见的论证。

结论和建议可以包含以下内容:①经过层层剖析后,总结调查报告的主要观点,进一步深化主题;②在对真实资料进行深入细致地科学分析的基础上,得出报告的结论;③通过分析,形成对事物的看法,在此基础上,提出解决问题的方法和可行性方案,或提出下一步改进工作的建议;④通过调查分析展望未来前景。

6. 附录

附录是用来论证、说明或者进一步阐述有关问题的辅助材料,是报告中正文包含不了或没有提及,但与正文有关必须附加说明的部分。它是正文报告的补充或更详尽说明,目的是增强所阐述问题的可靠性和准确性。附录一般包括以下内容:①问卷副本、访谈提纲、量表等;②调查对象的名单或名称表;③文献调查所使用的参考资料的索引,即一些资料的来源;④某种特殊调查方法和分析方法的介绍;⑤认为有价值却又无法在正文中反映的调查资料。

(五)市场调查报告的写作要求

1. 调查报告力求客观真实、实事求是

调查报告必须符合客观实际,引用的材料、数据必须是真实可靠的。要反对弄虚作假,或迎合上级的意图的写法。总之,要用事实来说话。

2. 调查报告要做到调查资料和观点相统一

市场调查报告是以调查资料为依据的,即调查报告中所有观点、结论都有大量的调查资料为根据。在撰写过程中,要善于用资料说明观点,用观点概括资料,二者相互统一。切忌调查资料与观点相背离。

3. **调查报告要突出市场调查的目的**

撰写市场调查报告,必须目的明确,有的放矢,任何市场调查都是为了解决某一问题,或者为了说明某一问题。市场调查报告必须围绕市场调查上述的目的来进行论述。

4. **调查报告的语言要简明、准确、易懂**

调查报告是给人看的,无论是决策者、管理者,还是其他一般的读者,他们大多不喜欢冗长、乏味、呆板的语言,也不精通调查行业的专业术语。因此,撰写调查报告语言要力求简单、准确、通俗易懂。

(六)范例评析

北京休闲市场调查报告

休闲活动是人们利用闲暇时间进行的一种放松身心、愉悦精神的活动。从休闲方式看,包括积极休闲,比如旅游、度假、健身、进行体育活动、看电影等,还包括消极休闲,比如睡觉、打牌等。旅游是休闲的一种积极方式,度假又是旅游的一种形式,度假期间可以有一些观光活动和各类娱乐活动,但主要是在一地的停留,以休闲放松为主。休闲度假的时间可长可短,长的比如带薪休年假,短的比如周末双休日。假期的长短影响人们出游的距离和停留时间,对于北京市民郊区休闲度假市场来说,主要研究的就是市民在黄金周和周末到北京周边区县的休闲度假行为。

为了了解北京市民的郊区出游行为偏好,我们特别进行了一次调查。考虑到郊区出游的主要人群为有车一族,调查对象也以有车一族为主。

一、北京休闲度假市场的发展背景

1. 收入水平

按照国际经验,一个国家人均收入超过 1 000 美元,旅游需求将急剧膨胀,但主要是观光性旅游需求。人均收入达到 2 000 美元将基本形成对休闲的多样化需求和多样化的选择,人均收入达到 3 000 美元,度假需求就会普遍产生。北京目前人均收入已经超过 3 500 美元,休闲度假的需求已经非常现实。根据《北京市统计局 2004 年国民经济和社会发展统计公报》,北京全年实现生产总值 4 283.3 亿元,比上年增长 13.2%,第三产业实现增加值 2 570 亿元,占到 60%。全年城市居民人均可支配收入 15 637.8 元,实际增长 11.5%,人均消费支出为 12 200.4 元,实际增长 8.6%。农民人均纯收入 7 172 元,实际增长 9.2%:人均生活消费支出 4 886 元,实际增长 3.9%。2004 年北京接待国内旅游者 1.2 亿人次,比上年增长 36.8%:旅游收入 1 145 亿元,增长 62.2%。

2. 汽车保有量

黄金周和周末北京市民到周边区县的度假过程中,自驾车是主要的出行方式,汽车保有量也就成为一个重要的衡量指标。2004 年年末全市汽车保有量 187.1 万辆，比上年末增加 19.4 万辆，其中轿车保有量 109.6 万辆。私人汽车保有量达到 129.8 万辆，比上年年末增加 18.2 万辆，其中轿车保有量 80.3 万辆。按北京市户籍人口计算，每 100 人保有私人汽车 11 辆。从私人汽车保有量来看，具备度假需求和度假能力的人群在出行工具上是基本没有问题的。

3. 市民出游愿望和实际出游频率

95%的北京市民希望到郊区旅游、度假，近 1/3 的市民愿意在双休日到郊区旅游，其中 25%的市民有在外住宿的意愿。超过 2/3 的城市家庭每年都进行郊游，其中 30%每年郊游 3 次以上。在北京市区的调查中，32.6%的被访者每周或经常到郊区旅游，而在怀柔各景区所做的调查中，44%的被访者回答经常到郊区旅游。截至 2004 年末，北京市常住人口 1 492.7 万人，按照调查中愿意出游和实际出游的人数比例，郊区的休闲度假市场已经是一个有相当规模的旅游市场。

4. 京郊的休闲度假供给

在北京市民有强烈出游愿望的同时，郊区各地也充分发挥各自资源优势，不断开发出各类旅游活动和节庆活动，吸引市民前往旅游。比如以“吃农家饭、住农家院、观自然景、赏民俗情、享田园乐”为主要内容的特色民俗游；采摘、垂钓、休闲农场、生态农业园等突出“绿色、休闲、参与、体验”的观光农业游；各种节庆活动，比如，怀柔的板栗旅游文化节、慕田峪金秋游园会、金秋红螺文化大集等，延庆的杏花节、消夏避暑节、金秋采摘节、冰雪旅游节等，都为北京市民提供了许多精美的旅游文化大餐。北京市有关部门先后制定了民俗旅游村（户）和观光农业示范园区标准，评出 30 个市级观光农业示范园、70 个市级民俗旅游村和 5 100 多个市级民俗旅游接待户。目前，全市郊区已有 2 000 多个观光农业园区、220 多个民俗旅游村、2 万多民俗旅游户，各郊区的交通、餐饮、旅游条件都大为改善。2004 年，北京郊区观光农业收入超过 30 亿元，从事民俗旅游和观光农业的农民将近 10 万人，接待民俗旅游客人 893.9 万人次，同比增长 40.8%；郊区民俗旅游收入达到 7.57 亿元，同比增长 23.51%；仅怀柔一区就共开放旅游景点 26 个，累计发展民俗旅游户 3 084 余户，全年共接待游客 751.8 万人次，实现旅游综合收入 7 亿元。

二、市民的郊区出游行为特征

1. 最喜欢去或旅游次数最多的区域

在北京的 10 个远郊区，被访者最喜欢去或旅游次数最多的区域情况是：选择怀柔的人数最多，占 37.4%；其次为密云，占 20.7%，两者之和占了总人数的一半以上。接下来依次是昌平 7.8%、平谷 7.1%、顺义 6.5%、通州 5.8%、延庆 4.8%、门头沟 4.2%、房山 3.1%、大兴 2.6%。可以看出，怀柔和密云在被访者心目中或实际旅游选择中是较受青睐的，其中怀柔是最受欢迎的。在进一步对怀柔最大旅游特色的调查中，被访者中选择自然生态的最多，占59.3%，选长城的18.3%，选水资源的15.1%，选宗教文化的3.3%，选重大节庆活动的1.2%，选其他的2.8%。可以看出，人们多数喜欢怀柔的原因就是良好的自然生态。

2. 旅游目的地最具吸引力的因素

在回答最喜欢去或去的次数最多的区域让你最满意或最吸引你的因素是什么的问题时，37.4%的被访者回答是景点本身的吸引力，23.1%的被访者回答是个人偏好，21.4%的被访者回答时间更好安排，12.3%的被访者回答费用更便宜，5.8%的被访者回答到外地旅游更不方便。说明景点本身的吸引力在游客选择旅游目的地方面有着最重要的影响力，其次为个人偏好和时间的适宜性，费用排在第四说明旅游者对价格并不是最看重的，旅游地的吸引力和个人爱好才是最重要的，人们对旅游的态度更偏向于一种经历的品质，一种个性的选择，而非廉价的消遣。

3. 每次郊区旅游的平均花费

每次郊区旅游的平均花费，300~500元的消费人数最多，占到42.2%，其次为100~300元，占26.2%，500~1 000元占21.2%，1 000元以上占5.8%，100元以下占4.6%。考虑到被访者在旅游目的地、旅行距离、旅游时间、旅游方式、消费能力等方面的不同，这一花费统计只能大致说明一个平均水平。

4. 最佳车程

对于郊区旅游多久的车程比较合适，回答1~2小时的人最多，占57.2%；其次为半小时到1小时，占18.7%；2~3小时占17.1%；3小时以上占4.9%；半小时内占2.1%。人们大多接受1~2个小时的车程，能够离开日常居住地而又不会因长距离行程而感到疲倦或耽误游览休闲。对于北京郊区旅游来说，这是可以实现也是比较现实的。

5. 最喜欢的出游方式

在出游方式上，选择和朋友一起出游的人数最多，占48.5%；选择和家人一起出游的，占42.3%；选择单独出游以及和同事一起出游的分别占4.6%和4.5%。从年龄特征上看，年轻人更喜欢和朋友一起出游，年长者更喜欢和家人一起出游；从人们旅游通常追求放松、娱乐的目的上看，和朋友、家人一起出游，能共度欢乐时光，共享天伦之乐，也应当是最主要的出游方式。

6. 选择旅游景点时最看重的因素

对选择旅游景点时最看重的因素，被访者中57.5%的人回答自然风景，13.0%的人回答交通便利，9.4%的人回答服务态度，7.9%的人回答文化氛围，5.2%的人回答娱乐设施，3.9%的人回答价格，3.1%的人回答接待设施。

一半以上的被调查者选择了自然风景，也可以看出城市居民希望远离城市喧嚣，更加偏爱和渴望亲近的还是郊区的自然山水；交通排在第二说明人们对出游距离和出游的便利性比较在意；服务态度排第三说明市民对旅游地的旅游从业者素质有所要求；娱乐实施的重要性比例不是很高，随着休闲度假人数的增加，这一项应该是越来越被看重的；价格相比来说不是重要因素，再次说明人们追求的还是旅游品质。

另外，目前景点的接待设施、娱乐设施、服务水平都没能成为争取旅游者的主要因素：一个是景区方面在这些地方应该说做得还不是特别出色，另一个是从游客角度来看在各项设施都还基本能够接受的前提下，当然还是最看重景区资源的特色，但并不能说明这些辅助设施和服务不重要，这将是各旅游吸引地不可缺少的竞争力。

7. 北京更应该开发什么类型的旅游项目

在问卷给出的十类旅游项目中，允许多选，对休闲度假类项目持肯定态度的人数比例最高，达78%；接下来分别是生态环境类48.3%、文化古迹类17.4%、探险拓展类14.0%、农业观光类13.8%、娱乐项目类13.4%、体育竞技类8.6%、节庆活动类5.5%、旅游房地产类2.1%、会议会展类2.0%。

可见，人们对休闲度假类的旅游项目是比较青睐的，这从上文休闲度假发展的背景可以看出人们对它的需求的确是比较大的，特别是对郊区旅游而言；对生态环境类项目的肯定者人数也较多，说明人们渴望回归自然的心态；其次是文化古迹类，说明人们渴望旅游的文化体验；探险拓展和娱乐项目的比例相当，这类项目对于年轻人的吸引力应是很大的；农业观光也有需求，对于目前开展得比较红火的民俗旅游、生态农业观光园区等还有很大的市场潜力。相比来说，会议会展和旅游房地产的选择人数较少，主要是相比其他旅游项目对普通旅游者的吸引力不大，特别是旅游房地产的发展，还未普及。

8. 目前郊区旅游发展的主要劣势

在对目前郊区旅游发展主要劣势的评价中，认为管理最差的最多，占22.5%，接下来依次是旅游接待19.2%、交通16.8%、景点品位与特色15.0%、人才匮乏14.0%、生态环境脆弱10.0%和其他2.5%。管理差通常表现为景点的秩序混乱，存在各种拉客宰客现象；旅游接待差主要是在硬件设施和服务质量上的缺陷；交通主要是景点离城区的距离以及景点的可进入性；景点品位与特色主要是景点自身的开发规划和吸引力；人才匮乏是缺少旅游专业人士从事旅游开发和管理工作；生态环境脆弱是旅游发展的可持续性不足。

9. 年收入对旅游消费行为的影响

调查中发现，随着年收入水平的增加，郊区出游频率在增加，而年收入15万元以上的出游频率低于年收入5万~15万的人群，除去样本数量的局限性外，也存在高端消费者更多选择外地旅游甚至出境游的原因。收入水平和旅游消费水平呈现明显的正相关关系，平均每次旅游花费 500 元以上的比例随着年收入的增加而增加。在选择旅游景点时，相比来看，低收入者对自然风景的好坏更加看重，他们的旅游更多是观光游览性的；高收入者可能更多偏向休闲娱乐型旅游，对自然风光的要求相对小一些。

10. 教育程度对旅游消费行为的影响

对于被访者的教育程度，我们分为研究生及以上、本科、大专和高中及以下。在调查中发现学历水平越高，郊区出游频率越高，平均旅游花费越高，对生态环境类项目的偏好也越高，呈现正相关关系。

三、北京郊区休闲度假市场的开发建议

1. 旅游项目开发类型应优先休闲度假类和生态环境类

调查中市民对休闲度假类和生态环境类旅游项目的支持率是最高的，这是比较符合城市居民对郊区休闲度假的需求特征的。市民在周末或黄金周到郊区出游，最看重的就是郊区的自然生态环境，希望远离城市喧嚣，渴望绿色，渴望自然，所以依托自然山水风貌的各类景区应该努力保护好景区内自然生态环境，营造一个让人回归自然又享受自然的舒适氛围。针对休闲度假特点，各类康体、娱乐度假村，乡村民俗旅游，农业观光生态园区等，也将是容易受到市民青睐的。

2. 针对游客出行方式，加强市场宣传和针对性服务

自驾车已经成为郊区旅游的主要出行方式，所以对有车一族的宣传促销十分必要。同时，针对有车族自驾车出行的相关需要应该给予充分的了解和满足，包括景点信息的有效获取，为其设计最佳行车路线，保证良好的道路交通状况，规范清晰的交通标志牌，安全可靠的临时停车点，足够的停车场停车位，汽车应急维修服务等。针对市民大多愿意和家人、朋友一起出游的特点，要充分考虑到配置适合家庭氛围、朋友聚会的各种接待、娱乐设施。同时游客朋友之间的口碑宣传作用会变得比较重要，为游客提供满意的服务将有助于游客返程后的正面宣传，为其带来更多潜在游客。

旅游信息的传播渠道也很重要，比如在有车族比较集中的地方提供免费旅游宣传资料，在人流比较集中的地方设立旅游咨询点等，目的都是要减少游客搜集信息的成本，让信息主动暴露给游客并获取注意。

3. 为游客创造尽可能精彩的旅游经历

在游客选择旅游景点时最看重的还是景点自身的吸引力，其次是服务态度、文化氛围、接待设施、娱乐设施等，价格并不是最主要的考虑因素，所以对旅游景点来说，应该尽可能地为游客创造一段精彩难忘的旅游经历，因为这才是他们最想要的，只要他们满意，他们是愿

意为此付费的，所以说，在游客非常重视自己游览经历的品质时，应尽可能地为其展示景点的魅力所在，提供高质量的服务和丰富的娱乐项目。在保证景区独特性和吸引力的基础上，将服务水平和硬件设施也逐步培育成景点吸引力的重要组成部分，使之从一般的必要因素逐渐成为景区的魅力因素，成为帮助游客获取满意旅游经历的一个途径。

四、任务实施（步骤）

（一）环境要求

需要配备计算机、投影仪等设备的实验室，计算机中应安装 Excel、Word 等办公软件，并保证每名学生配备一台计算机进行上机写作。

（二）实施步骤

1. 认真阅读情境任务，划出情境任务中的关键词。
2. 认真阅读“相关知识”，划出你觉得重要的知识点。
3. 同学之间分组进行调查，或组织同学外出调查，收集调查数据。
4. 根据调查数据，独立完成情境任务的初稿（在“个人作品”中呈现）。
5. 分组讨论，各小组组员相互评阅初稿，然后选出本组代表作进行修改。
6. 以小组为单位上交一篇作品并在多媒体上展示，师生共同点评。

五、个人作品（可附页）

六、小组推选作品及展示

小组成员：________________________________

个人在小组的贡献：__________________________

小组推选代表作(最终版,可附页)：

七、个人反思与总结

八、成果测评

个人自评：自评指标详见表 7-1-1，成绩占比 20%；

组间互评：组间互评指标详见表 7-1-2，成绩占比 40%；

教师评价：教师测评指标详见表 7-1-3，成绩占比 40%。

表 7-1-1　个人自评指标

序号	评价指标	分值	评分标准	得分
1	阅读情境任务，划出情境任务中的关键词	10	标出了关键词，得 10 分；没标出，得 0 分	
2	阅读相关知识，划出对你完成情境任务有用的信息	10	在相关知识标注了有用信息，得 10 分；没标出，得 0 分	
3	文本的写作格式（个人）	10	有基本的写作格式，得 10 分；格式杂乱，得 0 分	
4	文本的写作内容（个人）	30	内容至少包括标题、问题背景和目的介绍、调查方法说明、调查结果、结论和建议，得 30 分；少一项，扣 5 分	
5	文本与情境任务结合程度（个人）	10	结合紧密，得 10 分；结合较紧密，得 7~9 分；结合较少，得 4~6 分；结合很少或没有，得 0 分	
6	书写工整	10	文本整洁，没有涂改，得 10 分；文本较整洁，得 7~9 分；文本基本整洁，得 4~6 分；文本不整洁，得 0~3 分	
7	团队协作	20	积极主动参与团队讨论和承担任务，得 20 分；较主动参与团队讨论和承担任务，得 14~19 分；能够配合小组其他成员较好地完成任务，得 10~13 分；完成小组任务较差，得 6~9 分，几乎没有参与小组任务，得 0~5 分	
8	个人评价得分合计			

表 7-1-2　小组互评指标

序号	评价指标	分值	评分标准	得分
1	文本的写作格式（小组代表作）	20	有基本的写作格式，得 20 分；格式杂乱，得 0 分	
2	文本的内容（小组代表作）	20	内容包括标题、问题背景和目的介绍、调查方法说明、调查结果、结论和建议，得 20 分；少一项，扣 4 分	
3	文本与情境任务结合程度（小组代表作）	20	结合紧密，得 20 分；结合较紧密，得 10~19 分；结合很少，得 1~9 分；没有结合，得 0 分	
4	上台展示形式	20	文本展示清楚，得 20 分；文本展示较清楚，得 12~19 分；文本展示不太清楚，得 8~11 分；文本展示不清楚，得 1~7 分	

续表 7-1-2

序号	评价指标	分值	评分标准	得分
5	小组上台汇报	20	思路清晰，表达流利，得 20 分；思路较清晰，表达较流利，得 12~19 分；思路不太清晰，表达不太流利，得 8~11 分；思路不清晰，表达不流利，得 1~7 分	
6	小组评价得分（合计）			

表 7-1-3　指导教师评价指标

序号	评价指标	分值	评分标准	得分
1	阅读情境任务，划出情境任务中的关键词	5	标出了关键词，得 5 分；没标出，得 0 分	
2	阅读相关知识，划出对你完成情境任务有用的信息	5	在相关知识标注了有用信息，得 5 分；没标出，得 0 分	
3	文本的写作格式（个人）	5	有基本的写作格式，得 5 分；格式杂乱，得 0 分	
4	文本的写作内容（个人）	20	内容包括标题、问题背景和目的介绍、调查方法说明、调查结果、结论和建议，得 20 分；少一项，扣 4 分	
5	文本与情境任务结合程度（个人）	5	结合紧密，得 5 分；结合较紧密，得 3~4 分；结合很少，得 1~2 分；没有结合，得 0 分	
6	书写工整	5	文本整洁，没有涂改，得 5 分；文本较整洁，得 1~4 分	
7	团队协作	5	主动参与团队讨论和承担任务，得 5 分；较主动参与团队讨论和承担任务，得 1~4 分	
8	文本的写作格式（小组代表作）	5	有基本的写作格式，得 5 分；格式杂乱，得 0 分	
9	文本的内容（小组代表作）	20	内容至少包括标题、问题背景和目的介绍、调查方法说明、调查结果、结论和建议，得 20 分；少一项，扣 4 分	
10	文本与情境任务结合程度（小组代表作）	5	结合紧密，得 5 分；结合较紧密，得 3~4 分；结合很少，得 1~2 分；没有结合，得 0 分	
11	代表小组上台展示	5	代表小组上台展示，得 5 分；没有展示，得 0 分	
12	反思与总结	10	能客观、公正地找出问题，并能提出可行性改进意见，得 10 分；能客观、公正地找出问题，但改进意见不具有针对性，得 5~9 分；不能客观、公正地找出问题，提出的改进意见不具针对性，得 0~4 分	
13	思政素养	5	体现了正确的三观，得 5 分；否则，得 0 分	
14	教师评价得分（合计）			

任务 7.2　可行性研究报告

一、情境任务

学校里有一间空房，大约 30 平方米，水电设施都很完备。学校有意拿出这间空房用于学生实习、创业或社团活动，但尚未确定具体用途。有同学提议，用这间空房开办一个复印社，解决同学们复印难的问题。开办复印社要购买复印和装订设备、办公家具、纸张、耗材，还要支付工作人员工资和水电费。

要求：请根据以上情境，拟写“开办复印社的可行性研究报告”。

二、任务分析

可行性研究报告是关于一个项目是否可行的分析、评估文件，用于上级对该项目的审核、决策。在撰写可行性报告时要做好如下工作：①正确领会可行性研究的任务要求；②做好项目调查，在数据客观、准确基础上进行项目设计；③学习可行性研究报告的结构和写作要求；④完成构思任务，撰写完整的可行性研究报告；⑤将可行性研究报告提交、送审。

三、相关知识

（一）可行性研究报告的概念

可行性研究报告是从事一种经济活动之前，在经济、技术、生产、销售、社会环境、法律等方面进行全面调查、研究、分析的基础上，确定项目的有利和不利的因素，评估项目成功的可能性、经济效益和社会效益，然后将研究结果上报给决策者和主管机关审批的规范化文件。

（二）可行性研究报告的特点

1. 科学性

可行性研究报告作为研究的书面形式，反映的是对项目的分析、评判，这种分析和评判应该是建立在客观基础上的科学结论，所以科学性是可行性研究报告的第一特点。首先，可行性研究报告的科学性体现在可行性研究的过程中，即整个过程的每一步都要力求客观全面。其次，科学性体现在分析中，即要用正确的理论和依据相关政策来研究问题。最后，可行性体现在对可行性研究报告的审批过程中，这种审批过程对科学的决策起到了重要的保证作用。

2. **完整性**

可行性研究报告的内容必须完整详细。一般说来，应从项目的自主创新、环境条件、市场前景、资金状况、原材料供应、技术工艺、生产规模、员工素质等诸多方面进行项目的必要性、适应性、可靠性、先进性等研究。通过对各种数据的比较、甄别、权衡、评价，在详尽完备地研究论证之后，才能得到项目“可行性”或“不可行性”的结论。

3. **程序性**

可行性研究报告是决策的基础。为保证决策的科学正确，一定要有可行性研究这一过程。可行性研究必须按规范进行，其所涉及的内容要符合可行性研究的基本框架。可行性研究报告的各个部分都有相应的写作要求，整个报告的形成过程也要遵循一定的程序。

（三）可行性研究报告的类型

1. **用于企业融资、对外招商合作的可行性研究报告**

此类研究报告通常要求市场分析准确、投资方案合理，并提供竞争分析、营销计划、管理方案、技术研发等实际运作方案。

2. **用于建设立项的可行性研究报告**

此类研究报告是建设项目立项的基础文件，相关部门根据可行性研究报告进行核准、备案或批复，决定某个项目是否实施。另外医药企业在申请相关证书时也需要编写可行性研究报告。

3. **用于银行贷款的可行性研究报告**

商业银行在进行风险评估时，需要项目方出具详细的可行性研究报告。对于国家开发银行等国内银行，该报告由甲级资格单位出具，通常不需要再组织专家评审，部分银行的贷款可行性研究报告不需要资格，但要求融资方案合理，分析正确，信息全面。另外在申请国家的相关政策支持资金 、工商注册时往往也需要编写可行性研究报告，该文件类似用于银行贷款的可行性研究报告。

4. **用于申请进口设备免税的可行性研究报告**

主要用于进口设备免税用的可行性研究报告，申请办理中外合资企业、内资企业项目确认书的项目需要提供项目可行性研究报告。

5. **用于境外投资项目核准的可行性研究报告**

企业对国外矿产资源和其他产业投资时，需要编写可行性研究报告。企业需要申请进出口银行境外投资重点项目信贷支持时，也需要可行性研究报告。

（四）可行性研究报告的结构和写法

可行性研究报告一般包括项目总论、项目背景、市场调查、产品与技术、营销方案、土建规划、环保、节能与安全、项目人员安排、项目进度安排、财务分析、不确定性分析、效益评价、风险分析及风险防控、可行性研究结论与建议、附件、附表、附图等。对于不同类型的可行性研究报告,其内容可以有一定变化。

1. 项目总论

项目总论作为可行性研究报告的首要部分,综合叙述了研究报告中各部分的主要问题和研究结论,并对项目提出了最终建议,为可行性研究的审批提供依据。项目总论具体包括项目概况、项目可行性研究主要结论、主要技术经济指标表、存在问题及建议等。

(1)项目概况是说明项目的基本情况,如项目名称、项目承办单位介绍、项目可行性研究工作承担单位介绍、项目主管部门介绍、项目建设内容、规模、目标和项目建设地点等。

(2)项目可行性研究主要结论是对项目的产品销售、原料供应、政策保障、技术方案、资金总额及筹措、项目的财务效益和国民经济、社会效益等重大问题所得出的结论。

(3)主要技术经济指标表是将研究报告中各部分的主要技术经济指标汇总,列出主要技术经济指标表,使审批和决策者对项目作全貌了解。

(4)存在问题及建议是对可行性研究中提出的项目的主要问题进行说明并提出解决的建议。

2. 项目背景

项目背景主要应说明项目的发起过程、提出的理由、前期工作的发展过程、投资者的意向、投资的必要性等。这些内容是可行性研究的工作基础,也是项目发展概况的系统阐述。项目背景应能清楚地提示出本项目可行性研究的重点和问题,具体内容如下:

(1)说明国家有关的产业政策、技术政策,分析项目是否符合这些宏观经济要求。

(2)项目发起人和发起缘由,写明项目发起单位或发起人的全称。

(3)项目发展概况,说明项目在可行性研究前所进行的工作情况。

(4)已进行的调查研究项目及其成果。

(5)对于建设工程,要提供各个可供选择的建设地区及厂址位置的初勘、测量、比选等工作情况,以及初步选择意见和资料。

(6)项目建议书的编制、提出及审批过程,以及项目建议书所附资料。

(7)从企业本身所获得的经济效益及项目对宏观经济、对社会发展所产生的影响两方面来说明项目的必要性。

(8)企业获得的利润情况。

3. 市场调查

市场调查在可行性研究中有重要地位。任何一个项目,其生产规模的确定、技术的选择、投资估算甚至厂址的选择，都必须基于市场需求情况。在可行性研究报告中要详细研究当前市场现状，以此作为后期决策的依据。

(1)产品市场调查　产品市场调查具体包括产品国际市场调查、产品国内市场调查、产品价格调查、产品上游原料市场调查、产品下游消费市场调查、产品市场竞争调查等。

(2)产品市场预测　市场预测是市场调查在时间上和空间上的延续，是利用市场调查所得到的信息资料，根据市场信息资料分析报告的结论，对未来市场需求量及相关因素所进行的定量与定性的判断与分析。在可行性研究工作中，市场预测的结论是制订产品方案、确定项目建设规模的依据。

4. 产品与技术

产品方案指对拟建项目产品的品种、数量、规格的规划。品种规划要考虑多功能、高效率、低耗、技术水平高、市场竞争能力强等因素；产品数量规划要考虑项目的生产能力、规模经济的因素；产品规格规划要考虑产品的材料结构、自然寿命以及消费者的习惯和反应的因素，努力提高产品的标准化水平。评价产品方案经济性的重点是产品在生产过程中的经济效果和产品使用过程的经济效益，前者体现在项目的投资和成本上，后者体现在产品的质量和性能等方面。

生产技术方案主要是为了统筹合理利用有效的资源与有关的各种生产技术，针对技术方面而编制的专项方案。生产技术方案应确保能更好地在生产过程中起到良好的指导作用。生产方案对于不同产业有一定差别，如制造业的生产技术方案主要涉及产能规划方案，以及工艺设备选型、工艺说明、工艺流程等。

5. 营销方案

营销方案是一个以销售为目的，在市场销售和服务之前，为了达到预期的销售目标而进行的各种销售促进活动的整体性策划。营销方案一般包括以下几个内容：

(1)整体分析，包括市场特征、行业分析、竞争对手分析、消费趋势分析、销售状况分析。

(2)本产品(公司)SWOT分析，包括优势、劣势、机会、威胁。

(3)整个环境PEST分析，包括政策、经济、社会、技术。

(4)营销战略规划，包括市场引爆点、市场布局、主导操作思路、运作模式、市场进入与运作思路及设计。

(5)营销战术规划，包括产品策略、产品定位与细分、价格策略、渠道策略、上市时间计划。

(6)促销思路概要及促销与推广方案，包括上市渠道促销计划、上市终端消费者促销计划、上市终端推广计划、媒介促销安排、后期促销跟进计划。

6. 土建规划

凡是涉及土木工程和建筑工程的项目需要进行土建规划。土建规划的一般内容包括建设用地规划和土建规划。

建设用地是指建造建筑物、构筑物的土地,包括城乡住宅和公共设施用地,工矿用地,能源、交通、水利、通信等基础设施用地,旅游用地,军事用地等。建设用地规划要说明项目的地理位置、自然情况、资源情况、经济情况、人口情况等。

土建规划是对涉及房屋、道路、水务、渠务、防洪工程及交通等土建工程进行的规划。土建规划包括项目厂址及厂房建设、土建规划总平面布置图、场内外运输、项目土建及配套工程、项目土建及配套工程造价、项目其他辅助工程等。

7. 环保、节能与安全

在项目建设中,必须贯彻执行国家有关环境保护、能源节约和职业安全卫生方面的法规、法律。对影响劳动者健康和安全的因素,都要在可行性研究阶段进行分析,提出防治措施,并对其进行评价,推荐技术可行、经济,且布局合理,对环境的有害影响较小的最佳方案。按照国家现行规定,凡从事对环境有影响的建设项目都必须执行环境影响报告书的审批制度,同时,在可行性研究报告中,对环境保护和劳动安全要有专门论述。环保、节能与安全包括以下内容:

(1)项目环境保护方案。

(2)项目资源利用及能耗分析。

(3)项目节能方案。

(4)项目消防方案。

(5)项目劳动安全卫生方案。

8. 项目人员安排

在可行性研究报告中,根据项目规模、项目组成和工艺流程,研究提出相应的企业组织机构、劳动定员总数及劳动力来源及相应的人员培训计划。项目人员安排包括以下内容:

(1)项目组织计划,包括组织形式、工作制度。

(2)项目劳动定员和人员培训,包括劳动定员、年总工资和职工年平均工资估算、人员培训及费用估算。

9. 项目进度安排

项目实施时期的进度安排也是可行性研究报告中的一个重要组成部分。项目实施时期是指从正式确定建设项目到项目达到正常生产这段时间。这一时期包括项目实施准备、资金筹集安排、勘察设计和设备订货、施工准备、施工和生产准备、试运转直到竣工验收和交付使用等各工作阶段。有些阶段是同时开展,相互交叉进行的。在可行性研究阶段,需将项目实施时期各个阶段的各个工作环节进行统一规划,综合平衡,做出合理又切实可行的安排。项目进度安排包括以下内容:

(1)项目实施的各阶段,包括建立项目实施管理机构、资金筹集安排、技术获得与转让、勘察设计和设备订货、施工准备、施工和生产准备、竣工验收等。

(2)项目实施进度表。

10. 财务分析

财务分析是可行性研究报告中比较重要的组成部分,它能为企业的投资者、债权人、经营者及其他关心企业的组织或个人了解企业过去、评价企业现状、预测企业未来做出正确决策提供准确依据。财务分析是以会计核算和报表资料及其他相关资料为依据,采用一系列专门的分析技术和方法,对企业等经济组织过去和现在有关筹资活动、投资活动、经营活动、分配活动的盈利能力、营运能力、偿债能力和增长能力状况等进行分析与评价。财务分析的主要内容如下:

(1)项目实施费用,包括建设单位管理费、生产筹备费、生产职工培训费、办公和生活家具购置费、其他应支出的费用。

(2)项目投资使用计划,包括投资使用计划、借款偿还计划。

(3)项目财务评价说明与财务测算假定。

(4)项目总成本费用估算,包括直接成本、工资及福利费用、折旧及摊销、工资及福利费用、修理费、财务费用、其他费用、财务费用、总成本费用。

(5)销售收入、销售税金及附加和增值税估算,包括销售收入、销售税金及附加、增值税、销售收入、销售税金及附加和增值税估算。

(6)损益及利润分配估算。

(7)现金流估算,包括项目投资现金流估算、项目资本金现金流估算。

11. 不确定性分析

在对建设项目进行评价时,所采用的数据多数来自预测和估算。由于资料和信息的有限性,将来的实际情况可能与此有出入,这对项目投资决策会带来风险。为避免或尽可能减少风险,就要分析不确定性因素对项目经济评价指标的影响,以确定项目的可靠性,这就是不确定性分析。

根据分析内容和侧重面不同,不确定性分析可分为盈亏平衡分析、敏感性分析和概率分析。在可行性研究中,盈亏平衡分析、敏感性分配和概率分析的具体内容可视项目情况而定。

12. **效益评价**

在建设项目的技术路线确定以后，必须对不同的方案进行财务、经济效益评价，判断项目在经济上是否可行，并比选出优秀方案。

(1) 财务评价　财务评价是考察项目建成后的获利能力、债务偿还能力及外汇平衡能力的财务状况，以判断建设项目在财务上的可行性。

(2) 国民经济评价　国民经济评价是项目经济评价的核心部分，是决策部门考虑项目取舍的重要依据。

(3) 社会效益和社会影响分析　在可行性研究中，除对以上各项指标进行计算和分析以外，还应对项目的社会效益和社会影响进行分析，也就是对不能定量的效益影响进行定性描述。

13. **风险分析及风险防控**

风险分析是项目实施过程中可能出现的对项目本身有不利影响的因素，因此必须认真分析，并采取可行的规避措施。风险分析及风险防控的主要内容有：

(1) 建设风险分析及防控措施。

(2) 法律政策风险及防控措施。

(3) 市场风险及防控措施。

(4) 筹资风险及防控措施。

(5) 其他相关风险及防控措施。

14. **可行性研究结论与建议**

根据前面各节的研究分析结果，对项目在技术上、经济上进行全面的评价，对建设方案进行总结，提出结论性意见和建议。其主要内容有：

(1) 对推荐的拟建方案建设条件、产品方案、工艺技术、经济效益、社会效益、环境影响的结论性意见。

(2) 对主要的对比方案进行说明。

(3) 对可行性研究中尚未解决的主要问题提出解决办法和建议。

(4) 对应修改的主要问题进行说明，提出修改意见。

(5) 对不可行的项目，提出不可行的主要问题及处理意见。

(6) 可行性研究中主要争议问题的结论。

15. **附件、附表、附图**

附件、附表、附图是可行性研究报告中涉及的，但又不宜放在正文中的相关文件。

(1) 附件　凡属于项目可行性研究范围，但在研究报告以外单独成册的文件，均需列为可行性研究报告的附件，所列附件应注明名称、日期、编号。

(2) 附表　附表是以表格方式呈现的相关资料，其中财务分析报表是可行性研究报告中的重要内容。

(3) 附图　附图主要是一些与空间位置相关的文件。

（五）可行性研究报告的写作要求

可行性研究报告对于整个项目有非常重要的意义，因此在撰写可行性研究报告时必须注意以下几点。

1. 尊重客观事实

在整个可行性研究过程中，一定要恪守实事求是原则，以精益求精的科学态度对待研究中涉及的各种问题。撰写可行性研究报告时，必须从实际出发，尊重客观事实，摆脱个人偏见，集思广益，注意研究内容的全面性、完整性和准确性。报告中涉及的各种数据和有关内容必须绝对真实可靠，否则将会给决策者带来误导。

2. 论证充分有力

撰写可行性研究报告要进行大量的数据核算和理论与事实的论证，因此，一定要讲究科学性，所用的数据要做到准确无误。要按系统性原则，把项目分解为若干个部分，按步骤进行分析论证，做到既有精细的分析研究，又有综合的论证和评定，最终得出项目是否可行的结论。这样才能保证论据充足、论证严密，使可行性报告的具体内容既建立在科学的基础之上，又具有充分的说服力。

3. 行文格式规范

可行性研究报告同其他经济文书的写作一样，具有相对固定的模式。写作时，必须严格遵守格式要求，同时又要注意根据项目的具体内容和行文要求，合理安排写作结构，既遵循规范，又超越规范，做到结构严谨、逻辑严密，表述简洁有序、条理清晰，使报告的内容更加确凿可信。

（六）范例评析

金红苹果标准化生产示范区建设可行性研究报告

一、项目概况

项目名称：永吉县金红苹果标准化生产示范区

承担单位：永吉县农产品质量监督检验站

主要内容：建设5万亩高标准金红苹果标准化生产示范区及配套的农业监测体系、质量认证体系、监督管理体系、信息网络体系、推广应用体系。

建设年限：2009年2月—2012年12月

投资额度:175万元

二、项目建设的必要性和可行性

实施农业标准化是我国一项重大的技术经济政策,是实现传统农业向现代农业转变的必由之路,是提高农产品质量安全水平,提高市场竞争力,实现农业经济市场化、国际化的必然选择。实施农业标准化是我国加入世贸组织,应对各种技术性贸易壁垒的重要手段,是促进产业结构调整,推进产业化过程,提高人民生活质量,实现我省农业大省、生态省和农村经济强省的重要举措。

随着农业市场化、国际化和经济全球一体化的快速发展,农产品的质量安全和环境保护成为新一轮农业竞争核心。激烈的竞争一方面要求我们生产的农产品不仅适应国内市场,还必须完全适应国际消费需求;另一方面要求我们的农业生产方式、经营方式、管理方式必须与国际惯例接轨。现行的传统农业远远不能适应这一需求,只有实施农业标准化生产,走现代农业之路才能获得比较优势和竞争优势,打通农产品流向国际市场的通道。因此,农业标准化是农产品进入国际市场参与竞争的"绿卡",也是在国内迅速构筑我们的"防御工事",培育与"进口农产品"相抗衡的名牌农产品的需要。同时,建立起同国际接轨的农业标准体系,以不变应万变,用壁垒消除壁垒,标准化生产是最有效的手段之一。

永吉县是以粮食生产为主的农业县,人多耕地少,农村剩余劳动力充裕,而果树生产是劳动密集型产业,不仅可以利用县内的荒山荒地、低质林和部分耕地发展果品生产,增加经济收入,而且可以安置大批剩余劳动力。永吉县属北温带大陆性季风型气候,土地肥沃,水源充足。全县土壤有机质含量在1.5%左右,pH在6~6.5。从总体上看自然资源丰富、地理条件优越、气候条件适宜,发展果树生产具有得天独厚的优势。

永吉县北大湖镇从20世纪80年代中后期开始利用荒山、荒地、荒坡发展以"金红苹果"为主的果树生产。1989年组建了"永吉县长白山果树协会",协会为果树生产的产前、产中、产后服务发挥了重要作用,培养了一批果树生产专业人才。到20世纪90年代末期该镇果树栽培面积达4.5万亩,年产水果3万多吨,年收入达1 500万~2 000万元,是省内最大的地方特产"金红苹果"产区,产品远销全国二十多个省市自治区,成为调解全国水果市场的主导品种之一。"金红苹果"生产不仅让生产者获取了丰厚的经济收益,同时也产生了明显的生态效益,果树栽培减少了荒山荒地的水土流失,绿化、美化了环境,果品产业的发展带动了包装运输业、果品保鲜加工业、销售行业、劳务行业的大发展,给更多的人提供就业机会,社会效益十分显著。

经吉林省农业环境保护监测站检测,永吉县北大湖镇的"金红苹果"生产基地的各项指标也都符合生产无公害农产品要求,被吉林市农委、吉林市绿色食品办公室批准为"吉林市无公害果品生产试验示范基地”。其产品曾被吉林省、吉林市政府命名为“名牌产品”,2001年被中国农业科技出版社将“五里河牌”金红苹果编入《吉林省绿特名优农产品产销指南》,其生产具备标准化生产的基础条件。

北大湖的“永吉县长白山果树协会”曾被国家科协命名为“全国百强农村专技术协会”,协会培育了百余名果树专业人才,其中由国家劳动部考核认证的果树专业人员50余名,具有较雄厚的技术力量可保证该项目的顺利实施。

综上所述,建设永吉县金红苹果标准化生产示范区项目是非常必要的。

三、市场供求分析及预测

“金红苹果”在其品种育成之时即作为鲜食优质水果面向市场,由于其鲜艳的外观及独特的风味深受南北方消费者的欢迎,20世纪90年代在“海生”“真爱”等南方市场零售价格达10~15元/千克。2002年开始大连地区的果汁加工企业开始利用残次果榨汁,其果汁的含酸量、含糖量优于果内的其他果汁,在国际市场上售价很高。2008年“真爱”果汁生产企业有意在我地区建立果汁加工厂,届时果品的销售空间更大。

该项目实施后,产品质量明显提高,鲜果销售市场不仅限于国内,还可外销,同时又有果汁加工企业每年需6万~8万吨的加工原料。因此,产品市场是广阔的,现在我们需要解决的问题是提高产品质量和扩大生产规模。

四、项目建设的基础条件

永吉县位于吉林省中东部,地处松嫩平原向长白山过渡地带,属吉林市所辖县,县城口前镇距吉林市15公里,距省城长春市100公里。全县现有7个镇、2个乡和永吉经济开发区、岔路河特色农业经济开发区,139个行政村,990个社。全县总人口405 187人,其中农业人口309 382人。面积2 625平方公里,全县地形呈东偏南西偏北长条状,地貌复杂,中东部和南部为山地和丘陵地,西部为平原地,构成了六山一水三分田的格局。现有耕地77 871公顷,其中水田22 600公顷,旱田55 271公顷。主要农作物为玉米、水稻、大豆等粮食作物和苏子、肉葫芦、菊花、西甜瓜、蔬菜等经济作物,还有一部分小杂粮。

永吉县农产品质量监督检验站现有工作人员6人,全部是技术人员。其中高级农艺师2人、农艺师3人、助理农艺师1人。另外,所辖乡镇还有农产品质量监督检验技术干部30人,90%以上都是技术人员。多次主持省、市示范区建设项目及技术推广等项目,并多次获省市政府嘉奖,因此有能力胜任此项目工作。

“金红苹果”标准化生产示范区项目建设地点为永吉县北大湖镇,位于永吉县南部22公里,面积444.58平方公里,现有耕地8 557公顷,其中水田1 428公顷。北大湖镇属半山区,全年无霜期125~130天,年有效积温2 650~3 000 ℃,年降水量600~800毫米,土壤类型以白浆土为主，pH 6~7。全镇人口 4.1 万人，其中农业人口 3.7 万人。镇内大小河流 17 条，中小型水库和塘坝 150 余处。气候条件适宜金红苹果生长。该镇具有优越的金红苹果标准化生产示范基地的建设条件：一是该镇没有大的污染源，生态环境（土壤、水、大气）经吉林省农业环境保护监测站检验，符合生产无公害农产品的环境条件。二是该镇以金红苹果为主，在 20 世纪 90 年代就被省农委命名为优质金红苹果生产基地，大部分农民积累了栽培果树的生产经验，有利于发展金红苹果标准化生产。三是永吉县长白山果树协会拥有会员 544 人，其中果树生产的专业技术人员和经纪人队伍可保证标准化生产项目的实施和产品销售畅通。因此，在该镇建设金红苹果标准化示范区具有明显的优势。

五、项目技术工艺及相应的技术指标

示范区建设工艺流程包括以下方面。

1. 金红苹果生产按照吉林省最新绿色食品金红苹果栽培技术规程进行。

2. 绿色金红苹果加工、贮运、销售按最新发布或待发布的标准进行。

3. 监测体系跟踪绿色金红苹果生产、加工的环境，生产、加工、包装、贮运、销售各个环节，按仪器设备的操作规程进行。

4. ISO 900 认证按国家认证程序进行。

5. 信息网络体系按着标准的信息收集→信息检索→网上咨询→信息发布操作。

6. 监督管理体系：由县技术监督局、卫生局、环保局农产品质量监督检验站、绿色食品办公室组成，对标准化示范区生产实行全程监控。

7. 标准化推广体系。

(1) 人员组成：省农业标准化工作领导人员，市农业标准化工作领导人员，县相关部门、企业、管理人员和技术人员。

(2) 技术指标：

a. 绿色食品金红苹果标准化示范区基地及周边环境（大气、土壤、水质）经国家指定的农业环保检测部门检测达到国家 A 级绿色食品产地环境 NY/T391—2000 规定的标准。

b. 肥料使用按 NY/T394—2000 绿色食品肥料使用准则操作。

c. 农药使用按 NY/T393—2000 绿色食品农药使用准则操作。

d. 产品质量各项指标达到 A 级绿色食品卫生标准。

e. 加工、包装、贮藏、运输、销售按待发布的各项标准执行。

f. 监测体系、信息体系、监督管理体系、推广体系按待发布的标准执行。

六、项目建设目标

1. 2009—2012 年年建设 5 万亩高标准金红苹果标准化生产示范区兼生产基地，使该镇成为省内果品生产、加工一体化的典范，并带动省内果业生产的发展。

2. 提高该镇“五里河牌”金红苹果的产品质量并通过国家“绿色食品”认证。并完成系列产品的开发，如鲜果、果汁饮料、果酒、果干、果醋等。产品市场拓展到国内外。

3. 建立健全示范区相配套的农业监测体系、质量认证体系、监督管理体系、信息网络体系、推广应用体系，到2009年完成建设任务，整体运行能力达到国内先进水平，接近发达国家水平，使其基体基本适应和满足农业生产和农村经济发展的需要。

七、建设内容及规模

（一）金红苹果标准化示范区建设

1. 为在全镇推广标准化栽培，首先在五一村、桃子沟村、草庙子村、朝阳村建立600亩标准化生产示范户，以点带面、扩大规模，推进标准化示范基地建设。

2. 加强新成果技术的应用。

（1）新建果园全部采用GM256矮化中间砧技术。

（2）建立优质苗木繁育园一处，苗圃面积1.5公顷，为保证苗木质量，砧穗全部由省农科院果树研究所引入。

（3）所有果园推广“杂苗秸秆覆盖技术”，推广“生物物理防虫技术”、以实现抗旱、培肥地力，增加土壤有机质，减少化肥农药使用量，提高产品质量。

（4）推广（畜—沼—果）生态工程项目，对有经营条件的果园，建设太阳能畜禽舍，畜禽粪便生产沼气，沼渣、沼液用于果树施肥，沼气照明和炊用。这一生态工程技术的推广，可促进高质量的有机果品的生产。

（5）果品分级包装销售，鲜食果分选出精品、一级、二级果并配备相应包装，三级以下果用于另加工。

（二）销售体系及果品加工厂建设

1. 销售体系以长白山果树协会为龙头，组织农户从生产管理、采收分级管理到销售市场开拓，建立协会＋农户＋销售市场为一体的销售网络。

2. 果品深加工。通过招商引资或公司＋农户一体化的模式，建立果品加工厂。该项建设计划到2009年建成，以保障标准化建设项目的顺利完成。

（三）监测体系建设

1. 县内成立质量监测中心。完善监测设备，并配备足够的高级专业技术人员，负责对示范区内及标准化生产区的环境质量、农业投入品及农产品进行定期和不定期监测，把不合标准的投入品挡在示范区外，把不合格的农产品留在示范区内，防止进入流通环节。

2. 在标准示范区内建立快检站，对农业投入品和农产品随时抽检，并实行通报制度。

3. 在标准化示范区、生产基地、加工龙头企业、绿色食品批发市场及专营店配备检验检测设施，主要完成对农药、化肥、调节剂等残留量的定向、定量测定，实行市场准入制度。

总之要加大质量监测体系的实施力度，确保产品质量安全水平。

（四）信息网络体系建设

为县农产品质量监督检验站标准化示范区所在吉林省永吉县特色农业经济开发区及2个镇购置电脑等信息设备。广泛开展信息检索、网上咨询、信息传递等网络服务，通过WTO/TBT吉林工作站及时收集WTO各成员国有关农业产品方面技术法规和标准信息，建立农业技术法规和标准信息库。对不合格农业投入品和农产品进行网上曝光，加大监管力度。

（五）监督管理体系建设

建立由县技术监督局、卫生局、保局和农产品质量监督检验站组成的标准监督管理体系，对标准化示范区实行全程监控。①建立市场准入制度。对农业生产各环节的投入品进行严格检测，达到标准方可使用。严格农业投入品的生产和经营许可，淘汰高残农药，推广高效低毒安全投入品。对农产品实行严格质量检测，不合格不准进入销售渠道。②建立检测结果定期发布通报制度，让广大消费者、生产者和社会多方参与监督。

（六）标准化推广体系建设

成立由县技术监督局、农业局、农产品质量监督检验站、镇农业经济发展服务中心、农产品生产加工龙头企业及标准化生产示范基地组成的农业标准化推广网络。以吉林省永吉县长白山果树协会主体，以示范区和基地为典型带动。农产品质量监督检验和农业经济发展中心负责标准宣传、技术培训和标准检测把关；技术监督局和农业局负责标准化日常工作的组织、协调、管理、监督工作。多部门加强合作，形成合力，形成技术水平高、管理严密的高素质推广队伍。

八、项目投资估算及资金筹措

（一）投资估算的依据

1.《吉林省建筑工程预算定额》。

2.《建设项目经济评价方法与参数》（第二版）中关于投资估算的有关规定。

3. 各专业提供的土建工程量及工艺设备参数。

4. 仪器设备价格确定。按生产厂家近期报价。

5. 仪器设备运杂费按仪器设备价格的7.5%计算。

6. 仪器设备安装费按仪器设备费的10%计算。

7. 固定资产投资方向调节税。根据国务院的有关文件规定，本项目投资方向调节税按零税率计取。

（二）投资估算

根据以上依据，本项目投资估算为175万元。其构成如下：

1. 苗圃建设投资8万元。产出优质苗木10万株。

2. 新技术推广及培训指导费用15万元。

3. 畜—沼—果工程项目建设150户（占果园8%）预计投资30万元。

4. 新建标准化果园1.5万亩，预计投资52万元。

5. 购置安装质检设施仪器50万元。

6. 信息网络建设15万元。

7. 项目建设前期管理费用2万元

8. 不可预见费用3万元。

（三）资金筹措

总投资175万元，其中申请省市专项拨款120万元，由农户自筹55万元。

九、项目建设期限和实施进度安排

（一）建设期限

该项目建设期为4年，即2009年2月—2012年12月。

（二）进度安排

2009年，①完成标准化苗圃建设，4月份定植砧木，7—8月份嫁接。②对示范区内所有果农进行标准化生产的技术培训。③果品加工厂招商引资工作开始，力争投资方动工建厂。

2010年，①新建标准化果园1万亩，定植成活率达95%以上。②果农普遍应用符合标准化生产的新技术。③制定果品合格标准，拓展市场。④果品加工厂开始投产。

2011—2012年，①生产规模达到6万亩。②果品销售、加工体系完备。③建立完善的标准化生产应用。④质量检测、网络建设全部建成并投入使用。

十、组织管理

（一）建立标准化组织管理机构

1. 成立永吉县绿色金红苹果标准化示范区领导小组，由县主管农业副县长担任组长，成员由县农业局、技术监督局、科技局、卫生局、环保局的主管领导组成。负责永吉县用业标准化工作日常组织、协调、管理、指导工作。

2. 成立项目技术专家组，由县农产品质量监督检验站专业人员组成，负责项目落实、标准化推广和质量检测工作。

（二）强化责任落实

县技术监督局负责对标准实施情况进行有效监督和检查。农业局和农产品质量监督检验站，负责项目标准化实施、宣传、推广和质量检测工作；环保局、卫生局负责搞好市场监管和加强产地环境的治理工作；科技局做好重点科研成果和高新技术的引进，提高标准化的科技含量和标准水平。

（三）活化投资机制，拓宽投资渠道

建立以政府投资为导向，企业投资为主体，社会投资为补充的多元化投资机制。

（四）提高队伍素质

农业标准化具有技术组装程度高、科技含量高、配套手段要求高和带动效益高的特点，采取培训教育和工作实践相结合的办法，培养一批标准化实施的复合型人才。

十一、项目效益评价

（一）社会效益

该项目实施后可带动劳务业、运输业、包装业、营销业相关产业的发展，对繁荣地方经济有良好的推动作用。同时可明显提高产品质量、提高产品的市场竞争力，还可以带动生态旅游观光业，观赏采摘业的发展，加速经济快速发展。

（二）生态效益

通过金红苹果标准的生产示范区建设，可使该镇大部分低质林改造成经济林，大大提高林地的经济效益，同时，在美化生活环境的同时起到保持水土流失、防风、固沙、保水、改善空气质量等显著的生态效益。

（三）经济效益

该项目计划总投资175万元。项目建成后，总产可达5万吨，以2006年平均批发价格计算（1 000元／吨），总收入可实现5 000万元，如果三级以下水果通过加工后销售，还可大幅度提高附加值，经济效益十分显著。

十二、附件及附图

1. 附件一：项目建设投资总表
2. 附件二：永吉县机构编制委员会文件
3. 附件三：中华人民共和国组织机构代码证
4. 附件四：承担单位法人证书
5. 附图一：示范区建设工艺流程图

四、任务实施（步骤）

（一）环境要求

可选择多媒体教室等场所进行，备好纸、笔，配备计算机、投影仪等设备，最好每名学生配备一台计算机进行上机写作。

（二）实施步骤

1. 认真阅读情境任务，划出情境任务中的关键词。

2. 认真阅读“相关知识”，划出你觉得重要的知识点。

3. 每人执笔或上机，通过网络查找相关材料，独立完成情境任务的初稿（在“个人作品”中呈现）。

4. 分组讨论，各小组组员相互评阅初稿，然后选出本组代表作进行修改。

5. 以小组为单位上交一篇作品并在多媒体上展示，师生共同点评。

五、个人作品（可附页）

六、小组推选作品及展示

小组成员：________________________________

个人在小组的贡献：________________________

小组推选代表作(最终版,可附页)：

七、个人反思与总结

八、成果测评

个人自评:自评指标详见表 7-2-1,成绩占比 20%;

组间互评:组间互评指标详见表 7-2-2,成绩占比 40%;

教师评价:教师测评指标详见表 7-2-3,成绩占比 40%;

表 7-2-1　个人自评指标

序号	评价指标	分值	评分标准	得分
1	阅读情境任务,划出情境任务中的关键词	10	标出了关键词,得 10 分;没标出,得 0 分	
2	阅读相关知识,划出对你完成情境任务有用的信息	10	在相关知识标注了有用信息,得 10 分;没标出,得 0 分	
3	文本的写作格式(个人)	10	有基本的写作格式,得 10 分;格式杂乱,得 0 分	
4	文本的写作内容(个人)	30	内容至少包括项目背景、市场调查、产品与服务、营销方案、项目人员安排、项目进度安排、财务分析、效益评价、可行性研究结论与建议,得 30 分;少一项,扣 3 分	
5	文本与情境任务结合程度(个人)	10	结合紧密,得 10 分;结合较紧密,得 7~9 分;结合较少,得 4~6 分;结合很少或没有,得 0 分	
6	书写工整	10	文本整洁,没有涂改,得 10 分;文本较整洁,得 7~9 分;文本基本整洁,得 4~6 分;文本不整洁,得 0~3 分	
7	团队协作	20	积极主动参与团队讨论和承担任务,得 20 分;较主动参与团队讨论和承担任务,得 14~19 分;能够配合小组其他成员较好地完成任务,得 10~13 分;完成小组任务较差,得 6~9 分,几乎没有参与小组任务,得 0~5 分	
8	个人评价得分(合计)			

表 7-2-2　小组互评指标

序号	评价指标	分值	评分标准	得分
1	文本的写作格式(小组代表作)	20	有基本的写作格式,得 20 分;格式杂乱,得 0 分	
2	文本的内容(小组代表作)	20	内容包括项目背景、市场调查、产品与服务、营销方案、项目人员安排、项目进度安排、财务分析、效益评价、可行性研究结论与建议,得 20 分;少一项,扣 2 分	
3	文本与情境任务结合程度(小组代表作)	20	结合紧密,得 20 分;结合较紧密,得 10~19 分;结合很少,得 1~9 分;没有结合,得 0 分	

续表 7-2-2

序号	评价指标	分值	评分标准	得分
4	上台展示形式	20	文本展示清楚，得 20 分；文本展示较清楚，得 12~19 分；文本展示不太清楚，得 8~11 分；文本展示不清楚，得 1~7 分	
5	小组上台汇报	20	思路清晰，表达流利，得 20 分；思路较清晰，表达较流利，得 12~19 分；思路不太清晰，表达不太流利，得 8~11 分；思路不清晰，表达不流利，得 1~7 分	
6	小组评价得分（合计）			

表 7-2-3　指导教师评价指标

序号	评价指标	分值	评分标准	得分
1	阅读情境任务，划出情境任务中的关键词	5	标出了关键词，得 5 分；没标出，得 0 分	
2	阅读相关知识，划出对你完成情境任务有用的信息	5	在相关知识标注了有用信息，得 5 分；没标出，得 0 分	
3	文本的写作格式（个人）	5	有基本的写作格式，得 5 分；格式杂乱，得 0 分	
4	文本的写作内容（个人）	20	内容包括项目背景、市场调查、产品与服务、营销方案、项目人员安排、项目进度安排、财务分析、效益评价、可行性研究结论与建议，得 20 分；少一项，扣 2 分	
5	文本与情境任务结合程度（个人）	5	结合紧密，得 5 分；结合较紧密，得 3~4 分；结合很少，得 1~2 分；没有结合，得 0 分	
6	书写工整	5	文本整洁，没有涂改，得 5 分；文本较整洁，得 1~4 分	
7	团队协作	5	主动参与团队讨论和承担任务，得 5 分；较主动参与团队讨论和承担任务，得 1~4 分	
8	文本的写作格式（小组代表作）	5	有基本的写作格式，得 5 分；格式杂乱，得 0 分	
9	文本的内容（小组代表作）	20	内容至少包括项目背景、市场调查、产品与服务、营销方案、项目人员安排、项目进度安排、财务分析、效益评价、可行性研究结论与建议，得 20 分；少一项，扣 2 分	
10	文本与情境任务结合程度（小组代表作）	5	结合紧密，得 5 分；结合较紧密，得 3~4 分；结合很少，得 1~2 分；没有结合，得 0 分	
11	代表小组上台展示	5	代表小组上台展示，得 5 分；没有展示，得 0 分	
12	反思与总结	10	能客观、公正地找出问题，并能提出可行性改进意见，得 10 分；能客观、公正地找出问题，但改进意见不具有针对性，得 5~9 分；不能客观、公正地找出问题，提出的改进意见不具针对性，得 0~4 分	
13	思政素养	5	体现了正确的三观，得 5 分；否则，得 0 分	
14	教师评价得分（合计）			

项目 8 商务策划文书

【知识目标】了解创业策划书、营销策划书、公关策划书的概念与作用；掌握其写作格式、结构与要求。

【技能目标】能够根据情境任务要求，撰写规范的创业策划书、营销策划书、公关策划书。

【素质目标】通过情境化教学，培养学生创新能力，项目策划能力，通过小组展示和评价，培养团队合作能力。

【思政目标】培养学生创新创业能力。

思政园地

詹天佑修铁路

詹天佑，字眷诚，江西婺源人，1861 年出生在一个普通的茶商家庭。儿时的詹天佑对机器十分感兴趣，常和邻里孩子一起，用泥土仿做各种机器模型。有时，他还偷偷地把家里的自鸣钟拆开，摆弄和捉摸里面的构件，提出一些连大人也无法解答的问题。1872 年，年仅十二岁的詹天佑到香港报考清政府筹办的幼童出洋预习班。考取后，父亲在一张写明倘有疾病生死各安天命的出洋证明书上画了押。从此，他辞别父母，怀着学习西方技艺的理想，前往美国求学。

在美国，同学们目睹国外科学技术的巨大成就，对机器、火车、轮船及电信制造业的迅速发展赞叹不已。有的同学由此对中国的前途产生悲观情绪，詹天佑却怀着坚定的信念说：今后，中国也要有火车、轮船。他怀着为祖国富强而发奋学习的信念，刻苦学习，于 1867 年 5 月考入耶鲁大学土木工程系，专攻铁路工程。在大学的四年中，詹天佑刻苦学习，以突出成绩在毕业考试中名列第一。1881年,在120名回国的中国留学生中,获得学位的只有两人,詹天佑就是其中的一个。

回国后,詹天佑满腔热忱地准备把所学本领贡献给祖国的铁路事业。但是,清政府洋务派官员迷信外国,在修筑铁路时一味依靠洋人,竟不顾詹天佑的专业特长。1905年,清政府决定兴建我国第一条铁路京张铁路(北京至张家口)。当时英俄都想插手,由于中国人民的强烈反对,他们的企图没能得逞。英俄使臣以威胁的口吻说:如果京张铁路由中国工程师自己建造,那么与英俄两国无关。他们原以为这么一来,中国就无法建造这条铁路了。在这关键时刻,詹天佑毫不犹豫地接下了这个艰巨的任务,全权负责京张铁路的修筑。消息传来,一些帝国主义分子及英国报刊挖苦说:中国能够修筑这条铁路的工程师还在娘胎里没出世呢!中国人想不靠外国人自己修铁路,就算不是梦想,至少也得五十年。他们甚至攻击詹天佑担任总办兼总工程师是狂妄自大、不自量力。詹天佑顶着压力,坚持不任用一个外国工程师,并表示:中国地大物博,而于一路之工务必借重外人,我以为耻!中国已经醒过来了,中国人要用自己的工程师和自己的钱来建筑铁路。1905年8月,京张铁路正式开工,紧张的勘探、选线工作开始了。詹天佑带着测量队,身背仪器,日夜奔波在崎岖的山岭上。一天傍晚,猛烈的西北风卷着沙石在八达岭一带呼啸怒吼,刮得人睁不开眼睛。测量队急着结束工作,填了一个测得的数字,就从岩壁上爬下来。詹天佑接过本子,一边翻看填写的数字,一边疑惑地问:“数据准确吗?”“差不多。”测量队员回答说。詹天佑严肃地说:“技术的第一个要求是精密,不能有一点模糊和轻率,大概、差不多这类说法不应出于工程人员之口。”之后,他背起仪器,冒着风沙,重新吃力地攀到岩壁上,认真地复勘了一遍,修正了一个误差。当他下来时,嘴唇也冻青了。

不久,勘探和施工进入最困难的阶段。在八达岭、青龙桥一带,山峦叠嶂,陡壁悬崖,要开四条隧道,其中最长的达一千多米。詹天佑经过精确测量计算,决定采取分段施工法:从山的南北两端同时对凿,并在山的中段开一口大井,在井中再向南北两端对凿。这样既保证了施工质量,又加快了工程进度。凿洞时,超多的石块全靠人工一锹锹地挖,涌出的泉水要一担担地挑出来,身为总工程师的詹天佑毫无架子,与工人同挖石,同挑水,一身污泥一脸汗。他还鼓舞大家说:京张铁路是我们用自己的人、自己的钱修建的第一条铁路,全世界的眼睛都在望着我们,务必成功!无论成功或失败,绝不是我们自己的成功和失败,而是我们国家的成功和失败!

为了克服陡坡行车的困难,保证火车安全爬上八达岭,詹天佑独具匠心,创造性地运用折返线原理,在山多坡陡的青龙桥地段设计了一段人字形线路,从而减少了隧道的开挖,降低了坡度。列车开到那里,配合两台大马力机车,一拉一推,保证列车安全上坡。

詹天佑对全线工程曾提出花钱少、质量好、完工快三项要求。京张铁路经过工人们艰苦奋斗，最后在1909年9月全线通车。原计划6年完成，结果只用了4年就提前完工，工程费用只及外国人估价的1/5。一些欧美工程师乘车参观后啧啧称道，赞誉詹天佑了不起。但詹天佑却谦虚地说：这是京张铁路一万多员工的力量，不是我个人的功劳，光荣是属于大家的。

京张铁路建成后，詹天佑又继任了粤汉铁路督办兼总工程师。这时，美国决定授予他工科博士学位，要他亲自去美国参加授衔仪式。为了全力参加祖国铁路建设，他放下了这一荣誉。

辛亥革命后，詹天佑为了振兴铁路事业，和同行成立了中华工程学会，并被推为会长。这期间，他对青年工程技术人员的培养倾注了很多心血，他勉励青年精研学术，以资发明，要求他们勿屈己而徇人，勿沽名而钓誉，以诚接物，毋挟褊私，圭璧束身，以为范例。

詹天佑从事铁路事业30多年，几乎和当时我国的每一条铁路都有不同程度的关系。到晚年，因积劳成疾，不幸于1919年病逝。周恩来同志曾高度评价詹天佑的功绩，说他是中国人的光荣。

问题：詹天佑修铁路的故事包含着怎样的哲学道理？

任务 8.1　创业策划书

一、情境任务

×××早教机构旨在创立一个招生年龄段在3~6岁孩子的早教机构，该机构计划主要针对目前市场需求，确定公司未来创业主打的方向。目标课程1：孩子及家庭的亲子课程。通过亲子互动，让孩子与家长共同成长，增进亲子交流。目标课程2：孩子的课程。绘画、音乐、舞蹈等方面提升孩子的综合能力。目标课程3：家长的课程。在孩子上课期间，为家长准备一些进修课程，帮家长降低时间成本，促进自己提升。

要求：请同学们以当地地区的市场情况为基础，为本机构设计一份创业策划书。

二、任务分析

创业策划书是对创业项目所有事项进行综合安排的一份书面文稿，主要描述创业时所有相关外部及内部要素，包括项目整体概况、创业项目介绍、环境描述与分析，市场定位与市场营销策略等各种资源的整合计划，以及创业经营者的经营理念、战略的确定，是为创业项目制订的一份完整、具体、明确、深入的行动指南。在写作时要做好如下工作：①正确领会任务要求；②学习创业策划书撰写的相关知识，完成任务撰写；③写成初稿送主管领导审阅并修改；④熟悉文种格式，按规定撰写。

三、相关知识

（一）创业策划书的概念

创业策划书又称为商业计划书，是创业者在初创企业成立之前就某一项具有市场前景的新产品或服务，向潜在投资者、风险投资公司、合作伙伴等游说以取得合作支持或风险投资的可行性商业报告，用来描述创办一个新企业时所有的内部和外部要素。创业策划书就像是户外行军中的指南针，指导着整个创新创业活动的方向。

（二）创业策划书的作用

1. 助力于创业者理清思路，规避风险

《礼记·中庸》中提道："凡事预则立，不预则废。"在创业融资之前，创业者要做好周密的创业计划，计划书首先应该是给创业者自己看的。创业者应该以认真的态度对自己所有的资源、已知的市场情况和初步的竞争策略做尽可能详尽的分析，并提出一个初步的行动计划，做到自己心中有数。另外，创业计划书还是创业资金准备和风险分析的必要手段。对初创的风险企业来说，创业计划书的作用尤为重要，一个酝酿中的项目，需要进行环境分析，可助力创业者了解行业环境，了解竞争状况，明确自己所处的位置，识别出外部的风险和机会，把优势和劣势、机会与挑战都书写下来，然后再逐条推敲，创业者就能对这一项目有更加清晰的认识。

2. 助力于创业者对外宣传，获得融资

创业策划书作为一份全方位的项目计划书，它对即将展开的创业项目进行可行性分析的过程，也是在向风险投资家、银行、客户和供应商宣传拟建的企业及其经营方式，包括企业的产品、营销、市场及人员、制度、管理等各个方面。 在一定程度上也是拟建企业对外进行宣传和包装的文件。此外，俗话说"背靠大树好乘凉"，好的计划书还可能有机会取得政府的支持与扶持。一份完美的创业计划书不但会增强创业者自己的信心，也会增强风险投资家、合作伙伴、员工、供应商、分销商对创业者的信心。正如英国查理·卓别林所说："人必须相信自己，这是成功的秘诀。"而这些信心正是企业走向创业成功的基础。

3. 助力于创业者凝聚人心，有效管理

王明阳曾经说过"志不立，天下无可成之事"。我们明确了目标，进行创业，那一份完美的创业策划书可以增强创业者的自信,使创业团队目标明确,使创业者清晰感到对企业更容易掌控,易于实施经营决策。创业策划书使得创业者在创业过程中有章可循。创业策划书通过描绘新创企业的发展前景和成长潜力,使管理层和员工对企业及个人的未来充满信心,并明确要从事什么项目和活动,从而使大家了解将要充当什么角色,完成什么工作,以及自己是否能胜任这些工作。因此,创业策划书对于创业者吸引所需要的人力资源,凝聚人心作用就如灯塔一样,可以指明方向。

(三)创业策划书撰写的原则

在撰写创业策划书时,应遵循以下原则:

1. 创新性原则

加重创业成功的砝码是新颖而且富有创意的策划,这样的策划书更能吸引他人关注,获得支持和青睐。比如,在蛋糕市场竞争如火如荼的今天,小熊蛋糕以其独特的方式深受小朋友们的喜欢和认可。唯创新者进,唯创新者强,唯创新者胜。

2. 真实性原则

真实是创业策划书令人信服的首要因素,创业策划书内容务必真实有效,不能有虚假成分。只有真实的想法和计划才具有可实施性和操作性。

3. 简洁性原则

创业策划书应开门见山,直入主题,语言简练,条理清晰。撰写过程中应避免一些与主题无关的内容。

4. 一致性原则

创业策划书的前后基本假设或预测要相互呼应、一致、逻辑合理。例如,财务预测必须根据市场分析与技术分析所得结果进行各种报表的规划。

5. 保密性原则

创业策划书中如果涉及核心机密要适当规避,做好自我防护。

(四)创业策划书的撰写程序及内容

从根本上讲,撰写创业策划书是一个展望项目的未来前景、细致探索合理思路、确认实施项目所需的各种必要资源、寻求所需支持的过程。创业者撰写创业策划书步骤如下:

1. 封面

这里主要涉及创业项目名称、项目负责人及主团队成员、联系方式、日期等。

2. 目录

准确的目录索引能够让读者迅速找到他们想看的内容。

3. 正文

正文是创业策划书最主要的部分，主要包括如下内容：

(1) 整体概况（对创业策划书进行概括性描述，起摘要作用）

项目背景：创业策划书首先从项目所处的大的政治、经济、需求等背景进行描述和分析。

项目意义：根据所选择的创业项目，分析创业项目的意义，从消费者、经济、社会等方面分析。

(2) 项目介绍　包括项目内容、项目组成及运营模式、经营优势、创新与特色。

创业策划书的主体部分是从企业描述开始的。企业简介如同是自我介绍，要全面而简明扼要地分析创业设想、发展趋势、目前状况，让投资者能充分了解企业的社会地位及发展沿革，特别是企业的核心竞争力和优势。

投资家关注的焦点是，企业提供什么产品及产品或服务的价值如何。在进行投资项目评估时，投资人会提出相当多的问题，创业者一定要对所有可能发生的情况进行充分考虑并给予合理的答复，应该准确、详尽地描述产品或服务项目特别是产品的技术特点。产品介绍应包括以下内容：产品的概念、性能及特性；主要产品介绍；产品的市场竞争力；产品的研究和开发的过程；发展新产品的计划和成本分析；产品的市场前景预测；产品的品牌和专利等。一般地，产品介绍必须要回答以下问题：

①顾客希望企业的产品能解决什么问题？顾客能从企业的产品中获得什么好处？

②企业的产品与竞争对手的产品相比有哪些优缺点？顾客为什么会选择本企业的产品？

③企业为自己的产品采取了哪些保护措施？企业拥有哪些专利？

④企业采用何种方式去改进产品的质量、性能？

⑤企业对发展新产品有哪些规划？

⑥该产品或服务如何拥有稳定的顾客群？顾客群一旦缺失，企业该如何应对？

(3) 环境描述与市场分析　环境描述与市场分析是创业策划书正文的一个重要部分。俗话说，没有调查就没有发言权。创业项目在市场上的竞争力是投资者最看重的部分。在进行市场环境分析时，需要进行三个层次的分析。

第一，宏观环境分析（PEST）

PEST 模型，是一种宏观环境分析模式，可以帮助企业对外部大环境进行分析与预测。主要包括四个方面：政治和法律因素；经济因素；社会和文化因素；技术因素。

第二，行业环境分析

①行业生命周期分析　行业的生命周期指行业从出现到完全退出社会经济活动所经历

的时间。行业的生命周期主要是四个阶段:幼稚期,成长期,成熟期,衰退期。每个时期的市场特点不同,采取的营销策略也各有差异。

②波特五力模型　波特五力模型确定了竞争的五种主要来源:供应商和购买者的讨价还价能力,潜在进入者的威胁,替代品的威胁,来自同一行业的公司间的竞争。

第三,SWOT 分析

要从企业自身实际情况出发,分清楚内部的优势和劣势、外部的机会和威胁,以便确定目标市场的合理性和可行性。

(4)市场定位与市场营销策略

①市场定位:在进行目标市场细分时,市场细分不是越细越好,目标市场不是越小越好,要考虑市场的容量足够大,发展的空间足够大,企业价值的增长持续稳定。行业市场分析的目的是使投资者了解该行业的发展状况,新创企业的发展潜力,企业成长性的预期。这需要对可能影响市场需求的购买行为的因素进行分析,对行业市场发展状况、存在问题、未来发展等方面进行详细分析论证。主要包括:目标市场;市场需求;市场潜力。

②市场营销策略:产品策略;价格策略;渠道策略;促销策略;品牌策划与推广策略。

(5)公司战略

企业愿景是指企业成员普遍接受和认同的企业长远目标,是组织的理想与愿望。它是最高管理者对企业未来的设想,是对“我们代表什么”“我们希望成为怎样的企业”的持久性回答和承诺。

企业宗旨是关于企业存在的目的或对社会发展的某一方面应做出的贡献的陈述,有时也称为企业使命,是企业的责任与义务。企业宗旨是建立在企业愿景的基础之上的,它往往被认为是对企业生存的一种肯定。包括:公司总体战略;公司发展战略。

(6)管理架构　包括:公司性质及组织形式;部门职能;团队成员任职及责任。

(7)财务分析与融资

财务分析是创业策划书中非常重要的部分,好的财务分析能够增强风险企业的评估价值,提高企业获取资金的可能性。未来的财务规划是在分析企业生产经营状况的基础上,着重对未来的财务状况进行预测分析,并将预测依据、预测方法、预测结果在财务规划中反映出来,增加财务预测的可信度,让投资者了解未来的财务规划的客观性、合理性。要写好财务规划,创业者必须列出以下方面:单件产品的生产成本是多少?利润多大?产品定价是多少?在固定时间段内产品的发出量有多少?聘用哪些人生产、加工、销售产品?工资预算多少?包括:财务分析;资金来源与运用;投资收益与风险分析(对报酬率、回收净值、回收期等的计算);可引入的其他资本。

4. 附件

附件通常包括合同文本、分析数据图表、相关法规、供应商、顾客来信评价等，与创业策划相关但不宜放在前面的一些内容，对于提高创业策划书的质量有着重要的作用。

创业策划书写作，没有固定不变的模式，要紧密结合实际，学会灵活运用。

知识拓展：
视频 8-1-1　大学生创业计划书

(五)范例评析

××早教创业策划书

一、项目来源与意图

目前教育产业是21世纪的朝阳产业，早期教育更是颇受重视。随着中国家长对宝宝早教重视程度的不断加深，早教行业迅速崛起且有很广阔的发展空间。但是近些年来，早教机构层出不穷，良莠不齐，在早教行业发展的黄金时期中仍存在众多安全、教育品质的问题。基于以上现状，我们将创立一个除了培养宝宝的知识、技能、语言等能力外，同时注重于宝宝行为习惯与性格上的培养的早教中心，真正做到平衡发展宝宝的德、智、体、美、劳五个方面，帮助孩子建立良好的人格品行。同时，根据孩子的个体差异，进行特定的课程教学，为孩子多元智能和健康人格的培养打下良好的基础，促进孩子在知识、习惯、技能、语言、思维、情绪、人格和社会性等方面的全面发展。

二、环境描述与分析

自2010年后，我国各级政府及相关机构相继出台相关政策，促使早教行业发展更为规范化，更好地保护家长和孩子的权益，使专业的、高端的、优质的早教品牌得以全方位发展。因此，只有同时具备良好的品牌公信力、雄厚的师资力量、安全独特的教学环境、发展运营规范、受家长和宝宝信赖的优秀早教机构，才能迎合早教发展的市场潮流。公司推出的moms&babies系列产品，针对3~6岁孩子对于艺术上、玩乐上、性格上等方面的需要，满足早教行业系列化、系统化和高档化发展的需求，同时让妈妈们与孩子一起丰富自己，实现真正的"悦教学"。根据本行业特点，从三个方面对企业的宏观环境、微观环境进行分析，同时对于行业竞争态势及企业综合情况进行评价。

1. 宏观环境分析(PEST分析)

(1)政治因素(political)　随着"二胎政策"的实施，未来短时间内将会出现生育高峰，这对早教行业来说无疑是很大的一笔资源储备。早教行业作为我国的朝阳产业具有广阔的市场潜力。

(2)经济因素(economic)　当前，我国经济快速增长，传统行业发展稍微停滞，投资早教行业无疑是最佳的选择，无论在前期投资成本和投资回报率上，都具有无可比拟的优势。

(3) 社会因素(society)　社会各类人士的消费结构升级，社会对于高品质幼儿教育的需求增长迅速。

(4) 技术因素(technology)　政府政策的放开和家庭对孩子的重视；新思维和教育方式不断涌现。

2. 竞争环境分析

(1) 供应商的讨价还价能力　供应商影响企业竞争环境的主要方式是控制各类设备购买，提高价格，影响购买成本。由于我们所需的设备大多是孩子的玩具以及部分家居用品，只要质量达标，对孩子不会造成安全上的问题，供应商的资源控制能力不高，相应其讨价还价能力较低，对我们的影响较小。我们所要注意的是：严格把控各类玩具、器具质量；广泛选取供应商，避免出现不必要因素所引起的非正常损失。

(2) 购买者的讨价还价能力　购买者通过压低价格，要求更高的质量或更多的服务，从而降低项目的赢利水平和市场接受程度。针对此类购买者，应考虑到其对于教育质量的要求，加强品牌建设和宣传力度以及市场支持。

(3) 新进入者的威胁　行业新进入者有步骤、有目的地进入某一行业时，通常带来教育资源和批量的客户，分割部分市场份额。为了建立公司的市场领先地位，我们将加大对品牌的宣传力度，保持公司的优势和特色，在成本上和项目上占据有利位置，打出我们的特色招牌，形成市场新入者壁垒。

(4) 替代品的威胁　目前我们的产品替代品主要包括少年宫、各类艺术教育机构以及学前班等。在目前现有的同类产品中，艺术教育机构为客户带来的综合效益远高于其他类产品。

(5) 行业现有企业竞争　东方爱婴除设立在北京的总部以外，还在全国拥有 12 个直营城市、管理九大公司、加盟连锁全国 150 多个城市 400 多家婴幼儿早期教育中心。每周有超过 8 万个家庭享受到东方爱婴的婴幼儿早期教育服务。新爱婴把专业的早教延伸到家庭。目前，新爱婴已开发了蒙台梭利、福禄贝尔、感觉统合、奥尔夫音乐游戏等家庭教具与教材，并开发了对应的家长培训课程，让家长与宝宝可以在家里享受专业的早教。金宝贝(海外竞争企业)在美国已经把早教延伸到了整个母婴产业中，集团旗下有“玩乐”教育课程业务和 4 个级别的零售业务。在中国市场，金宝贝集团旗下的早教品牌在中国内地短短 6 年里，就以 105 家教学中心的规模列居全球 30 个国家的第二位，仅次于美国近 254 家的数字，而后者的早教板块自 1976 年创建用了 33 年。

3. 内部环境的分析

(1)品牌信誉　力求维持好的品牌信誉,保持原有特色,随社会发展不断改善和进步。

(2)价格偏高　价格不是越便宜越好或越贵越好,而是根据教学结果是否符合孩子的发展需求来判断。选择和自己理念相同、目的相同、最适合的早教机构最好。

(3)环境设备　教具齐全,教室宽敞明亮,布置整洁舒适;有专业的高质量教学用具和益智玩具,有学习、娱乐、游戏等各种功能的区分;同时因课程选择的不同提供多样的教学环境。

(4)教学素质　按照孩子的成长规律教学,最重要的是传授孩子如何为人处事和养成良好的学习习惯。

(5)兴趣选择　早教是一种顺应宝宝天性的学习,目的在于培养孩子的潜能,家长们不能把自己的想法或愿望强加于孩子,而应该根据自己孩子的兴趣选择最适合宝宝的项目课程。

三、服务描述

1. 企业综合评价

通过SWOT分析,将对我们企业内部和外部条件进行综合和概括,进而分析现存的优劣势、面临的机会和威胁,具体分析情况如下:

(1)内部优势:

①项目突出的性价比和综合性能居于市场领先地位。

②项目的特殊性是一大特色,家长与孩子一起学习、放松。

③教育品质优良,采用国际先进课程。

④教学设备的领先高配置,学习环境的舒适。

⑤有强大的专业师资团队,为宝宝制定立体全方位的课程。

⑥先进的管理架构设计,高素质的管理团队和专业的员工队伍。

(2)内部劣势:

①属于市场初入者,行业认识欠缺,缺乏成熟的行业操作和销售经验。

②地处市中心,早教机构众多,竞争激烈。

③作为中高费用的早教品牌,被目标客户所接受、熟知并跟随将是一个挑战。

(3)外部机会:

①属于国家政策受益行业,发展前景广阔。

②早教行业的发展态势使得家长们对高品质教育有更高需求。

③项目的优良性能符合孩子们的健康成长要求。

④良好的社会公共关系，战略伙伴建设化解市场风险。

(4) 外部威胁：

①一批有实力的国内外竞争者的进入加剧了行业竞争，使得竞争风险加大。

②替代品的市场建设日渐成熟，行业格局已初步形成。

③新项目的创新速度加快，新模式不断出现。

④公司发展期间可能遭受到行业内现有竞争者反击。

2. 优势对比(略)

3. 市场定位分析

基于以上市场分析，采用避强定位的方式实行形象差异化战略，利用我们自身的优势与竞争对手形成鲜明差别，避开激烈竞争。首要目的是先要在市场中站稳脚，获得稳定的收入。

四、市场营销

1. 市场前景

(1) 目标市场

我们将为具有以下特征的用户提供专业化的产品与服务：

·孩子为 3~6 岁的中高端消费家庭

·注重孩子教育品质的家庭

·注重家庭生活质量、喜欢丰富生活情趣的家庭

(2) 市场需求　××国际早教中心迎合目标消费者对高品位、高质量生活的追求。慈云寺位于北京 CBD 核心区边沿，且高端小区众多，保守估计约有 1 万个家庭是 ××国际早教中心的潜在顾客。

(3) 市场潜力　××国际早教中心的目标消费群体定为养育 3~6 岁孩子的高端消费家庭。这样的家庭具有一定文化修养，收入较高，注重孩子教育的品质和家庭生活质量，消费能力较高。

2. 营销策略

(1) 市场开发策略　对已开发市场：我们主要与慈云寺附近高端早教机构竞争，以特色服务、优质教学树立产品及品牌形象，突出孩子的优质、快乐教育法和家长们在休闲时间得以提升自己的特色，不断扩大市场，提高品牌知名度、美誉度，树立良好的品牌形象；建立品牌忠诚度，搞好公共关系，树立企业良好的社会形象，赢得顾客的信赖。

潜在市场：宣传早教的发展趋势，可以采用赠送课时、免费体验、办卡折扣的方式引导我公司的一部分“生活享受者”体验本项目，然后以适中的价格、尽善尽美的服务、有力的公关

手段打开市场。

(2)定价策略

①课程说明 我们的课程分为一对一、一对多(每班不会超过10人)两种班级,每次授课课时相同但价格不同,顾客可按次结算,也可采用办卡的方式。

②课程报价

(略)

(3)推广策略

人员推销:产品销售是一支既懂专业技术又懂营销技巧的高素质推销队伍。销售队伍人员应经常与早教企业进行交流,与其建立良好的合作关系,了解用户对公司及产品的要求,促进产品的完善。

广告宣传:①专业媒体广告:如电梯中的亿众传媒,专业的《妈咪宝贝》《启蒙》《时尚育儿》等杂志系列。②电视广告:投放量较少,因为行业特性,电视受众不是我们的终端消费者。③网络投放:在一些专业网站上我们也将有所投放,如“摇篮网”(http://www.yaolan.com/)等门户网站,加大广告宣传力度。

(4)品牌推广具体策略

第一阶段:有重点地全面宣传,提高知名度。了解目标客户的分布情况,了解他们对早教的认知和了解程度。

第二阶段:①了解竞争对手的分布情况和营销策略,占市场份额的主要客户的分布区域,找到其中的薄弱环节,重点突破。②进行海报、广告、电视、网络上的宣传,内容上主要以婴幼儿的健康成长为主,之后进行侧重点宣传。

第三阶段:整合营销,扩大市场份额。①与婴幼儿品牌合作。②与幼儿节目合作,在节目中冠名我公司与之合作的广告。

第四阶段:公关营销,提升公司形象。①定期举办公益活动,如公益讲座。②与社会中有关孩子的好的项目相合作,如中国儿童少年基金会。

3. 技术服务与支持

售前服务:采用宣传、培训和交流等手段,通过营销部和门市部的协作努力,使现实和潜在用户对于项目的特性有初步的认知。

售中服务:建立完善的早教体系(如按时按量给孩子上课,给家长进行身心修养,保证教育质量,定期举办亲子活动、免费专家讲座,优惠政策不断更新),对不同孩子有不同的早教方案。

售后服务：建立信息交流反馈渠道，做好对于教育方式方法、环境的建议，服务是否满意的反馈信息处理，根据客户需要不断改进产品，固定长期业务关系。

五、公司战略

1. 发展战略

我们预计在未来5年中达到“建立品牌”的目标。在第五年中，企业将进入比较成熟的阶段，在周边甚至更远一些地区的顾客群中建立知名度。

短期（头三年）：借鉴其他比较知名的企业做法及各种促销方式，不断扩大目标群体，调动潜在客户的兴趣。

中期（第四年）：企业制度已完善，管理将近成熟，具备了稳定优秀的教职工团队，并继续努力发展扩大。建立完善的、高效的市场网络，核心项目居于市场主导地位；加速项目的进一步升级，积极与国内外早教机构进行广泛合作。

长期（第五年起）：企业已步入成熟稳定阶段，企业品牌基本树立起来，主打内容继续作为我们的优势，同时具有了更多新鲜的课程与活动；宣传工作已具备一定影响力，在与周边同类商家的竞争中具备优势；财务状况稳定良好，盈利能力保持稳步上升趋势，预算工作基本完善，成本控制有效且不会影响环境质量。

2. 营销目标

在CBD周边建立高档早教中心，核心项目居于同类机构市场主导地位；与其他早教机构合作营销，打出自己的招牌，让特色教育成为销售收入中的重要部分。

3. 人力资源战略

以企业的可持续发展为前提，根据企业生命周期理论，将在不同阶段实行有差异的人力资源战略。

创业期：充分发挥管理团队的人格魅力、创造力和影响力，注意利用“外脑”，向外界学习；在工作中挖掘各门类人才，为以后企业向规范化、制度化方向发展打下坚实的基础；促进人才组织化，帮助员工设计自己的职业生涯。

成长期：完善组织结构，加强组织建设和人才培养，大量吸纳高级人才，鼓励员工的自我超越；企业与员工建立共同愿景，加速企业员工与企业文化的融合。

成熟期：激励组织的灵活性，建立“学习型组织”，提供企业发展远景规划，建立人力资源储备库，采取比竞争对手更为优秀的人才垄断战略；在岗位设计和激励手段多样化上有所创新。

六、管理架构

1. 公司性质

××国际早教中心是一家有限责任公司，公司定位于高端早教的创新和培养，是一家具有独立法人资格的个人投资主体的经济实体。

2. 组织形式

（略）

3. 部门职责及配置

总经理：负责公司各方面的经营管理，对董事会负责，决定副总经理和部门经理的人选，制定和监督企业战略实施。

销售部：负责公司营销活动，并对营销工作进行评估和监控。具体工作为电话客服、现场介绍学习环境、课程种类、具体报价、安排顾客试听、前台交款等。

项目部：处理项目的各种问题，具体工作为安排老师与学生的课表、和顾客沟通等，人员设置 2 名。

财务部：考虑到公司创业初期资金不充沛，规模较小，暂用兼职人员对企业日常资金流动进行记录、报账、纳税等。

七、财务分析

（略）

（备注：该项目摘自北京服装学院商学院创新企划学生作品集；作者：宁子雯、田鸽、刘华茵；该项目荣获 2016 年北京市大学生创业设计竞赛三等奖。）

【评析】

这是一篇创业策划书。例文结构清晰。该创业策划书对创业项目所有事项进行综合描述，包括项目整体概况、创业项目介绍、环境描述与分析，市场定位与市场营销策略等各种资源的整合计划，以及创业经营者的经营理念、战略的确定，是为创业项目制订的一份完整、具体、明确、深入的行动指南。例文符合创业策划书的一般写法，构思周密、条款完整、语言简洁明了。

四、任务实施（步骤）

（一）环境要求

可选择多媒体教室等场所进行，备好纸、笔，配备计算机、投影仪等设备，最好每名学生配备一台计算机进行上机写作。

（二）实施步骤

1. 认真阅读情境任务，划出情境任务中的关键词。

2. 认真阅读“相关知识”，划出你觉得重要的知识点。

3. 每人执笔或上机，通过网络查找相关材料，独立完成情境任务的初稿（在“个人作品”中呈现）。

4. 分组讨论，各小组组员相互评阅初稿，然后选出本组代表作进行修改。

5. 以小组为单位上交一篇作品并在多媒体上展示，师生共同点评。

五、个人作品（可附页）

六、小组推选作品及展示

小组成员：________________________

个人在小组的贡献：________________________

小组推选代表作(最终版,可附页)：

七、个人反思与总结

八、成果测评

个人自评：自评指标详见表 8-1-1，成绩占比 20%；

组间互评：组间互评指标详见表 8-1-2，成绩占比 40%；

教师评价：教师测评指标详见表 8-1-3，成绩占比 40%。

表 8-1-1　个人自评指标

序号	评价指标	分值	评分标准	得分
1	阅读情境任务，划出情境任务中的关键词	10	标出了关键词，得 10 分；没标出，得 0 分	
2	阅读相关知识，划出对你完成情境任务有用的信息	10	在相关知识标注了有用信息，得 10 分；没标出，得 0 分	
3	策划书的写作格式（个人）	10	有基本的写作格式，得 10 分；格式杂乱，得 0 分	
4	策划书的写作内容（个人）	30	内容至少包括封面、目录、正文，正文至少包括整体概况、环境描述与市场分析、市场定位与市场营销策略、公司战略、管理架构、财务分析与融资，得 30 分；少一项，扣 5 分	
5	策划书与创新程度（个人）	10	创意新颖，得 10 分；创意较新，得 7~9 分；创意较少，得 4~6 分；创意很少或没有，得 0 分	
6	书写工整	10	文本整洁，没有涂改，得 10 分；文本较整洁，得 7~9 分；文本基本整洁，得 4~6 分；文本不整洁，得 0~3 分	
7	团队协作	20	积极主动参与团队讨论和承担任务，得 20 分；较主动参与团队讨论和承担任务，得 14~19 分；能够配合小组其他成员较好地完成任务，得 10~13 分；完成小组任务较差，得 6~9 分，几乎没有参与小组任务，得 0~5 分	
8	个人评价得分（合计）			

表 8-1-2　小组互评指标

序号	评价指标	分值	评分标准	得分
1	策划书的写作格式（小组代表作）	20	有基本的写作格式，得 20 分；格式杂乱，得 0 分	
2	策划书的内容（小组代表作）	20	内容包括封面、目录、正文，正文至少包括整体概况、环境描述与市场分析、市场定位与市场营销策略、公司战略、管理架构、财务分析与融资，得 20 分；少一项，扣 5 分	
3	策划书与情境任务结合程度（小组代表作）	20	创意新颖，得 20 分；创意较新，得 10~19 分；创意很少，得 1~9 分；没有创意，得 0 分	

续表 8-1-2

序号	评价指标	分值	评分标准	得分
4	上台展示形式	20	策划书展示清楚，得 20 分；策划书展示较清楚，得 12~19 分；策划书展示不太清楚，得 8~11 分；策划书展示不清楚，得 1~7 分	
5	小组上台汇报	20	思路清晰，表达流利，得 20 分；思路较清晰，表达较流利，得 12~19 分；思路不太清晰，表达不太流利，得 8~11 分；思路不清晰，表达不流利，得 1~7 分	
6	小组评价得分（合计）			

表 8-1-3　指导教师评价指标

序号	评价指标	分值	评分标准	得分
1	阅读情境任务，划出情境任务中的关键词	5	标出了关键词，得 5 分；没标出，得 0 分	
2	阅读相关知识，划出对你完成情境任务有用的信息	5	在相关知识标注了有用信息，得 5 分；没标出，得 0 分	
3	策划书的写作格式（个人）	5	有基本的写作格式，得 5 分；格式杂乱，得 0 分	
4	策划书的写作内容（个人）	20	内容包括封面、目录、正文，正文至少包括整体概况、环境描述与市场分析、市场定位与市场营销策略、公司战略、管理架构、财务分析与融资，得 20 分；少一项，扣 5 分	
5	策划书的创新程度（个人）	5	创意新颖，得 5 分；创意较新颖，得 3~4 分；创意很少，得 1~2 分；没有创意，得 0 分	
6	书写工整	5	策划书整洁，没有涂改，得 5 分；文本较整洁，得 1~4 分	
7	团队协作	5	主动参与团队讨论和承担任务，得 5 分；较主动参与团队讨论和承担任务，得 1~4 分	
8	策划书的写作格式（小组代表作）	5	有基本的写作格式，得 5 分；格式杂乱，得 0 分	
9	策划书的内容（小组代表作）	20	内容至少包括封面、目录、正文，正文至少包括整体概况、环境描述与市场分析、市场定位与市场营销策略、公司战略、管理架构、财务分析与融资，得 20 分；少一项，扣 5 分	
10	策划书的创新程度（小组代表作）	5	创意新颖，得 5 分；创意较新颖，得 3~4 分；创意很少，得 1~2 分；没有创意，得 0 分	
11	代表小组上台展示	5	代表小组上台展示，得 5 分；没有展示，得 0 分	

续表 8-1-3

序号	评价指标	分值	评分标准	得分
12	反思与总结	10	能客观、公正地找出问题,并能提出可行性改进意见,得 10 分;能客观、公正地找出问题,但改进意见不具有针对性,得 5~9 分;不能客观、公正地找出问题,提出的改进意见不具针对性,得 0~4 分	
13	思政素养	5	体现了正确的三观,得 5 分;否则,得 0 分	
14	教师评价得分(合计)			

任务 8.2　营销策划书

一、情境任务

由于销售旺季已过,服装销售额大大减少。××× 服饰有限责任公司销售部小刘向经理提出可以通过服装促销活动来增加消费者,经理听过他的想法后觉得可行,于是将联系策划公司以及后续的活动准备、实施过程也全权交给小刘负责。经过对比,小刘选择了一家信誉及策划都较为出色的公司来合作。小刘把自己所想到的活动内容一一讲给策划公司,请策划公司帮助完成最后的策划书。

要求:请你为策划公司完成这份营销策划书。

二、任务分析

营销策划书是对营销项目所有事项进行综合安排的一份书面文稿,主要描述营销时所有相关外部及内部要素,包括营销策划活动背景介绍、环境描述与分析、市场定位与市场营销策略等各种资源的整合计划,是为企业营销活动制订的一份完整、具体、明确、深入的行动指南。在写作时要做好如下工作:①正确领会任务要求;②学习营销策划书撰写的相关知识,完成任务撰写;③写成初稿送主管领导审阅并修改;④熟悉文种格式,按规定撰写。

三、相关知识

(一)营销策划书的含义

在市场营销中,把策划过程用文字写出来,形成的营销策划方案就是营销策划书。通过营销策划,企业在市场营销过程中达到获取利润的目的,最终实现企业目标。企业能否成功进行营销并实施策划方案,是企业经营成功或失败的关键所在。

(二)营销策划书的原则

为了提高营销策划书的准确性与科学性,撰写时应遵循以下三个主要原则。

1. 逻辑清晰,主题明确

策划的目的在于解决将要面对的问题,因此,要按照“发现问题、分析问题、解决问题”的思路来编写策划书。首先要设定情况、交代背景、分析现状,然后明确写出策划的中心目的,详细阐述具体策划内容,明确提出解决问题的对策。策划主题应明确、重点突出,抓住所要解决的核心问题。

2. 结合实际,灵活适用

策划书主要用于指导实施营销活动,因此,要具有可操作性。同时,策划书要能结合实际情况进行灵活调整,以避免因不易于操作而耗费大量人力、物力和财力,导致效率低下。

3. 创意新颖,手法多样

创意让企业惊喜不断。新颖、有创意的营销策划书也是企业市场竞争的法宝。策划不拘泥于表格和文字,提倡图文并茂,要做到点子新、内容新、表现手法新。

(三)营销策划书的作用

1. 准确、完整地表现营销策划的内容

策划书的内容是否能准确地传达策划者的真实意图极为重要。

2. 充分、有效地说服决策者

一份合格的营销策划书,首先要做到使阅读者相信,在此基础上再使阅读者认同。对于一个策划者来说,首先追求的是决策者能采纳营销策划中的意见,并按营销策划的内容去实施营销方案。

(四)营销策划书的撰写程序及内容

营销策划书的写作要根据商品或是企业的策划要求决定其内容,不同的商品,其营销策划的内容是不同的。一般情况下,营销策划书的基本结构包括以下几个方面。

1. 前言

这是营销策划的开头部分,包括策划的起因、背景材料、问题点与机会点、创意的关键等。前言主要是将以上内容做概括的说明。

2. 市场状况分析

市场状况分析包括以下内容:宏观环境分析(PEST);行业环境分析;SWOT 分析。

3. **营销策略**

(1)产品策略　主要包括:新产品开发策略、产品生命周期策略、产品组合策略、产品包装策略。

(2)价格策略　主要包括以下五个方面:定价标准、制约定价的基本因素、定价的程序、定价的基本方法、定价策略。

(3)营销渠道策略　营销渠道策略包括营销渠道的选择策略和中间批发商的营销策略。

(4)促销策略　促销活动实质是一种沟通活动、激励活动,它具有沟通信息、创造需求、突出特点、稳定销售等四大功能。其中包括促销的选择和营销推广。随着市场经济的不断深入和发展,市场形势更加变幻莫测,企业每时每刻都面临着激烈的市场竞争。如何写作营销策划书,没有固定不变的模式,要紧密结合实际,学会灵活运用。

4. **活动预算**

市场营销活动中所涉及的所有产地、物品等相关费用支出。

知识拓展:
视频 8-2-1　营销方案怎么写

5. **附件**

附件通常包括分析数据图表、相关法规、供应商、顾客来信评价等,与营销策划相关但不宜放在前面的一些内容也可以放在附件中,附件对于提高营销策划书的质量有着重要的作用。

写作营销策划书,并没有固定不变的模式,要紧密结合实际,学会灵活运用。

(五)范例评析

九龙山矿泉水营销策划书

一、前言

××× 公司采用先进技术设备生产的九龙山矿泉水饮料,是该地第一家开发的天然优质矿泉水,这种矿泉水具有悠久的历史,是优质的"古水"。为了塑造企业的最新形象,弘扬企业历史美名,扩展矿泉水销售市场,引导人民群众有益消费,在有效的时间内实现市场效果,特制定营销策划方案如下。

二、市场状况分析

(一)产品的特点

九龙山矿泉水是真正地取自九龙山地岩深处的千年"古水",既含锶,又含有偏硅酸,质量达标,有一定的保健功效。

(二)产品问题点

此矿泉水价位不够稳定,缺乏导向意识;包装质劣,欠美观,影响市场形象;营销管理人员不足，产、供、销难以以市场为中心；销售方式原始，缺乏科学、规范、现代化的营销手段。消费习惯不易变更；假冒伪劣品扰乱市场。

(三)产品机会点

大众消费意识提升，追求健康、便利。产品是季节性集中饮品，能解渴、消暑。

(四)营销策略

产品定位：第一品牌矿泉水。

目标：打开知名度，树立新形象，进入以该市为中心的目标市场。

卖：天然、优质的“古水”。

传：先进技术设备，悠久历史的荣誉。

导：商业文化建设的消费习惯心理。

赢：社会美誉和市场占有率。

树：企业全新形象。

创：驰名品牌，著名商标。

(五)理论可行性

1. 宗旨

瞄准企业营销切入点，确定市场目标，创造市场机会。制定企业形象战略，提升企业在市场竞争中的识别度。在商业运营中，将企业的经营理念和特质视觉化、规格化、现代化。采用全新技术、强点思维、有效管理，迅速获取市场制高点，在有效的时间内实现市场效果。

2. 手段

运用视觉设计与行为的展现，将企业理念融入实用、标准、美好的线条、色彩中，塑造企业最新形象，弘扬企业历史美名，扩展矿泉水销售市场，引导有益消费。

3. 调查

调查市场、分析市场、定位市场、制定营销方略，择定宣传广告战略切入点，打开产品消费与销售的死角。

4. 原则

以市场目标为中心，强调特质独到，塑造亮丽高档的艺术形象，符合法律、法规要求，按科学准则行为。

(六)营销谋略

1. 运筹帷幄，决胜千里。

2. 创造市场，引导消费。

3. 强调传播力度,有效而经济。

4. 谋定而后动,用技而创益。

5. 临危不惧,化险为夷。

(七)营销目标

一个独到:可生产含二氧化碳型“加气”矿泉水。

两个要求:高目标,占领以该市为中心的涉外营销市场。

三个新点:新观念(计划经济——市场经济)。

新起点(导入 CI——提升产品定位)。

新技术(全封闭自动化灌装生产线)。

(八)VI 系统设计

强调通过艺术化的设计赞扬企业的事业领域、经营方针、企业文化等企业基本理念。以背景设计和传统民族化的纹样创造视觉冲击力,以红色为背景主色调,辅以冷红、冷粉、肉色、淡绿、青蓝、灰色等在清新、和谐、动感的画面中体现企业新的营销理念和方略:

三高:高质量、高标准、高品位;

三新:新观念、新起点、新技术。

(九)产品行销

以本市为中心,放射性地逐渐向华北、东北、东南方向发展。

(十)价格

为符合第一品牌,遵循目标市场需求,以市场竞争为导向,确立中级价位政策。

(十一)广告媒体

据企业实际现状和资金预算,合理有效地选择最佳目标媒介。

目标:打开知名度,占领市场。

策略:强调“三高”“三新”,树形象,创第一。

传播过程:以本市为主战场,以长江以北地区和环渤海区域为主攻方向。

时间:8—10 月。

方式:会务、活动、报刊、广播、印刷等“硬”“软”结合。

预算:初级,25 万~30 万元;中级,50 万元以上。

【评析】

这是一篇营销策划书。例文结构清晰。该营销策划书对营销活动所有事项进行综合描述,包括项目整体概况、营销项目介绍、市场分析,市场定位与市场营销策略等各种资源的整合计划，为营销活动制订的一份完整、具体、明确、深入的行动指南。例文符合营销策划书的一般写法，构思周密、条款完整、语言简洁明了。

四、任务实施（步骤）

（一）环境要求

可选择多媒体教室等场所进行，备好纸、笔，配备计算机、投影仪等设备，最好每名学生配备一台计算机进行上机写作。

（二）实施步骤

1. 认真阅读情境任务，划出情境任务中的关键词。

2. 认真阅读“相关知识”，划出你觉得重要的知识点。

3. 每人执笔或上机，通过网络查找相关材料，独立完成情境任务的初稿（在“个人作品”中呈现）。

4. 分组讨论，各小组组员相互评阅初稿，然后选出本组代表作进行修改。

5. 以小组为单位上交一篇作品并在多媒体上展示，师生共同点评。

五、个人作品（可附页）

六、小组推选作品及展示

小组成员：________________________________

个人在小组的贡献：________________________

小组推选代表作(最终版,可附页):

七、个人反思与总结

八、成果测评

个人自评：自评指标详见表 8-2-1，成绩占比 20%；

组间互评：组间互评指标详见表 8-2-2，成绩占比 40%；

教师评价：教师测评指标详见表 8-2-3，成绩占比 40%；

表 8-2-1 个人自评指标

序号	评价指标	分值	评分标准	得分
1	阅读情境任务，划出情境任务中的关键词	10	标出了关键词，得 10 分；没标出，得 0 分	
2	阅读相关知识，划出对你完成情境任务有用的信息	10	在相关知识标注了有用信息，得 10 分；没标出，得 0 分	
3	营销策划书的写作格式（个人）	10	有基本的写作格式，得 10 分；格式杂乱，得 0 分	
4	营销策划书的写作内容（个人）	30	内容至少包括前言、市场分析、产品、价格、渠道、促销，得 30 分；少一项，扣 5 分	
5	营销策划书与情境任务结合程度，具有可实施性和创新性（个人）	10	策划书具有可实施性和创新性，得 10 分；较有创新和实施性，得 7~9 分；较少，得 4~6 分；很少或没有，得 0 分	
6	书写工整	10	策划书整洁，没有涂改，得 10 分；文本较整洁，得 7~9 分；文本基本整洁，得 4~6 分；文本不整洁，得 0~3 分	
7	团队协作	20	积极主动参与团队讨论和承担任务，得 20 分；较主动参与团队讨论和承担任务，得 14~19 分；能够配合小组其他成员较好地完成任务，得 10~13 分；完成小组任务较差，得 6~9 分，几乎没有参与小组任务，得 0~5 分	
8	个人评价得分（合计）			

表 8-2-2 小组互评指标

序号	评价指标	分值	评分标准	得分
1	策划书的写作格式（小组代表作）	20	有基本的写作格式，得 20 分；格式杂乱，得 0 分	
2	策划书的内容（小组代表作）	20	内容有市场分析、产品、价格、渠道、促销等策略，得 20 分；少一项，扣 4 分	
3	营销策划书与情境任务结合程度，具有可实施性和创新性（小组代表作）	20	结合紧密，有创新和可实施性，得 20 分；结合较紧密，有创新和可实施，得 10~19 分；结合很少，得 1~9 分；没有结合，得 0 分	
4	上台展示形式	20	策划书展示清楚，得 20 分；策划书展示较清楚，得 12~19 分；策划书展示不太清楚，得 8~11 分；策划书展示不清楚，得 1~7 分	

续表 8-2-2

序号	评价指标	分值	评分标准	得分
5	小组上台汇报	20	思路清晰，表达流利，得 20 分；思路较清晰，表达较流利，得 12~19 分；思路不太清晰，表达不太流利，得 8~11 分；思路不清晰，表达不流利，得 1~7 分	
6	小组评价得分(合计)			

表 8-2-3　指导教师评价指标

序号	评价指标	分值	评分标准	得分
1	阅读情境任务，划出情境任务中的关键词	5	标出了关键词，得 5 分；没标出，得 0 分	
2	阅读相关知识，划出对你完成情境任务有用的信息	5	在相关知识标注了有用信息，得 5 分；没标出，得 0 分	
3	策划书的写作格式(个人)	5	有基本的写作格式，得 5 分；格式杂乱，得 0 分	
4	营销策划书的写作内容(个人)	20	内容包括市场分析、产品、价格、渠道、促销策略等内容，得 20 分；少一项，扣 4 分	
5	策划书与情境任务结合程度，有创新和可实施性(个人)	5	结合紧密，得 5 分；结合较紧密，得 3~4 分；结合很少，得 1~2 分；没有结合，得 0 分	
6	书写工整	5	策划书整洁，没有涂改，得 5 分；文本较整洁，得 1~4 分	
7	团队协作	5	主动参与团队讨论和承担任务，得 5 分；较主动参与团队讨论和承担任务，得 1~4 分	
8	策划书的写作格式(小组代表作)	5	有基本的写作格式，得 5 分；格式杂乱，得 0 分	
9	策划书的内容(小组代表作)	20	内容至少包括市场分析、产品、价格、渠道、促销策略，得 20 分；少一项，扣 4 分	
10	策划书与情境任务结合程度，有创新与可实施性(小组代表作)	5	结合紧密，得 5 分；结合较紧密，得 3~4 分；结合很少，得 1~2 分；没有结合，得 0 分	
11	代表小组上台展示	5	代表小组上台展示，得 5 分；没有展示，得 0 分	
12	反思与总结	10	能客观、公正地找出问题，并能提出可行性改进意见，得 10 分；能客观、公正地找出问题，但改进意见不具有针对性，得 5~9 分；不能客观、公正地找出问题，提出的改进意见不具针对性，得 0~4 分	
13	思政素养	5	体现了正确的三观，得 5 分；否则，得 0 分	
14	教师评价得分(合计)			

任务 8.3　公关活动策划书

一、情境任务

十年弹指一挥间，××购物中心有限公司已经走过了辉煌的十载春秋。在这十年峥嵘岁月中，××商场一直秉承“开拓进取、放眼未来、追求卓越、造福周边”的企业宗旨，把自己办成了百姓身边最受喜欢的购物中心。在开业十周年来临之际，商场决定举办十周年庆典活动，进一步拉近与公众之间的距离，增进情感上的交流。

要求：请你为商场设计一次大型的十周年庆典活动。

二、任务分析

公关活动策划书是对公关活动所有事项进行综合安排的一份书面文稿，主要描述公关活动时所有相关内外部要素，包括公关策划活动的背景介绍、活动主题、活动时间、活动地点、活动内容等，是为企业公关活动制订的一份完整、具体、明确、深入的行动指南。在写作时要做好如下工作：①正确领会任务要求；②学习公关活动策划书撰写的相关知识，完成任务撰写；③写成初稿送主管领导审阅并修改：④熟悉文种格式，按规定撰写。

三、相关知识

（一）公关活动策划书的含义

公关策划是公共关系从业人员根据组织的现状与目标要求，通过调查、分析、谋划，设计最佳行动方案的过程。公关活动策划书就是描述公关策划内容的书面文稿。

（二）公关策划的作用

1. 强化组织形象目标

公关策划强调明确的目标意识，通过具体化、数量化来完善组织形象，提高形象地位，发挥组织的特长，促进组织目标的实现。

2. 完善组织计划

公关策划实际上是公共关系的战略构思行为，是组织战略构思发展规划的核心。公关活动策划书必须建立在科学预测的基础之上，既考虑到近期形象目标的要求，又要考虑到远期形象目标的要求，通常是对人、财、物等多方面安排和计划的过程。

3. **提高组织效率**

公关活动策划书通过提前设定主题、活动目标、活动地点、活动时间、活动内容等，增强了组织实施公关活动的有效性，提高了组织实施效率。

（三）公关策划的原则

1. **尊重事实原则**

实事求是，是公关策划的一条基本原则。公关策划必须建立在对事实的真实把握基础上，以诚恳的态度向公众如实传递信息，并根据实时的变化来不断调整策划的策略和时机等。

2. **连续与创新原则**

公关活动放眼于将来，着手于当下。塑造组织的良好形象，必须做好公关活动战略规划，持续性地开展公关活动。公关策划必须打破传统、刻意求新、别出心裁，使公关活动生动有趣，从而给公众留下深刻而美好的印象。

3. **公众至上原则**

在公共关系活动中，公众永远是上帝，公众利益是压倒一切的。因为公共关系的根本目的是通过有效的信息传播，实现组织与公众之间的双向沟通，让公众对组织形成良好的印象。

4. **灵活适用原则**

公关活动涉及的不可控因素很多，任何人都难以把握，留有余地才可进退自如。

5. **花小办大原则**

要以较少的公关费用，去取得更佳的公关效果，达到企业的公关目标。

（四）公关策划写作程序与内容

公关活动策划书是指针对某项即将开展的商务活动、社会活动等，为了实现一定的公关目的所制订的具有创意性、可行性的行动计划，也称策划书、企划书、策划文案等。策划方案的质量好坏，直接决定了公共关系活动的落实效果。一般来讲，公关活动策划方案包括以下内容。

1. **标题**

策划方案的标题应体现策划的对象、主题、活动方式，起到提纲挈领的作用，同时题目新颖还可以更好地引起公众的关注。可采用单标题的形式，如“××酒店十周年庆典策划方案”；也可采用双标题的形式，如“姹紫嫣红无边风光——××公园第十届牡丹节策划方案”。

2. **前言**

前言是对策划活动开展的必要性和重要性的说明，浓缩了全文的精华，用简洁的语言表明本次活动要达到的目的或目标。目标是执行策划的动力,也为活动的评估提供参照。

3. 正文

正文是公关活动策划书的主体部分,主要内容包括活动背景、活动目标、活动主题、活动参与者、实施方案人员分配和效果预测等。在撰写过程中,要考虑周全,使方案具有可操作性和创新性。

(1)活动背景　活动背景应说明策划该项活动的原因,还可引述与该项活动密切相关的背景资料,包括活动所处的社会背景和所在行业的大环境等。必要时,可进行 SWOT 分析。

(2)活动目标　活动目标应说明活动预期达到的效果,以及活动的价值和意义等。

(3)活动地点　公关活动具体举办地点。

(4)活动时间　公关活动具体的举办时间。

(5)活动参与者　活动参与者一般包括多人或多家机构,主要有以下几种类型:

①主办方,是指有权举办某项活动的机构或个人。

②承办方,是指在活动中执行方案的角色,与主办方是协作关系,一般受雇于主办方。

③协办方,是指在活动中提供赞助或协助的一方。

(6)实施方案　实施方案主要包括活动名称、活动的主要内容、方式和基本要求、项目相关人员责任分配表、策划进度表、预算方案、媒介方案、场地安排、所需物料等。需要注意的是,在撰写实施方案时,应交代清楚所有的细节,可制作表格进行逐一列举,防止遗漏。

(7)效果预测　效果预测主要是对公共关系活动的效果进行预测,包括以下几个方面:①传播媒介对本次活动的反应和态度;②活动覆盖的公众范围以及公众对活动的看法和评价;③活动对公共关系所产生的积极影响。

4. 附件

附件是指附在正文后、与正文有关的参考资料,对正文内容起到辅助说明的作用。附件主要包括活动的相关许可证、获奖证书、预算表、材料清单等图文表格。

如何写作公关策划书,没有固定不变的模式,要紧密结合实际,学会灵活运用。

(五)范例评析

×××客户联谊会活动方案

一、活动目的

目前房地产市场竞争异常激烈,各开发商都使出浑身解数争夺客户资源,本项目也需要采用多种营销手段强化、优化项目形象,促进楼盘的销售速度。换签工作在即,稳定、扩大客户群的任务繁重,也直接影响到开发商的利益。通过活动可以有效地达到这一目的。我们希望通过大型客户联谊活动，更广泛地面对签约的客户和对项目感兴趣的客户，体现开发商的雄厚实力及对客户的关心、体贴与尊重，利用已有客户资源，扩大客户群。下一阶段的销售工作有待推动，项目需进一步扩大知名度和美誉度。

二、联谊会活动安排

1. 时间

取得销售证后，联谊会活动暂定为10月14日（星期日）16:00—19:00（秋天是本市最好的季节，适宜举办大型活动，客户参与的情绪会较为高涨，现场气氛也会更热烈。本来举办活动对销售也十分有益，有利于抓住售房时机。时间安排在周末晚上，主要考虑客户参加活动比较方便，参与热情会更高）。

2. 地点

香格里拉饭店。

3. 人员

(1) 客户　签约客户、保留客户、对项目感兴趣的潜在客户。总人数：预计500人（客户及其家属和亲友）。

与客户联系：活动方案确定后，在9月底由业务人员电话通知客户（小订以上客户），向客户告知内容及奖项，了解客户参与意向，统计参与人数。之后将请柬和信函邮寄给客户，活动前三天两次电话确认客户意向和所带亲友人数。将人数统计后，根据人数订餐。

(2) 嘉宾　开发商代表、代理公司代表、银行代表、政府职能部门主管人员、律师、建筑设计师、施工单位代表、物业公司代表、环艺公司代表等。

(3) 记者　《北京青年报》《精品购物指南》《北京晚报》《北京展报》《北京经济报》《青年周刊》、北京电视台、北京有线电视台《京城广厦》栏目，购房相关网站等。

(4) 主持人：邀请北京电视台著名节目主持人1人。

4. 活动

抽奖、自助酒会、咨询、参观样板间。

(1) 16:00—16:30 来宾签到，向儿童赠送糖果和能烘托气氛的小玩具。业务员接待客户；回执收集；乐队演奏音乐。（30分钟）

(2) 16:30 主持人宣布联谊会正式开始。主持人请所有来宾起立，请大家与邻桌来宾握手并交换名片，可以借这样的机会让大家熟悉起来，交换名片最多的几个人到台上来，看谁的名片最多。名片最多的来宾可以得到一份礼品(如一个大的绒毛玩具)。这个小活动结束后，主持人向大家介绍嘉宾。（15分钟）

(3) 开发商代表发言，介绍项目近期情况。(10 分钟)

内容：A. 工程进展；B. 热销情况；C. 介绍“客户带来户”的优惠购房方法。

(4) 演唱英文歌曲一首。曲名：Shalala 或 Didadi。(5 分钟)

(5) 第一次抽奖，由嘉宾抽出三等奖 15 人，公布奖品及领奖方法(到领奖处领取)。(8 分钟)

(6) 演唱歌曲《亲密爱人》。(5 分钟)

(7) 真情互动：准备五束鲜花，客户可举手要求发言。发言者要当众说出把花送给谁，并要对对方说“我爱你”或“对不起”，并简要说明原因。主持人适时调节气氛，调动观众情绪。

(8) 配合观众情绪再演唱一首歌曲《你是幸福的，我就是快乐的》。(5 分钟)

(9) 第二次抽奖，抽出二等奖 6 人，当场发放领奖牌。(5 分钟)

(10) 项目知识有奖问答(由主持人出一些与项目有关的问题，客户自由回答，答对者发小奖品一份)。(10 分钟)

(11) 第三次抽奖，一等奖 2 人。当场发放领奖牌，请获奖者发表讲话，谈对项目的感受与此刻的心情。(7 分钟)

(12) 选择一位当天生日的客户，为其送上蛋糕，由开发商向其表示祝贺，点燃蜡烛，由客户许愿，吹熄蜡烛。乐队伴奏下唱生日歌。(10 分钟)

(13) 澳洲风情舞蹈表演。

(14) 第四次抽奖，特别大奖 1 人。当场发放领奖牌。彩色喷花筒喷出彩花，达到高潮。(5 分钟)

(15) 宣布自助餐会开始，客户用餐，向专家咨询。(60 分钟)

(16) 餐后客户可以去现场参观样板间。(共 190 分钟)

注意：活动内容以讲话、抽奖和节目为主，主要是为了营造一种高雅、轻松、活跃、热烈的现场气氛，增强客户的参与感。大奖的设立有利于吸引更多客户参与，极大地活跃现场气氛。现在各开发商联谊会设奖的较多、较大，其中不乏以汽车、房屋为奖品的项目，故建议我们的联谊会奖品丰富并具较高层次，以吸引客户，并与项目品质对应。节目安排主要考虑优雅、时尚的风格、加深客户对项目高品位的印象和对项目的好感。

5. 抽奖安排

(1) 奖项设置：特等奖：1 人，送车位一个。

一等奖：2 人，各送价值 1 万元进口空调柜机一部。

二等奖：6 人，各送价值 3 000 元防盗门一个。

三等奖：15 人，各送价值 1 000 元厨房小家电。

(2)获奖者于现场签订获奖协议,奖品可在入住装修时统一领取。

(3)只有签约客户才具有抽奖资格。

三、后勤工作

(1)报纸杂志、网络的新闻报道,监督刊发、播发,样报收集。

(2)电视报道:专题节目(如“京城广厦”)报道,收集录像资料,保留完整活动录像。

(3)《客户通讯》详尽报道活动情况。

(4)广告:写文章报道,渲染联谊会热烈气氛和热销场面。

四、活动经费预算

(1)请柬印制:20 元 ×500/10 000 元。

(2)邮资:1 元 ×500=500 元。

(3)餐饮、场租等:180 元 ×500=90 000 元。

(4)报纸、杂志,网络记者(发稿):500 元 ×10=5 000 元。

(5)电视记者:3 000 元 ×2=6 000 元。

(6)电视台著名主持人:10 000 元。

(7)灯光:6 000 元。

(8)儿童玩具、胸牌、桌牌、采花筒等:3 000 元。

(9)现场录像:5 000 元。

(10)歌唱明星出场费:35 000 元。

(11)乐队劳务费:5 000 元。

(12)领奖牌制作:116 元 ×9=1 044 元。

(13)澳洲风情表演劳务费:5 000 元。

(14)生日蛋糕、鲜花:500 元。 共计 237 550 元。

(15)奖项价值:

50 000 元 ×1+10 000 元 ×2+3 000 元 ×6+1 000 元 ×15=103 000 元有奖问答奖品。

五、日程安排

3 日:确定场地、时间、奖品。请柬设计定稿。

4—6 日:确定菜单。确定活动程序。确定主持人、演员。背景板、展板、现场布置方案设计定稿。请柬印制完成。业务人员电话通知客户活动事宜并向客户确定请柬的送达方式。发言稿准备。关系单位的口头邀请。新闻通讯稿的写作。礼品玩具的制作。

7—8 日:业务人员给客户邮寄、送达请柬,部分客户到售楼处取请柬。过生日客户的确定。

9—10日：关系单位的请柬送达。记者的请柬送达。有奖问答题目的选定。与主持人沟通活动进程，主持人开始写主持台词。预定生日蛋糕、蜡烛、鲜花。业务人员电话联络客户。演出曲目确定。准备获奖协议书。确认是否收到请柬，统计客户人数。礼品、奖品、签到用品、胶卷的购买。背景板、展板的制作。演员表确定。

11日：与主持人再次沟通活动进程。背景板、展板制作完成。礼品文具制作完成。活动工作人员分工、安排、准备。售楼书、客户通信录等资料的准备。

12日：准备劳务费现金。确定嘉宾名单。

13日：现场布置。调试灯光音响。演员、主持人、乐队现场试音。工作人员到位。

【评析】

这是一篇公关策划书。例文结构清晰。该公关策划书对公共关系活动所有事项进行综合描述，包括公关活动介绍、公关活动主题、活动目的，活动地点与活动内容等各种资源的整合计划，是为公关活动制订的一份完整、具体、明确、深入的行动指南。例文符合公关策划书的一般写法，构思周密、条款完整、语言简洁明了。

四、任务实施（步骤）

（一）环境要求

可选择多媒体教室等场所进行，备好纸、笔，配备计算机、投影仪等设备，最好每名学生配备一台计算机进行上机写作。

（二）实施步骤

1. 认真阅读情境任务，划出情境任务中的关键词。

2. 认真阅读“相关知识”，划出你觉得重要的知识点。

3. 每人执笔或上机，通过网络查找相关材料，独立完成情境任务的初稿（在“个人作品”中呈现）。

4. 分组讨论，各小组组员相互评阅初稿，然后选出本组代表作进行修改。

5. 以小组为单位上交一篇作品并在多媒体上展示，师生共同点评。

五、个人作品(可附页)

六、小组推选作品及展示

小组成员:________________________________

个人在小组的贡献:__________________________

小组推选代表作(最终版,可附页):

七、个人反思与总结

八、成果测评

个人自评:自评指标详见表 8-3-1,成绩占比 20%;

组间互评:组间互评指标详见表 8-3-2,成绩占比 40%;

教师评价:教师测评指标详见表 8-3-3,成绩占比 40%。

表 8-3-1　个人自评指标

序号	评价指标	分值	评分标准	得分
1	阅读情境任务,划出情境任务中的关键词	10	标出了关键词,得 10 分;没标出,得 0 分	
2	阅读相关知识,划出对你完成情境任务有用的信息	10	在相关知识标注了有用信息,得 10 分;没标出,得 0 分	
3	公关策划书的写作格式(个人)	10	有基本的写作格式,得 10 分;格式杂乱,得 0 分	
4	公关策划书的写作内容(个人)	30	内容至少包括主题、前言、正文、附件,得 30 分;少一项,扣 10 分。	
5	公关策划书与情境任务结合程度,并具有可实施性和创新性(个人)	10	结合紧密,得 10 分;结合较紧密,得 7~9 分;结合较少,得 4~6 分;结合很少或没有,得 0 分	
6	书写工整	10	策划书整洁,没有涂改,得 10 分;文本较整洁,得 7~9 分;文本基本整洁,得 4~6 分;文本不整洁,得 0~3 分	
7	团队协作	20	积极主动参与团队讨论和承担任务,得 20 分;较主动参与团队讨论和承担任务,得 14~19 分;能够配合小组其他成员较好地完成任务,得 10~13 分;完成小组任务较差,得 6~9 分,几乎没有参与小组任务,得 0~5 分	
8	个人评价得分(合计)			

表 8-3-2 小组互评指标

序号	评价指标	分值	评分标准	得分
1	公关策划书的写作格式(小组代表作)	20	有基本的写作格式,得 20 分;格式杂乱,得 0 分	
2	公关策划书的内容(小组代表作)	20	内容至少包括主题、前言、正文、附件,得 20 分;少一项,扣 10 分	
3	公关策划书与情境任务结合程度,具有创新性与可实施性(小组代表作)	20	结合紧密,得 20 分;结合较紧密,得 10~19 分;结合很少,得 1~9 分;没有结合,得 0 分	
4	上台展示形式	20	公关策划书展示清楚,得 20 分;展示较清楚,得 12~19 分;展示不太清楚,得 8~11 分;展示不清楚,得 1~7 分	
5	小组上台汇报	20	思路清晰,表达流利,得 20 分;思路较清晰,表达较流利,得 12~19 分;思路不太清晰,表达不太流利,得 8~11 分;思路不清晰,表达不流利,得 1~7 分	
6	小组评价得分(合计)			

表 8-3-3 指导教师评价指标

序号	评价指标	分值	评分标准	得分
1	阅读情境任务,划出情境任务中的关键词	5	标出了关键词,得 5 分;没标出,得 0 分	
2	阅读相关知识,划出对你完成情境任务有用的信息	5	在相关知识标注了有用信息,得 5 分;没标出,得 0 分	
3	公关策划书的写作格式(个人)	5	有基本的写作格式,得 5 分;格式杂乱,得 0 分	
4	公关策划书的写作内容(个人)	20	内容至少包括主题、前言、正文、附件,得 20 分;少一项,扣 10 分	
5	公关策划书与情境任务结合程度,具有创新性与可实施性(个人)	5	结合紧密,得 5 分;结合较紧密,得 3~4 分;结合很少,得 1~2 分;没有结合,得 0 分	
6	书写工整	5	策划书整洁,没有涂改,得 5 分;策划书较整洁,得 1~4 分	
7	团队协作	5	主动参与团队讨论和承担任务,得 5 分;较主动参与团队讨论和承担任务,得 1~4 分	
8	策划书的写作格式(小组代表作)	5	有基本的写作格式,得 5 分;格式杂乱,得 0 分	
9	公关策划书的内容(小组代表作)	20	内容至少包括主题、前言、正文、附件,得 20 分;少一项,扣 10 分	
10	公关策划书与情境任务结合程度,可创新性与实时性(小组代表作)	5	结合紧密,得 5 分;结合较紧密,得 3~4 分;结合很少,得 1~2 分;没有结合,地 0 分	

续表 8-3-3

序号	评价指标	分值	评分标准	得分
11	代表小组上台展示	5	代表小组上台展示，得 5 分；没有展示，得 0 分	
12	反思与总结	10	能客观、公正地找出问题，并能提出可行性改进意见，得 10 分；能客观、公正地找出问题，但改进意见不具有针对性，得 5~9 分；不能客观、公正地找出问题，提出的改进意见不具针对性，得 0~4 分	
13	思政素养	5	体现了正确的三观，得 5 分；否则，得 0 分	
14	教师评价得分（合计）			

参考文献

[1]赵志强,凌云志.会议管理实务[M].北京:对外经济贸易大学出版社,2013.

[2]丁安英.商务应用文写作[M].北京:北京理工大学出版社,2017.

[3]张浩.应用文书这样写[M].北京:机械工业出版社,2012.

[4]李建英.应用文书写作[M].上海:上海交通大学出版社,2011.

[5]张小乐.实用商务文书写作[M].北京:首都经济贸易大学出版社,2020.

[6]韩晓伟.应用文写作技能训练.3版.[M].北京:中国农业大学出版社,2018.

[7]颜素杰,李玉红.口才与应用文写作[M].北京:中国石油大学出版社,2018.

[8]王斌.应用文写作[M].长春:吉林人民出版社,2018.

[9]朱淑萍,邹旗辉.应用文写作[M].北京:北京理工大学出版社,2019.

[10]张克彩,臧燕.应用写作[M].济南:济南出版社,2018.

[11]刘兴吉.应用写作[M].成都:西南交通大学出版社,2019.

[12]师思,杨忠祥,冉政.应用文写作技能与规范[M].重庆:重庆大学出版社,2023.

[13]周俊玲.商务文书写作实务[M].北京:机械工业出版社,2021.

[14]芭芭拉·明托.金字塔原理[M].王德忠,张珣译.北京:民主与建设出版社,2006.

[15]申作兰,彭文艳.商务应用文写作[M].北京:中国轻工业出版社,2018.

[16]刘小庆.大学生创新创业[M].北京:人民邮电出版社,2019.

[17]王青迪.大学生创新创业教育与就业指导[M].上海:上海三联书店,2020.

[18]崔永丽,李玉玉,彭优.应用文写作实训教程[M].上海:上海交通大学出版社,2018.

[19]李瑞泉,宋亚格,李春光.旅游公共关系[M].北京:中国言实出版社,2020.

[20]肖辉.实用公共关系学[M].北京:北京大学出版社,2016.

[21]金常德.常用公关文案写作规范与实例[M].南宁:广西人民出版社,2012.

[22]罗绍明.市场调查综合实训[M].北京:电子工业出版社,2011.

[23]郑聪玲.市场调查与分析实训[M].大连:东北财经大学出版社,2008.

[24]赵雨峰.项目可行性研究报告编写手册[M].北京:新华出版社,2006.

[25]李开发.可行性报告写作方法与案例[M].北京:中国水利水电出版社,2006.

[26]申作兰,彭文艳.商务应用文写作[M].北京:中国轻工业出版社,2018.